Selected Verb Forms

Regular Verbs — Simple Tenses and Present Perfect (Indicative)

	PRESENT	PRETERITE	IMPERFECT	PRESENT PERFECT
hablar	hablo	hablé	hablaba	he hablado
comer	como	comí	comía	he comido
vivir	vivo	viví	vivía	he vivido

Common Irregular Verbs — Present and Preterite (Indicative)

caer	caigo	caí	**poner**	pongo	puse
dar	doy	di	**querer**	quiero	quise
decir	digo	dije	**saber**	sé	supe
estar	estoy	estuve	**ser**	soy	fui
hacer	hago	hice	**tener**	tengo	tuve
ir	voy	fui	**traer**	traigo	traje
oír	oigo	oí	**venir**	vengo	vine
poder	puedo	pude	**ver**	veo	vi

Irregular Verbs — Imperfect (Indicative)

ir	iba	**ser**	era	**ver**	veía

Regular Verbs — Simple Tenses and Present Perfect (Subjunctive)

	PRESENT	IMPERFECT	PRESENT PERFECT
hablar	hable	hablara	haya hablado
comer	coma	comiera	haya comido
vivir	viva	viviera	haya vivido

Regular and Irregular Verbs — Future and Conditional

		FUTURE	CONDITIONAL
hablar		hablaré	hablaría
comer		comeré	comería
vivir		viviré	viviría

decir	diré	diría	**querer**	querré	querría
hacer	haré	haría	**saber**	sabré	sabría
poder	podré	podría	**tener**	tendré	tendría
poner	pondré	pondría	**venir**	vendré	vendría

IMPORTANT

HERE IS YOUR REGISTRATION CODE TO ACCESS MCGRAW-HILL PREMIUM CONTENT AND MCGRAW-HILL ONLINE RESOURCES

For key premium online resources you need THIS CODE to gain access. Once the code is entered, you will be able to use the web resources for the length of your course.

Access is provided only if you have purchased a new book.

If the registration code is missing from this book, the registration screen on our website, and within your WebCT or Blackboard course will tell you how to obtain your new code. Your registration code can be used only once to establish access. It is not transferable

To gain access to these online resources

1. **USE** your web browser to go to: **www.mhhe.com/puntosenbreve2**

2. **CLICK** on "First Time User"

3. **ENTER** the Registration Code printed on the tear-off bookmark on the right

4. After you have entered your registration code, click on "Register"

5. **FOLLOW** the instructions to setup your personal UserID and Password

6. **WRITE** your UserID and Password down for future reference. Keep it in a safe place.

If your course is using WebCT or Blackboard, you'll be able to use this code to access the McGraw-Hill content within your instructor's online course.

To gain access to the McGraw-Hill content in your instructor's WebCT or Blackboard course simply log into the course with the user ID and Password provided by your instructor. Enter the registration code exactly as it appears to the right when prompted by the system. You will only need to use this code the first time you click on McGraw-Hill content.

These instructions are specifically for student access. Instructors are not required to register via the above instructions.

The McGraw-Hill Companies

Mc Graw Hill **Higher Education**

Thank you, and welcome to your McGraw-Hill Online Resources.

ISBN-13: 978-0-07-320841-1
ISBN-10: 0-07-320841-8
t/a Knorre
Puntos en breve, 2/e

second edition

puntos
en breve

A Brief Course

Marty Knorre

Thalia Dorwick

Ana María Pérez-Gironés
Wesleyan University

William R. Glass

Hildebrando Villarreal
California State University, Los Angeles

INSTRUCTOR'S EDITION

Ana María Pérez-Gironés
Wesleyan University

A. Raymond Elliott
University of Texas, Arlington

Mc
Graw
Hill

Boston   Burr Ridge, IL   Dubuque, IA   Madison, WI   New York   San Francisco   St. Louis
Bangkok   Bogotá   Caracas   Kuala Lumpur   Lisbon   London   Madrid   Mexico City
Milan   Montreal   New Delhi   Santiago   Seoul   Singapore   Sydney   Taipei   Toronto

Higher Education

This is an ⌐EBI book.

Published by McGraw-Hill, an imprint of The McGraw-Hill Companies, Inc., 1221 Avenue of the Americas, New York, NY 10020. Copyright ©2007. All rights reserved. No part of this publication may be reproduced or distributed in any form or by any means, or stored in a database or retrieval system, without the prior written consent of The McGraw-Hill Companies, Inc., including, but not limited to, in any network or other electronic storage or transmission, or broadcast for distance learning.

This book is printed on acid-free paper.

2 3 4 5 6 7 8 9 0 WCK/WCK 0 9 8 7

ISBN	978-0-07312386-8 (Student Edition)
MHID	0-07-312386-2 (Student Edition)
ISBN	978-0-07320827-5 (Instructor's Edition)
MHID	0-07-320827-2 (Instructor's Edition)

Vice president and Editor-in-chief: *Emily G. Barrosse*
Publisher: *William R. Glass*
Senior sponsoring editor: *Christa Harris*
Executive marketing manager: *Nick Agnew*
Director of development: *Scott Tinetti*
Developmental editor: *Janet Gokay*
Production editor: *Stacy Shearer/Mel Valentin*
Art director: *Jeanne Schreiber*
Art manager: *Robin Mouat*
Design manager: *Violeta Díaz*
Interior designer: *Amanda Cavanaugh*
Cover designer: *Preston Thomas*
Photo research Coordinator: *Nora Agbayani*
Photo researcher: *Susan Friedman*
Supplements producer: *Louis Swaim*
Production supervisor: *Richard Devitto*
Composition: *10/12 Palatino by TechBooks/GTS Companies, York, PA*
Printing: *45# Publisher's Matte Plus, Quebecor World*

Credits : The credits section for this book begins on page C-1 and is considered an extension of the copyright page.

Library of Congress Cataloging-in-Publication Data

Puntos en breve: a brief course/Marty Knorre ... [et al.].—2nd ed.
    p.cm.
  Includes index.
  ISBN: 978-0-07-312386-8 (student ed.)
  MHID: 0-07-312386-2 (student ed.)
  ISBN: 978-0-07-320827-5 (instructor's ed.)
  MHID: 0-07-320827-2 (instructor's ed.)
    1. Spanish language—Textbooks for foreign speakers—English. I. Knorre, Marty.

PC4129.E5P85 2005
468.2'421--dc22
                                        2005054422

The Internet addresses listed in the text were accurate at the time of publication. The inclusion of a Web site does not indicate an endorsement by the authors or McGraw-Hill, and McGraw-Hill does not guarantee the accuracy of the information presented at these sites.

www.mhhe.com

contents

preface

> " . . . to help students develop proficiency in the four language skills essential to truly communicative language teaching . . ."
>
> from the Preface to Puntos de partida, *first edition, 1981*

Market research. Reviewer feedback. Special consultants. Focus groups. Merely buzz words? On the contrary! When the authors and editors of *Puntos de partida* and *Puntos en breve* began preparing for another edition, we once again turned to you—instructors and students—to help us formulate a plan that would respond to your needs. This has always been our approach. Over the years, more than 450 individuals have provided the necessary feedback to keep *Puntos* in step with changes in the classroom and in the profession. For this edition in particular we reached out to more than 160 students and instructors. The result is a thoroughly revised edition both in appearance and content. Be assured, however, that *Puntos de partida* and *Puntos en breve* continue to provide the solid foundation in communicative language development that is their hallmark. At the same time, your feedback has guided us in ways that enrich and improve that foundation. Some of the changes that you will find include the following:

A DESIGN THAT PROMOTES LEARNING AND TEACHING

- More than 500 new color illustrations and photographs bring an exciting new visual appeal to the program and enhance the pedagogy of the text. Beautiful drawings illustrate vocabulary words in each chapter, allowing students to make important connections between the Spanish word and the conceptual meaning. Many activities are also enlivened through lively illustrations that review vocabulary and grammar and promote real communication.

- The flow of presentations and activities within the chapter has been carefully crafted to keep students on task and focused. Activities do not break over the front and back of pages, thus eliminating the need for students and instructors to "flip" pages while completing activities.

- Sentence-formation and cloze passage activities are pedagogically improved with special shading and color that highlight key elements of the activity and keep students focused on the tasks they are performing.

STUDENT-FRIENDLY GRAMMAR FEATURES

- Paradigms and charts within grammar presentations have been enhanced by the use of a colored font that directs students' attention to key aspects of the grammar point.

- New timelines place major grammar tenses on a continuum from Past ⟷ Present ⟷ Future and help students understand the "big picture" as they move through the sequence of tenses presented in the text.

- **Autoprueba** quizzes allow students to do quick self-assessments of their understanding of key grammar points in every chapter, before they begin the exercises and activities.

- New drawings illustrate many new verb infinitives, encouraging students to learn meaning through visual association.

- A grammar checklist in the new **En resumen** section at the end of every chapter offers a quick review of the major grammar topics in the chapter.

- Interactive **Flash Grammar** tutorials on the CD-ROM and the *Online Learning Center* Website allow students to "see" core grammar structures. The tutorials are enriched by interactive paradigms and sample sentences.

AN ALL-NEW VIDEO PROGRAM THAT BRINGS LANGUAGE AND HISPANIC CULTURES TO LIFE

- The **Entrevista cultural** segments introduce students to a Spanish-speaker from a different country in each chapter, providing a unique glimpse into their lives and their culture.

- The **Entre amigos** episodes present four students from different countries (Spain, Mexico, Venezuela, and Cuba) who tell entertaining stories as they meet and talk at a university in Mexico. These vignettes also review vocabulary themes and grammatical structures in each chapter.

- The popular video episodes from the previous editions of *Puntos de partida* continue to be available on the *Video Program,* and can still be used with the second edition of *Puntos en breve.*

DIVERSE CULTURAL CONTENT

- Each chapter focuses on one or two countries of the Spanish-speaking world. A large photo on the chapter opening pages introduces students to the chapter's themes as well as to the country of focus, and provides an engaging starting point for conversation.

- Special cultural features, including the **Nota cultural** and the **En los Estados Unidos y el Canadá** boxes, give quick and interesting glimpses into Hispanic cultures.

- The **Conozca...** section in each chapter highlights the country or countries of focus through video segments, texts, and photos.

While much is new to this edition of *Puntos en breve*, you will continue to find the many hallmarks that make it the book of choice for hundreds of instructors across the country. These hallmark features include:

- an abundance of classroom-tested practice material, ranging from form-focused activities to communicative activities that promote real conversation

- vocabulary, grammar, and culture that work together as interactive units, unifying this important aspect of language learning

- an emphasis on the meaningful use of Spanish

- a positive portrayal of Hispanic cultures

- print and media supplementary materials that are carefully coordinated with the core text

A more detailed overview of changes to this edition is provided in a section called "What's New in the Second Edition?" Another section, "A Guided Tour," explains and shows the organization and features of *Puntos en breve* (useful to both instructors and students!). The Preface closes with the acknowledgment of the many instructors and students who helped shape this new edition.

what's new to the second edition?

NEW DESIGN AND ART

Instructors will immediately notice the new look of *Puntos en breve*. While the design and art of the previous edition was well received, we felt it was time for a change. The result is a new design: contemporary, beautiful, and most importantly, student- and instructor-friendly. Great care has been taken to ensure that activities and presentations flow smoothly from one page to the next and that the design itself enhances the teaching and learning experiences. The art program for this edition of *Puntos en breve* is also entirely new. The artists were carefully guided so that the art would be both pedagogically sound and visually beautiful. The result of the new design and art is a visually enhanced second edition that satisfies the needs of today's sophisticated students and instructors, both pedagogically and visually.

CHAPTER THEMES

The positive response from instructors using the first edition confirmed that the chapter themes found in *Puntos en breve* provide engaging and relevant content for exploration and discussion. Theme vocabulary for all chapters has, of course, been updated to reflect changes in the areas of technology, recreational activities, and so forth, and the vocabulary of **Capítulo 14** has been modified to focus more on the natural world.

NEW CHAPTER-OPENING PAGE

We have redesigned the chapter-opening page. The result is an introduction to the chapter that is more engaging and more purposeful to the instructor and the student. Spending class time on the chapter opener will provide a useful introduction to the chapter for the student and set the stage for a more successful experience with the chapter content. (A visual presentation of the new Chapter Opener is provided in the Guided Tour presented in this Preface.)

CAPÍTULO PRELIMINAR: ANTE TODO

Responding to reviewer feedback, the authors have carefully recrafted and shortened the **Capítulo preliminar.** Its purpose remains the same: to introduce students to the sounds of Spanish and to a variety of high-frequency language that will ease their transition into the course. In addition, this special chapter continues to introduce students to the geographic and cultural diversity of the Spanish-speaking world. However, the amount of material has been considerably reduced, resulting in two sections rather than three. The material that has been eliminated from the preliminary chapter has been integrated into other chapters of *Puntos en breve.*

USER-FRIENDLY ACTIVITIES

In addition to being carefully ordered from form-focused to more open-ended, communicative tasks, the activities are now also carefully placed on the pages so that students and instructors will not need to flip pages as they complete an activity. Additional models provide more support and materials, and elicit more student interaction. Many activities focus even more on reviewing and recycling vocabulary and structure from previous chapters.

NOTAS CULTURALES

More than half of the **Notas culturales** have been replaced with new **Notas** or have been revised considerably. Instructors will find that the **Notas culturales** consistently reflect some aspect of the chapter theme and focus on high-interest topics. In addition, the *Instructor's Edition* now features a series of follow-up questions for each **Nota,** providing instructors with ready-made activities to use in class.

CONOZCA...

The **Conozca...** page found in every chapter uniquely presents Hispanic cultures through a combination of video, readings, photos, and graphics. This page provides students with the opportunity to learn more about the chapter's country or countries of focus. The variety of information provided is designed to give students a broad overview of the particular country or countries. After students have had the opportunity to learn about the country of focus, the *Video Program* provides even more cultural viewpoints with the new **Entrevista cultural** and **Entre amigos** video segments.

a guided tour

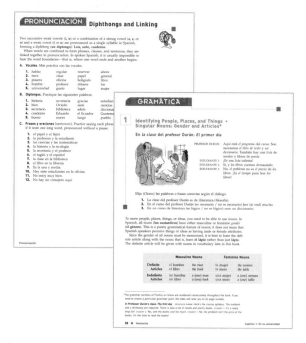

CHAPTER-OPENING PAGE

Each chapter opens with an engaging page that provides a purposeful introduction to the chapter for both the instructor and the student. A photo introduces students to both the chapter theme and the chapter's country of focus. In the *Instructor's Edition,* instructors will find theme-related questions that introduce students to the vocabulary and themes of the chapter.

Also included on this pages is a brief overview of the chapter objectives, including vocabulary, grammar, and cultural topics.

VOCABULARIO: PREPARACIÓN

This section presents and practices the chapter's thematic vocabulary. The vocabulary items in these sections, marked with a headphones icon, are available in audio format on the *Online Learning Center.* A special *Textbook Listening CD,* containing these audio files, is also included in the *Laboratory Audio Program.* Each new vocabulary presentation is followed by a **Conversación** section that practices the new vocabulary in context.

PRONUNCIACIÓN

This section, a feature of the preliminary chapter and the first seven numbered chapters, focuses on individual sounds that are particularly difficult for native speakers of English.

GRAMÁTICA

This section presents two to four grammar points. Each point is introduced by a minidialogue, a cartoon or drawing, realia, or a brief reading that presents the grammar topic in context. Grammar explanations, in English, appear in the left-hand column of the two-column design; paradigms and

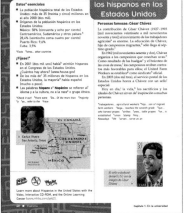

sample sentences appear in the right-hand column. Each grammar presentation is followed by a series of contextualized activities that progress from more controlled (**Práctica**) to open-ended (**Conversación**). Often, the first activity in the **Práctica** section is an **¡Anticipemos!** activity. These activities are specifically designed to introduce students to the use of the grammar point without requiring that they actively produce the new structure. Thus, these **¡Anticipemos!** activities focus on the recognition of the new grammar structure.

The **Conversación** sections contain many partner-pair activities, including many **Entrevista** activities, which require students to interview each other in order to accomplish the goal of the activity.

CONOZCA...

Conozca... is a cultural section that focuses on an individual country of the Spanish-speaking world (or in a few instances, two countries presented together). This in-depth look at the Hispanic world features information about prominent figures, the arts, cuisine, politics, history, and so forth. A map helps students place the country or countries of focus in their geographic context; the small photo of the interviewee(s) from the country or the countries reminds student of the interview on the *Video Program*. Additional country-specific video footage is available on the *Video Program* to further enhance students' understanding of each country and its culture; this footage is indicated in the **Conozca...** section with a video icon.

EN RESUMEN

This end-of-chapter grammar and vocabulary summary consists of two sections: **Gramática** and **Vocabulario.** The **Gramática** section provides students with a quick overview of the major grammar points within the chapter as well as a reminder of what they should know for assessment purposes. The **Vocabulario** section includes all important words and expressions from the chapter that are considered active.

ADDITIONAL FEATURES

Other important features that appear throughout the text include:

- Theme-related **Nota cultural** features that highlight an aspect of Hispanic cultures throughout the world

- **Nota comunicativa** sections that provide additional information and strategies for communicating in Spanish

- **En los Estados Unidos y el Canadá** sections that focus on U.S. and Canadian Hispanics and Hispanic communities

- **Vocabulario útil** boxes that give additional vocabulary that may be helpful for completing specific activities

- **Autoprueba** boxes that follow grammar presentations and provide students with the opportunity to quickly check their understanding of a specific grammar point

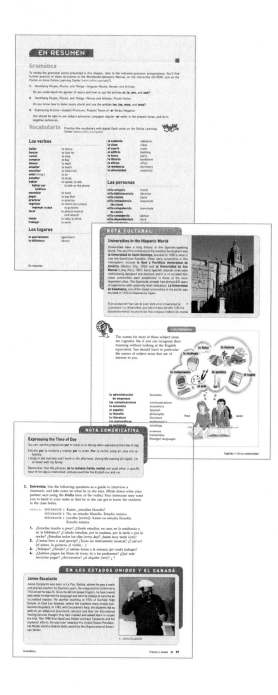

puntos en breve:
a brief course

Puntos en breve is based on the highly successful *Puntos de partida* first-year Spanish text. Responding to the wishes of many instructors across the country, *Puntos en breve* retains the methodology and functionality of the longer *Puntos de partida* program but in a brief version, which can be ideal for classes meeting three or fewer times per week, or for instructors who prefer to incorporate other materials into the first-year programs.

In order to create *Puntos en breve* from *Puntos de partida*, the authors reduced the amount of activities and exercises in the *Puntos de partida* main text, as well as the actual number of grammer points presented. In addition, the text-integrated video sections (**Videoteca**) found in *Puntos de partida* have been removed, as well as the **Un poco de todo** review sections. Finally, the **Un paso más** sections of *Puntos de partida,* which contained lengthier reading and writing activities, have also been deleted.

What's left? The essential elements of most first-year Spanish courses: thematic vocabulary, grammar presentation, plenty of culture, plus an abundance of classroom-tested activities that help students develop their listening, speaking, reading, and writing skills.

The *Puntos de partida* grammar points that were modified or removed to create *Puntos en breve* are:

- Asking Yes/No Questions
- Relative Pronouns
- **Hace... que** + *present* and *preterite*
- Summary of the Subjunctive
- Past Subjunctive
- Stressed Possessives
- Conditional
- **Si** Clause Sentences

We believe that *Puntos en breve* will provide instructors with a flexible, manageable book that can be adapted to suit different teaching and learning styles, while providing an engaging learning experience that will motivate both students and instructors alike.

supplementary materials

A variety of additional components are available to support *Puntos en breve*. Many are free to adopting institutions. Please contact your local McGraw-Hill representative for details on policies, prices, and availability.

FOR STUDENTS

- *Workbook/Laboratory Manual* and *Laboratory Audio Program*, by Alice A. Arana (formerly of Fullerton College), Oswaldo Arana (formerly of California State University, Fullerton), and María Sabló-Yates (Delta College). The *Workbook/ Laboratory Manual* provides a wealth of activities, both aural and written, that reinforce chapter content. Audio Program CDs are free to adopting institutions and are also available for student purchase upon request.

- The *Online Workbook/Laboratory Manual*, developed in collaboration with Quia™, offers an online version of this printed supplement. Increasingly popular, this online version of the printed material offers such benefits for the student as an integrated *Laboratory Audio Program*, self-scoring activities, and instant feedback. Benefits for the instructor include a gradebook that automatically scores, tracks, and records student grades and provides the opportunity to review individual and class performance. Other benefits include customizable activities and features and instant access to grades and performance.

- The *Online Learning Center* Website provides students with a wealth of exercises and activities specially created for use with *Puntos en breve*. The *Online Learning Center* consists of two general areas: the free content and the **Premium Content.** Free content includes additional vocabulary and grammar practice quizzes, cultural activities, chapter overviews, and more. Packaged free with every new student text is an *Online Learning Center* passcode card that provides students purchasing a new text with access to the **Premium Content.** This **Premium Content** includes the *Laboratory Audio Program,* the **Conozca...** video footage, and the **Flash Grammar Tutorials.** Students that purchase a used text may purchase a passcode separately at a nominal price if they wish to access this **Premium Content.** The *Online Learning Center* can be accessed at **www.mhhe.com/peb2.**

- The *Interactive CD-ROM* is an exciting multimedia supplement that offers additional vocabulary and grammar practice activities, vocabulary games, review activities, interactive grammar tutorials, video-based activities, speaking activities that simulate conversations with native speakers, cultural activities, reading and writing activities, a "talking" dictionary, and much more. This highly popular interactive supplement has been revised and upgraded for the second edition and includes new activities and features not available on the earlier version.

- The *Video on CD* provides students with access to the entire *Puntos de partida Video Program.* Available for purchase, this set of two CD-ROMs includes every video segment from the *Video Program.* Instructors who find they do not have the time to show the *Video Program* in class will be pleased to know that it is available to students in this format, providing students with a

wealth of authentic and natural linguistic and cultural input. For more information, see the *Video Program* below.

FOR INSTRUCTORS

- The *Instructor's Manual and Resource Kit* offers an extensive introduction to teaching techniques, general guidelines for instructors, suggestions for lesson planning in semester and quarter schedules, and blackline master activities created for use with the various segments of the *Video Program*, thus making it easy for instructors to provide concrete tasks that accompany the video material. Also included is a wide variety of interactive and communicative games for practicing vocabulary and grammar, many of which are new to this edition of the *Instructor's Manual and Resource Kit*. We are very grateful to Linda H. Colville of Citrus College for creating these excellent games.

- The second edition of the printed *Testing Program* has been considerably revised based on extensive instructor feedback. All tests have been carefully reviewed and edited. In particular, the reading and listening sections have been revised to make their level and language more consistent. Five different tests are provided for each chapter, as well as sample mid-term and final exams.

- A new and exciting instructor supplement is the *Puntos Test Generator*. This brand-new supplement has been created in response to instructors' requests for a true test generator that allows them to easily and quickly create new, customized tests at the click of a mouse. This *Test Generator* provides a wealth of testing questions for every chapter, in a wide variety of formats. Testing categories include vocabulary, grammar, reading, writing, listening, and culture. Instructors can easily create a new test for every class, multiple tests for one class, save and store those tests, and add and save their own testing questions. We are delighted to offer this useful new supplement to instructors.

- The *Online Learning Center* Website to accompany *Puntos en breve* offers instructors a variety of additional resources. Instructors have password-protected access to all portions of the *Online Learning Center*, which includes such resources for instructors as electronic versions of the *Instructor's Manual and Resource Kit* and the *Audioscript*, as well as *Digital Transparencies* and links to **Professional Resources**. The *Online Learning Center* can be accessed at **www.mhhe.com/peb2**. For password information, please contact your McGraw-Hill sales representative.

- A new *Video Program* is available with the second edition of *Puntos en breve*. It includes two new video segments for every chapter: the **Entrevista cultural** segment and the **Entre amigos** segment. In addition, the highly popular **Minidramas** vignettes, the **En contexto** functional segments, and the **Conozca...** cultural footage have been retained from the previous edition, resulting in a *Video Program* of approximately five hours in length. This rich resource offers instructors a wide variety of video material of differing types that correspond directly to every chapter of the textbook.

- The *Adopter's Audio CD Program,* provided free to adopting institutions, contains all of the audio CDs from the *Laboratory Audio Program* as well as the *Textbook Listening CD.* Adopting institutions may use this *Adopter's Audio CD Program* in their Language Laboratory. In addition, institutions may make copies of these materials for students, provided that students are only charged for the cost of blank tapes or CDs.

- The *Institutional CD-ROM* package consists of twenty copies of the *Interactive CD-ROM.* This package is made available for purchase by departments and laboratories.

- A set of *Overhead Transparencies,* most in full color, contains drawings from the text and supplementary drawings for use with vocabulary and grammar presentations. An electronic online version of the *Transparencies* is available to instructors on the *Puntos en breve Online Learning Center* Website.

- An *Instructor's Resource CD* is available to instructors, and contains Word files of the tests from the printed *Testing Program,* as well as the *Digital Transparencies* and an electronic version of the *Instructor's Manual and Resource Kit.*

- Also available are *Supplemental Materials to accompany Puntos de partida,* by Sharon Foerster and Jean Miller (University of Texas, Austin). Comprised of worksheets and a teacher's guide, these two supplements are a compilation of materials that include short pronunciation practice, listening exercises, grammar worksheets, integrative communication-building activities, comprehensive chapter reviews, and language games.

acknowledgments

The suggestions, advice, and work of the following friends and colleagues are gratefully acknowledged by the authors of the second edition.

- Dr. Bill VanPatten (University of Illinois, Chicago), whose creativity has been an inspiration to us and from whom we have learned so very much about language teaching and about how students learn.
- Dr. A. Raymond Elliott (University of Texas, Arlington) and Ana María Pérez-Gironés (Wesleyan University), whose contributions to the *Instructor's Edition* have served to make that supplement an even more invaluable teaching resource
- Dr. Gail Fenderson (Brock University), whose work on the revised **En los Estados Unidos y el Canadá** sections has expanded our knowledge of the Hispanic community in Canada
- Katherine Lincoln (University of Texas, Arlington), who compiled and edited the material for the new *Test Generator.*
- Laura Chastain (El Salvador), whose invaluable contributions to the text range from language usage to suggestions for realia

In addition, the publisher wishes to acknowledge the suggestions received from the following instructors and professional friends across the country. The appearance of their names in this list does not necessarily constitute their endorsement of the text or its methodology.

INSTRUCTOR FOCUS GROUP PARTICIPANTS

We thank our instructor focus group participants, who graciously gave us their feedback and suggestions for the *Puntos de partida* and *Puntos en breve* programs. Their constructive criticism has greatly enhanced these materials.

Juan Bernal, *San Diego City College*
Ezequiel Cárdenas, *Cuyamaca College*
Margaret Eomurian, *Houston Community College*
Raquel N. González, *University of Michigan, Ann Arbor*
María Grana, *Houston Community College*
Yolanda Guerrero, *Grossmont College*
Carmen M. Hernández, *Grossmont College*
Judy Hittle, *Indiana University Northwest*
Casilde Isabelli, *University of Nevada, Reno*
Joseph P. Kelliher, *Cuyamaca College*
Ruth Fátima Konopka, *Grossmont College*
José Manuel Lacorte, *University of Maryland*
Eva Mendieta, *Indiana University Northwest*
Judith Minarick, *Grossmont College*
Lizette Moon, *Houston Community College*
Nora Olmos, *Houston Community College*
Nancy Pinnick, *Indiana University Northwest*
Janet Sandarg, *Augusta State University*

Jacquelyn Sandone, *University of Missouri–Columbia*
Edda Temoche-Weldele, *Grossmont College*
Omaida Westlake, *Grossmont College*
Carlos H. Villacis, *Houston Community College*

SPECIAL CONSULTANTS

We are especially indebted to the many instructors who completed intense "how does this work in the classroom?" reviews of the text. Their comments were truly the informing voice of this edition, helping us fine-tune every aspect of the text to ensure that, as has been said of *Puntos* since the first edition, everything "works." These consultants also provided the **Bright Idea** annotations for the *Instructor's Edition*.

Yvette Aparicio, *Grinnell College*
Ellen Brennan, *Indiana University–Purdue University Indianapolis*
Obdulia Castro, *University of Colorado, Boulder*
Arleen Chiclana, *University of North Florida*
Stephen Clark, *Northern Arizona University*
Elisabeth Combier, *North Georgia College and State University*
Kathy Dwyer Navajas, *University of Florida at Gainesville*
Delia Escalante, *Phoenix College*
Celia Esplugas, *West Chester University of Pennsylvania*
Charles Grove, *West Chester University of Pennsylvania*
Marilen Loyola, *University of Wisconsin, Madison*
April Marshall, *New York University*
Delia Montesinos, *University of Texas, Austin*
Sherrie Nunn, *University of Florida at Gainesville*
Lynne Overesch-Maister, *Johnson County Community College*
Tina Peña, *Tulsa Community College*
Marcia Picallo, *County College of Morris*
Stacey Powell, *Auburn University*
Silvia Ramírez, *University of Texas, Austin*
Jeffrey T. Reeder, *Sonoma State University*
Jaime Sánchez, *Volunteer State University*
Emily Scida, *University of Virginia, Charlottesville*
Louis Silvers, *Monroe Community College*
Bretton White, *University of Wisconsin, Madison*
María José Zubieta, *New York University*

REVIEWERS

We are grateful to the following reviewers, whose insight and suggestions have helped shape the *Puntos* family of books.

Esther Aguilar, *San Diego State University*
Serge Ainsa, *Yavapai College, Prescott*
Enrica J. Ardemagni, *Indiana University–Purdue University Indianapolis*
Bobbie L. Arndt, *Pennsylvania State University, Altoona*

Haydeé Ayala-Richards, *Shippensburg University of Pennysylvania*
Angela Bagués, *Shippensburg University of Pennsylvania*
Nancy J. Barclay, *Lake Tahoe Community College*
Brenda Calderon, *Oral Roberts University*
Stephen Clark, *Northern Arizona University*
Daria Cohen, *Princeton University*
Linda H. Colville, *Citrus College*
Brian Cope, *University of California, Irvine*
Roselyn Costantino, *Pennsylvania State University, Altoona*
Kit Decker, *Piedmont Virginia Community College*
Danion L. Doman, *Truman State University*
Hector F. Espitia, *Grand Valley State University*
Rafael Falcón, *Goshen College*
Alla N. Fil, *New York University*
Laura A. Fox, *Grand Valley State University*
Khédija Gadhoum, *Grand Valley State University*
Martha Goldberg, *California Polytechnic State University*
Andrew Steven Gordon, *Mesa State College*
Antonio Gragera, *Southwest Texas State University*
Betty Gudz, *Sierra College*
Ellen Haynes, *University of Colorado, Boulder*
Candy Henry, *Westmoreland Community College, Youngwood*
Carmen M. Hernández, *Grossmont College*
Todd Anthony Hernández, *University of Kansas*
María Cecilia Herrera, *University of Wisconsin, Oshkosh*
Ann M. Hilberry, *University of Michigan*
Danielle Holden, *Oakton Community College*
Valerie Y. Job, *South Plains College, Levelland*
Hilda M. Kachmar, *Southern Methodist University*
Paula A. Kellar, *Pennsylvania State University, Altoona*
Marilyn Kiss, *Wagner College*
Sara Smith Laird, *Texas Lutheran University*
Paul Larson, *Baylor University*
Leticia P. López, *San Diego Mesa College*
María López Morgan, *Okaloosa-Walton Community College*
Monica Malamud, *Cañada College*
Jude Thomas Manzo, *San Antonio College*
Patricia A. Marshall, *Wesleyan University*
Lisa M. McCallum, *Auburn University*
Bette J. McLaud, *Onondaga Community College*
María-Teresa Moinette, *University of Central Oklahoma*
Kathryn A. Mussett, *Pennsylvania State University, Altoona*
Eunice D. Myers, *Wichita State University*
Duane C. Nelson, *Cloud County Community College*
Michelle Renee Orecchio, *University of Michigan*
Jorge Pérez, *University of California, Santa Barbara*
Oralia Preble-Niemi, *University of Tennessee, Chattanooga*
Jessica J. Ramírez, *Grand Valley State University*

Tracy Rasmussen, *Lake Tahoe Community College*
Kathleen Regan, *University of Portland*
Duane Rhoades, *University of Wyoming*
Zaira Rivera Casellas, *University of the Sacred Heart, San Juan*
Claudia Sahagún, *Broward Community College*
Maritza Salgueiro-Carlisle, *Bakersfield College*
Jaime Sánchez, *Volunteer State Community College*
Carmen Schlig, *Georgia State University*
Charles C. Schroeder, *North Iowa Area Community College–Mason City*
Georgia Seminet, *Texas A&M University, Commerce*
Philippe P. Seminet, *Texas A&M University, Commerce*
Mary-Lee Sullivan, *Binghamton University*
Fausto Vergara, *Houston Community College*
Deborah Walker, *Muscatine Community College*
Alex Whitman, *Lower Columbia College*
Gloria Williams, *Lincoln University*
Joy S. Woolf, *Westminster College*
Jiyoung Yoon, *University of North Texas*
Francisco Zabaleta, *San Diego State University*
Patricia Zuker, *University of California, San Diego*

Many other individuals deserve our thanks and appreciation for their help and support. Among them are the people who, in addition to the authors, read the second edition at various stages of development to ensure its linguistic and cultural authenticity and pedagogical accuracy: Alice A. Arana (United States), Oswaldo Arana (Peru), Laura Chastain (El Salvador), and María Sabló-Yates (Panama).

Within the McGraw-Hill family, we would like to acknowledge the contributions of the following individuals: Linda Toy and the McGraw-Hill production group, especially Violeta Díaz for her inspired work on the design of the second edition, Stacy Shearer and Mel Valentin for their invaluable assistance as Production Editors, and Richard DeVitto and Louis Swaim for their work on various aspects of production. We would also like to thank Amanda Peabody for her helpful editorial assistance. Special thanks are due to Eirik Børve, who originally brought some of us together, and to Nick Agnew and the McGraw-Hill marketing and sales staff for their constant support and efforts. We especially thank Christa Harris, whose role as Sponsoring Editor went far beyond the call of duty and who helped us keep our sights and efforts focused on the main goals of this edition. We are especially appreciative of the work of Pennie Nichols, who adroitly wove together the feedback and contributions from many sources into a coherent whole in *Puntos de partida,* and that of Janet Gokay, whose careful editing has resulted in this new edition of *Puntos en breve.*

The only reasons for publishing a new textbook or to revise an existing one are to help the profession evolve in meaningful ways and to make the task of daily classroom instruction easier and more enjoyable for experienced instructors and teaching assistants alike. Language teaching has changed in important ways since the publication of the first edition of the original *Puntos de partida.* We are delighted to have been—and to continue to be—agents of that evolution. And we are grateful to McGraw-Hill for its continuing support of our ideas.

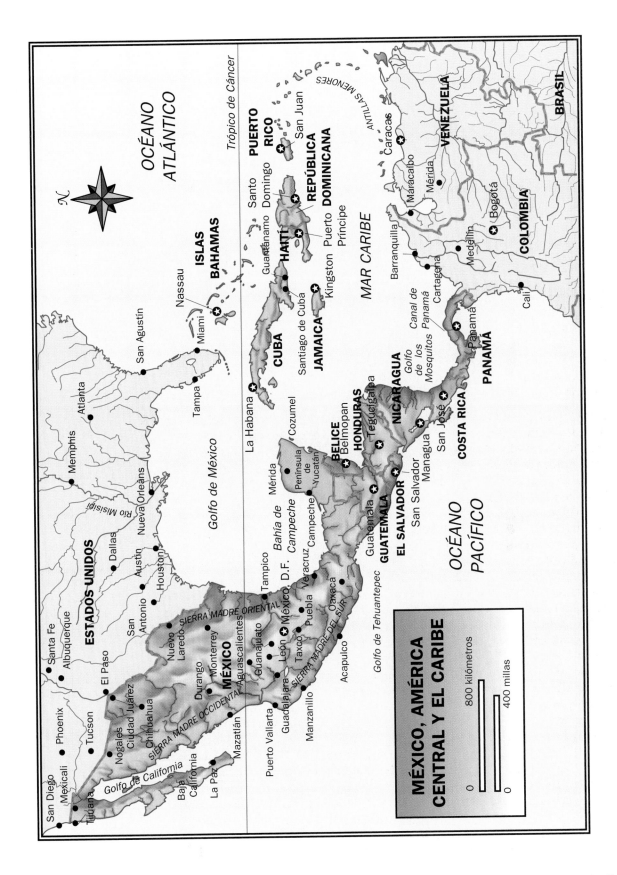

MÉXICO, AMÉRICA CENTRAL Y EL CARIBE

OCÉANO ATLÁNTICO

Trópico de Cáncer

OCÉANO PACÍFICO

MAR CARIBE

Golfo de México

Golfo de California

Golfo de Tehuantepec

Golfo de los Mosquitos

Bahía de Campeche

Canal de Panamá

Península de Yucatán

ANTILLAS MENORES

ESTADOS UNIDOS

MÉXICO

ISLAS BAHAMAS

CUBA

HAITÍ

JAMAICA

PUERTO RICO

REPÚBLICA DOMINICANA

BELICE

HONDURAS

GUATEMALA

EL SALVADOR

NICARAGUA

COSTA RICA

PANAMÁ

COLOMBIA

VENEZUELA

BRASIL

SIERRA MADRE ORIENTAL

SIERRA MADRE OCCIDENTAL

SIERRA MADRE DEL SUR

Baja California

San Diego
Tijuana
Mexicali
Phoenix
Tucson
Nogales
Ciudad Juárez
El Paso
Chihuahua
Santa Fe
Albuquerque
San Antonio
Austin
Dallas
Houston
Memphis
Atlanta
Nueva Orleans
San Agustín
Tampa
Miami
Nassau

Río Misisipi

Nuevo Laredo
Monterrey
Durango
Mazatlán
La Paz
Puerto Vallarta
Guadalajara
Manzanillo
Aguascalientes
Guanajuato
León
Taxco
México, D.F.
Puebla
Veracruz
Tampico
Campeche
Mérida
Cozumel
Acapulco
Oaxaca

La Habana
Santiago de Cuba
Guantánamo
Kingston
Puerto Príncipe
Santo Domingo
San Juan

Belmopan
Guatemala
San Salvador
Tegucigalpa
Managua
San José
Panamá

Barranquilla
Cartagena
Maracaibo
Mérida
Medellín
Bogotá
Cali
Caracas

0   800 kilómetros

0   400 millas

MAR CARIBE

OCÉANO
ATLÁNTICO

Maracaibo

Barranquilla

PANAMÁ

Caracas

VENEZUELA

GUYANA

Medellín

Georgetown

Paramaribo

Panamá

Cayena

Bogotá

Cali

SURINAME

GUYANA FRANCESA

COLOMBIA

Quito

Ecuador

Río Orinoco

ECUADOR

Río Amazonas

Guayaquil

Belém

Manaus

PERÚ

CORDILLERA DE LOS ANDES

BRASIL

Recife

Cuzco

Lima

Arequipa

La Paz

Brasília

BOLIVIA

Sucre

Antofagasta

PARAGUAY

Río de Janeiro

CHILE

Trópico de Capricornio

OCÉANO
PACÍFICO

San Miguel
de Tucumán

Asunción

São Paulo

La Serena

OCÉANO
ATLÁNTICO

Córdoba

Rosario

URUGUAY

Valparaíso

ARGENTINA

Santiago

Montevideo

Concepción

Buenos Aires

Río de la Plata

Bahía Blanca

Puerto Montt

Bariloche

Chiloé

AMÉRICA DEL SUR

Islas Malvinas

0   1500 kilómetros

Estrecho de Magallanes

Punta Arenas

Tierra del Fuego

0   1000 millas

Cabo de Hornos

N

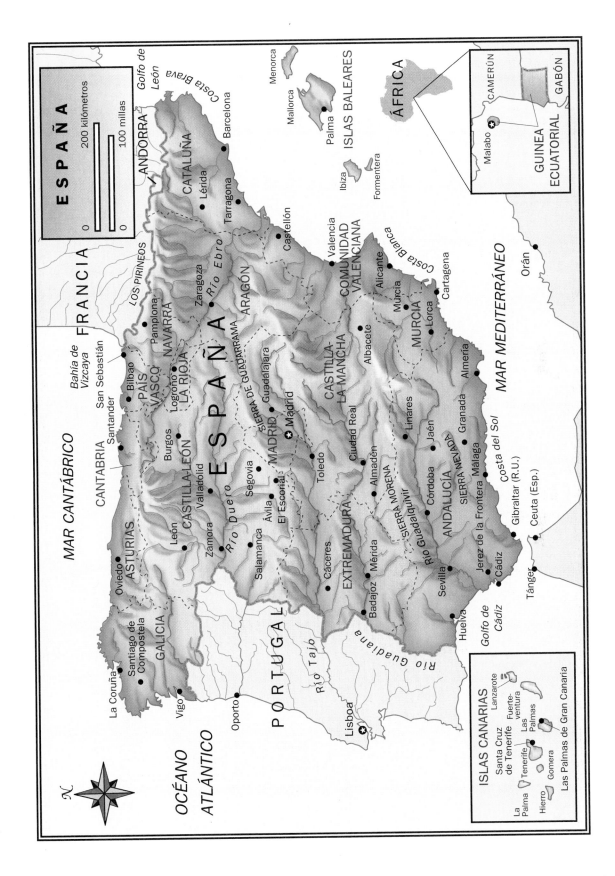

ESPAÑA

200 kilómetros
100 millas

Golfo de León
ANDORRA
Costa Brava
CATALUÑA
Barcelona
Lérida
Tarragona
Castellón
Valencia
COMUNIDAD VALENCIANA
Costa Blanca
Alicante
Murcia
Cartagena
Orán
MURCIA
Lorca
Albacete
Almería
MAR MEDITERRÁNEO
Gibraltar (R.U.)
Ceuta (Esp.)
Tánger

Menorca
Mallorca
Palma
ISLAS BALEARES
Ibiza
Formentera

ÁFRICA

CAMERÚN
GABÓN
Malabo
GUINEA ECUATORIAL

FRANCIA
LOS PIRINEOS
Pamplona
NAVARRA
Río Ebro
Zaragoza
ARAGÓN
Logroño
LA RIOJA
PAÍS VASCO
Bilbao
San Sebastián
Bahía de Vizcaya
Santander
CANTABRIA
MAR CANTÁBRICO

E S P A Ñ A
SIERRA DE GUADARRAMA
Guadalajara
MADRID
Madrid
El Escorial
Toledo
CASTILLA-LA MANCHA
Ciudad Real
Linares
Jaén
SIERRA NEVADA
Granada
Málaga
Costa del Sol

CASTILLA-LEÓN
Burgos
Valladolid
Segovia
Ávila
Salamanca
Zamora
León
Río Duero

ASTURIAS
Oviedo
Santiago de Compostela
GALICIA
La Coruña
Vigo
Oporto
OCÉANO ATLÁNTICO

PORTUGAL
Río Tajo
Lisboa
Río Guadiana
Cáceres
EXTREMADURA
Mérida
Badajoz
SIERRA MORENA
Almadén
Río Guadalquivir
Córdoba
ANDALUCÍA
Sevilla
Jerez de la Frontera
Cádiz
Huelva
Golfo de Cádiz

ISLAS CANARIAS
Lanzarote
Santa Cruz de Tenerife
Fuerteventura
La Palma
Tenerife
Las Palmas
Gomera
Hierro
Las Palmas de Gran Canaria

preliminar

Ante **todo**°

PRIMERA PARTE

- Saludos y expresiones de cortesía
- El alfabeto español
- ¿Cómo es usted?

SEGUNDA PARTE

- Los números 0–30; *hay*
- Gustos y preferencias
- ¿Qué hora es?

PRONUNCIACIÓN

- Las vocales: *a, e, i, o, u*

CULTURA

- **Nota cultural:** Spanish in the United States and in the World
- **Lectura:** La geografía del mundo hispánico

▼ Santiago, Chile

▼ San Juan, Puerto Rico

▼ Lima, Perú

▼ Madrid, España

As you study Spanish in *Puntos en breve,* you will also learn about the ethnic, racial, and cultural diversity of the Spanish-speaking world. ▶

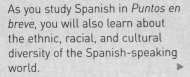

°**Ante...** *First of all*

PRIMERA PARTE

Saludos° y expresiones de cortesía

Greetings

Here are some words, phrases, and expressions that will enable you to meet and greet others appropriately in Spanish.

1. Sevilla, España

1.
MANOLO:	¡Hola, Maricarmen!
MARICARMEN:	¿Qué tal, Manolo? ¿Cómo estás?
MANOLO:	Muy bien. ¿Y tú?
MARICARMEN:	Regular. Nos vemos, ¿eh?
MANOLO:	Hasta mañana.

2.
ELISA VELASCO:	Buenas tardes, señor Gómez.
MARTÍN GÓMEZ:	Muy buenas, señora Velasco. ¿Cómo está?
ELISA VELASCO:	Bien, gracias. ¿Y usted?
MARTÍN GÓMEZ:	Muy bien, gracias. Hasta luego.
ELISA VELASCO:	Adiós.

2. Quito, Ecuador

¿Qué tal?, ¿Cómo estás?, and **¿Y tú?** are expressions used in informal situations with people you know well, on a first-name basis.

¿Cómo está? and **¿Y usted?** are used to address someone with whom you have a formal relationship.

3. La Ciudad de México, México

3.
LUPE:	Buenos días, profesor.
PROFESOR:	Buenos días. ¿Cómo te llamas?
LUPE:	Me llamo Lupe Carrasco.
PROFESOR:	Mucho gusto, Lupe.
LUPE:	Igualmente.

---

1. MANOLO: *Hi, Maricarmen!* MARICARMEN: *How's it going, Manolo? How are you?* MANOLO: *Very well. And you?* MARICARMEN: *OK. See you around, OK?* MANOLO: *See you tomorrow.*
2. ELISA VELASCO: *Good afternoon, Mr. Gómez.* MARTÍN GÓMEZ: *Afternoon, Mrs. Velasco. How are you?* ELISA VELASCO: *Fine, thank you. And you?* MARTÍN GÓMEZ: *Very well, thanks. See you later.* ELISA VELASCO: *Bye.*
3. LUPE: *Good morning, professor.* PROFESSOR: *Good morning. What's your name?* LUPE: *My name is Lupe Carrasco.* PROFESSOR: *Nice to meet you, Lupe.* LUPE: *Likewise.*

¿**Cómo se llama usted?** is used in formal situations. ¿**Cómo te llamas?** is used in informal situations—for example, with other students. The phrases **mucho gusto** and **igualmente** are used by both men and women when meeting for the first time. In response to **mucho gusto,** a woman can also say **encantada;** a man can say **encantado.**

4. MIGUEL: Hola, me llamo Miguel René. ¿Y tú? ¿Cómo te llamas?
KARINA: Me llamo Karina. Mucho gusto.
MIGUEL: Mucho gusto, Karina. Y, ¿de dónde eres?
KARINA: Yo soy de Venezuela. ¿Y tú?
MIGUEL: Yo soy de México.

4. La Ciudad de México, México

¿**De dónde eres?** is used in informal situations to ask where someone is from. In formal situations the expression used is ¿**De dónde es usted?** To reply to either question, the phrase **Soy de _____** is used.

NOTA COMUNICATIVA

Otros saludos y expresiones de cortesía

buenos días	good morning (*used until the midday meal*)
buenas tardes	good afternoon (*used until the evening meal*)
buenas noches	good evening; good night (*used after the evening meal*)
señor (Sr.)	Mr., sir
señora (Sra.)	Mrs., ma'am
señorita (Srta.)	Miss (**¡OJO!*** *There is no Spanish equivalent for Ms. Use* **Sra.** *or* **Srta.** *as appropriate.*)
gracias	thanks, thank you
** muchas gracias**	thank you very much
de nada, no hay de qué	you're welcome
por favor	please (*also used to get someone's attention*)
perdón	pardon me, excuse me (*to ask forgiveness or to get someone's attention*)
con permiso	pardon me, excuse me (*to request permission to pass by or through a group of people*)

---

4. MIGUEL: Hello, my name is Miguel René. And you? What's your name? KARINA: My name is Karina. Nice to meet you. MIGUEL: Nice to meet you, Karina. And where are you from? KARINA: I'm from Venezuela. And you? MIGUEL: I'm from Mexico.

Watch out!, Careful!* **¡OJO! *will be used throughout* Puntos en breve *to alert you to pay special attention to the information that follows.*

■■■ Conversación

A. Cortesía. How many different ways can you respond to the following greetings and phrases?

1. Buenas tardes.
2. Adiós.
3. ¿Qué tal?
4. Hola.
5. ¿Cómo está?
6. Buenas noches.
7. Muchas gracias.
8. Hasta mañana.
9. ¿Cómo se llama usted?
10. Mucho gusto.
11. ¿De dónde eres?

B. Situaciones. If the following people met or passed each other at the times given, what might they say to each other? Role-play the situations with a classmate.

1. Mr. Santana and Miss Pérez, at 5:00 P.M.
2. Mrs. Ortega and Pablo, at 10:00 A.M.
3. Ms. Hernández and Olivia, at 11:00 P.M.
4. you and a classmate, just before your Spanish class

C. Más (*More*) **situaciones.** Are the people in these drawings saying **por favor, con permiso,** or **perdón?**

D. Entrevista (*Interview*)

Paso (Step) 1. Turn to a person sitting next to you and do the following.

- Greet him or her appropriately, that is, with informal forms.
- Ask where he or she is from.
- Find out his or her name.
- Ask how he or she is.
- Conclude the exchange.

Paso 2. Now have a similar conversation with your instructor, using the appropriate formal forms.

El alfabeto español

There are twenty-nine letters in the Spanish alphabet (**el alfabeto** or **el abecedario**)—three more than in the English alphabet. The three additional letters are the **ch,** the **ll,** and the **ñ.** The letters **k** and **w** appear only in words borrowed from other languages.

In 1994, the **Real Academia Española** (*Royal Spanish Academy*), which establishes many of the guidelines for the use of Spanish throughout the world, decided to adopt the universal Latin order when alphabetizing. In that order, **ch** and **ll** are not considered separate letters. Thus, in dictionaries and other alphabetized materials published since 1994, you will not find separate listings for the letters **ch** and **ll.** They are, however, still considered separate letters by the **Real Academia** and are part of the Spanish alphabet.*

Letters	Names of Letters	Examples		
a	a	Antonio	Ana	(la) Argentina
b	be	Benito	Blanca	Bolivia
c	ce	Carlos	Cecilia	Cáceres
ch	che	Pancho	Chabela	La Mancha
d	de	Domingo	Dolores	Durango
e	e	Eduardo	Elena	(el) Ecuador
f	efe	Felipe	Francisca	Florida
g	ge	Gerardo	Gloria	Guatemala
h	hache	Héctor	Hortensia	Honduras
i	i	Ignacio	Inés	Ibiza
j	jota	José	Juana	Jalisco
k	ca (ka)	(Karl)	(Kati)	(Kansas)
l	ele	Luis	Lola	Lima
ll	elle	Guillermo	Estrella	Sevilla
m	eme	Manuel	María	México
n	ene	Nicolás	Nati	Nicaragua
ñ	eñe	Íñigo	Begoña	España
o	o	Octavio	Olivia	Oviedo
p	pe	Pablo	Pilar	Panamá
q	cu	Enrique	Raquel	Quito
r	ere	Álvaro	Rosa	(el) Perú
s	ese	Salvador	Sara	San Juan
t	te	Tomás	Teresa	Toledo
u	u	Agustín	Lucía	(el) Uruguay
v	ve *or* uve	Víctor	Victoria	Venezuela
w	doble ve, ve doble, *or* uve doble	Oswaldo	(Wilma)	(Washington)
x	equis	Xavier	Ximena	Extremadura
y	i griega	Pelayo	Yolanda	(el) Paraguay
z	ceta (zeta)	Gonzalo	Esperanza	Zaragoza

*The **ch** is pronounced with the same sound as in English cherry or chair, as in **nachos** or **muchacho.** The **ll** is pronounced as a type of y sound. Spanish examples of this sound that you may already know are **tortilla** and **Sevilla.** The grouping **rr** is not considered a separate letter by the **Real Academia.**

■ ■ ■ Práctica

A. ¡Pronuncie! The letters and combinations of letters listed below represent the Spanish sounds that are the most different from English. You will practice the pronunciation of some of these letters in upcoming chapters of *Puntos en breve*. For the moment pay particular attention to their pronunciation when you see them. Can you match the Spanish letters with their equivalent pronunciation?

EXAMPLES/SPELLING

1. mucho: **ch**
2. Geraldo: **ge** (also: **gi**) Jiménez: **j**
3. hola: **h**
4. gusto: **gu** (also: **ga**, **go**)
5. me llamo: **ll**
6. señor: **ñ**
7. profesora: **r**
8. Ramón: **r** (to start a word) Monterrey: **rr**
9. nos vemos: **v**

PRONUNCIATION

a. like the *g* in English *garden*
b. similar to *tt* of *butter* when pronounced very quickly
c. like *ch* in English *cheese*
d. like Spanish **b**
e. similar to a "strong" English *h*
f. like *y* in English *yes* or like the *li* sound in *million*
g. a trilled sound, several Spanish **r**'s in a row
h. similar to the *ny* sound in *canyon*
i. never pronounced

B. ¿Cómo se deletrea... ? (*How do you spell . . . ?*)

Paso 1. Pronounce these U.S. place names in Spanish. Then spell the names aloud in Spanish. All of them are of Hispanic origin: **Toledo, Los Ángeles, Texas, Montana, Colorado, El Paso, Florida, Las Vegas, Amarillo, San Francisco.**

Paso 2. Spell your own name aloud in Spanish, and listen as your classmates spell their names. Try to remember as many of their names as you can.

MODELO: Me llamo María: **M** (eme) **a** (a) **r** (ere) **í** (i acentuada) **a** (a).

NOTA COMUNICATIVA

Los cognados

As you begin your study of Spanish, you will probably notice that many Spanish and English words are similar or identical in form and meaning. These related words are called *cognates* (**los cognados**). You will see them used in **Ante todo** and throughout *Puntos en breve*. At this early stage of language learning, it's useful to begin recognizing cognates and how they are pronounced in Spanish. Here are some examples of Spanish words that are cognates of English words. These cognates and others will help you enrich your Spanish vocabulary and develop your language proficiency!

SOME ADJECTIVES		SOME NOUNS	
cruel	optimista	banco	hotel
elegante	paciente	bar	museo
flexible	pesimista	café	oficina
importante	responsable	diccionario	parque
inteligente	sentimental	estudiante	teléfono
interesante	terrible	examen	televisión

¿Cómo es usted?°

¿Cómo... *What are you like?*

You can use these forms of the verb **ser** (*to be*) to describe yourself and others.

(yo)	**soy**	I am
(tú)	**eres**	you (*familiar*) are
(usted)	**es**	you (*formal*) are
(él, ella)	**es**	he/she is

—¿Cómo es usted?
—Bueno...° Yo soy moderna, independiente, sofisticada...

Well . . .

■ ■ ■ Conversación

Descripciones

Paso 1. Form complete sentences with the cognate nouns and adjectives given. Use **no** when necessary.

1. Yo (no) soy...
   estudiante.
   cruel.
   responsable.
   optimista.
   paciente.
2. El presidente (no) es...
   importante.
   inteligente.
   pesimista.
   flexible.
   extrovertido.
3. Jennifer López (no) es...
   elegante.
   introvertida.
   romántica.
   sentimental.
   egoísta.

Paso 2. Now think of people you might describe with the following additional cognates. Use **es** to express *is*.

MODELO: eficiente → La profesora es eficiente.

1. arrogante
2. egoísta
3. emocional
4. idealista
5. independiente
6. liberal
7. materialista
8. paciente
9. realista
10. rebelde

Spanish in the United States and in the World

Although no one knows exactly how many languages are spoken around the world, linguists estimate that there are between 3,000 and 6,000. Spanish, with 425 million native speakers, is among the top five languages. It is the official language spoken in Spain, in Mexico, in all of South America (except Brazil and the Guianas), in most of Central America, in Cuba, in Puerto Rico, in the Dominican Republic, and in Ecuatorial Guinea (in Africa)—in approximately twenty-one countries in all. It is also spoken by a great number of people in the United States and Canada.

Like all languages spoken by large numbers of people, modern Spanish varies from region to region. The Spanish of Madrid is different from that spoken in Mexico City, Buenos Aires, or Los Angeles. Although these differences are most noticeable in pronunciation ("accent"), they are also found in vocabulary and special expressions used in different geographical areas. Despite these differences, misunderstandings among native speakers are rare, since the majority of structures and vocabulary are common to the many varieties of each language.

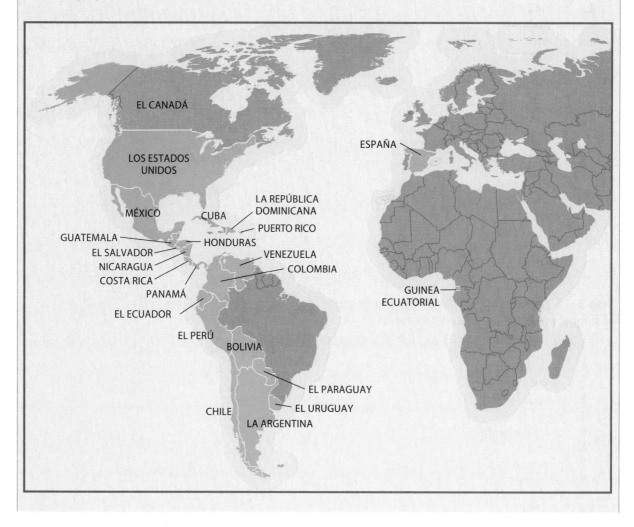

You don't need to go abroad to encounter people who speak Spanish on a daily basis. The Spanish language and people of Hispanic descent have been an integral part of United States and Canadian life for centuries. In fact, the United States has the fifth largest Spanish-speaking population in the world!

There is also great regional diversity among U.S. Hispanics. Many people of Mexican descent inhabit the southwestern part of the United States, including populations as far north as Colorado. Large groups of Puerto Ricans can be found in New York, while Florida is host to a large Cuban and Central American population. More recent immigrants include Nicaraguans and Salvadorans, who have established large communities in many U.S. cities, among them San Francisco and Los Angeles.

As you will discover in subsequent chapters of *Puntos en breve*, the Spanish language and people of Hispanic descent have been and will continue to be an integral part of the fabric of this country. Take special note of **En los Estados Unidos y el Canadá,** a routinely occurring section of *Puntos en breve* that profiles Hispanics in these two countries.

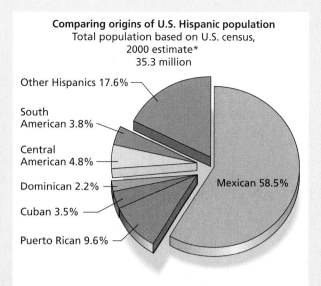

Comparing origins of U.S. Hispanic population
Total population based on U.S. census,
2000 estimate*
35.3 million

Other Hispanics 17.6%
South American 3.8%
Central American 4.8%
Dominican 2.2%
Cuban 3.5%
Puerto Rican 9.6%
Mexican 58.5%

* Source: Census Bureau. The Hispanic Population: Information from the 2000 Census.

▲ *Mural en la Pequeña Habana, el barrio cubano de Miami*

Pronunciación

You have probably already noted that there is a very close relationship between the way Spanish is written and the way it is pronounced. This makes it relatively easy to learn the basics of Spanish spelling and pronunciation.

Many Spanish sounds, however, do not have an exact equivalent in English, so you should not trust English to be your guide to Spanish pronunciation. Even words that are spelled the same in both languages are usually pronounced quite differently. It is important to become so familiar with Spanish sounds that you can pronounce them automatically, right from the beginning of your study of the language.

Las vocales (*Vowels*): *a, e, i, o, u*

Unlike English vowels, which can have many different pronunciations or may be silent, Spanish vowels are always pronounced, and they are almost always pronounced in the same way. Spanish vowels are always short and tense. They are never drawn out with a *u* or *i* glide as in English: **lo** ≠ *low;* **de** ≠ *day.*

- **a:** pronounced like the *a* in *father,* but short and tense
- **e:** pronounced like the *e* in *they,* but without the *i* glide
- **i:** pronounced like the *i* in *machine,* but short and tense*
- **o:** pronounced like the *o* in *home,* but without the *u* glide
- **u:** pronounced like the *u* in *rule,* but short and tense

 The *uh* sound or schwa (which is how most unstressed vowels are pronounced in English: *canal, waited, atom*) does not exist in Spanish.

■ ■ ■ Práctica

A. **Sílabas.** Pronounce the following Spanish syllables, being careful to pronounce each vowel with a short, tense sound.

1. ma fa la ta pa
2. me fe le te pe
3. mi fi li ti pi
4. mo fo lo to po
5. mu fu lu tu pu
6. mi fe la tu do
7. su mi te so la
8. se tu no ya li

---

*The word **y** (and) is also pronounced like the letter **i.**

B. Palabras (*Words*). Repeat the following words after your instructor.

1. hasta tal nada mañana natural normal fascinante
2. me qué Pérez Elena rebelde excelente elegante
3. sí señorita permiso terrible imposible tímido Ibiza
4. yo con como noches profesor señor generoso
5. uno usted tú mucho Perú Lupe Úrsula

C. Trabalenguas (*Tongue-twister*)

Paso 1. Here is a popular nonsense rhyme, the Spanish version of "Eeny, meeny, miney, moe." (*Note:* The person who corresponds to **fue** is "it.") Listen as your instructor pronounces it.

Pin, marín
de don Pingüe
cúcara, mácara
títere, fue.

Paso 2. Now pronounce the vowels clearly as you repeat the rhyme.

D. Naciones

Paso 1. Here is part of a rental car ad in Spanish. Say aloud the names of the countries where you can find this company's offices. Can you recognize all of the countries?

Paso 2. Find the following information in the ad.

1. How many cars does the agency have available?
2. How many offices does the agency have?
3. What Spanish word expresses the English word *immediately*?

Need more practice?

- Workbook/Laboratory Manual
- Interactive CD-ROM
- Online Learning Center (www.mhhe.com/peb2)

SEGUNDA PARTE

Los números 0–30; *hay*

Los números 0–30

Canción infantil

Dos y dos son cuatro,
cuatro y dos son seis,
seis y dos son ocho,
y ocho dieciséis.

0	cero				
1	uno	11	once	21	veintiuno
2	dos	12	doce	22	veintidós
3	tres	13	trece	23	veintitrés
4	cuatro	14	catorce	24	veinticuatro
5	cinco	15	quince	25	veinticinco
6	seis	16	dieciséis*	26	veintiséis
7	siete	17	diecisiete	27	veintisiete
8	ocho	18	dieciocho	28	veintiocho
9	nueve	19	diecinueve	29	veintinueve
10	diez	20	veinte	30	treinta

The number *one* has several forms in Spanish. **Uno** is the form used in counting. The forms **un** and **una** are used before nouns. How will you know which one to use? It depends on the gender of the noun.

In **Capítulo 1,** you will learn that all Spanish nouns are either masculine or feminine in gender. For example, the noun **señor** is masculine (*m.*) in gender, and the noun **señora** is feminine (*f.*) in gender. (As you will learn, Spanish nouns that are not sex-linked also have gender.) Here is how *one* is expressed with these nouns: **un señor, una señora.** Also note that the number **veintiuno** becomes **veintiún** before masculine nouns and **veintiuna** before feminine nouns: **veintiún señores, veintiuna señoras.** Do learn how to use **un** and **uno** with nouns now, but don't worry about the concept of gender for the moment.

> **noun** = a word that denotes a person, place, or thing

uno, dos, tres,… veinti**uno,** veintidós,…
    but
un señor, veinti**ún** señores
una señora, veinti**una** señoras

A children's song *Two and two are four, four and two are six, six and two are eight, and eight (makes) sixteen.*

*The numbers 16 to 19 and 21 to 29 can be written as one word (**dieciséis... veintiuno...**) or as three (**diez y seis... veinte y uno...**).

Hay

Use the word **hay** to express both *there is* and *there are* in Spanish. **No hay** means *there is not* and *there are not*. **¿Hay... ?** asks *Is there . . . ?* or *Are there . . . ?*

hay = there is / there are

—¿Cuántos estudiantes **hay** en la clase?
—**(Hay)** Treinta.

How many students are there in the class?
(There are) Thirty.

—¿**Hay** pandas en el zoo?
—**Hay** veinte osos, pero **no hay** pandas.

Are there any pandas at the zoo?
There are twenty bears, but there aren't any pandas.

■■■ Práctica

A. Los números. Practique los números según (*according to*) el modelo.

MODELO: 1 señor → Hay un señor.

1. 4 señoras	**6.** 1 clase (*f.*)	**11.** 28 naciones
2. 12 pianos	**7.** 21 ideas (*f.*)	**12.** 5 guitarras
3. 1 café (*m.*)	**8.** 11 personas	**13.** 1 león (*m.*)
4. 21 cafés (*m.*)	**9.** 15 estudiantes	**14.** 30 señores
5. 14 días	**10.** 13 teléfonos	**15.** 20 oficinas

B. Problemas de matemáticas. Do the following simple mathematical equations in Spanish. *Note:* + (**y**), − (**menos**), = (**son**).

MODELOS: $2 + 2 = 4$ → Dos y dos son cuatro.
$4 - 2 = 2$ → Cuatro menos dos son dos.

1. $2 + 4 = ?$	**8.** $15 - 2 = ?$	**15.** $8 - 7 = ?$
2. $8 + 17 = ?$	**9.** $9 - 9 = ?$	**16.** $13 - 9 = ?$
3. $11 + 1 = ?$	**10.** $13 - 8 = ?$	**17.** $2 + 3 + 10 = ?$
4. $3 + 18 = ?$	**11.** $14 + 12 = ?$	**18.** $28 - 6 = ?$
5. $9 + 6 = ?$	**12.** $23 - 13 = ?$	**19.** $30 - 17 = ?$
6. $5 + 4 = ?$	**13.** $1 + 4 = ?$	**20.** $28 - 5 = ?$
7. $1 + 13 = ?$	**14.** $1 - 1 + 3 = ?$	**21.** $19 - 7 = ?$

■■■ Conversación

Preguntas (*Questions*)

1. ¿Cuántos (*How many*) estudiantes hay en la clase de español? ¿Cuántos estudiantes hay en clase hoy (*today*)? ¿Hay tres profesores o un profesor / una profesora?

2. ¿Cuántos días hay en una semana (*week*)? ¿Hay seis? (No, no hay...) ¿Cuántos días hay en un fin de semana (*weekend*)? ¿Cuántos días hay en el mes de febrero? ¿en el mes de junio? ¿Cuántos meses hay en un año?

3. Hay muchos edificios (*many buildings*) en una universidad. En esta (*this*) universidad, ¿hay una cafetería? (Sí, hay... / No, no hay...) ¿un teatro? ¿un laboratorio de lenguas (*languages*)? ¿un bar? ¿una clínica? ¿un hospital? ¿un museo? ¿muchos estudiantes? ¿muchos profesores?

Gustos° y preferencias

Likes

¿Te gusta el fútbol? →   ■ Sí, me gusta mucho el fútbol.
                         ■ No, no me gusta el fútbol.

To indicate you like something: **Me gusta _____.**
To indicate you don't like something: **No me gusta _____.**
To ask a classmate if he or she likes something: **¿Te gusta _____?**
To ask your instructor the same question: **¿Le gusta _____?**

In the following conversations, you will use the word **el** to mean *the* with masculine nouns and the word **la** with feminine nouns. Don't try to memorize which nouns are masculine and which are feminine. Just get used to using the words **el** and **la** before nouns.

You will also be using a number of Spanish verbs in the infinitive form, which always ends in **-r.** Here are some examples: **estudiar** = *to study;* **comer** = *to eat.* Try to guess the meanings of the infinitives used in these activities from context. If someone asks you, for instance, **¿Te gusta** *beber* **Coca-Cola?,** it is a safe guess that **beber** means *to drink.*

▲ En español, **fútbol** = soccer y **fútbol americano** = football

> **verb** = a word that describes an action or a state of being
>
> **infinitive** = a verb form without reference to person or tense

■ ■ ■ Conversación

A. Gustos y preferencias

Paso 1.   Make a list of six things you like and six things you don't like, following the model. If you wish, you may choose items from the **Vocabulario útil** box. All words are provided with the appropriate definite article **el** or **la,** the Spanish equivalent of *the,* depending on the gender of the noun.

> MODELO: Me gusta *la clase de español.* No me gusta *la clase de matemáticas.*

1. Me gusta _____. No me gusta _____.
2. Me gusta _____. No me gusta _____.
3. _____
4. _____
5. _____
6. _____

Paso 2.   Now ask a classmate if he or she shares your likes and dislikes.

> MODELO: ¿Te gusta la clase de español? ¿y la clase de matemáticas?

> ### Vocabulario útil*
>
> **el café, el té, la limonada, la cerveza** (beer)
> **la música moderna, la música clásica, el rap, la música** *country*
> **la pizza, la pasta, la comida mexicana, la comida de la cafetería** (cafeteria food)
> **el actor _____, la actriz _____**
> **el/la cantante** (singer) **_____** (**¡OJO!** **cantante** is used for both men *and* women)
> **el cine** (movies), **el teatro, la ópera, el arte abstracto, el fútbol**

Do you like soccer? → • *Yes, I like soccer very much.* • *No, I don't like soccer.*

*The material in **Vocabulario útil** lists is not active; that is, it is not part of what you need to focus on learning at this point. You may use these words and phrases to complete exercises or to help you converse in Spanish, if you need them.

Capítulo preliminar: Ante todo

B. Más gustos y preferencias

Paso 1. Here are some useful verbs and nouns to talk about what you like. For each item, combine a verb (shaded) with a noun to form a sentence that is true for you. Can you use context to guess the meaning of verbs you don't know?

MODELO: Me gusta _____. → Me gusta *estudiar inglés.*

1. beber   café   té   limonada   chocolate
2. comer   pizza   enchiladas   hamburguesas   pasta   ensalada
3. estudiar   español   matemáticas   historia
              computación   (*computer science*)
4. hablar   español   con mis amigos (*with my friends*)
              por teléfono (*on the phone*)
5. jugar   al tenis   al fútbol   al fútbol americano   al béisbol
              al basquetbol
6. tocar   la guitarra   el piano   el violín

Paso 2. Ask a classmate about his or her likes using your own preferences as a guide.

MODELO: ¿Te gusta *comer enchiladas?*

Paso 3. Now ask your professor if he or she likes certain things.
¡OJO! Remember to address your professor in a formal manner.

MODELO: ¿Le gusta *jugar al tenis?*

¿Qué hora es?

Es la una.   Son las dos.   Son las cinco.

¿Qué hora es? is used to ask *What time is it?* In telling time, one says *Es* **la una** but *Son* **las dos (las tres, las cuatro,** and so on).

Es la una y { cuarto. / quince. }   Son las dos y { media. / treinta. }

Son las cinco **y diez.**   Son las ocho **y veinticinco.**

Note that from the hour to the half-hour, Spanish, like English, expresses time by adding minutes or a portion of an hour to the hour.

Son las dos **menos** ⎰ **cuarto.**   Son las ocho   Son las once
                       ⎱ **quince.**   **menos diez.**   **menos veinte.**

From the half-hour to the hour, Spanish usually expresses time by sub-tracting minutes or a part of an hour from the *next* hour.

Son las cuatro de la tarde **en punto.**

¿**A qué hora** es la clase de español?

Hay una recepción **a las once** de la mañana.

It's exactly 4:00 P.M.

(At) What time is Spanish class?

There is a reception at 11:00 A.M.

Don't confuse **Es la... / Son las...** with **A la(s)...** The first two are used for telling time, the third for telling *at* what time something happens (at what time class starts, at what time one arrives, and so on).

■ ■ ■ Práctica

A. **¡Atención!** Listen as your instructor says a time of day. Find the clock or watch face that corresponds to the time you heard and say its number in Spanish. (Note the sun or the moon that accompanies each clock; they indicate whether the time shown is day or night.)

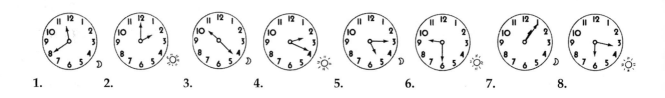

1.   2.   3.   4.   5.   6.   7.   8.

B. **¿Qué hora es?** Express the time in full sentences in Spanish.

1. 1:00 P.M.
2. 6:00 P.M.
3. 11:00 A.M.
4. 1:30
5. 3:15
6. 6:45
7. 4:15
8. 11:45 exactly
9. 9:10 on the dot
10. 9:50 sharp

■ ■ ■ Conversación

A. Entrevista

Paso 1. Ask a classmate at what time the following events or activities take place. He or she will answer according to the cue or will provide the necessary information.

MODELO: la clase de español (10:00 A.M.) →
ESTUDIANTE 1: ¿A qué hora es la clase de español?
ESTUDIANTE 2: A las diez de la mañana… ¡en punto!

1. la clase de francés (1:45 P.M.)
2. la sesión de laboratorio (3:10 P.M.)
3. la excursión (8:45 A.M.)
4. el concierto (7:30 P.M.)

Paso 2. Now ask at what time your partner likes to perform these activities. He or she should provide the necessary information.

MODELO: cenar (*to have dinner*) →
ESTUDIANTE 1: ¿A qué hora te gusta cenar?
ESTUDIANTE 2: Me gusta cenar a las ocho de la noche.

1. almorzar (*to have lunch*)
2. mirar (*to watch*) la televisión
3. ir (*to go*) al laboratorio de lenguas
4. ir al cine

B. **Situaciones.** How might the following people greet each other if they met at the indicated time? With a classmate, create a brief dialogue for each situation.

MODELO: Jorge y María, a las once de la noche →
JORGE: Buenas noches, María.
MARÍA: Hola, Jorge. ¿Cómo estás?
JORGE: Bien, gracias. ¿Y tú?
MARÍA: ¡Muy bien!

1. el profesor Martínez y Gloria, a las diez de la mañana
2. la Sra. López y la Srta. Luna, a las cuatro y media de la tarde
3. usted y su (*your*) profesor(a) de español, en la clase de español

Need more practice?

- Workbook/Laboratory Manual
- Interactive CD-ROM
- Online Learning Center (www.mhhe.com/peb2)

LECTURA

ESTRATEGIA: Guessing Meaning from Context

You will recognize the meaning of a number of cognates in the following reading about the geography of the Hispanic world. In addition, you should be able to guess the meaning of the underlined words from the context (the words that surround them); they are the names of geographical features. The photo captions will also be helpful.

Note also that a series of headings divides the reading into brief parts. It is always a good idea to scan such headings before starting to read, in order to get a sense of a reading's overall content.

La geografía del mundo[a] hispánico

Introducción

La geografía del mundo hispánico es impresionante y muy variada. En algunas[b] regiones hay de todo.[c]

En las Américas

En la Argentina hay <u>pampas</u> extensas en el sur[d] y la <u>cordillera</u> de los Andes en el oeste. En partes de Venezuela, Colombia y el Ecuador, hay regiones tropicales de densa <u>selva</u>. En el Brasil está[e] el famoso <u>Río</u> Amazonas. En el centro de México y también en El Salvador, Nicaragua y Colombia, hay <u>volcanes</u> activos. A veces[f] producen erupciones catastróficas. El Perú y Bolivia comparten[g] el enorme <u>Lago</u> Titicaca, situado en una <u>meseta</u> entre los dos países.[h]

▲ La <u>cordillera</u> de los Andes, Chile

▲ La <u>isla</u> de Caja de Muertos, Puerto Rico

En las naciones del Caribe

Cuba, Puerto Rico y la República Dominicana son tres <u>islas</u> situadas en el <u>Mar</u> Caribe. Las bellas playas[i] del Mar Caribe y de la <u>península</u> de Yucatán son populares entre[j] los turistas de todo el mundo.

[a]*world* [b]*some* [c]*de... a bit of everything* [d]*south* [e]*is* [f]*A... Sometimes* [g]*share* [h]*naciones* [i]*bellas... beautiful beaches* [j]*among*

En la Península Ibérica

España comparte[k] la Península Ibérica con Portugal. También tiene[l] una geografía variada. En el norte están los Pirineos, la <u>cordillera</u> que separa a España del[m] resto de Europa. Madrid, la capital del país, está situada en la <u>meseta</u> central. En las <u>costas</u> del sur y del este hay playas tan bonitas como las de[n] Latinoamérica y del Caribe.

▲ *Una <u>meseta</u> de La Mancha, España*

▲ *La <u>ciudad</u> de Montevideo, Uruguay*

¿Y las <u>ciudades</u>?

Es importante mencionar también la gran[o] diversidad de las ciudades del mundo hispánico. En la Argentina está la gran ciudad de Buenos Aires. Muchos consideran a Buenos Aires «el París» o «la Nueva York» de Sudamérica. En Venezuela está Caracas, y en el Perú está Lima, la capital, y Cuzco, una ciudad antigua de origen indio.

Conclusión

En fin,[p] el mundo hispánico es diverso respecto a la geografía. ¿Y Norteamérica? ■

[k]*shares* [l]*it has* [m]*from the* [n]*tan... as pretty as those of* [o]*great* [p]*En... In short*

Comprensión

Demonstrate your understanding of the words underlined in the reading and other words from the reading by giving an example of a similar geographical feature found in this country or close to it. Then give an example from the Spanish-speaking world.

MODELO: un río → *the Mississippi*, el Río Orinoco

1. un lago
2. una cordillera
3. un río
4. una isla
5. una playa
6. una costa
7. un mar
8. un volcán
9. una península

Vocabulario

Practice this vocabulary with digital flash cards on the Online Learning Center (www.mhhe.com/peb2).

Although you have used and heard many words in this preliminary chapter of *Puntos en breve,* the following words are the ones considered to be active vocabulary. Be sure that you know all of them before beginning **Capítulo 1.**

Saludos y expresiones de cortesía

Buenos días. Buenas tardes. Buenas noches. Hola.
(Muy) Buenas. ¿Qué tal? ¿Cómo está(s)?
Regular. (Muy) Bien.
¿Y tú? ¿Y usted?
Adiós. Hasta mañana. Hasta luego. Nos vemos.

¿Cómo te llamas? ¿Cómo se llama usted?
   Me llamo _____.

¿De dónde eres? ¿De dónde es usted?
   Soy de _____.

señor (Sr.), señora (Sra.), señorita (Srta.)

(Muchas) Gracias.
De nada. No hay de qué.
Por favor. Perdón. Con permiso.
Mucho gusto. Igualmente. Encantado/a.

¿Cómo es usted?

soy, eres, es

Los números 0–30

cero
uno
dos
tres
cuatro
cinco
seis
siete
ocho
nueve
diez
once
doce
trece
catorce
quince
dieciséis
diecisiete
dieciocho
diecinueve
veinte
treinta

Gustos y preferencias

¿Te gusta _____? ¿Le gusta _____?

Sí, me gusta _____. No, no me gusta _____.

¿Qué hora es?

es la... , son las...
y/menos cuarto (quince)
y media (treinta)
en punto
de la mañana (tarde, noche)
¿a qué hora?, a la(s)...

Palabras interrogativas

¿cómo?	how?; what?
¿dónde?	where?
¿qué?	what?

Palabras adicionales

sí	yes
no	no
hay	there is/are
no hay	there is not / are not
hoy	today
mañana	tomorrow
y	and
o	or
a	to; at (with time)
de	of; from
en	in; on; at
pero	but
también	also

En la **universidad**

Unos estudiantes universitarios que hablan de (*who are talking about*) las clases ▶

Preparación

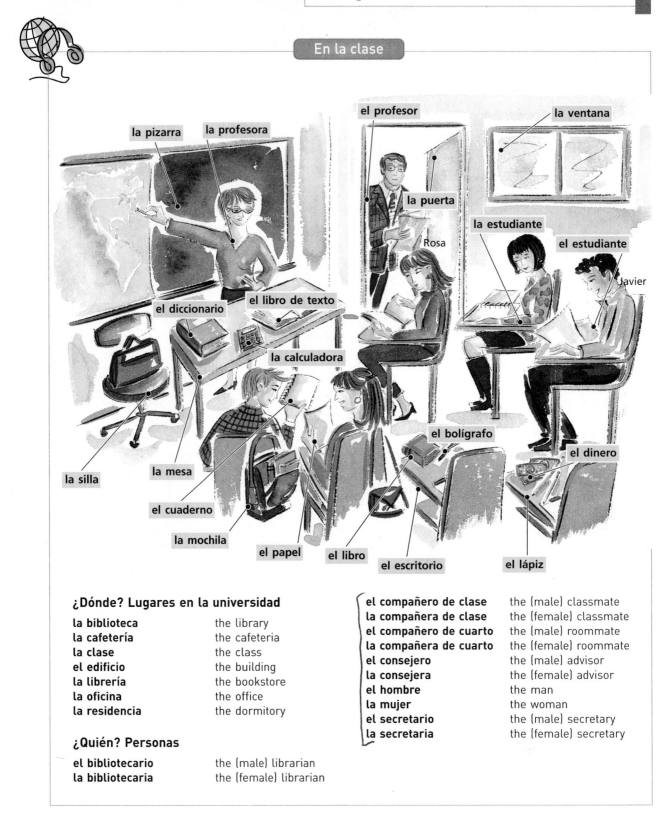

En la clase

la pizarra · la profesora · el profesor · la ventana · la puerta · Rosa · la estudiante · el estudiante · Javier · el diccionario · el libro de texto · la calculadora · el bolígrafo · el dinero · la silla · la mesa · el cuaderno · la mochila · el papel · el libro · el escritorio · el lápiz

¿Dónde? Lugares en la universidad

la **biblioteca**	the library
la **cafetería**	the cafeteria
la **clase**	the class
el **edificio**	the building
la **librería**	the bookstore
la **oficina**	the office
la **residencia**	the dormitory

¿Quién? Personas

el **bibliotecario**	the (male) librarian
la **bibliotecaria**	the (female) librarian

el **compañero de clase**	the (male) classmate
la **compañera de clase**	the (female) classmate
el **compañero de cuarto**	the (male) roommate
la **compañera de cuarto**	the (female) roommate
el **consejero**	the (male) advisor
la **consejera**	the (female) advisor
el **hombre**	the man
la **mujer**	the woman
el **secretario**	the (male) secretary
la **secretaria**	the (female) secretary

■■■ Conversación

A. **¿Dónde están ahora** *(are they now)***?** First, tell where these people are. Then identify the numbered people and things: 1 = **la consejera**, 2 = **la estudiante**, and so on. Refer to the drawing and lists on page 22 as much as you need to.

1. Están en _____.

2. Están en _____.

3. Están en _____.

4. Están en _____.

B. **Identificaciones.** ¿Es hombre o mujer?

MODELO: ¿La consejera? → Es mujer.

1. ¿El profesor?
2. ¿La estudiante?
3. ¿El secretario?
4. ¿El estudiante?
5. ¿La bibliotecaria?
6. ¿El compañero de cuarto?

Universities in the Hispanic World

Universities have a long history in the Spanish-speaking world. The very first university in the western hemisphere was **la Universidad de Santo Domingo,** founded in 1538 in what is now the Dominican Republic. Other early universities in this hemisphere include **la Real y Pontificia Universidad de América** (Mexico City, 1553) and **la Universidad de San Marcos** (Lima, Peru, 1551). Early Spanish colonial cities were meticulously designed and planned, and it is no accident that these universities were established in three of the most important cities. The Spaniards already had almost 800 years of experience with university-level education. **La Universidad de Salamanca,** one of the oldest universities in the world, was founded in 1220 in Salamanca, Spain.

Esta estatua de Fray Luis de León está en la Universidad de Salamanca. La Universidad, que (which) data del año 1220 (mil doscientos veinte), es una de las más antiguas (oldest) del mundo. ▶

Las materias

The names for most of these subject areas are cognates. See if you can recognize their meaning without looking at the English equivalent. You should learn in particular the names of subject areas that are of interest to you.

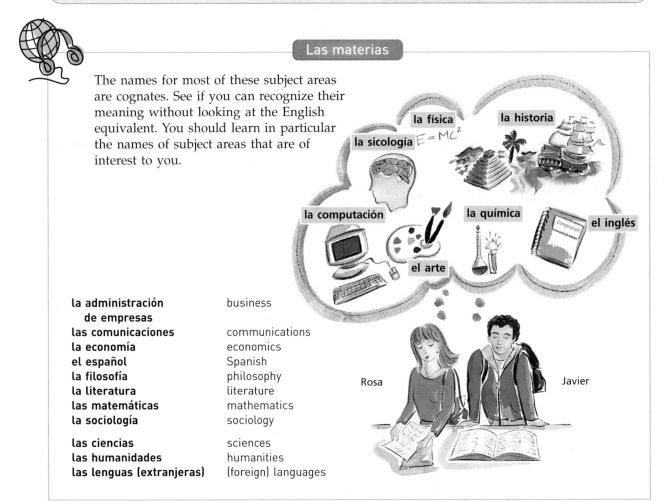

la sicología
la física $E=MC^2$
la historia
la computación
la química
el inglés
el arte

Rosa
Javier

la administración de empresas	business
las comunicaciones	communications
la economía	economics
el español	Spanish
la filosofía	philosophy
la literatura	literature
las matemáticas	mathematics
la sociología	sociology
las ciencias	sciences
las humanidades	humanities
las lenguas (extranjeras)	(foreign) languages

■ ■ ■ Conversación

A. Asociaciones. ¿Con qué materia(s) asocia usted las siguientes (*following*) cosas y las siguientes personas?

1. el nitrógeno, el hidrógeno
2. la doctora Joyce Brothers, el doctor Sigmund Freud
3. NBC, CBS
4. Sócrates, Nietzsche
5. Mark Twain, Toni Morrison, J. K. Rowling
6. Frida Kahlo, Pablo Picasso
7. Microsoft, IBM
8. la civilización azteca, una guerra (*war*) civil

B. ¿Qué estudia usted? [*What are you studying?*] The right-hand column lists a number of university subjects. Tell about your academic interests by creating sentences using one word or phrase from each column. You can tell what you *are* studying (**Estudio...**), *want* to study (**Deseo estudiar...**), *need* to study (**Necesito estudiar...**), and *like* to study (**Me gusta estudiar...**). Using the word **no** makes the sentence negative.

(No) Estudio _____.
(No) Deseo estudiar _____.
(No) Necesito estudiar _____.
(No) Me gusta estudiar _____.

+

español, francés, inglés
arte, filosofía, literatura, música
ciencias políticas, historia
antropología, sicología, sociología
biología, física, química
matemáticas, computación
¿ ?

*Use **¿qué?** to mean *what?* when you are asking for a definition or an explanation. Use **¿cuál?** to mean *what?* in all other circumstances. See also **Gramática 28** in **Capítulo 9.**

C. Preguntas. What questions are being asked by the indicated people? More than one answer is possible for some items. Select questions from the following list or create your own questions.

PREGUNTAS

¿A qué hora es el programa sobre (*about*) México?

¿Cómo estás?

¿Cuál es la capital de Colombia?

¿Cuándo es la fiesta?

¿Cuántas personas hay en la fiesta?

¿Dónde está Buenos Aires?

¿Dónde está el diccionario?

¿Qué es esto?

¿Qué hay en la televisión hoy?

¿Quién es?

D. Entrevista. Work with a classmate and use the following questions to interview each other. Find out as much as possible about each other's classes and schedules. Follow up your answers by returning the question or asking for more information.

MODELO: ESTUDIANTE 1: ¿Qué estudias este semestre/trimestre (*this term*)?
ESTUDIANTE 2: Estudio matemáticas, historia, literatura y español. Y tú, ¿qué estudias?

1. ¿Qué estudias este semestre/trimestre?
2. ¿Cuántas horas estudias por semana (*per week*)?
3. ¿Cuándo estudias, por la mañana, por la tarde o por la noche?
4. ¿Dónde te gusta estudiar?
5. ¿Quién es tu profesor favorito (profesora favorita)? (Mi profesor...)
6. ¿Cuál es tu clase favorita? (Mi clase...)

Need more practice?

■ Workbook/Laboratory Manual
■ Interactive CD-ROM
■ Online Learning Center (www.mhhe.com/peb2)

PRONUNCIACIÓN Diphthongs and Linking

Two successive weak vowels (**i, u**) or a combination of a strong vowel (**a, e,** or **o**) and a weak vowel (**i** or **u**) are pronounced as a single syllable in Spanish, forming a *diphthong* (**un diptongo**): **Luis, siete, cuaderno.**

When words are combined to form phrases, clauses, and sentences, they are linked together in pronunciation. In spoken Spanish, it is usually impossible to hear the word boundaries—that is, where one word ends and another begins.

A. Vocales. Más práctica con las vocales.

1. hablar	regular	reservar	ahora
2. trece	clase	papel	general
3. pizarra	oficina	bolígrafo	libro
4. hombre	profesor	dólares	los
5. universidad	gusto	lugar	mujer

B. Diptongos. Practique las siguientes palabras.

1. historia	secretaria	gracias	estudiante	materia
2. bien	Oviedo	siete	ciencias	diez
3. secretario	biblioteca	adiós	diccionario	Antonio
4. cuaderno	Eduardo	el Ecuador	Guatemala	Managua
5. bueno	nueve	luego	pueblo	Venezuela

C. Frases y oraciones (*sentences*). Practice saying each phrase or sentence as if it were one long word, pronounced without a pause.

1. el papel y el lápiz
2. la profesora y la estudiante
3. las ciencias y las matemáticas
4. la historia y la sicología
5. la secretaria y el profesor
6. el inglés y el español
7. la clase en la biblioteca
8. el libro en la librería
9. Es la una y media.
10. Hay siete estudiantes en la oficina.
11. No estoy muy bien.
12. No hay un consejero aquí.

1 | **Identifying People, Places, and Things •**
Singular Nouns: Gender and Articles*

En *la clase* del *profesor* Durán: *El* primer *día*

PROFESOR DURÁN: Aquí está *el programa* del *curso.* Son necesarios *el libro de texto* y *un diccionario.* También hay *una lista* de *novelas* y *libros* de *poesía.*

ESTUDIANTE 1: ¡Es *una lista* infinita!

ESTUDIANTE 2: Sí, y *los libros* cuestan demasiado.

ESTUDIANTE 1: No, *el problema* no es *el precio* de *los libros.* ¡Es *el tiempo* para leer *los libros!*

Elija (*Choose*) las palabras o frases correctas según el diálogo.

1. La clase del profesor Durán es de (literatura/filosofía).
2. En el curso del profesor Durán (es necesario / no es necesario) leer (*to read*) mucho.
3. En un curso de literatura (es lógico / no es lógico) usar un diccionario.

To name people, places, things, or ideas, you need to be able to use nouns. In Spanish, all *nouns* (**los sustantivos**) have either masculine or feminine *gender* (**el género**). This is a purely grammatical feature of nouns; it does not mean that Spanish speakers perceive things or ideas as having male or female attributes.

Since the gender of all nouns must be memorized, it is best to learn the definite article along with the noun; that is, learn **el lápiz** rather than just **lápiz.** The definite article will be given with nouns in vocabulary lists in this book.

	Masculine Nouns		Feminine Nouns	
Definite Articles	el hombre	*the man*	la mujer	*the woman*
	el libro	*the book*	la mesa	*the table*
Indefinite Articles	un hombre	*a (one) man*	una mujer	*a (one) woman*
	un libro	*a (one) book*	una mesa	*a (one) table*

---

*The grammar sections of Puntos en breve *are numbered consecutively throughout the book. If you need to review a particular grammar point, the index will refer you to its page number.*

In Professor Durán's class: The first day PROFESSOR DURÁN: *Here's the course syllabus. The textbook and a dictionary are required. There is also a list of novels and poetry books.* STUDENT 1: *It's a really long list!* STUDENT 2: *Yes, and the books cost too much.* STUDENT 1: *No, the problem isn't the price of the books. It's the time to read the books!*

A. Nouns that refer to male beings and most other nouns that end in **-o** are *masculine* (**masculino**) in gender.	**sustantivos masculinos:** hombre, libro
B. Nouns that refer to female beings and most other nouns that end in **-a, -ción, -tad,** and **-dad** are *feminine* (**femenino**) in gender.	**sustantivos femeninos:** mujer, mesa, nación, libertad, universidad
C. Nouns that have other endings and that do not refer to either male or female beings may be masculine or feminine. The gender of these words must be memorized.	el lápiz, la clase, la tarde, la noche
D. Many nouns that refer to people indicate gender . . . 1. by changing the last vowel OR	el compañero → la compañera el bibliotecario → la bibliotecaria
2. by adding **-a** to the last consonant of the masculine form to make it feminine	un profesor → una profesora
E. Many other nouns that refer to people have a single form for both masculine and feminine genders. Gender is indicated by an article.	**el** estudiante (*the male student*) → **la** estudiante (*the female student*) **el** cliente (*the male client*) → **la** cliente (*the female client*) **el** dentista (*the male dentist*) → **la** dentista (*the female dentist*)
However, a few nouns that end in **-e** also have a feminine form that ends in **-a.**	el presidente → la president**a** el dependiente (*the male clerk*) → la dependient**a** (*the female clerk*)

 A common exception to the normal rules of gender is the word **el día,** which is masculine in gender. Many words ending in **-ma** are also masculine: **el problema, el programa, el sistema,** and so on. Watch for these exceptions as you continue your study of Spanish.

A. In English, there is only one *definite article* (**el artículo definido**): *the.* In Spanish, the definite article for masculine singular nouns is **el;** for feminine singular nouns it is **la.**	definite article: *the* m. sing. → **el** f. sing. → **la**

B. In English, the singular *indefinite article* (**el artículo indefinido**) is *a* or *an*. In Spanish, the indefinite article, like the definite article, must agree with the gender of the noun: **un** for masculine nouns, **una** for feminine nouns. **Un** and **una** can mean *one* as well as *a* or *an*. Context determines meaning.

indefinite article: *a, an*

m. sing. → **un**
f. sing. → **una**

■■■ Práctica

A. Artículos

Paso 1. Dé (*Give*) el artículo definido apropiado (**el, la**).

1. escritorio	**4.** hombre	**7.** mujer
2. biblioteca	**5.** diccionario	**8.** nación
3. bolígrafo	**6.** universidad	**9.** bibliotecario

Paso 2. Ahora (*Now*) dé el artículo indefinido apropiado (**un, una**).

1. día	**4.** lápiz	**7.** papel
2. mañana	**5.** clase	**8.** condición
3. problema	**6.** noche	**9.** programa

B. Escenas de la universidad

Haga una oración (*Form a sentence*) con las palabras (*words*) indicadas.

> **MODELO:** estudiante / librería → Hay un estudiante en la librería.

1. consejero / oficina	**5.** bolígrafo / silla
2. profesora / clase	**6.** palabra / papel
3. lápiz / mesa	**7.** oficina / residencia
4. cuaderno / escritorio	**8.** compañero / biblioteca

■■■ Conversación

Definiciones. Con un compañero / una compañera, definan estas palabras en español según el modelo.

> **MODELO:** biblioteca / edificio → ESTUDIANTE 1: ¿La biblioteca?
> ESTUDIANTE 2: Es un edificio.

Categorías: cosa, edificio, materia, persona

1. cliente / persona	**4.** dependiente / ¿ ?	**7.** computación / ¿ ?
2. bolígrafo / cosa	**5.** hotel (*m.*) / ¿ ?	**8.** inglés / ¿ ?
3. residencia / edificio	**6.** calculadora / ¿ ?	**9.** ¿ ?

Need more practice?

- Workbook/Laboratory Manual
- Interactive CD-ROM
- Online Learning Center (www.mhhe.com/peb2)

*****Autoprueba** *means self-quiz. These self-quizzes appear at the end of* **Gramática** *sections and will help you determine if you understand the basics of the grammar point.*

- You can find many nouns in this ad. Can you guess the meaning of most of them?
- Some of the nouns in this ad are plural. Can you tell how to make nouns plural in Spanish, based on these nouns?
- Look for the Spanish equivalent of the following words.

  adult   preparation   program   course

- **Idioma** is another word for *language,* and it is a false cognate. It never means *idiom.*
- Using the vocabulary in the ad, guess what **en el extranjero** means.

	Singular	Plural	
Nouns Ending in a Vowel	el libro la mesa un libro una mesa	los libros las mesas unos libros unas mesas	*the books* *the tables* *some books* *some tables*
Nouns Ending in a Consonant	la universidad un papel	las universidades unos papeles	*the universities* *some papers*

A. Spanish nouns that end in a vowel form plurals by adding **-s.** Nouns that end in a consonant add **-es.** Nouns that end in the consonant **-z** change the **-z** to **-c** before adding **-es: lápiz → lápices.**

Plurals in Spanish:

> vowel + **s**
> consonant + **es**
> **-z → -ces**

B. The definite and indefinite articles also have plural forms: **el → los, la → las, un → unos, una → unas. Unos** and **unas** mean *some, several,* or *a few.*

> el → los   un → unos
> la → las   una → unas

C. In Spanish, the masculine plural form of a noun is used to refer to a group that includes both males and females.

los amig**os**
the friends (both male and female)

unos extranjer**os**
some foreigners (both male and female)

■■■ Práctica

A. Singular → plural. Dé la forma plural.

1. la mesa
2. el papel
3. el amigo
4. la oficina

5. un cuaderno
6. un lápiz
7. una universidad
8. un bolígrafo

B. Plural → singular. Dé la forma singular.

1. los profesores
2. las calculadoras
3. las bibliotecarias
4. los estudiantes

5. unos hombres
6. unas tardes
7. unas sillas
8. unos escritorios

Need more practice?

■ Workbook/Laboratory Manual
■ Interactive CD-ROM
■ Online Learning Center
(www.mhhe.com/peb2)

■■■ Conversación

A. Identificaciones. Identifique las personas, las cosas y los lugares.

MODELO: Hay _____ en _____. → Hay *unos estudiantes* en *la clase.*

1.   2.

> **Palabras útiles**
>
> **la computadora**
> **el experimento**
> **la planta**
> **el teléfono**

B. ¡Ojo alerta! (*Eagle eye!*)*

¿Cuáles son las semejanzas (*similarities*) y las diferencias entre los dos cuartos? Hay por lo menos (*at least*) seis diferencias.

MODELO: En el dibujo A, hay _____.
En el dibujo B, hay sólo (*only*) _____.
En el escritorio del dibujo A, hay _____.
En el escritorio del dibujo B, hay _____.

> **Palabras útiles**
>
> **la alfombra** (rug)
> **la almohada** (pillow)
> **la cama** (bed)
> **el cuadro** (picture)
> **el espejo** (mirror)
> **la lámpara** (lamp)
> **el monitor**

*In Spanish, activities like this one are often called ¡Ojo alerta!

3 Expressing Actions • Subject Pronouns; Present Tense of -ar Verbs; Negation

Diego *habla* de su vida con su amiga Lupe

Imagine que usted es Lupe y conteste las preguntas de Diego. Use **no** si es necesario.

DIEGO: *Yo hablo* con mi familia con frecuencia. Por eso *pago* mucho en cuentas de teléfono. ¿Y *tú*?

LUPE: [...]

DIEGO: *Necesito* dinero para comprar libros. Por eso *enseño* inglés a un estudiante de matemáticas. ¿Y *tú*?

LUPE: [...]

DIEGO: En mi tiempo libre *escucho* música. También *toco* la guitarra. En las fiestas *bailo* mucho y *tomo* cerveza con mis amigos. Los fines de semana, *busco* libros de antropología en las librerías. ¿Y *tú*?

LUPE: [...]

Comprensión: ¿Cierto o falso?

1. Diego no habla mucho con su familia.
2. Es estudiante de ciencias.
3. No le gusta la música.
4. Es una persona introvertida y solitaria.
5. Habla francés.

Subject Pronouns

Subject Pronouns			
Singular		**Plural**	
yo	I	**nosotros / nosotras**	we
tú	you (*fam.*)	**vosotros / vosotras**	you (*fam. Sp.*)
usted (Ud.)*	you (*form.*)	**ustedes (Uds.)***	you (*form.*)
él	he	**ellos**	they (*m., m. + f.*)
ella	she	**ellas**	they (*f.*)

subject = the person or thing that performs the action

pronoun = a word that takes the place of a noun

Diego talks about his life with his friend Lupe Imagine that you are Lupe and answer Diego's questions. Use **no** if necessary.
DIEGO: I speak often with my family. That's why I pay a lot in telephone bills. And you? LUPE: [. . .] DIEGO: I need money to buy books. That's why I teach English to a math student. And you? LUPE: [. . .] DIEGO: In my spare time I listen to music. I also play the guitar. At parties I dance a lot and drink beer with my friends. On weekends, I look for anthropology books in bookstores. And you? LUPE: [. . .]

*****Usted** and **ustedes** are frequently abbreviated in writing as **Ud.** or **Vd.**, and **Uds.** or **Vds.**, respectively.

A. *Subject pronouns* (**Los pronombres personales**) can represent the person or thing that performs the action in a sentence.

In Spanish, several subject pronouns have masculine and feminine forms. The masculine plural form is used to refer to a group of males as well as to a group of males and females.

Mark → *he*
Martha → *she*
Mark and Paul → *they*
Mark and Martha → *they*
Martha and Emily → *they*

Marcos → **él**
Marta → **ella**
Marcos y Pablo → **ellos** (*all male*)
Marcos y Marta → **ellos** (*male and female*)
Marta y Emilia → **ellas** (*all female*)

B. Spanish has different words for *you*. In general, **tú** is used to refer to a close friend or a member of your family, while **usted** is used with people with whom the speaker has a more formal or distant relationship. The situations in which **tú** and **usted** are used also vary among different countries and regions.

tú → close friend, family member
usted (Ud.) → formal or distant relationship

C. In Latin America and in the United States and Canada, the plural for both **usted** and **tú** is **ustedes**. In Spain, however, **vosotros/vosotras** is the plural of **tú,** while **ustedes** is used as the plural of **usted** exclusively.

Latin America, North America

tú
usted (Ud.) → ustedes (Uds.)

Spain

tú → vosotros/vosotras
usted (Ud.) → ustedes (Uds.)

D. Subject pronouns are not used as frequently in Spanish as they are in English and may usually be omitted. You will learn more about the uses of Spanish subject pronouns in **Capítulo 2.**

Present Tense of -*ar* Verbs

Past -------------------- **PRESENT** ----------------- Future
present

A. The *infinitive* (**el infinitivo**) of a verb indicates the action or state of being, with no reference to who or what performs the action or when it is done (present, past, or future). In Spanish all infinitives end in **-ar, -er,** or **-ir.** Infinitives in English are indicated by *to: to* speak, *to* eat, *to* live.

-ar:	hablar	*to speak*
-er:	comer	*to eat*
-ir:	vivir	*to live*

B. To *conjugate* (**conjugar**) a verb means to give the various forms of the verb with their corresponding subjects: *I speak, you speak, she speaks*, and so on. All regular Spanish verbs are conjugated by adding *personal endings* (**las terminaciones personales**) that reflect the subject doing the action. These are added to the *stem* (**la raíz** or **el radical**), which is the infinitive minus the infinitive ending.

Infinitive	Stem
hablar	→ habl-
comer	→ com-
vivir	→ viv-

C. The right-hand column shows the personal endings that are added to the stem of all regular **-ar** verbs to form the *present tense* (**el presente**).

Regular **-ar** verb endings in the present tense:
o, -as, -a, -amos, -áis, -an

		hablar (*to speak*): habl-			
	Singular			**Plural**	
(yo)	hablo	*I speak*	(nosotros) (nosotras)	hablamos	*we speak*
(tú)	hablas	*you speak*	(vosotros) (vosotras)	habláis	*you speak*
(Ud.) (él) (ella)	habla	*you speak* *he speaks* *she speaks*	(Uds.) (ellos) (ellas)	hablan	*you speak* *they (m.) speak* *they (f.) speak*

D. Some important **-ar** verbs in this chapter include those in the drawings and list on the right.

Note that in Spanish the meaning of the English word *for* is included in the verbs **buscar** (*to look for*) and **pagar** (*to pay for*); *to* is included in **escuchar** (*to listen to*).

bailar
cantar
escuchar
tocar

buscar	*to look for*
comprar	*to buy*
desear	*to want*
enseñar	*to teach*
estudiar	*to study*
hablar	*to speak; to talk*
necesitar	*to need*
pagar	*to pay (for)*
practicar	*to practice*
regresar	*to return (to a place)*
tomar	*to take; to drink*
trabajar	*to work*

Gramática

E. As in English, when two Spanish verbs are used in sequence and there is no change of subject, the second verb is usually in the infinitive form.

Necesito llamar a mi familia.
I need to call my family.

Me gusta bailar.
I like to dance.

F. In both English and Spanish, conjugated verb forms also indicate the *time* or *tense* (**el tiempo**) of the action: *I speak* (present), *I spoke* (past).

Some English equivalents of the present tense forms of Spanish verbs are shown at the right.

hablo
- *I speak* — Simple present tense
- *I am speaking* — Present progressive (indicates an action in progress)
- *I will speak* — Near future action

Negation

In Spanish the word **no** is placed before the conjugated verb to make a negative sentence.

El estudiante **no** habla español.
The student doesn't speak Spanish.

No, **no** necesito dinero.
No, I don't need money.

■■■ Práctica

A. Mis compañeros y yo

Paso 1. **¡Anticipemos!*** Read the following statements and tell whether they are true for you and your classmates and for your classroom environment. If any statement is not true for you or your class, make it negative or change it in another way to make it correct.

MODELO: Toco el piano → Sí, toco el piano.
(No, no toco el piano. Toco la guitarra.)

1. Necesito más (*more*) dinero.
2. Trabajo en la biblioteca.
3. Tomo ocho clases este semestre/trimestre.
4. En clase, cantamos en francés.
5. Deseamos practicar español.
6. Tomamos café en clase.
7. El profesor / La profesora enseña español.
8. El profesor / La profesora habla muy bien el alemán (*German*).

Paso 2. Now turn to the person next to you and restate each sentence as a question, using **tú** forms of the verbs in all cases. Your partner will indicate whether the sentences are true for him or her.

MODELO: ¿Tocas el piano? → Sí, toco el piano. (No, no toco el piano.)

*****¡Anticipemos!** (*Lets look ahead!*) *identifies activities or* **pasos** *that allow you to see words and structures in context before you begin to use them actively.*

B. En una fiesta. The following paragraphs describe a party. First scan the paragraphs to get a general sense of their meaning. Then complete the paragraphs with the correct form of the numbered infinitives.

Esta noche[a] hay una fiesta en el apartamento de Marcos y Julio. Todos[b] los estudiantes (cantar[1]) y (bailar[2]). Una persona (tocar[3]) la guitarra y otras personas (escuchar[4]) la música.

Jaime (buscar[5]) una Coca-Cola. Marta (hablar[6]) con un amigo. María José (desear[7]) enseñarles a todos[c] un baile[d] de Colombia. Todas las estudiantes desean (bailar[8]) con el estudiante mexicano —¡él (bailar[9]) muy bien!

La fiesta es estupenda, pero todos (necesitar[10]) regresar a casa[e] o a su[f] cuarto temprano.[g] ¡Hay clases mañana!

[a]Esta... *Tonight* [b]*All* [c]enseñarles... *to teach everyone* [d]*dance* [e]a... *home* [f]*their* [g]*early*

Comprensión: ¿Cierto o falso?

1. Marcos es profesor de español.
2. A Jaime le gusta el café.
3. María José es de Colombia.
4. Los estudiantes desean bailar un poco (*a little*).

Need more practice?

- Workbook/Laboratory Manual
- Interactive CD-ROM
- Online Learning Center (www.mhhe.com/peb2)

■ ■ ■ Conversación

A. Oraciones lógicas. Form at least eight complete logical sentences by using one word or phrase from each column. The words and phrases may be used more than once, in many combinations. Be sure to use the correct form of the verbs. Make any of the sentences negative, if you wish.

MODELO: Yo no estudio francés.

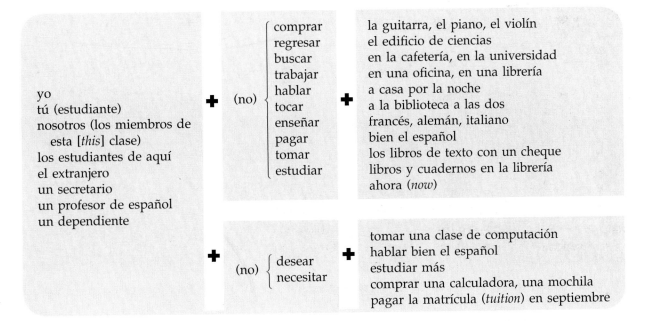

yo
tú (estudiante)
nosotros (los miembros de esta [*this*] clase)
los estudiantes de aquí
el extranjero
un secretario
un profesor de español
un dependiente

+ (no) comprar / regresar / buscar / trabajar / hablar / tocar / enseñar / pagar / tomar / estudiar **+**

la guitarra, el piano, el violín
el edificio de ciencias
en la cafetería, en la universidad
en una oficina, en una librería
a casa por la noche
a la biblioteca a las dos
francés, alemán, italiano
bien el español
los libros de texto con un cheque
libros y cuadernos en la librería
ahora (*now*)

+ (no) desear / necesitar **+**

tomar una clase de computación
hablar bien el español
estudiar más
comprar una calculadora, una mochila
pagar la matrícula (*tuition*) en septiembre

The Verb *estar*

Estar is another Spanish **-ar** verb. It means *to be*, and you have already used forms of it to ask how others are feeling or to tell where things are located. Here is the complete present tense conjugation of **estar.** Note that the **yo** form is irregular. The other forms take regular **-ar** endings, and some have a shift in the stress pattern (indicated by the accented **á**).

yo	**estoy**	nosotros/as	**estamos**
tú	**estás**	vosotros/as	**estáis**
Ud., él, ella	**está**	Uds., ellos, ellas	**están**

You will learn the uses of the verb **estar,** along with those of **ser** (the other Spanish verb that means *to be*) gradually, over the next several chapters. In the questions below, **estar** is used to inquire about location or feelings.

1. ¿Cómo está Ud. en este momento (*right now*)?
2. ¿Cómo están sus (*your*) compañeros? (Mis companeros...)
3. ¿Dónde está Ud. en este momento?

B. ¿Qué hacen? (*What are they doing?*) Tell where these people are and what they are doing. Note that the definite article is used with titles when you are talking about a person: **el señor, la señora, la señorita, el profesor, la profesora.**

> **MODELO:** La Sra. Martínez _____. →
> La Sra. Martínez está en la oficina. Busca un documento, trabaja…

Frases útiles: hablar por teléfono, preparar la lección, pronunciar las palabras, tomar apuntes (*to take notes*), trabajar en la caja (*at the register*), usar una computadora

1. Estas (*These*) personas _____.
La profesora Gil _____.
Casi (*Almost*) todos los
    estudiantes _____.
Un estudiante _____.

2. Estas personas están _____.
El Sr. Miranda _____.
La bibliotecaria _____.
El estudiante _____.

3. Estas personas _____.
El cliente _____.
La dependienta _____.

Expressing the Time of Day

You can use the preposition **por** to mean *in* or *during* when expressing the time of day.

Estudio **por** la mañana y trabajo **por** la tarde. **Por** la noche, estoy en casa con la familia.
I study in the morning and I work in the afternoon. During the evening (At night), I'm at home with my family.

Remember that the phrases **de la mañana (tarde, noche)** are used when a specific hour of the day is mentioned, and are used like the English *A.M.* and *P.M.*

C. Entrevista. Use the following questions as a guide to interview a classmate, and take notes on what he or she says. (Write down what your partner says using the **él/ella** form of the verbs.) Your instructor may want you to hand in your notes so that he or she can get to know the students in the class better.

MODELO: ESTUDIANTE 1: Karen, ¿estudias filosofía?
ESTUDIANTE 2: No, no estudio filosofía. Estudio música.
ESTUDIANTE 1: (escribe [*writes*]): Karen no estudia filosofía. Estudia música.

1. ¿Estudias mucho o poco? ¿Dónde estudias, en casa, en la residencia o en la biblioteca? ¿Cuándo estudias, por la mañana, por la tarde o por la noche? ¿Estudias todos los días (*every day*)? ¿hasta muy tarde (*late*)?
2. ¿Cantas bien o mal (*poorly*)? ¿Tocas un instrumento musical? ¿Cuál es? (el piano, la guitarra, el violín...)
3. ¿Trabajas? ¿Dónde? ¿Cuántas horas a la semana (*per week*) trabajas?
4. ¿Quiénes pagan los libros de texto, tú o los profesores? ¿Qué más necesitas pagar? ¿diccionarios? ¿el alquiler (*rent*)? ¿ ?

Jaime Escalante

Jaime Escalante was born in La Paz, Bolivia, where he was a math and physics teacher for fourteen years. He emigrated to California in 1964 when he was 33. Since he did not speak English, he took menial jobs while he learned the language and went to college to become an accredited teacher. He started teaching in 1974 at Garfield High School, in East Los Angeles, where the students were mostly low-income Hispanics. In 1982, with Escalante's help, his students did so well on an advanced placement calculus test that the Educational Testing Service thought they had cheated and asked them to retake the test. The 1988 film *Stand and Deliver* portrays Escalante and his students' efforts. He was later awarded the United States Presidential Medal and the Andrés Bello award by the Organization of American States.

▲ *Jaime Escalante*

los hispanos en los Estados Unidos

Datosª esenciales

- La población hispánica total de los Estados Unidos: más de 35 (treinta y cinco) millones en el año 2000 (dos mil).
- Orígenes de la población hispánica en los Estados Unidos:
  México: 58% (cincuenta y ocho por ciento)
  Centroamérica, Sudamérica y otros países:[b]
  28,4% (veintiocho coma cuatro por ciento)
  Puerto Rico: 9,6%
  Cuba: 3,5%

[a]*Facts* [b]*otros... other countries*

¡Fíjese!ª

- En 2001 (dos mil uno) había[b] veintiún hispanos en el Congreso de los Estados Unidos. ¿Cuántos hay ahora? (www.house.gov)
- De los más de[c] 35 millones de hispanos en los Estados Unidos, la mayoría[d] habla español (mucho o poco).
- Las palabras **hispano** e[e] **hispánico** se refieren al[f] idioma y a la cultura, no a la raza[g] o grupo étnico.

[a]*Check it out!* [b]*there were* [c]*De... Of the more than* [d]*majority*
[e]*y* [f]*se... refer to the* [g]*race*

Personas famosas: César Chávez

La contribución de César Chávez (1927–1993 [mil novecientos veintisiete a mil novecientos noventa y tres]) al movimiento de los trabajadores agrícolas[a] es enorme. La educación de Chávez, hijo de campesinos migrantes,[b] sólo llega al séptimo grado.[c]

En 1962 (mil novecientos sesenta y dos), Chávez organiza a los campesinos que cosechan uvas.[d] Como resultado de las huelgas[e] y el boicoteo de las uvas de mesa,[f] los campesinos reciben contratos más favorables para ellos; el United Farm Workers se establece[g] como sindicato[h] oficial.

En 2003 (dos mil tres), el servicio postal de los Estados Unidos honra a Chávez con un sello[i] especial.

Hoy en día,[j] la vida,[k] los sacrificios y los ideales de Chávez sirven de[l] inspiración a muchas personas.

[a]*trabajadores... agricultural workers* [b]*hijo... son of migrant farm workers* [c]*llega... reaches the seventh grade* [d]*que... who harvest grapes* [e]*strikes* [f]*uvas... table grapes* [g]*se... is established* [h]*union* [i]*stamp* [j]*Hoy... Nowadays* [k]*life* [l]*sirven... serve as an*

▲ Carlos Rivera
San Antonio, Texas

EL CANADÁ

LOS ESTADOS UNIDOS

MÉXICO

OCÉANO PACÍFICO

Chicago
Santa Fe
Los Ángeles
San Diego
El Paso
San Antonio
Río Grande
Río Missouri
Río Misisipí
MONTAÑAS ROCOSAS

Learn more about Hispanics in the United States with the Video, Interactive CD-ROM, and the Online Learning Center (www.mhhe.com/peb2).

El sello estadounidense (U.S.) con la imagen de César Chávez ▶

USA 37
CESAR E. CHÁVEZ

Gramática

To review the grammar points presented in this chapter, refer to the indicated grammar presentations. You'll find further practice of these structures in the Workbook/Laboratory Manual, on the Interactive CD-ROM, and on the *Puntos en breve* Online Learning Center (www.mhhe.com/peb2).

1. Identifying People, Places, and Things—Singular Nouns: Gender and Articles

   Do you understand the gender of nouns and how to use the articles **el, la, uno,** and **una?**

2. Identifying People, Places, and Things—Nouns and Articles: Plural Forms

   Do you know how to make nouns plural and use the articles **los, las, unos,** and **unas?**

3. Expressing Actions—Subject Pronouns: Present Tense of **-ar** Verbs; Negation

   You should be able to use subject pronouns, conjugate regular **-ar** verbs in the present tense, and form negative sentences.

Vocabulario

Practice this vocabulary with digital flash cards on the Online Learning Center (www.mhhe.com/peb2).

Los verbos

bailar	to dance
buscar	to look for
cantar	to sing
comprar	to buy
desear	to want
enseñar	to teach
escuchar	to listen (to)
estar (*irreg.*)	to be
estudiar	to study
hablar	to speak; to talk
hablar por teléfono	to talk on the phone
necesitar	to need
pagar	to pay (for)
practicar	to practice
regresar	to return (*to a place*)
regresar a casa	to go home
tocar	to play (*a musical instrument*)
tomar	to take; to drink
trabajar	to work

Los lugares

el apartamento	apartment
la biblioteca	library
la cafetería	cafeteria
la clase	class
el cuarto	room
el edificio	building
la fiesta	party
la librería	bookstore
la oficina	office
la residencia	dormitory
la universidad	university

Las personas

el/la amigo/a	friend
el/la bibliotecario/a	librarian
el/la cliente	client
el/la compañero/a (de clase)	classmate
el/la compañero/a de cuarto	roommate
el/la consejero/a	advisor
el/la dependiente/a	clerk
el/la estudiante	student
el/la extranjero/a	foreigner
el hombre	man
la mujer	woman
el/la profesor(a)	professor
el/la secretario/a	secretary

Palabras interrogativas

¿cuál?	what?; which?
¿cuándo?	when?
¿cuánto?	how much?
¿cuántos/as?	how many?
¿quién?	who?; whom?

Repaso: ¿cómo?, ¿dónde?, ¿qué?

Las lenguas (extranjeras)

el alemán	German
el español	Spanish
el francés	French
el inglés	English
el italiano	Italian

Otras materias

la administración de empresas
el arte
las ciencias
la computación
las comunicaciones
la economía
la filosofía
la física
la historia
las humanidades
la literatura
las matemáticas
la química
la sicología
la sociología

Las cosas

el bolígrafo	pen
la calculadora	calculator
el cuaderno	notebook
el diccionario	dictionary
el dinero	money
el escritorio	desk
el lápiz (pl. lápices)	pencil
el libro (de texto)	(text)book
la mesa	table
la mochila	backpack
el papel	paper
la pizarra	chalkboard
la puerta	door
la silla	chair
la ventana	window

Otros sustantivos

el café	coffee
la cerveza	beer
el día	day
la matrícula	tuition

¿Cuándo?

ahora	now
con frecuencia	frequently
el fin de semana	weekend
por la mañana (tarde, noche)	in the morning (afternoon, evening)
tarde/temprano	late/early
todos los días	every day

Pronombres personales

yo, tú, usted (Ud.), él/ella, nosotros/nosotras, vosotros/vosotras, ustedes (Uds.), ellos/ellas

Palabras adicionales

aquí	here
con	with
en casa	at home
mal	poorly
más	more
mucho	much; a lot
muy	very
poco	little
un poco (de)	a little bit (of)
por eso	therefore
sólo	only

La familia

Una familia mexicana en el Parque Ecológico de Xochimilco, en la Ciudad de México ▶

La familia y los parientes°

relatives

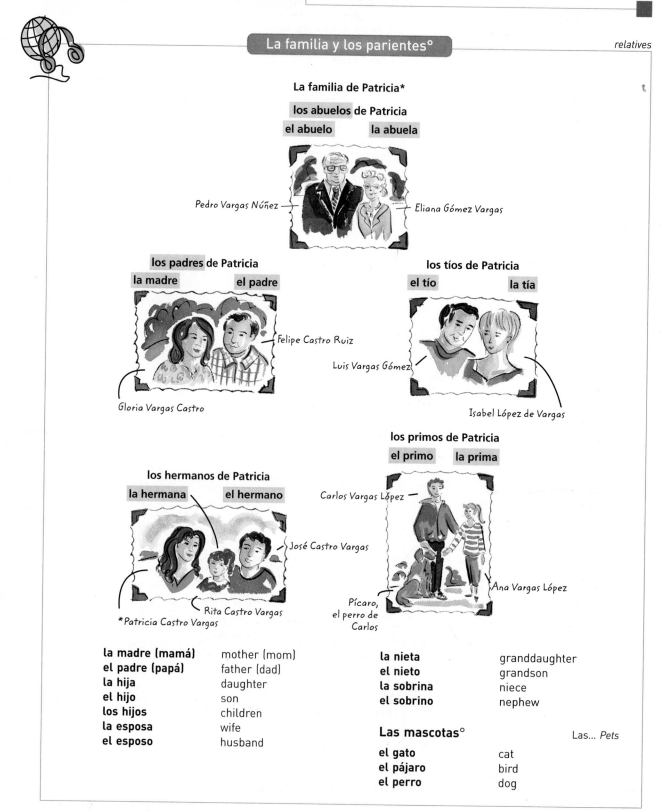

La familia de Patricia*

los abuelos de Patricia

el abuelo **la abuela**

Pedro Vargas Núñez — — Eliana Gómez Vargas

los padres de Patricia

la madre **el padre**

Felipe Castro Ruiz

Gloria Vargas Castro

los tíos de Patricia

el tío **la tía**

Luis Vargas Gómez

Isabel López de Vargas

los hermanos de Patricia

la hermana **el hermano**

José Castro Vargas

Rita Castro Vargas

*Patricia Castro Vargas

los primos de Patricia

el primo **la prima**

Carlos Vargas López

Ana Vargas López

Pícaro,
el perro de
Carlos

la madre (mamá)	mother (mom)	**la nieta**	granddaughter
el padre (papá)	father (dad)	**el nieto**	grandson
la hija	daughter	**la sobrina**	niece
el hijo	son	**el sobrino**	nephew
los hijos	children		
la esposa	wife	**Las mascotas°**	Las... *Pets*
el esposo	husband		
		el gato	cat
		el pájaro	bird
		el perro	dog

el padrastro / la madrastra	stepfather / stepmother
el hijastro / la hijastra	stepson / stepdaughter
el hermanastro / la hermanastra	stepbrother / stepsister
el medio hermano / la media hermana	half-brother / half-sister
el suegro / la suegra	father-in-law / mother-in-law
el yerno / la nuera	son-in-law / daughter-in-law
el cuñado / la cuñada	brother-in-law / sister-in-law
...(ya) murió	. . . has (already) died

■ ■ ■ Conversación

A. ¿Cierto o falso? Look at the drawings of the family that appear on page 44. Decide whether each of the following statements is true (**cierto**) or false (**falso**) according to the drawings. Correct the false statements.

1. José es el hermano de Ana.
2. Eliana es la abuela de Patricia.
3. Ana es la sobrina de Felipe y Gloria.
4. Patricia y José son primos.
5. Gloria es la tía de José.
6. Carlos es el sobrino de Isabel.
7. Pedro es el padre de Luis y Gloria.
8. Isabel y Gloria son las esposas de Luis y Felipe, respectivamente.

B. ¿Quién es?

Paso 1. Complete las oraciones lógicamente.

1. La madre de mi (*my*) padre es mi _____.
2. El hijo de mi tío es mi _____.
3. La hermana de mi padre es mi _____.
4. El esposo de mi abuela es mi _____.

Paso 2. Ahora defina estas (*these*) personas, según (*according to*) el mismo (*same*) modelo.

1. prima 2. sobrino 3. tío 4. abuelo

C. Entrevista. Find out as much as you can about the family of a classmate using the following dialogue as a guide. Use **tengo** (*I have*) and **tienes** (*you have*), as indicated. Use **¿cuántos?** with male relations and **¿cuántas?** with females.

> MODELO: E1:*¿Cuántos hermanos tienes?
> E2: Bueno (*Well*), tengo seis hermanos y una hermana.
> E1: ¿Y cuántos primos?
> E2: ¡Uf! Tengo un montón (*bunch*). Más de veinte.

*From this point on in the text, ESTUDIANTE 1 *and* ESTUDIANTE 2 *will be abbreviated as* E1 *and* E2, *respectively.*

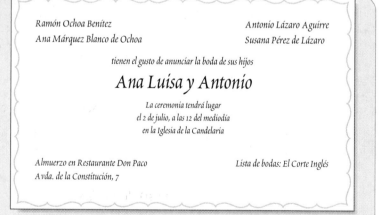

Continúe la secuencia:

treinta y uno, treinta y dos…
ochenta y cuatro, ochenta y cinco…

31	treinta y uno	**40**	cuarenta
32	treinta y dos	**50**	cincuenta
33	treinta y tres	**60**	sesenta
34	treinta y cuatro	**70**	setenta
35	treinta y cinco	**80**	ochenta
36	treinta y seis	**90**	noventa
37	treinta y siete	**100**	cien, ciento
38	treinta y ocho		
39	treinta y nueve		

setenta y ocho
cincuenta y cinco
treinta y nueve
cuarenta y cinco
cuarenta y siete
ochenta y cinco
El abuelito Pedro tiene 85 años.
La abuelita Eliana tiene 78 años.

Beginning with 31, Spanish numbers are *not* written in a combined form; **treinta y uno,*** **cuarenta y dos, sesenta y tres,** and so on, must be three separate words.

Cien is used before nouns and in counting.

cien casas	*a (one) hundred houses*
noventa y ocho, noventa y nueve, **cien**	*ninety-eight, ninety-nine, one hundred*

■ ■ ■ Conversación

A. Más problemas de matemáticas. Recuerde: + **y,** − **menos,** = **son.**

1. 30 + 50 = ?   **2.** 45 + 45 = ?   **3.** 32 + 58 = ?   **4.** 77 + 23 = ?

NOTA CULTURAL

Hispanic Last Names

In most Hispanic countries, people are given two last names (**apellidos**). The custom is demonstrated in this wedding invitation. The names of the bride's parents are in the top left corner: Ramón Ochoa Benítez and Ana Márquez Blanco de Ochoa. Their daughter's name, before her marriage, is Ana Luisa Ochoa Márquez. Her first last name (Ochoa) is her father's first last name, and her second last name (Márquez) is her mother's first last name. The groom's parents are in the top right corner. What do you think his full name (with both last names) is? If you said Antonio Lázaro Pérez, you are correct. Some Spanish-speaking women take their husband's first last name as their new second last name, dropping the second last name they had before marriage. Ana Luisa Ochoa Márquez's name will change to Ana Luisa Ochoa de Lázaro.

Ramón Ochoa Benítez
Ana Márquez Blanco de Ochoa

Antonio Lázaro Aguirre
Susana Pérez de Lázaro

tienen el gusto de anunciar la boda de sus hijos

Ana Luisa y Antonio

La ceremonia tendrá lugar
el 2 de julio, a las 12 del mediodía
en la Iglesia de la Candelaria

Almuerzo en Restaurante Don Paco
Avda. de la Constitución, 7

Lista de bodas: El Corte Inglés

---

*Remember that when **uno** is part of a compound number (**treinta y uno,** and so on), it becomes **un** before a masculine noun and **una** before a feminine noun: **setenta y un coches; cincuenta y una mesas.**

B. Los números de teléfono

Paso 1. Here is part of a page from an Hispanic telephone book. What can you tell about the names? (See the **Nota cultural** on page 46.)

Paso 2. With a classmate, practice giving telephone numbers at random from the list. Your partner will listen and identify the person. **¡OJO!** In many Hispanic countries phone numbers are said differently than in this country. Follow the model.

> MODELO: 4–15–00–46 →
>> E1: Es el *cuatro-quince-cero cero-cuarenta y seis.*
>> E2: Es el número de *A. Lázaro Aguirre.*

Paso 3. Now give your classmate your phone number and get his or hers.

> MODELO: Mi número es el…

LAZARO AGUIRRE, A. –Schez Pacheco, 17	415 0046
LAZCANO DEL MORAL, A. –E. Larreta, 14	215 8194
LAZCANO DEL MORAL, A. –Ibiza, 8	274 6868
LEAL ANTON, J. –Pozo, 8	222 3894
LIEBANA RODRIGUEZ, A.	
Guadarrama, 10	463 2593
LOPEZ BARTOLOME, J. –Palma, 69	232 2027
LOPEZ CABRA, J. –E. Solana, 118	407 5086
LOPEZ CABRA, J. –L. Van, 5	776 4602
LOPEZ GONZALEZ, J. A. –Ibiza, 27	409 2552
LOPEZ GUTIERREZ, G. –S. Cameros, 7	478 8494
LOPEZ LOPEZ, J. –Alamedilla, 21	227 3570
LOPEZ MARIN, V. –Illescas, 53	218 6630
LOPEZ MARIN, V. –N. Rey, 7	463 6873
LOPEZ MARIN, V. –Valmojado, 289	717 2823
LOPEZ NUÑEZ, J. –Pl. Pinazo, s/n	796 0035
LOPEZ NUÑEZ, J. –Rocafort, Bl. 321	796 5387
LOPEZ RODRIGUEZ, C. –Pl. Jesus, 7	429 3278
LOPEZ RODRIGUEZ, J. –Pl. Angel, 15	239 4323
LOPEZ RODRIGUEZ, M. E.	
B. Murillo, 104	233 4239
LOPEZ TRAPERO, A. –Cam. Ingenieros, 1	462 5392
LOPEZ VAZQUEZ, J. –A. Torrejón, 17	433 4646
LOPEZ VEGA, J. –M. Santa Ana, 5	231 2131
LORENTE VILLARREAL, G. –Gandia, 7	252 2758
LORENZO MARTINEZ, A. –Moscareta, 5	479 6282
LORENZO MARTINEZ, A. –P. Laborde, 21	778 2800
LORENZO MARTINEZ, A.	
Av. S. Diego, 116	477 1040
LOSADA MIRON, M. –Padilla, 31	276 9373
LOSADA MIRON, M. –Padilla, 31	431 7461
LOZANO GUILLEN, E.	
Juan H. Mendoza, 5	250 3884
LOZANO PIERA, F. J. –Pinguino, 8	466 3205
LUDEÑA FLORES, G. –Lope Rueda, 56	273 3735
LUENGO CHAMORRO, J.	
Gral Ricardos, 99	471 4906
LUQUE CASTILLO, J. –Pto Arlaban, 121	478 5253
LUQUE CASTILLO, L. –Cardeñosa, 15	477 6644

NOTA COMUNICATIVA

Expressing Age

> NORA: ¿Cuántos años tienes, abuela?
> ABUELA: Setenta y tres, Nora.
> NORA: ¿Y cuántos años tiene el abuelo?
> ABUELA: Setenta y cinco, mi amor (*love*). Y ahora, dime (*tell me*), ¿cuántos años tienes tú?
> NORA: Tengo cuatro.

In Spanish, age is expressed with the phrase **tener _____ años** (literally, *to have. . . years*). You have now seen all the singular forms of **tener** (*to have*): **tengo, tienes, tiene.**

C. ¡Seamos (*Let's be*) lógicos! Complete las oraciones lógicamente.

1. Un hombre que (*who*) tiene _____ años es muy viejo (*old*).
2. Un niño (*small child*) que tiene sólo _____ año es muy joven (*young*).
3. La persona más vieja (*oldest*) de mi familia es mi _____. Tiene _____ años.
4. La persona más joven (*youngest*) de mi familia es mi _____. Tiene _____ años.
5. En mi opinión, es ideal tener _____ años.
6. Si (*If*) una persona tiene _____ años, ya (*already*) es adulta.
7. Para (*In order to*) tomar cerveza en este estado, es necesario tener _____ años.
8. Para mí (*For me*), ¡la idea de tener _____ años es inconcebible (*inconceivable*)!

guapo	handsome; good-looking
bonito	pretty
feo	ugly
grande	large, big
pequeño	small
casado	married
soltero	single
simpático	nice, likeable
antipático	unpleasant
corto	short (*in length*)
largo	long
bueno	good
malo	bad
listo	smart; clever
tonto	silly, foolish
trabajador	hardworking
perezoso	lazy
rico	rich
pobre	poor
delgado	thin, slender
gordo	fat

alto

bajo

Pepe   Juan

rubio

moreno

Luisito   Esteban

joven

viejo

Jaime

don Paco

nuevo

viejo

To describe a masculine singular noun, use **alto**, **bajo**, and so on; use **alta**, **baja**, and so on for feminine singular nouns.

■■■ Conversación

A. Preguntas. Conteste según los dibujos.

1. Einstein es listo. ¿Y el chimpancé?

José

Roberto

2. Roberto es trabajador. ¿Y José?

Pablo

Pepe

3. Pepe es bajo. ¿Y Pablo?

Jaime

Memo

4. Jaime es bueno y simpático. También es guapo. ¿Y Memo?

Paco

Ramón

5. Ramón Ramírez es casado. ¿Y Paco Pereda?

6. El libro es viejo. ¿Y el lápiz?

B. **¿Cómo es?** Describe a famous personality, using as many adjectives as possible so that your classmates can guess who the person is. Don't forget to use cognate adjectives that you have seen in **Ante todo** and **Capítulo 1.**

MODELO: Es un hombre importante; controla una gran compañía de *software.* Es muy trabajador y muy rico. (Bill Gates)

Need more practice?

- Workbook/Laboratory Manual
- Interactive CD-ROM
- Online Learning Center (www.mhhe.com/peb2)

PRONUNCIACIÓN — Stress and Written Accent Marks (Part 1)

Some Spanish words have *written accent marks* over one of the vowels. That mark is called **el acento (ortográfico).** It means that the syllable containing the accented vowel is stressed when the word is pronounced, as in the word **bolígrafo (bo-LÍ-gra-fo),** for example.

Although all Spanish words of more than one syllable have a stressed vowel, most words do not have a written accent mark. Most words have the spoken stress exactly where native speakers of Spanish would predict it. These two simple rules tell you which syllable is accented when a word does not have a written accent.

In this chapter you will learn predictable patterns of stress. In the next chapter, you will learn when the written accent mark is needed.

- Words that end in a vowel, or **-n,** or **-s** are stressed on the next-to-last syllable.

co-sa	e-**xa**-men	i-ta-**lia**-no
gra-cias	**e**-res	**len**-guas

- Words that end in any other consonant are stressed on the last syllable.

us-**ted**	es-pa-**ñol**	doc-**tor**
na-tu-**ral**	pro-fe-**sor**	es-**tar**

A. **Sílabas.** The following words have been separated into syllables for you. Read them aloud, paying careful attention to where the spoken stress should fall.

1. Stress on the next-to-last syllable

chi-no	si-lla	li-te-ra-tu-ra
ar-te	Car-men	cien-cias
cla-se	li-bro	o-ri-gen
me-sa	con-se-je-ra	com-pu-ta-do-ra

2. Stress on the last syllable

se-ñor	co-lor	sen-ti-men-tal
mu-jer	po-pu-lar	lu-gar
fa-vor	li-ber-tad	u-ni-ver-si-dad
ac-tor	ge-ne-ral	con-trol

B. **Vocales.** Indicate the stressed vowel in each of the following words.

1. mo-chi-la
2. me-nos
3. re-gu-lar
4. i-gual-men-te

5. E-cua-dor
6. e-le-gan-te
7. li-be-ral
8. hu-ma-ni-dad

4 **Describing • Adjectives: Gender, Number, and Position**

Un poema sencillo

Amigo	Amiga
Fiel	Fiel
Amable	Amable
Simpático	Simpática
¡Lo admiro!	¡La admiro!

According to their form, which of the adjectives below can be used to describe each person? Which can refer to you?

Marta:
Mario: } fiel   amable   simpática   simpático

Adjectives (**Los adjetivos**) are words used to talk about nouns or pronouns. Adjectives may describe or tell how many there are.

You have been using adjectives to describe people since **Ante todo.** In this section, you will learn more about describing the people and things around you.

> **adjective** = a word used to describe a noun or pronoun

large desk   *few* desks
tall woman   *several* women

Adjectives with *ser*

In Spanish, forms of **ser** are used with adjectives that describe basic, inherent qualities or characteristics of the nouns or pronouns they modify. **Ser** establishes the "norm," that is, what is considered basic reality: *snow is cold, water is wet.*

Tú **eres amable.**
You're nice. (You're a nice person.)

El diccionario **es barato.**
The dictionary is inexpensive.

A simple poem Friend Loyal Kind Nice I admire him/her!

Forms of Adjectives

Spanish adjectives agree in gender and number with the noun or pronoun they modify. Each adjective has more than one form.

A. Adjectives that end in **-o (alto)** have four forms, showing gender and number.*

	Masculine	Feminine
Singular	amigo alto	amiga alta
Plural	amigos altos	amigas altas

B. Adjectives that end in **-e (amable)** or in most consonants (**fiel**) have only two forms, a singular and a plural form. The plural of adjectives is formed in the same way as that of nouns.

[Práctica A–D]

	Masculine	Feminine
Singular	amigo amable amigo fiel	amiga amable amiga fiel
Plural	amigos amables amigos fieles	amigas amables amigas fieles

Notes in brackets, like [**Práctica A–D**] here, let you know that you are now ready to do all of the indicated activities, in this case, **Práctica A–D** (pages 53–54). Then, after you read grammar point C (the next one in this section), you will be prepared to do **Práctica E** on page 54, as the bracketed reference in C indicates.

C. Most adjectives of nationality have four forms.

The names of many languages—which are masculine in gender—are the same as the masculine singular form of the corresponding adjective of nationality: **el español, el inglés, el alemán, el francés,** and so on.

[Práctica E]

	Masculine	Feminine
Singular	el doctor mexicano español alemán inglés	la doctora mexicana española alemana inglesa
Plural	los doctores mexicanos españoles alemanes ingleses	las doctoras mexicanas españolas alemanas inglesas

Note that in Spanish the names of languages and adjectives of nationality are not capitalized, but the names of countries are: **español, española,** but **España.**

Placement of Adjectives

As you have probably noticed, adjectives do not always precede the noun in Spanish as they do in English. Note the following rules for adjective placement.

A. Adjectives of quantity, like numbers, *precede* the noun, as do the interrogatives **¿cuánto/a?** and **¿cuántos/as?**

Hay **muchas** sillas y **dos** escritorios.
There are many chairs and two desks.

¿Cuánto dinero necesitas?
How much money do you need?

---

*Adjectives that end in **-dor, -ón, -án,** and **-ín** also have four forms: **trabajador, trabajadora, trabajadores, trabajadoras.**

Otro/a by itself means *another* or *other.* The indefinite article is never used with **otro/a.**

Busco **otro** coche.
I'm looking for another car.

B. Adjectives that describe the qualities of a noun and distinguish it from others generally *follow* the noun. Adjectives of nationality are included in this category.

un perro **bueno**
un dependiente **trabajador**
una joven **delgada** y **morena**
un joven **español**

C. The adjectives **bueno** and **malo** may *precede or follow* the noun they modify. When they *precede* a masculine singular noun, they shorten to **buen** and **mal,** respectively.

[Conversación]

un **buen** perro / un perro **bueno**
una **buena** perra / una perra **buena**
un **mal** día / un día **malo**
una **mala** noche / una noche **mala**

D. The adjective **grande** may also *precede or follow* the noun. When it *precedes* a singular noun—masculine or feminine—it shortens to **gran** and means *great* or *impressive.* When it *follows* the noun, it means *large* or *big.*

[Conversación]

Nueva York es una ciudad **grande.**
New York is a large city.

Nueva York es una **gran** ciudad.
New York is a great (impressive) city.

Forms of *this/these*

A. The demonstrative adjective *this/these* has four forms in Spanish.* Learn to recognize them when you see them.

este	hijo	*this son*
esta	hija	*this daughter*
estos	hijos	*these sons*
estas	hijas	*these daughters*

B. You have already seen the neuter demonstrative **esto.** It refers to something that is as yet unidentified.

¿Qué es esto?
What is this?

AUTOPRUEBA

Give the correct adjective endings.

1. una casa viej_____
2. los tíos español_____
3. un primo alt_____
4. un sobrino guap_____
5. las hermanas rubi_____
6. buen_____ amigos

Answers: 1. vieja 2. españoles 3. alto 4. guapo 5. rubias 6. buenos

---

*You will learn all forms of the Spanish demonstrative adjectives (this, that, these, those) in **Gramática 8.**

■ ■ ■ Práctica

A. **¡Anticipemos! Hablando** (*Speaking*) **de la universidad.** Tell what you think about aspects of your university by telling whether you agree (**Estoy de acuerdo.**) or disagree (**No estoy de acuerdo.**) with the statements. If you don't have an opinion, say **No tengo opinión.**

1. Hay suficientes actividades sociales.
2. Los profesores son excelentes.
3. Las residencias son buenas.
4. Hay suficientes gimnasios.
5. Es fácil (*easy*) aparcar el coche.
6. Es fácil llegar (*to get*) a la universidad en autobús.
7. Hay suficientes zonas verdes.
8. Los restaurantes, cafeterías y cafés son buenos.
9. En la librería, los precios son bajos.
10. Los bibliotecarios son cooperativos.

B. **La familia de José Miguel.** The following incomplete sentences describe some members of the family of José Miguel Martín Velasco, a student from Quito, Ecuador. Scan the adjectives to see which ones can complete the statement. Pay close attention to the form of each adjective.

1. El tío Miguel es _____. (trabajador / alto / nueva / grande / fea / amable)
2. Los abuelos son _____. (rubio / antipático / inteligentes / viejos / religiosos / sinceras)
3. La madre de José Miguel es _____. (rubio / elegante / sentimental / buenas / casadas / simpática)
4. Las primas son _____. (solteras / morenas / lógica / bajos / mala)

Vocabulario útil

Here are some additional adjectives to use in this section. You should be able to guess the meaning of some of them.

agresivo/a	¿ ?	difícil	difficult
amistoso/a	friendly	encantador(a)	delightful
animado/a	lively	fácil	easy
atrevido/a	daring	sensible	sensitive
cariñoso/a	affectionate	suficiente	¿ ?
chistoso/a	amusing	tolerante	¿ ?
comprensivo/a	understanding	travieso/a	mischievous

C. **¡Dolores es igual!** Cambie (*Change*) Diego → Dolores.

Diego es un buen estudiante. Es listo y trabajador y estudia mucho. Es estadounidense de origen mexicano, y por eso habla español. Desea ser profesor de antropología. Diego es moreno, guapo y atlético. Le gustan las fiestas grandes y tiene buenos amigos en la universidad. Tiene parientes estadounidenses y mexicanos.

D. Descripciones. Describa a su familia, haciendo oraciones completas con estas palabras.

MODELO: Mi familia no es grande. Es pequeña. Mi padre tiene 50 años.

Mi familia
Mi padre/madre
Mi ¿ ? (otro pariente)
Mi perro/gato

+

(no) es

+

interesante   bueno   fiel
amable   famoso   viejo
grande   importante malo
intelectual   (im)paciente ¿ ?
nuevo   pequeño

+

tiene... años

NOTA COMUNICATIVA

Más nacionalidades de Latinoamérica

Centroamérica

costarricense   nicaragüense
guatemalteco/a   panameño/a
hondureño/a   salvadoreño/a

Sudamérica

argentino/a   ecuatoriano/a
boliviano/a   paraguayo/a
brasileño/a   peruano/a
chileno/a   uruguayo/a
colombiano/a   venezolano/a

E. Nacionalidades. Tell what nationality the following persons could be and where they might live: **el Brasil, Alemania** (*Germany*), **China, Inglaterra** (*England*), **Francia, Italia.** For number 2, select an adjective and a country from the **Nota comunicativa** box.

1. Monique habla francés; es _____ y vive (*she lives*) en _____.
2. José habla español; es _____ y vive en _____.
3. Greta y Hans hablan alemán; son _____ y viven en _____.
4. Gilberto habla portugués; es _____ y vive en _____.
5. Gina y Sofía hablan italiano; son _____ y viven en _____.
6. Winston habla inglés; es _____ y vive en _____.
7. Hai (*m.*) y Han (*m.*) hablan chino; son _____ y viven en _____.

Need more practice?

- Workbook/Laboratory Manual
- Interactive CD-ROM
- Online Learning Center (www.mhhe.com/peb2)

■■■ Conversación

Asociaciones. With several classmates, talk about people you associate with the following phrases. Use the model as a guide. To express agreement or disagreement, use **(No) Estoy de acuerdo.**

MODELO: un gran hombre →
E1: Creo que (*I believe that*) el presidente es un gran hombre.
E2: No estoy de acuerdo.

1. un mal restaurante
2. un buen programa de televisión
3. una gran mujer, un gran hombre
4. un buen libro (¿una novela?), un libro horrible

Before beginning **Gramática 5,** review the forms and uses of **ser** that you have already learned by answering these questions.

1. ¿Es Ud. estudiante o profesor(a)?
2. ¿Cómo es Ud.? ¿Es una persona sentimental? ¿inteligente? ¿paciente? ¿elegante?
3. ¿Qué hora es? ¿A qué hora es la clase de español?
4. ¿Qué es un hospital? ¿Es una persona? ¿una cosa? ¿un edificio?

5 Expressing *to be* • Present Tense of *ser*; Summary of Uses

Presentaciones

Manolo Durán y Lola Benítez *son* esposos. Manolo habla de quiénes *son.*

—Hola. Me llamo Manolo Durán.

- *Soy* profesor en la universidad.
- *Soy* alto y moreno.
- *Soy* de Sevilla, España.

—¿Y Lola Benítez, mi esposa? Complete la descripción de ella.

Es _____ (profesión).
Es _____ y _____ (descripción).
Es de _____ (origen).

Málaga, España
bonita
profesora
delgada

ser (*to be*)			
yo	soy	nosotros/as	somos
tú	eres	vosotros/as	sois
Ud. él ella	es	Uds. ellos ellas	son

As you know, there are two Spanish verbs that mean *to be:* **ser** and **estar.** They are not interchangeable; the meaning that the speaker wishes to convey determines their use. In this chapter, you will review the uses of **ser** that you already know and learn some new ones. Remember to use **estar** to express location and to ask how someone is feeling. You will learn more about the uses of **estar** in **Capítulo 5.**

Some basic language functions of **ser** are presented here. You have used or seen all of them already in this and previous chapters.

To Identify

| To *identify* people and things

[Práctica A]

Remember that the notes in brackets refer you to activities that practice the grammar point. | **Yo** soy **estudiante.**
Alicia y yo somos **amigas.**
La doctora Ramos es **profesora.**
Esto es **un libro.** |

To Describe

| To *describe* people and things* | **Soy sentimental.**
I'm sentimental (a sentimental person).

El coche es **muy viejo.**
The car is very old. |

Origin

| With **de,** to express *origin*

[Práctica B–C] | **Somos de los Estados Unidos,** pero nuestros padres son **de la Argentina.** ¿**De dónde** es Ud.?
We're from the United States, but our parents are from Argentina. Where are you from? |

Generalization

| To express *generalizations* (only **es**)
[Conversación B] | **Es importante** estudiar, pero no es **necesario** estudiar todos los días.
It's important to study, but it's not necessary to study every day. |

Here are two basic language functions of **ser** that you have not yet practiced.

Possession

| With **de,** to express *possession*

[Práctica D]

Note that there is no **'s** in Spanish.

The masculine singular article **el** contracts with the preposition **de** to form **del.** No other article contracts with **de.** | **Es el perro de Carla.**
It's Carla's dog.

Son las gatas de Jorge.
They're Jorge's (female) cats.

de + el → del

Es la casa del profesor.
It's the (male) professor's house.

Es la casa de la profesora.
It's the (female) professor's house. |

---

*You practiced this language function of **ser** in **Gramática 4** in this chapter.

With **para,** to tell for whom or what something *is intended*

[Conversación A]

¿*Romeo y Julieta*? Es **para** la clase de inglés.
Romeo and Juliet? *It's for English class.*

—¿**Para** quién son los regalos?
—(Son) **Para** mi nieto.
Who are the presents for?
(They're) For my grandson.

■■■ Práctica

A. **¡Anticipemos! Los parientes de Gloria.** Look back at the family drawings on page 44. Then tell whether the following statements are true (**cierto**) or false (**falso**) from Gloria's standpoint. Correct the false statements.

1. Felipe y yo somos hermanos.
2. Pedro es mi esposo.
3. Pedro y Eliana son mis (*my*) padres.
4. Carlos es mi sobrino.
5. Mi hermano es el esposo de Isabel.
6. El padre de Felipe no es abuelo todavía (*yet*).
7. Mi familia no es muy grande.

B. **Nacionalidades**

Paso 1. ¿De dónde son, según los nombres, apellidos y ciudades?

MODELO: João Gonçalves, Lisboa →
João Gonçalves es de Portugal.

1. John Doe, Nueva York
2. Karl Lotze, Berlín
3. Graziana Lazzarino, Roma
4. María Gómez, Ciudad Juárez
5. Claudette Moreau, París
6. Timothy Windsor, Londres

Paso 2. Ahora, ¿de dónde es Ud.? ¿De este estado? ¿de una metrópoli? ¿de un área rural? ¿Es Ud. de una ciudad que tiene un nombre hispano? ¿Es de otro país (*country*)?

Naciones
Alemania
los Estados Unidos
Francia
Inglaterra
Italia
México
Portugal

C. **Personas extranjeras**

Paso 1. ¿Quiénes son, de dónde son y dónde trabajan ahora?

MODELO: Teresa: actriz / de Madrid / en Cleveland →
Teresa es actriz. Es de Madrid. Ahora trabaja en Cleveland.

1. Carlos Miguel: médico (*doctor*) / de Cuba / en Milwaukee
2. Maripili: profesora / de Burgos / en Miami
3. Mariela: dependienta / de Buenos Aires / en Nueva York
4. Juan: dentista* / de Lima / en Los Ángeles

Paso 2. Ahora hable sobre un amigo o pariente según el **Paso 1.**

---

*A number of professions end in **-ista** in both masculine and feminine forms. The article indicates gender: **el/la dentista, el/la artista,** and so on.

D. ¡Seamos lógicos! ¿De quién son estas cosas? Con un compañero/una compañera, haga y conteste preguntas (*ask and answer questions*) según el modelo. Las respuestas pueden variar (*can vary*).

> **MODELO:** E1: ¿De quién es el perro?
> E2: Es de…

¿De quién es/son… ?

1. la casa en Beverly Hills
2. la casa en Viena
3. la camioneta (*station wagon*)
4. el perro
5. las fotos de la Argentina
6. las mochilas con todos los libros

Personas

las estudiantes
la actriz
el niño
la familia con diez hijos
el estudiante extranjero
los Sres. Schmidt

■■■ Conversación

NOTA COMUNICATIVA

Explaining Your Reasons

In conversation, it is often necessary to explain a decision or tell why someone did something. Here are two simple words that speakers use to offer explanations.

porque because

— ¿Por qué necesitamos un televisor nuevo?
— Pues... **para** mirar el partido de fútbol... ¡Es el campeonato!

— ¿Por qué trabajas tanto?
— **¡Porque** necesitamos el dinero!

para in order to

Why do we need a new TV set?
Well . . . (in order) to watch the soccer game . . . It's the championship!

Why do you work so much?
Because we need the money!

Note the differences between **porque** (one word, no accent) and the interrogative **¿por qué?** (two words, accent on **qué**), which means *why?*.

Need more practice?

■ Workbook/Laboratory Manual
■ Interactive CD-ROM
■ Online Learning Center (www.mhhe.com/ peb2)

A. El regalo ideal. Look at Diego's list of gifts and what his family members like. With a partner, decide who receives each gift and why. The first one is done for you.

> **MODELO:** **1.** una novela de Stephen King →
> E1: ¿Para quién es la novela de Stephen King?
> E2: Es para la prima.
> E1: ¿Por qué?
> E2: Porque le gustan las novelas de horror.

REGALOS:

2. la calculadora
3. los libros de literatura clásica
4. los discos compactos de Andrés Segovia
5. el televisor
6. el radio
7. el dinero

MIEMBROS DE LA FAMILIA:

a. el padre: Le gusta escuchar las noticias (*news*).
b. los abuelos: Les gusta mucho la música de guitarra clásica.
c. la madre: Le gusta mirar programas cómicos.
d. el hermano: Le gustan mucho las historias viejas.
e. la hermana: Desea estudiar en otro estado.
f. el primo: Le gustan las matemáticas.
g. la prima: Le gustan las novelas de horror.

B. ¿Qué opina Ud. Exprese opiniones originales, afirmativas o negativas, con estas palabras.

MODELO: Es importante hablar español en la clase de español.

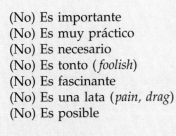

(No) Es importante
(No) Es muy práctico
(No) Es necesario
(No) Es tonto (*foolish*)
(No) Es fascinante
(No) Es una lata (*pain, drag*)
(No) Es posible

+

mirar la televisión todos los días
hablar español en la clase
tener muchas mascotas
llegar a clase puntualmente
tomar cerveza en clase
hablar con los animales / las plantas
tomar mucho café y fumar cigarrillos
trabajar dieciocho horas al día
tener muchos hermanos
ser amable con todos los miembros
  de la familia
estar en las fiestas familiares
pasar mucho tiempo con la familia

6 | Expressing Possession • Possessive Adjectives*

La familia de Carlos IV (cuarto)

Aquí está la familia de Carlos IV, un rey español del siglo XVIII. En el cuadro están *su* esposa, *sus* hijos… ¿y *sus* padres y *sus* abuelos? ¿Quiénes son las personas a la izquierda del rey?

¿Tiene Ud. una foto reciente de su familia? ¿Quiénes están en la foto?

◀ La familia de Carlos IV, *por el pintor* ▶
español Francisco Goya y Lucientes

---

*The possessive adjectives presented here are unstressed. The use of stressed possessive adjectives is mentioned in Appendix 2, but is not presented in Puntos en breve.

Carlos IV's family   Here is the family of Carlos IV, an 18th-century Spanish king. In the painting are his wife, his children . . . and his parents and grandparents? Who are the people to the left of the king?

Possessive adjectives are words that tell to whom or to what something belongs: *my* (book), *his* (sweater). You have already seen and used several possessive adjectives in Spanish. Here is the complete set.

Possessive Adjectives

my	**mi** hijo/hija **mis** hijos/hijas	*our*	**nuestro** hijo **nuestros** hijos	**nuestra** hija **nuestras** hijas
your (*fam.*)	**tu** hijo/hija **tus** hijos/hijas	*your* (*fam. pl.*)	**vuestro** hijo **vuestros** hijos	**vuestra** hija **vuestras** hijas
your (*form.*), *his, her, its*	**su** hijo/hija **sus** hijos/hijas	*your* (*form. pl.*), *their*	**su** hijo/hija **sus** hijos/hijas	

In Spanish, the ending of a possessive adjective agrees in form with the person or thing possessed, not with the owner or possessor. Note that these possessive adjectives are placed before the noun.

The possessive adjectives **mi(s)**, **tu(s)**, and **su(s)** show agreement in number only. **Nuestro/a/os/as** and **vuestro/a/os/as**, like all adjectives that end in **-o**, show agreement in both number and gender.

The forms **vuestro/a/os/as** are used extensively in Spain, but are not common in Latin America.

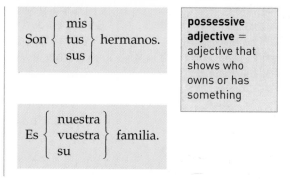

Son $\left\{\begin{array}{l}\text{mis}\\\text{tus}\\\text{sus}\end{array}\right\}$ hermanos.

Es $\left\{\begin{array}{l}\text{nuestra}\\\text{vuestra}\\\text{su}\end{array}\right\}$ familia.

> **possessive adjective** = adjective that shows who owns or has something

Su(s) can have several different equivalents in English: *your* (*sing.*), *his, her, its, your* (*pl.*), and *their*. Usually its meaning will be clear in context. When the meaning of **su(s)** is not clear, **de** and a pronoun are used instead, to indicate the possessor.

el padre
la madre
los abuelos
las tías $\left.\right\}$ de él (de ella, de Ud., de ellos, de ellas, de Uds.)

¿Son jóvenes los hijos **de él**?
Are his children young?

¿Dónde vive el abuelo **de ellas**?
Where does their grandfather live?

■■■ Práctica

A. Posesiones. Which nouns can these possessive adjectives modify without changing form?

1. **su:** problema primos dinero tías escritorios familia
2. **tus:** perro idea hijos profesoras abuelo examen
3. **mi:** ventana médicos cuarto coche abuela gatos
4. **sus:** animales oficina nietas padre hermana abuelo
5. **nuestras:** guitarra libro materias lápiz sobrinas tía
6. **nuestros:** gustos consejeros parientes puerta clase residencia

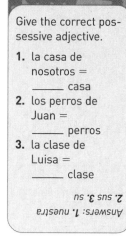

B. ¿Cómo es la familia de David?

David

Paso 1. Mire la familia de David en el dibujo (*drawing*). Complete las oraciones según el modelo.

> MODELO: familia / pequeño → Su familia es pequeña.

1. hijo pequeño / guapo
2. perro / feo
3. padre / viejo
4. hija / rubio
5. esposa / bonito

Paso 2. Imagine que Ud. es David y cambie las respuestas (*answers*).

> MODELO: familia / pequeño → Mi familia es pequeña.

Paso 3. Imagine que Ud. es la esposa de David y hable por (*speak for*) Ud. y por su esposo. Cambie sólo las respuestas del 1 al 4.

> MODELO: familia / pequeño → Nuestra familia es pequeña.

■ ■ ■ Conversación

Entrevista. Take turns asking and answering questions about your families. Talk about what family members are like, their ages, some things they do, and so on. Use the model as a guide. Take notes on what your partner says. Then report the information to the class.

> MODELO: tu abuela →
> E1: Mi abuela es alta. ¿Y tu abuela? ¿Es alta?
> E2: Pues, no. Mi abuela es baja.
> E1: ¿Cuántos años tiene?…

1. tu familia en general
2. tus padres
3. tus abuelos
4. tus hermanos / hijos
5. tu esposo/a / compañero/a de cuarto

Need more practice?

- Workbook/Laboratory Manual
- Interactive CD-ROM
- Online Learning Center (www.mhhe.com/peb2)

EN LOS ESTADOS UNIDOS Y EL CANADÁ

Los Sheen, una familia de actores

Two generations of Sheens have made names for themselves in film and television. Martin Sheen, the father, was born Ramón Estévez in Dayton, Ohio (1940–), to a Spanish father and an Irish mother. Martin explains that he felt he needed to change his Hispanic name in order to successfully pursue an acting career in the 1950s. In his heart, however, he says he is still Ramón. Martin's acting career spans several decades and includes important movies such as *Apocalypse Now*.

▲ *Charlie Sheen, Martin Sheen y Emilio Estévez*

Most recently, he stars in the television series "The West Wing," which has won several Emmy awards, including Best Drama Series.

Martin and his wife of more than 40 years, Janet Sheen, have four children—Emilio (1962–), Ramón (1963–), Carlos (1965–), and Renée (1967–)—all of whom have pursued acting careers. Emilio, who uses his father's original last name, Estévez, and Carlos, who is known as Charlie Sheen, are the most famous actors of the Sheen children.

The personal endings used with **-ar** verbs share some characteristics of those used with **-er** and **-ir** verbs, which you will learn in the next section. Review the present tense endings of **-ar** verbs by telling which subject pronoun(s) you associate with each of these endings.

1. -amos   2. -as   3. -áis   4. -an   5. -o   6. -a

7 Expressing Actions • Present Tense of *-er;* and *-ir* Verbs; More About Subject Pronouns

Diego se presenta

Hola. Me llamo Diego González. Soy estudiante de UCLA, pero este año *asisto* a la Universidad Nacional Autónoma de México. *Vivo* con mi tía Matilde en la Ciudad de México. *Como* pizza con frecuencia y *bebo* cerveza en las fiestas. Me gusta la ropa de moda; por eso *recibo* varios catálogos. *Leo* muchos libros de antropología para mi especialización. También *escribo* muchas cartas a mi familia. *Creo* que una educación universitaria es muy importante. Por eso estudio y *aprendo* mucho. ¡Pero *comprendo* también que es muy importante estar con los amigos y con la familia!

¿Es Diego un estudiante típico? ¿Cómo es Ud.? Adapte las oraciones de Diego a su conveniencia.

Past ----------------- **PRESENT** ----------------- Future

present

Verbs That End in *-er* and *-ir*

A. The present tense of **-er** and **-ir** verbs is formed by adding personal endings to the stem of the verb (the infinitive minus its **-er/-ir** ending). The personal endings for **-er** and **-ir** verbs are the same except for the first and second person plural.

comer (*to eat*)		vivir (*to live*)	
como	comemos	vivo	vivimos
comes	coméis	vives	vivís
come	comen	vive	viven

Diego introduces himself   Hello. My name is Diego González. I'm a student at UCLA, but this year I attend the **Universidad Nacional Autónoma de México.** I live with my aunt Matilde in Mexico City. I eat pizza frequently and I drink beer at parties. I like fashionable clothes; that's why I receive various catalogues. I read lots of anthropology books for my major. I also write a lot of letters to my family. I think that a university education is very important. That's why I study and learn a lot. But I also understand that it's very important to be with friends and family!

B. These are the frequently used **-er** and **-ir** verbs you will find in this chapter.

beber
leer
escribir

	-er verbs			*-ir* verbs	
aprender	*to learn*		**abrir**	*to open*
comer	*to eat*		**asistir (a)**	*to attend,*
comprender	*to understand*			*go to*
creer (en)	*to think; to*			*(a class,*
	believe (in)			*function)*
deber (+ *inf.*)	*should, must,*		**recibir**	*to receive*
	ought to (do		**vivir**	*to live*
	something)			
vender	*to sell*			

> Remember that the Spanish present tense has a number of present tense equivalents in English. It can also be used to express future meaning.
>
> **como** = *I eat, I am eating, I will eat*

Use and Omission of Subject Pronouns

In English, a verb must have an expressed subject (a noun or pronoun): ***she*** *says,* ***the train*** *arrives*. In Spanish, however, as you have probably noticed, an expressed subject is not required. Verbs are accompanied by a subject pronoun only for clarification, emphasis, or contrast.

- *Clarification:* When the context does not make the subject clear, the subject pronoun is expressed. This happens most frequently with third person singular and plural verb forms.

  Ud. / él / ella vende
  Uds. / ellos / ellas venden

- *Emphasis:* Subject pronouns are used in Spanish to emphasize the subject when in English you would stress it with your voice.

  —¿Quién debe pagar? *Who should pay?*
  —¡**Tú** debes pagar! *You should pay!*

- *Contrast:* Contrast is a special case of emphasis. Subject pronouns are used to contrast the actions of two individuals or groups.

  Ellos leen mucho; **nosotros** leemos poco.
  They read a lot; we read little.

■ ■ ■ Práctica

A. En la clase de español

Paso 1. ¡**Anticipemos!** Read the following statements and tell whether they are true for your classroom environment. If any statement is not true for you or your class, make it negative or change it in another way to make it correct.

MODELO: Bebo café en clase. → Sí, bebo café en clase.
(No, no bebo café en clase. Bebo café en casa.)

1. Debo estudiar más para esta clase.
2. Leo todas (*all*) las partes de las lecciones.
3. Comprendo bien cuando mi profesor(a) habla español.
4. Asisto al laboratorio con frecuencia.

(*Continúa en la página 64*)

5. Debemos abrir más los libros en clase.
6. Escribimos mucho en esta clase.
7. Aprendemos a hablar español en esta clase.*
8. Vendemos nuestros libros al final del año.

Paso 2. Entrevista. Now turn to the person next to you and rephrase each sentence, using **tú** forms of the verbs. Your partner will indicate whether the sentences are true for him or her.

> MODELO: Debes estudiar más para esta clase, ¿verdad (*right*)? →
> Sí, debo estudiar más.
> (No, no debo estudiar más.)
> (No. Debo estudiar más para la clase de matemáticas.)

B. Diego habla de su padre. Complete este párrafo con la forma correcta de los verbos entre paréntesis.

Mi padre (vender¹) coches y trabaja mucho. Mis hermanos y yo (aprender²) mucho de papá. Segúnª mi padre, los jóvenes (deber³) (asistir⁴) a clase todos los días, porque es su obligación. Papá también (creer⁵) que no es necesario mirar la televisión por la noche. Es más interesante (leer⁶) el periódicoᵇ, una revistaᶜ o un buen libro. Por eso nosotros (leer⁷) o (escribir⁸) por la noche y no miramos la televisión mucho. Yo admiro mucho a† mi papá y (creer⁹) que él (comprender¹⁰) la importancia de la educación.

ªAccording to   ᵇnewspaper   ᶜmagazine

C. Un sábado [*Saturday*] **en Sevilla.** In this activity you will take the part of Manolo, who lives with his family in Sevilla. Using all the cues given, form complete sentences about a Saturday at home with your family. Make any changes and add words when necessary. When the subject pronoun is in parentheses, do not use it in the sentence.

> MODELO: (nosotros) beber / café / por / mañana →
> Bebemos café por la mañana.

1. yo / leer / periódico
2. mi hija, Marta / mirar / televisión
3. también / (ella) escribir / composición / en inglés
4. mi esposa, Lola / abrir / y / leer / cartas (*letters*)
5. ¡hoy / (nosotros) recibir / carta / de / tío Ricardo!
6. (él) ser de / España / pero / ahora / vivir / en México
7. ¡ay! / ser / dos / de / tarde
8. ¡(nosotros) deber / comer / ahora!

Need more practice?

- Workbook/Laboratory Manual
- Interactive CD-ROM
- Online Learning Center (www.mhhe.com/peb2)

---

*Note: **aprender** + **a** + *infinitive* = *to learn how to* [do something]

†Note the use of **a** here. In this context, the word **a** has no equivalent in English. It is used in Spanish before a direct object that is a specific person. You will learn more about this use of **a** in **Capítulo 6.** Until then, the exercises and activities in Puntos en breve *will indicate when to use it.*

■ ■ ■ Conversación

Telling How Frequently You Do Things

Use the following words and phrases to tell how often you perform an activity. Some of them will already be familiar to you.

todos los días, siempre	every day, always
con frecuencia	frequently
a veces	at times
una vez a la semana	once a week
casi nunca	almost never
nunca	never

Hablo con mis amigos **todos los días.** Hablo con mis padres **una vez a la semana. Casi nunca** hablo con mis abuelos. Y **nunca** hablo con mis tíos que viven en Italia.

For now, use the expressions **casi nunca** and **nunca** only at the beginning of a sentence. You will learn more about how to use them in **Gramática 18.**

¿Con qué frecuencia?

How frequently do you do the following things?

		CON FRECUENCIA	A VECES	CASI NUNCA	NUNCA
1.	Asisto al laboratorio de lenguas (o uso las cintas [*tapes*]).	☐	☐	☐	☐
2.	Recibo cartas.	☐	☐	☐	☐
3.	Escribo poemas.	☐	☐	☐	☐
4.	Leo novelas románticas.	☐	☐	☐	☐
5.	Como en una pizzería.	☐	☐	☐	☐
6.	Recibo y leo catálogos y revistas.	☐	☐	☐	☐
7.	Aprendo palabras nuevas en español.	☐	☐	☐	☐
8.	Asisto a todas las clases.	☐	☐	☐	☐
9.	Compro regalos para los amigos.	☐	☐	☐	☐
10.	Vendo los libros al final del semestre /trimestre.	☐	☐	☐	☐

Paso 2. Now compare your answers with those of a classmate. Then answer the following questions. (*Note:* **los/las dos** = *both* [*of us*]; **ninguno/a** = *neither*)

		YO	MI COMPAÑERO/A	LOS/LAS DOS	NINGUNO/A
1.	¿Quién es muy estudioso/a?	☐	☐	☐	☐
2.	¿Quién come mucha pizza?	☐	☐	☐	☐
3.	¿Quién compra muchas cosas?	☐	☐	☐	☐
4.	¿Quién es muy romántico/a?	☐	☐	☐	☐
5.	¿Quién recibe mucho por correo (*by mail*)?	☐	☐	☐	☐

México

Datos esenciales

- Nombre oficial: Estados Unidos Mexicanos
- Capital: la Ciudad de México, o México, Distrito Federal (el D.F.)
- Población: 105.000.000 (ciento cinco millones) de habitantes
- Moneda:[a] el nuevo peso
- Idiomas:[b] el español (oficial), el zapoteca, el mixteca, el náhuatl, varios dialectos mayas

[a]*Currency* [b]*Languages*

¡Fíjese!

- México tiene 31 estados y el Distrito Federal.
- La población de México es aproximadamente: 30% (por ciento) indígena, 9% blanca,[a] 60% mestiza (que se refiere a las personas de padres de razas indígena y blanca) y 1% de otros orígenes.
- Los indígenas mexicanos pertenecen a[b] grupos diversos: aztecas, mayas, zapotecas, mixtecas, olmecas y otros. Estos grupos contribuyen a la diversidad y la riqueza de la cultura mexicana actual.[c]
- La Universidad Nacional Autónoma de México es una de las universidades más antiguas[d] de las Américas: es del año[e] 1551 (mil quinientos cincuenta y uno).

[a]*white* [b]*pertenecen... belong to* [c]*current* [d]*más... oldest*
[e]*es... it dates from the year*

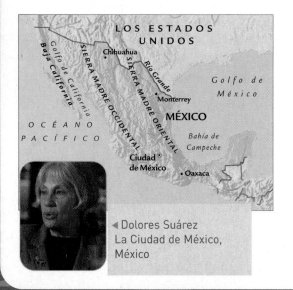

▲ Dolores Suárez
La Ciudad de México, México

Personas famosas: Los grandes muralistas mexicanos

El muralismo es el estilo de pintura[a] que decora las paredes[b] de edificios públicos. Con su obra,[c] los muralistas desean enseñar la historia y la cultura de su país, y con frecuencia sus murales representan sus ideales políticos también.

Los tres grandes muralistas mexicanos son Diego Rivera (1886–1957 [mil ochocientos ochenta y seis a mil novecientos cincuenta y siete]), José Clemente Orozco (1883–1949 [mil ochocientos ochenta y tres a mil novecientos cuarenta y nueve]) y David Alfaro Siqueiros (1898–1974 [mil ochocientos noventa y ocho a mil novecientos setenta y cuatro]). Hay muchos murales de estos tres grandes muralistas por todo México.

[a]*painting* [b]*walls* [c]*work*

▲ *El mural* The Epic of American Civilization *de Orozco, en Dartmouth College*

Learn more about Mexico with the Video, Interactive CD-ROM, and the Online Learning Center (www.mhhe.com/peb2).

EN RESUMEN

Gramática

To review the grammar points presented in this chapter, refer to the indicated grammar presentations. You'll find further practice of these structures in the Workbook/Laboratory Manual, on the Interactive CD-ROM, and on the *Puntos en breve* Online Learning Center (www.mhhe.com/peb2).

4. Describing—Adjectives: Gender, Number, and Position

You should know how to place adjectives as well as how to make adjectives like **alto, inteligente, español,** and **inglés** agree with the nouns they describe.

5. Expressing *to be*—Present Tense of **ser;** Summary of Uses

Can you conjugate and use the irregular verb **ser** in the present tense?

6. Expressing Possession—Possessive Adjectives (Unstressed)

You should be able to recognize and use the possessive adjectives **mi, tu, su, nuestro,** and **vuestro.**

7. Expressing Actions—Present Tense of **-er** and **-ir** Verbs; More About Subject Pronouns

Can you conjugate verbs like **comer** and **escribir** in the present tense? Do you know how to use subject pronouns and when to omit them?

Vocabulario

Practice this vocabulary with digital flash cards on the Online Learning Center (www.mhhe.com/peb2).

Los verbos

abrir	to open
aprender	to learn
asistir (a)	to attend, go to (*a class, function*)
beber	to drink
comer	to eat
comprender	to understand
creer (en)	to think; to believe (in)
deber (+*inf.*)	should, must, ought to (*do something*)
escribir	to write
leer	to read
llegar	to arrive
mirar	to look at, watch
mirar la televisión	to watch television
recibir	to receive
ser (*irreg.*)	to be
vender	to sell
vivir	to live

La familia y los parientes

el/la abuelo/a	grandfather/grandmother
los abuelos	grandparents
el/la esposo/a	husband/wife
el/la hermano/a	brother/sister
el/la hijo/a	son/daughter
los hijos	children
la madre (mamá)	mother (mom)
el/la nieto/a	grandson/granddaughter
el/la niño/a	small child; boy/girl
el padre (papá)	father (dad)
los padres	parents
el/la primo/a	cousin
el/la sobrino/a	niece/nephew
el/la tío/a	uncle/aunt

Las mascotas

el gato	cat
el pájaro	bird
el perro	dog

Otros sustantivos

la carta	letter
la casa	house, home
la ciudad	city
el coche	car
el estado	state
el/la médico/a	(medical) doctor
el país	country
el periódico	newspaper
el regalo	present, gift
la revista	magazine

Los adjetivos

alto/a	tall
amable	kind; nice
antipático/a	unpleasant
bajo/a	short (*in height*)
bonito/a	pretty
buen, bueno/a	good
casado/a	married
corto/a	short (*in length*)
delgado/a	thin, slender
este/a	this
estos/as	these
feo/a	ugly
fiel	faithful
gordo/a	fat
gran, grande	large, big; great
guapo/a	handsome; good-looking
inteligente	intelligent
joven	young
largo/a	long
listo/a	smart; clever
mal, malo/a	bad
moreno/a	brunet(te)
mucho/a	a lot (of)
muchos/as	many
necesario/a	necessary
nuevo/a	new
otro/a	other, another
pequeño/a	small
perezoso/a	lazy
pobre	poor
posible	possible
rico/a	rich
rubio/a	blond(e)
simpático/a	nice, likeable
soltero/a	single (*not married*)
todo/a	all; every
tonto/a	silly, foolish
trabajador(a)	hardworking
viejo/a	old

Los adjetivos de nacionalidad

alemán/alemana
español(a)
estadounidense
francés/francesa
inglés/inglesa
mexicano/a
norteamericano/a

Los adjetivos posesivos

mi(s)	my
tu(s)	your (*fam. sing.*)
nuestro/a(s)	our
vuestro/a(s)	your (*fam. pl. Sp.*)
su(s)	his, hers, its, your (*form. sing.*); their, your (*form. pl.*)

Los números 31–100

treinta
cuarenta
cincuenta
sesenta
setenta
ochenta
noventa
cien (ciento)

¿Con qué frecuencia... ?

a veces	sometimes, at times
casi nunca	almost never
nunca	never
siempre	always
una vez a la semana	once a week

Repaso: con frecuencia, todos los días

Palabras adicionales

bueno...	well . . .
¿de quién?	whose?
del	of the, from the
esto	this
(no) estoy de acuerdo	I (don't) agree
para	(intended) for; in order to
¿por qué?	why?
porque	because
que	that; who
según	according to
si	if
tener (*irreg.*)... años	to be . . . years old

Repaso: ¿de dónde es Ud.?

De compras°

De compras en Plaza Inter, un centro comercial en Managua, Nicaragua ▶

De compras: La ropa°

La... Clothing

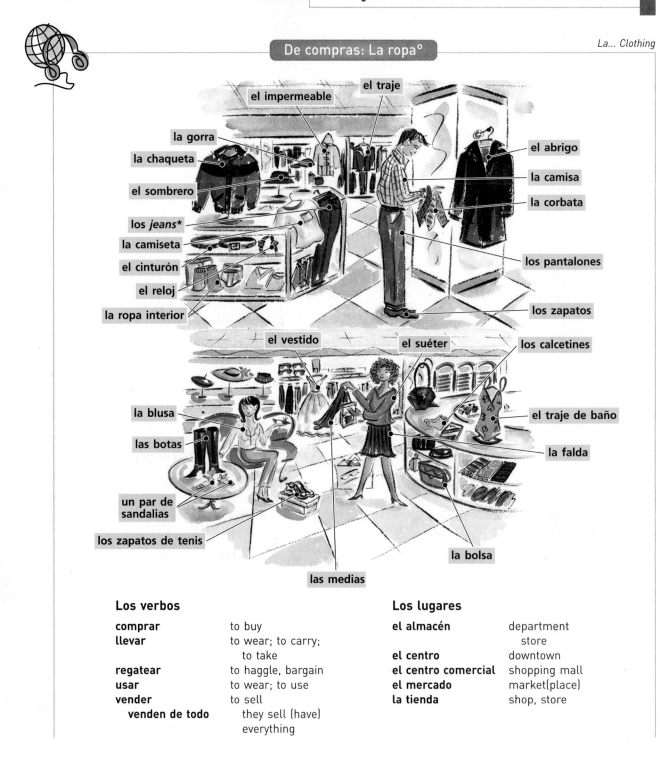

el impermeable

el traje

la gorra

la chaqueta

el sombrero

los *jeans**

la camiseta

el cinturón

el reloj

la ropa interior

el abrigo

la camisa

la corbata

los pantalones

los zapatos

el vestido

el suéter

los calcetines

la blusa

las botas

un par de sandalias

los zapatos de tenis

las medias

el traje de baño

la falda

la bolsa

Los verbos

comprar	to buy
llevar	to wear; to carry; to take
regatear	to haggle, bargain
usar	to wear; to use
vender	to sell
venden de todo	they sell (have) everything

Los lugares

el almacén	department store
el centro	downtown
el centro comercial	shopping mall
el mercado	market(place)
la tienda	shop, store

**The influx of U.S. goods to Latin America and Spain has affected common language. Jeans is one example of an English word that is commonly used in Spanish-speaking countries.*

¿Cuánto cuesta?		Otras palabras y expresiones útiles	
la ganga	bargain	**la cartera**	wallet
el precio	price		
el precio fijo	fixed (set) price	**es de (algodón,**	it is made of
las rebajas	sales	**lana, seda)***	(cotton, wool, silk)
		¡Es de última	It's the latest style!
barato/a	inexpensive	**moda!**	
caro/a	expensive		

■ ■ ■ Conversación

A. La ropa

Paso 1. ¿Qué ropa llevan estas personas?

1. El Sr. Rivera
lleva ____.

2. La Srta. Alonso
lleva ____.
El perro
lleva ____.

3. Sara lleva ____.

4. Alfredo lleva ____.
Necesita comprar ____.

Paso 2. De estas personas, ¿quién trabaja hoy? ¿Quién va a (*is going to*) una fiesta? ¿Quién no trabaja en este momento?

B. Asociaciones. Complete las oraciones lógicamente con palabras de **De compras: La ropa.**

1. Un ____ es una tienda grande.

2. No es posible ____ cuando hay precios fijos.

3. En la librería, ____ de todo: textos y otros libros, cuadernos, lápices, discos compactos. Hay grandes ____ al final del semestre/trimestre, en los cuales (*in which*) todo es muy barato.

4. Siempre hay *boutiques* en los ____.

5. El ____ de una ciudad es la parte céntrica.

6. Estos artículos de ropa no son para hombres: ____.

7. Estos artículos de ropa son para hombres y mujeres: ____.

8. La ropa de ____ (*material*) es muy elegante.

9. La ropa de ____ es muy práctica.

Note another use of* **ser + **de:** *to tell what material something is made of.*

C. ¿Qué lleva Ud.? Para hablar de Ud. y de la ropa, complete estas oraciones lógicamente.

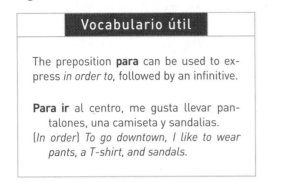

Vocabulario útil

The preposition **para** can be used to express *in order to*, followed by an infinitive.

Para ir al centro, me gusta llevar pantalones, una camiseta y sandalias.
(*In order*) *To go downtown, I like to wear pants, a T-shirt, and sandals.*

1. Para ir a la universidad, me gusta llevar _____.
2. Para ir a las fiestas con los amigos, me gusta usar _____.
3. Para pasar un día en la playa (*beach*), me gusta llevar _____.
4. Cuando estoy en casa todo el día, llevo _____.
5. Nunca uso _____.
6. _____ es un artículo / son artículos de ropa absolutamente necesario(s) para mí.

NOTA COMUNICATIVA

More About Getting Information

Tag phrases can change statements into questions.

Venden de todo aquí, { **¿no?** / **¿verdad?** } *They sell everything here, right?* (*don't they?*)
No necesito impermeable hoy, **¿verdad?** *I don't need a raincoat today, do I?*

¿Verdad? is found after affirmative or negative statements; **¿no?** is usually found after affirmative statements only. Note that the inverted question mark comes immediately before the tag question, not at the beginning of the statement.

D. Entrevista. Using tag questions, ask a classmate questions based on the following statements. He or she will answer based on general information—or as truthfully as possible—if the question is about aspects of his or her life.

MODELO: E1: Estudias en la biblioteca por la noche, ¿verdad?
E2: No. Estudio en la biblioteca por la mañana. (No, no estudio en la biblioteca. Me gusta estudiar en casa.)

1. En un almacén hay precios fijos.
2. Regateamos mucho en este país.
3. No hay muchos mercados en esta ciudad.
4. Los *jeans* Gap son muy baratos.
5. Es necesario llevar traje y corbata a clase.
6. Eres una persona muy independiente.
7. Tienes una familia muy grande.
8. No hay examen (*test*) mañana.

Here are colors you can use to describe clothing and other objects.

rosado

anaranjado

blanco

amarillo

negro

verde

rojo

gris

morado   azul   (de) color café*

Remember that colors, like all adjectives, must agree in gender and number with the nouns they modify. Note that some colors only have one form for masculine and feminine nouns: el traje **azul,** la camisa **azul.**

■ ■ ■ Conversación

A. Muchos colores. ¿Cuántos colores hay en este cuadro (*painting*) de Gonzalo Endara Crow? ¿Cuáles son?

◄ Después de (*After*) la noche, *por Gonzalo Endara Crow*

---

*The expression **(de) color café** is invariable: **el sombrero (de) color café, la falda (de) color café, los pantalones (de) color café.**

Clothing in the Hispanic World

In Hispanic countries, people tend to dress more formally than do people in this country. As a rule, Hispanics consider neatness and care for one's appearance to be very important.

In the business world, women wear dressy pants, skirts, or dresses, and many wear high-heeled shoes. Men generally dress in trousers, shirts, and ties. Jeans, T-shirts, and tennis shoes are considered inappropriate in traditional business environments. Students at some business schools, like ESAN (**Escuela de Administración de Negocios**) in Peru, are even required to wear formal business attire to attend classes, as if they were already working at a company. Shorts and sweatpants are considered very casual and are reserved almost exclusively for use at home, for a day at the beach, or for sports.

Young adults generally dress casually in social situations, and as in other countries, are often concerned with dressing according to current styles. As a rule, what is considered stylish in this country is also in style in Europe and Latin America.

▲ *Ropa diseñada por* (designed by) *la famosa venezolana Carolina Herrera*

B. Asociaciones. ¿Qué colores asocia Ud. con… ?

1. el dinero
2. la una de la mañana
3. una mañana bonita
4. una mañana fea
5. el demonio
6. los Estados Unidos
7. una jirafa
8. un pingüino
9. un limón
10. una naranja
11. un elefante
12. las flores (*flowers*)

C. ¡Ojo alerta! ¿Escaparates (Window displays) idénticos? These window displays are almost alike . . . but not quite! Can you find at least eight differences between them?

MODELO: En el dibujo A hay _____, pero en el dibujo B hay _____.

Palabras útiles
de rayas (striped) **multicolor**

A.

B.

D. ¿De qué color es?

Paso 1. Tell the color of things in your classroom, especially the clothing your classmates are wearing.

> MODELO: El bolígrafo de Anita es amarillo. Roberto lleva calcetines azules, una camisa de cuadros (*plaid*) morados y azules, *jeans*…

Paso 2. Now describe what someone in the class is wearing, without revealing his or her name. Can your classmates guess whom you are describing?

> MODELO: E1: Lleva botas negras, una camiseta blanca y *jeans*.
> E2: Es Anne.

¡CIENTO SETENTA Y NUEVE DÓLARES!

Más alla del° número 100   Más… *Beyond the*

Continúe la secuencia:

noventa y nueve, cien, ciento uno…
mil, dos mil…
un millón, dos millones…

100	cien, ciento	**700**	setecientos/as
101	ciento uno/una	**800**	ochocientos/as
200	doscientos/as	**900**	novecientos/as
300	trescientos/as	**1.000***	mil
400	cuatrocientos/as	**2.000**	dos mil
500	quinientos/as	**1.000.000**	un millón
600	seiscientos/as	**2.000.000**	dos millones

- **Ciento** is used in combination with numbers from 1 to 99 to express the numbers 101 through 199: **ciento uno, ciento dos, ciento setenta y nueve,** and so on. **Cien** is used in counting and before numbers greater than 100: **cien mil, cien millones.**
- When the numbers 200 through 900 modify a noun, they must agree in gender: **cuatrocientas niñas, doscientas dos casas.**
- **Mil** means *one thousand* or *a thousand*. It does not have a plural form in counting, but **millón** does. When used with a noun, **millón** (**dos millones,** and so on) must be followed by **de.**

  3.000 habitantes   tres mil habitantes
  14.000.000 **de** habitantes   catorce millones **de** habitantes

- Note how years are expressed in Spanish.

  1899   mil ochocientos noventa y nueve
  2005   dos mil cinco

---

*In many parts of the Spanish-speaking world, a period in numerals is used where English uses a comma, and a comma is used to indicate the decimal where English uses a period: **$1.500; $1.000.000; $10,45; 65,9%.***

■ ■ ■ Conversación

A. ¿Cuánto pesan? (*How much do they weigh?*)

Paso 1. Estos son los animales terrestres más grandes.
¿Cuánto pesan en kilos? **¡OJO!** Use el artículo masculino
para todos los nombres, menos para (*except for*) los nombres
que terminan (*that end*) en **-a.**

> **MODELO:** El elefante pesa cinco mil kilos.

Paso 2. Pregúntele (*Ask*) a un compañero / una compañera
aproximadamente cuánto pesan en libras las siguientes cosas.

1. su perro/gato
2. su mochila con los libros para hoy
3. su coche
4. su libro de español
5. el animal más grande del mundo (*world*)

B. ¿Cuánto es? Diga los precios.

el dólar (los Estados Unidos, el Canadá, Puerto Rico)
el nuevo peso (México)
el bolívar (Venezuela)
el euro (España)
el quetzal (Guatemala)

1. 7.345 euros
2. $100
3. 5.710 quetzales
4. 670 bolívares
5. $1.000.000
6. 528 nuevos pesos
7. 836 bolívares
8. 101 euros
9. $4.000.000,00
10. 6.000.000 quetzales

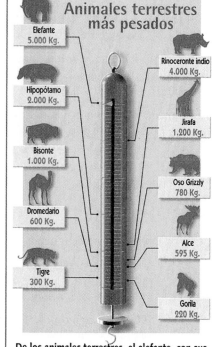

Animales terrestres más pesados

Elefante 5.000 Kg.
Rinoceronte indio 4.000 Kg.
Hipopótamo 2.000 Kg.
Jirafa 1.200 Kg.
Bisonte 1.000 Kg.
Oso Grizzly 780 Kg.
Dromedario 600 Kg.
Alce 595 Kg.
Tigre 300 Kg.
Gorila 220 Kg.

De los animales terrestres, el elefante, con sus
5.000 kilos de peso medio entre todas sus
especies, es sin duda el mamífero más pesado.
El hipopótamo y el rinoceronte son los
siguientes en la lista, y el hombre, ni aparece.

C. Compras personales

Paso 1. With a classmate, determine how much the following items probably
cost, using **¿Cuánto cuesta(n)... ?** (*How much does . . . cost?*). Keep track of the
prices that you decide on. Follow the model.

> **MODELO:** una chaqueta de cuero (*leather*) →
> E1: ¿Cuánto cuesta una chaqueta de cuero?
> E2: Cuesta dos cientos dólares.

1. una calculadora pequeña
2. un coche nuevo/usado
3. una computadora Mac o IBM
4. un reloj Timex / de oro (*gold*)
5. unos zapatos de tenis
6. una casa en esta ciudad

Paso 2. Now compare the prices you selected with those of others in the
class. What is the most expensive thing on the list? (**¿Cuál es la cosa más
cara?**) What is the least expensive? (**¿Cuál es la cosa más barata?**)

Need more practice?

- Workbook/
  Laboratory Manual
- Interactive CD-ROM
- Online Learning
  Center
  (www.mhhe.com/
  peb2)

PRONUNCIACIÓN — Stress and Written Accent Marks (Part 2)

The written accent mark is used in the following situations.

- A written accent mark is needed when a word does not follow the two basic rules presented. Look at the words in this group.

ta-bú	a-le-mán	in-glés
ca-fé	na-ción	es-tás

These words end in a vowel, **-n,** or **-s,** so one would predict that they would be stressed on the next-to-last syllable. But the written accent mark shows that they are in fact accented on the last syllable. Now look at the words in this group.

lá-piz	dó-lar	ál-bum	á-gil	dó-cil

These words end in a consonant (other than **-n** or **-s**), so one would predict that they would be stressed on the last syllable. But the written accent mark shows that they are in fact accented on the next-to-last syllable.

- All words that are stressed on the third-to-last syllable must have a written accent mark.

bo-lí-gra-fo	ma-trí-cu-la	ma-te-má-ti-cas

- When two consecutive vowels do not form a diphthong (see **Capítulo 1**), the vowel that receives the spoken stress will have a written accent mark. This pattern is very frequent in words that end in **-ía.**

Ma-rí-a	po-li-cí-a	as-tro-no-mí-a
dí-a	bio-lo-gí-a	

- Contrast the pronunciation of those words with the following words in which the vowels **i** and **a** *do* form a diphthong.

Patricia   Francia   infancia   distancia

- Some one-syllable words have accents to distinguish them from other words that sound like them. For example:

  él (*he*)/el (*the*)
  sí (*yes*)/si (*if*)
  tú (*you*)/tu (*your*)
  mí (*me*)/mi (*my*)

- Interrogative and exclamatory words have a written accent on the stressed vowel. For example:

  ¿quién?
  ¿dónde?
  ¡Qué ganga! (*What a bargain!*)

A. Sílabas. The following words have been separated into syllables for you. Read them aloud, paying careful attention to where the spoken stress should fall. Don't worry about the meaning of words you haven't heard before. The rules you have learned will help you pronounce them correctly.

1. a-quí	pa-pá	a-diós	bus-qué
2. prác-ti-co	mur-cié-la-go	te-lé-fo-no	ar-chi-pié-la-go
3. Ji-mé-nez	Ro-drí-guez	Pé-rez	Gó-mez
4. si-co-lo-gí-a	so-cio-lo-gí-a	sa-bi-du-rí-a	e-ner-gí-a
5. his-to-ria	te-ra-pia	Pre-to-ria	me-mo-ria

B. Reglas (*Rules*). Indicate the stressed vowel of each word in the following list. Give the rule that determines the stress of each word.

1. exámenes
2. lápiz
3. necesitar
4. perezoso
5. actitud
6. acciones
7. dólares
8. francés
9. están
10. hombre
11. peso
12. mujer
13. plástico
14. María
15. Rodríguez
16. Patricia

¿Recuerda Ud.?

You have already used the forms of **este** (*this*), one of the Spanish demonstrative adjectives. Review them by describing objects near you and the clothes you are wearing.

MODELO: Esta camisa es de rayas. Estos lápices son amarillos.

8 Pointing Out People and Things • Demonstrative Adjectives and Pronouns

Suéteres a buenos precios

Susana necesita comprar un suéter en el mercado.

VENDEDOR: *Estos* suéteres de aquí cuestan 150 pesos y *ese* suéter en su mano cuesta 250 pesos.

SUSANA: ¿Por qué es más caro *este*?

VENDEDOR: Porque *esos* son de pura lana virgen, de excelente calidad.

SUSANA: ¿Y *aquellos* suéteres de rayas?

VENDEDOR: *Aquellos* cuestan cien pesos solamente; son acrílicos.

¿Quién habla, Susana, Jorge o el vendedor?

1. Me gustan estos suéteres de rayas, y sólo cuestan cien pesos.
2. Señores, miren (*look at*) estos suéteres en mi mesa. Cuestan 150 pesos.
3. Voy a (*I am going to*) comprar este suéter. Me gusta la ropa de lana.
4. Este suéter acrílico es más barato que aquel suéter de lana.

Sweaters at good prices Susana needs to buy a sweater in the market. SALESMAN: *These sweaters here cost 150 pesos and that sweater in your hand costs 250 pesos.* SUSANA: *Why is this one more expensive?* SALESMAN: *Because those are of pure virgin wool, of excellent quality.* SUSANA: *What about those striped sweaters over there?* SALESMAN: *Those cost only one hundred pesos; they are acrylic.*

Demonstrative Adjectives

	Demonstrative Adjectives				
	Singular			**Plural**	
this	este abrigo	esta gorra	*these*	estos abrigos	estas gorras
that	{ese abrigo aquel abrigo (allí)	esa gorra aquella gorra (allí)	*those*	{esos abrigos aquellos abrigos (allí)	esas gorras aquellas gorras (allí)

 Note that the final **–e** in the singular forms **este** and **ese** becomes an **–o** in the plural forms: **estos, esos.**

Demonstrative adjectives (**Los adjetivos demostrativos**) are used to indicate a specific noun or nouns. In Spanish, demonstrative adjectives precede the nouns they modify. They also agree in number and gender with the nouns.

In the chart above, **allí** is provided as a clue that **aquel, aquella, aquellos,** and **aquellas** refer to a more remote location. However, it is not obligatory to use the word **allí** when using forms of **aquel.**

demonstrative adjective = adjective used in place of a definite article to indicate a particular person, object, or concept

There are two ways to say *that/those* in Spanish. Forms of **ese** refer to nouns that are not close to the speaker in space or in time. Forms of **aquel** refer to nouns that are even farther away.

Este niño es mi hijo. **Ese** joven es mi hijo también. Y **aquel** señor allí es mi esposo.
This boy is my son. That young man is also my son. And that man over there is my husband.

Demonstrative Pronouns*

- *Demonstrative pronouns* (**Los pronombres demostrativos**) are used to point out or indicate people, places, or things when omitting the noun they refer to (remember that pronouns replace nouns). *Demonstrative pronouns are the same as demonstrative adjectives,* except that the noun is not used. In English, the demonstrative pronouns are *this one, that one, these,* and *those.*

—¿Te gusta aquella casa?
Do you like that house?

—¿Cuál?
Which one?

—**Aquella,** con las ventanas grandes.
That one, with the big windows.

—¡Ah, **aquella** me gusta mucho!
*Oh, I like **that one** a lot!*

---

*Some Spanish speakers prefer to use accents on these forms: **este coche y ése, aquella casa y ésta.** However, it is acceptable in modern Spanish, per the **Real Academia Española** in Madrid, to omit the accent on these forms when context makes the meaning clear and no ambiguity is possible. To learn more about these forms, consult Appendix 2, Using Adjectives As Nouns.

- In Spanish, demonstrative pronouns agree in gender and number with the noun they are replacing.

- Use the neuter demonstratives **esto, eso,** and **aquello** to refer to as yet unidentified objects or to a whole idea, concept, or situation.

¿Qué es **esto**?
What is this?

¡**Aquello** es terrible!
That's terrible!

Eso es todo.
That's it. That's all.

■ ■ ■ Práctica

A. Comparaciones

Paso 1. Restate the sentences, changing forms of **este** to **ese** and adding **también,** following the model.

MODELO: Este abrigo es muy grande. →
Ese abrigo también es muy grande.

1. Esta falda es muy pequeña.
2. Estos pantalones son muy largos.
3. Este libro es muy bueno.
4. Estas corbatas son muy feas.

Paso 2. Now change the forms of **este** to **aquel.**

MODELO: Este abrigo es muy grande. →
Aquel abrigo también es muy grande.

B. Situaciones. Find an appropriate response for each situation.

Posibilidades

¡Eso es un desastre!   ¡Eso es magnífico!
¿Qué es esto?   ¡Eso es terrible!

1. Aquí hay un regalo para Ud.
2. Ocurre un accidente en la cafetería: Ud. tiene tomate en su camisa favorita.
3. No hay clases mañana.
4. La matrícula cuesta más este semestre/trimestre.
5. Ud. tiene una A en su examen de español.

Need more practice?

- Workbook/Laboratory Manual
- Interactive CD-ROM
- Online Learning Center (www.mhhe.com/peb2)

Los hispanos en el mundo de la moda

Christy Turlington is one of many Hispanic celebrities in the U.S. world of fashion. Born in San Francisco, California (1969), to a Salvadoran mother, Turlington has been a household name since the 1990s. During her career as a supermodel, she became an activist for and benefactor of several causes, including breast cancer and animal rights. Furthermore, after being diagnosed with early-stage emphysema and subsequently quitting smoking, Christy became the spokesperson for a government antitobacco campaign.

▲ Christy Turlington

■ ■ ■ Conversación

Una tarde en un patio mexicano

Paso 1. Write brief descriptions of the following people and pets without identifying their location in the drawing.

> MODELO: Lleva una falda y zapatos azules…

Paso 2. Now take turns with a partner reading a description. Your partner will guess who you're talking about. You should use demonstratives (**este/ese/aquel**) to identify the person.

> MODELO: E1: Lleva una falda y zapatos azules…
> E2: Es esta mujer.

Paso 3. Now work with your partner to invent information about the people. Include names, where they're from, and their relationship to others in the drawing.

> MODELO: Esta mujer se llama María. Es de Cuernavaca. Es la hermana de aquel hombre…

Expressing Actions and States • *Tener, venir, preferir, querer,* and *poder;* **Some Idioms with** *tener*

Una gorra para José Miguel

Elisa acompaña a su hijo José Miguel para buscar una gorra.

ELISA:	¿Qué gorra *prefieres*, José Miguel?
JOSÉ MIGUEL:	*Prefiero* la gris.
ELISA:	¡Pero ya *tienes* una gris, y es casi idéntica!
JOSÉ MIGUEL:	Pues, no *quiero* esas otras gorras. ¿*Podemos* mirar en la tienda anterior otra vez?
ELISA:	¿Otra vez? Bueno, si realmente insistes…

Comprensión: ¿Sí o no?

1. José Miguel quiere comprar una corbata.
2. Él prefiere la gorra azul.
3. No puede decidir entre las gorras.
4. Parece que (*It seems that*) Elisa tiene mucha paciencia.

Tener, venir, preferir, querer, **and** *poder*

tener (*to have*)		**venir** (*to come*)		**preferir** (*to prefer*)	
tengo	tenemos	vengo	venimos	prefiero	preferimos
tienes	tenéis	vienes	venís	prefieres	preferís
tiene	tienen	viene	vienen	prefiere	prefieren

querer (*to want*)		**poder** (*to be able, can*)	
quiero	queremos	puedo	podemos
quieres	queréis	puedes	podéis
quiere	quieren	puede	pueden

- The **yo** forms of **tener** and **venir** are irregular.

- In other forms of **tener, venir, preferir,** and **querer,** when the stem vowel **e** is stressed, it becomes **ie**.

- Similarly, the stem vowel **o** in **poder** becomes **ue** when stressed. In vocabulary lists these changes are shown in parentheses after the infinitive: **poder (ue).** Verbs of this type are called *stem-changing verbs.* You will learn more verbs of this type in **Gramática 11.**

Irregularities:
tener: yo tengo, tú ti**e**nes (e → ie)…
venir: yo vengo, tú vi**e**nes (e → ie)…
preferir, querer: (e → ie)

poder: (o → ue)

 The **nosotros** and **vosotros** forms of these verbs do not have changes in the stem vowel because it is not stressed.

A cap for José Miguel *Elisa accompanies her son José Miguel to look for a cap.* ELISA: *Which cap do you prefer, José Miguel?* JOSÉ MIGUEL: *I prefer the gray one.* ELISA: *But you already have a gray one, and it's almost identical!* JOSÉ MIGUEL: *Well, I don't want those other caps. Can we look in the previous store again?* ELISA: *Again? Well, if you really insist . . .*

Some Idioms with *tener*

A. Many ideas expressed in English with the verb *to be* are expressed in Spanish with *idioms* (**los modismos**) using **tener.** You have already used one **tener** idiom: **tener... años.** At the right are some additional ones. Note that they describe a condition or state that a person can experience.

 Idiomatic expressions are often different from one language to another. For example, in English, *to pull Mary's leg* usually means *to tease her*, not *to grab her leg and pull it*. In Spanish, *to pull Mary's leg* is **tomarle el pelo a Mary** (literally, *to take hold of Mary's hair*).

tener miedo de

tener prisa

tener razón

no tener razón

tener sueño

B. Other **tener** idioms include **tener ganas de** (*to feel like*) and **tener que** (*to have to*). The infinitive is always used after these two idiomatic expressions.

 Note that the English translation of one of these examples results in a verb ending in *-ing*, not the infinitive.

Tengo ganas de **comer.**
I feel like eating.

¿No tiene Ud. que **leer** este capítulo?
Don't you have to read this chapter?

84 ■ Ochenta y cuatro

Capítulo 3: De compras

■ ■ ■ Práctica

A. ¡Sara tiene mucha tarea (*homework*)!

Paso 1. Haga oraciones con las palabras indicadas. Añada (*Add*) palabras si es necesario.

MODELO: Sara **/** tener **/** que **/** estudiar **/** mucho **/** hoy →
Sara tiene que estudiar mucho hoy.

1. Sara **/** tener **/** muchos exámenes
2. (ella) venir **/** a **/** universidad **/** todos los días
3. hoy **/** trabajar **/** hasta **/** nueve **/** de **/** noche
4. preferir **/** estudiar **/** en **/** biblioteca
5. querer **/** leer **/** más **/** pero **/** no poder
6. por eso **/** regresar **/** a **/** casa
7. tener **/** ganas de **/** leer **/** más
8. pero **/** unos amigos **/** venir a mirar **/** televisión
9. Sara **/** decidir **/** mirar **/** televisión **/** con ellos

Paso 2. Now retell the same sequence of events, first as if they had happened to you, using **yo** as the subject of all but sentence number 8, then as if they had happened to you and your roommate, using **nosotros/as.**

B. Situaciones. Expand the situations described in these sentences by using an appropriate idiom with **tener.** There is often more than one possible answer.

MODELO: Tengo un examen mañana. Por eso… →
Por eso tengo que estudiar mucho.

1. ¿Cuántos años? ¿Cuarenta? No, yo…
2. Un perro grande y feo vive en esa casa. Por eso yo…
3. ¿Ya son las tres de la mañana? Ah, por eso…
4. No, dos y dos no son cinco. Son cuatro. Tú…
5. Tengo que estar en el centro a las tres. Ya (*Already*) son las tres menos cuarto. Yo…
6. Cuando hay un terremoto (*earthquake*), todos…
7. ¿Los exámenes de la clase de español? ¡Esos son siempre muy fáciles (*easy*)! Yo no…
8. Sí, la capital de la Argentina es Buenos Aires. Tú…

Need more practice?

- Workbook/ Laboratory Manual
- Interactive CD-ROM
- Online Learning Center (www.mhhe.com/ peb2)

■ ■ ■ Conversación

A. Estereotipos. Draw some conclusions about Isabel based on this scene. Think about things that she has, needs to or has to do or buy, likes, and so on. When you have finished, compare your predictions with those of others in the class. Did you all reach the same conclusions?

MODELO: Isabel tiene cuatro gatos. Tiene que…

Palabras útiles

los aretes (earrings)
el juguete (toy)
los muebles
   (furniture)
el sofá

hablar por teléfono
tener alergia a (to be
   allergic to)

NOTA COMUNICATIVA

Using *mucho* and *poco*

In the first chapters of *Puntos en breve*, you have used the words **mucho** and **poco** as both adjectives and adverbs. *Adverbs* (**Los adverbios**) are words that modify verbs, adjectives, or other adverbs: *quickly*, **very** smart, **very** quickly. In Spanish and in English, adverbs are invariable in form. However, in Spanish adjectives agree in number and gender with the word they modify.

ADVERB

Rosario estudia **mucho** hoy.   Rosario is studying a lot today.
Julio come **poco.**   Julio doesn't eat much.

ADJECTIVE

Rosario tiene **mucha** ropa.   Rosario has a lot of
   Sobre todo tiene   clothes. She especially
   muchos zapatos.   has a lot of shoes.
Julio come **poca** carne.   Julio doesn't eat much meat.
   Come **pocos** postres.   He eats few desserts.

adverb = a word that modifies a verb, adjective, or another adverb

B. Preferencias

Paso 1. Try to predict the choices your instructor will make in each of the following cases.

> MODELO: El profesor / La profesora tiene... muchos / pocos libros →
> muchos libros

1. El profesor / La profesora tiene...
   mucha ropa / poca ropa   sólo un coche / varios coches
2. Prefiere...
   los gatos / los perros   la ropa elegante / la ropa informal
3. Quiere comprar...
   un coche deportivo (*sports car*), por ejemplo, un Porsche / una camioneta (*station wagon*)
   un abrigo / un impermeable
4. Viene a la universidad...
   todos los días / sólo tres veces a la semana
   en coche / en autobús / en bicicleta / a pie (*on foot*)
5. Esta noche tiene muchas ganas de...
   mirar la televisión / leer   comer en un restaurante / comer en casa

Paso 2. Now, using tag questions, ask your instructor questions to find out if you are correct.

> MODELO: muchos libros →
> Ud. tiene muchos libros, ¿verdad?

C. Entrevista: Más preferencias

Paso 1. With a classmate, explore preferences in a number of areas by asking and answering questions based on the models. Use **No tengo preferencia** for answering that you have no preference.

> MODELOS: ¿Prefieres los gatos o los perros?
> ¿Te gusta más bailar o cantar?

1. Los animales: ¿los gatos siameses o los persas? ¿los perros pastores alemanes o los perros de lanas (*poodles*)?
2. El color de la ropa informal: ¿el color negro o el blanco? ¿el rojo o el azul?
3. La ropa informal: ¿las camisas de algodón o las de seda? ¿los *jeans* de algodón o los pantalones de lana?
4. La ropa de mujeres: ¿las faldas largas o las minifaldas? ¿los pantalones largos o los pantalones cortos?
5. La ropa de hombres: ¿las camisas de cuadros o las de rayas (*striped*)? ¿las camisas de un solo (*single*) color? ¿chaqueta y pantalón o un traje formal?
6. Las actividades en casa: ¿mirar la televisión o leer una novela? ¿escribir cartas o hablar con unos amigos?

Paso 2. Report some of your findings to the class.

> MODELOS: Preferimos... / No tenemos preferencia.
> Yo prefiero..., pero Cecilia prefiere...

10 Expressing Destination and Future Actions • *Ir; ir + a + Infinitive; The Contraction al*

¿Adónde vas?

Rosa y Casandra son compañeras de cuarto.

CASANDRA: ¿Adónde *vas*?
ROSA: *Voy al* centro.
CASANDRA: ¿Qué *vas a* hacer en el centro?
ROSA: *Voy a* comprar un vestido para la fiesta de Javier. ¿No *vas a ir* a su fiesta este fin de semana?
CASANDRA: ¡Claro que *voy*!

Comprensión: ¿Sí o no?

1. Rosa va a estudiar.
2. Rosa va a hacer (*give*) una fiesta.
3. Casandra va a asistir a la fiesta.

Ir is the irregular Spanish verb used to express *to go*.

ir (*to go*)	
voy	vamos
vas	vais
va	van

The first person plural of **ir, vamos** (*we go, are going, do go*), is also used to express *let's go*.

Vamos a clase ahora mismo.
Let's go to class right now.

Ir + a + Infinitive

Ir + **a** + infinitive is used to describe actions or events in the near future.

Van a venir a la fiesta esta noche.
They're going to come to the party tonight.

The Contraction al

In **Capítulo 2** you learned about the contraction **del** (**de + el → del**). The only other contraction in Spanish is **al** (**a + el → al**). ¡OJO! Both **del** and **al** are obligatory contractions.

a + el → al

Voy **al** centro comercial.
I'm going to the mall.

Vamos **a la** tienda.
I'm going to the store.

Where are you going? *Rosa and Casandra are roommates.* CASANDRA: *Where are you going?* ROSA: *I'm going downtown.* CASANDRA: *What are you going to do downtown?* ROSA: *I'm going to buy a dress for Javier's party. Aren't you going to go to his party this weekend?* CASANDRA: *Of course I'm going!*

■■■ Práctica

A. ¿Adónde van de compras? Haga oraciones completas usando **ir.** Recuerde:
a + el = al.

MODELO: Marta / el centro → Marta *va al* centro.

1. nosotros / una *boutique*
2. Francisco / el almacén Goya
3. Juan, Raúl / el centro comercial
4. tú / un mercado
5. Ud. / una tienda pequeña
6. yo / ¿ ?

B. ¡Vamos de compras! Describa el día, desde el punto de vista (*from the point of view*) de Lola, la esposa de Manolo. Use **ir + a +** el infinitivo, según el modelo.

MODELO: Manolo compra un regalo para su madre. →
Manolo *va a comprar* un regalo para su madre.

1. Llegamos al centro a las diez de la mañana.
2. Mi hija Marta quiere comer algo (*something*).
3. Compro unos chocolates para Marta.
4. Manolo busca una blusa de seda.
5. No compras esta blusa azul, ¿verdad?
6. Buscamos algo más barato.
7. ¿Vas de compras mañana también?

AUTOPRUEBA

Give the subject pronouns for these forms of **ir.**

1. va
2. vamos
3. voy
4. van
5. vas

Answers: 1. Ud.
2. nosotros 3. yo 4. ellos
5. tú

Need more practice?

- Workbook/Laboratory Manual
- Interactive CD-ROM
- Online Learning Center (www.mhhe.com/ peb2)

■■■ Conversación

A. ¿Adónde va si... ? ¿Cuántas oraciones puede hacer Ud.?

MODELO: Me gusta leer novelas. Por eso voy a una librería.

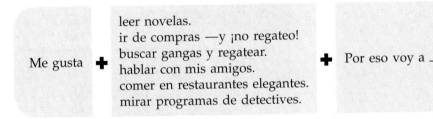

Me gusta **+**
leer novelas.
ir de compras —y ¡no regateo!
buscar gangas y regatear.
hablar con mis amigos.
comer en restaurantes elegantes.
mirar programas de detectives.
+ Por eso voy a _____.

B. Entrevista: El fin de semana

Paso 1. Interview a classmate about his or her plans for the weekend. "Personalize" the interview with additional questions. For example, if your partner is going to read a novel, ask **¿Qué novela?** or **¿Quién es el autor?**

¿Vas a... ?

1. ir de compras
2. leer una novela
3. asistir a un concierto
4. estudiar para un examen
5. ir a una fiesta
6. escribir una carta
7. ir a bailar
8. escribir los ejercicios para la clase de español
9. practicar un deporte (*sport*)
10. mirar mucho la televisión

Paso 2. En el **Paso 1,** los números pares (2, 4, 6,...) son actividades pasivas o tranquilas. Los números impares (1, 3, 5,...) son más activas. ¿Cómo es su compañero/a? ¿Es activo/a? ¿O prefiere la tranquilidad?

Conozca...

Nicaragua

Datos esenciales

- Nombre oficial: República de Nicaragua
- Capital: Managua
- Población: Más de 5.000.000 de habitantes
- Moneda: el córdoba
- Idiomas: el español (oficial), el misquito, el sumo*

¡Fíjese!

- En 1856, un norteamericano, William Walker, se declaró[a] presidente de Nicaragua. En 1858, fue derrotado por[b] los nicaragüenses, liberales y conservadores que se unieron[c] para expulsarlo[d] del país.
- El Lago de Nicaragua es el lago más grande de Centroamérica. Hay más de 300 islas en el lago. Los nicaragüenses llaman el lago su «mar dulce»[e] porque es muy grande y porque tiene agua dulce.[f] Tiene los únicos tiburones[g] de agua dulce del mundo.[h]

[a]se... declared himself [b]fue... he was defeated by [c]se... joined together [d]expel him [e]mar... sweet (fresh water) sea [f]agua... fresh water [g]únicos... only sharks [h]world

Delvia Argüello
Managua, Nicaragua

*En la costa oeste (west coast) de Nicaragua, también se habla un dialecto criollo (creole) que está basado en el inglés.

Nota histórica

Cristóbal Colón llegó[a] a las costas de Nicaragua en 1502, pero la región no fue colonizada[b] hasta[c] 1524.

Nicaragua tiene una historia turbulenta por las luchas[d] entre las fuerzas conservadoras y las fuerzas liberales. La lucha se complicó[e] por la intervención de los Estados Unidos en la política del país. En 1990 terminó[f] una época[g] difícil de dictadura y lucha: hubo[h] una revolución y un movimiento en contra de la revolución. Esta lucha fue entre los sandinistas (revolucionarios marxistas) y los «contras» (antirrevolucionarios).

[a]arrived [b]no... was not colonized [c]until [d]struggles [e]se... was complicated [f]ended [g]time [h]there was

▲ Parte de las ruinas de una fortaleza en una isla en el Lago de Nicaragua

Learn more about Nicaragua with the Video, Interactive CD-ROM, and the Online Learning Center (www.mhhe.com/peb2).

Gramática

To review the grammar points presented in this chapter, refer to the indicated grammar presentations. You'll find further practice of these structures in the Workbook/Laboratory Manual, on the Interactive CD-ROM, and on the *Puntos en breve* Online Learning Center (www.mhhe.com/peb2).

8. Pointing Out People and Things—Demonstrative Adjectives and Pronouns.

Do you know the forms for **este, ese,** and **aquel?**

9. Expressing Actions and States—**Tener, venir, preferir, querer,** and **poder;** Some Idioms with **tener**

You should be able to conjugate the verbs **tener, venir, preferir, querer,** and **poder.** Do you know how to use expressions like **tengo ganas de, tenemos miedo,** and **tienes razón?**

10. Expressing Destination and Future Actions—**Ir; ir + a +** Infinitive; The Contraction **al**

You should know the forms of **ir** and how to express *going to do (something)*. You should also know when to use the contraction **al.**

Vocabulario

Practice this vocabulary with digital flash cards on the Online Learning Center (www.mhhe.com/peb2).

Los verbos

ir (*irreg.*)	to go
ir a + *inf.*	to be going to (*do something*)
ir de compras	to go shopping
llevar	to wear; to carry; to take
poder (ue)	to be able, can
preferir (ie)	to prefer
querer (ie)	to want
regatear	to haggle, bargain
tener (*irreg.*)	to have
usar	to wear; to use
venir (*irreg.*)	to come

Repaso: comprar, vender

La ropa

el abrigo	coat
los aretes	earrings
la blusa	blouse
la bolsa	purse
la bota	boot
el calcetín	sock
los calcetines	socks
la camisa	shirt
la camiseta	T-shirt
la cartera	wallet
la chaqueta	jacket
el cinturón	belt

la corbata	tie
la falda	skirt
la gorra	cap
el impermeable	raincoat
los *jeans*	jeans
las medias	stockings
los pantalones	pants
el par	pair
el reloj	watch
la ropa interior	underwear
la sandalia	sandal
el sombrero	hat
el suéter	sweater
el traje	suit
el traje de baño	swimsuit
el vestido	dress
el zapato (de tenis)	(tennis) shoe

Los colores

amarillo/a	yellow
anaranjado/a	orange
azul	blue
blanco/a	white
(de) color café	brown
gris	gray
morado/a	purple
negro/a	black
rojo/a	red
rosado/a	pink
verde	green

De compras

de última moda	the latest style
la ganga	bargain
el precio (fijo)	(fixed, set) price
las rebajas	sales, reductions
¿cuánto cuesta?	how much does it cost?
¿cuánto es?	how much is it?

Los materiales

es de...	it is made of . . .
algodón (*m.*)	cotton
lana	wool
seda	silk

Los lugares

el almacén	department store
el centro	downtown
el centro comercial	shopping mall
el mercado	market(place)
la tienda	shop, store

Otros sustantivos

la cinta	tape
el ejercicio	exercise
el examen	exam, test

Los adjetivos

barato/a	inexpensive
caro/a	expensive
poco/a	little

Más allá del número 100

doscientos/as
trescientos/as
cuatrocientos/as
quinientos/as
seiscientos/as
setecientos/as
ochocientos/as
novecientos/as
mil
un millón (de)

Repaso: cien(to)

Formas demostrativas

aquel, aquella, aquellos/as	that, those (over there)
ese/a, esos/as	that, those
eso, aquello	that, that (over there)

Repaso: este/a, esto, estos/as

Palabras adicionales

¿adónde?	where (to)?
al	to the
algo	something
allí	(over) there
de todo	everything
tener (*irreg.*)...	
ganas de + *inf.*	to feel like (*doing something*)
miedo (de)	to be afraid (of)
prisa	to be in a hurry
que + *inf.*	to have to (*do something*)
razón	to be right
sueño	to be sleepy
no tener razón	to be wrong
¿no?, ¿verdad?	right?, don't they (you, and so on)?

En casa°

Una casa en el campo (*countryside*) de Costa Rica ▶

°**En...** *At home*

¿Qué día es hoy?

lunes

Javier asiste a clase
a las ocho el lunes.

martes

Javier mira la televisión
el martes.

miércoles

Javier va al gimnasio
el miércoles.

jueves

Javier trabaja cuatro
horas el jueves.

viernes

El viernes va al mercado
con unos amigos.

sábado

El sábado Javier va a un
restaurante con Elena.

domingo

El domingo va a jugar al
basquetbol con sus amigos.

los lunes, los martes...	on Mondays, on Tuesdays . . .
Hoy (Mañana) es viernes.	Today (Tomorrow) is Friday.
Ayer fue miércoles.	Yesterday was Wednesday.
el fin de semana	(on) the weekend
pasado mañana	the day after tomorrow
el próximo (martes, miércoles,...)	next (Tuesday, Wednesday, . . .)
la semana que viene	next week

- In Spanish-speaking countries, the week usually starts with **lunes.**
- The days of the week are not capitalized in Spanish.
- Except for **el sábado / los sábados** and **el domingo / los domingos,** all the days of the week use the same form for the plural as they do for the singular.
- The definite articles are used to express *on* with the days of the week.
- Use **el** before a day of the week to refer to a specific day (**el lunes** = *on Monday*), and **los** to refer to that day of the week in general (**los lunes** = *on Mondays*).

■ ■ ■ Conversación

A. Entrevista. Con un compañero / una compañera, haga y conteste las siguientes (*following*) preguntas.

1. ¿Qué día es hoy? ¿Qué día es mañana? Si hoy es sábado, ¿qué día es mañana? Si hoy es jueves, ¿qué día es mañana? ¿Qué día fue ayer?
2. ¿Qué días de la semana tenemos clase? ¿Qué días no?
3. ¿Estudias mucho durante (*during*) el fin de semana? ¿y los domingos por la noche?
4. ¿Qué te gusta hacer (*to do*) los viernes por la tarde? ¿Te gusta salir (*to go out*) con los amigos los sábados por la noche?

B. Mi semana. Indique una cosa que Ud. quiere, puede o tiene que hacer cada (*each*) día de esta semana.

> MODELO: El lunes tengo que (puedo, quiero) ir al laboratorio de lenguas.

Palabras útiles
dormir (to sleep) **hasta muy tarde** **ir al bar** (al parque, al museo, a...) **ir al cine** (movies) **jugar** (to play) **al tenis** (al golf, al vólibol, al...)

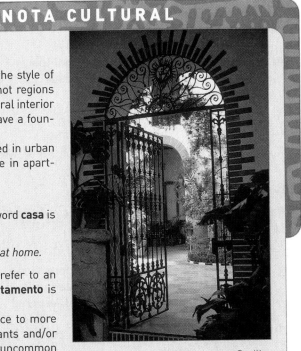

NOTA CULTURAL

Houses in the Hispanic World

There is no such thing as a typical Hispanic house. Often, the style of housing depends on geographic location. For example, in hot regions such as southern Spain, many houses are built around a central interior patio. These patios are filled with plants, and some even have a fountain.

The population in Hispanic countries tends to be centered in urban areas. Due to population density in cities, many people live in apartments, like people in larger cities in this country.

Here are some more details about Hispanic houses.

■ While the Spanish word **hogar** literally means *home*, the word **casa** is often used to mean *home*.

> Voy a casa.   *I'm going home.*   Estoy en casa.   *I'm at home.*

■ In Spain, people use the word **piso** or **apartamento** to refer to an apartment; in some Hispanic countries, the word **departamento** is used.
■ In big Latin American cities and especially with reference to more modern homes, a small front yard with ornamental plants and/or small trees is called **un jardín.** Large backyards are uncommon (except in rural areas and small towns) because the lots where houses are built are rather small. If a house has a back area, it is generally referred to as **el patio.** This area, usually paved, adjoins the house and is commonly enclosed by the walls of neighboring buildings.

▲ *El patio interior de una casa, en Sevilla, España*

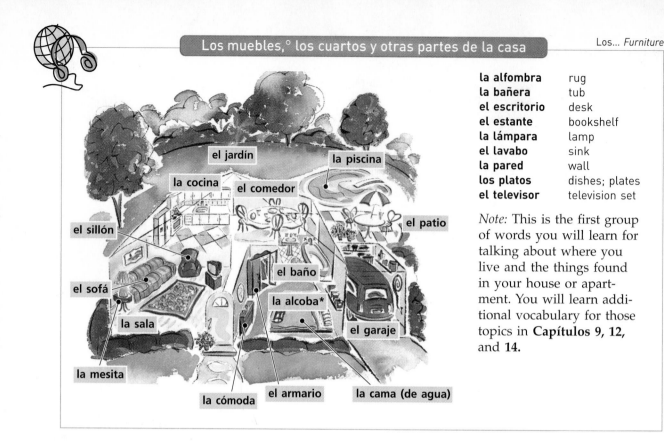

Los muebles,° los cuartos y otras partes de la casa

Los... Furniture

la alfombra	rug
la bañera	tub
el escritorio	desk
el estante	bookshelf
la lámpara	lamp
el lavabo	sink
la pared	wall
los platos	dishes; plates
el televisor	television set

el jardín
la piscina
la cocina
el comedor
el patio
el sillón
el baño
el sofá
la alcoba*
el garaje
la sala
la mesita
la cómoda
el armario
la cama (de agua)

Note: This is the first group of words you will learn for talking about where you live and the things found in your house or apartment. You will learn additional vocabulary for those topics in **Capítulos 9, 12, and 14.**

■■■ Conversación

A. ¿Qué hay en esta casa? Con un compañero / una compañera, identifique las partes de esta casa y diga lo que (*what*) hay en cada cuarto.

MODELO: 7 →

    E1: El número 7 es un patio.
    E2: ¿Qué hay en el patio? ¿Hay una piscina?
    E1: No, sólo hay plantas.

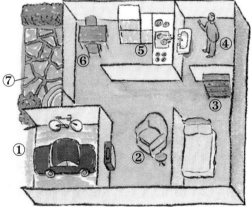

B. Asociaciones

Paso 1. ¿Qué muebles o partes de la casa asocia Ud. con las siguientes actividades?

1. estudiar para un examen
2. dormir la siesta (*taking a nap*) por la tarde
3. pasar una noche en casa con la familia
4. celebrar con una comida (*meal*) especial
5. tomar el sol (*sunbathing*)
6. hablar de temas (*topics*) serios con los amigos (padres, hijos)

Paso 2. Ahora compare sus asociaciones con las (*those*) de otros estudiantes. ¿Tienen todos las mismas costumbres (*same customs*)?

---

*Other frequently used words for bedroom include **el dormitorio** and **la habitación.**

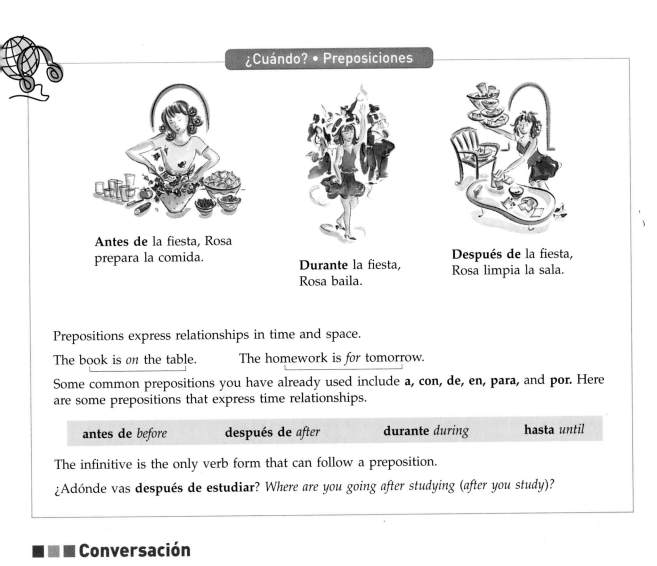

Antes de la fiesta, Rosa prepara la comida.

Durante la fiesta, Rosa baila.

Después de la fiesta, Rosa limpia la sala.

Prepositions express relationships in time and space.

The book is *on* the table.   The homework is *for* tomorrow.

Some common prepositions you have already used include **a, con, de, en, para,** and **por.** Here are some prepositions that express time relationships.

antes de *before*	**después de** *after*	**durante** *during*	**hasta** *until*

The infinitive is the only verb form that can follow a preposition.

¿Adónde vas **después de estudiar**? *Where are you going after studying (after you study)?*

■ ■ ■ Conversación

A. ¿Antes o después? Complete las oraciones lógicamente, con **antes de** o **después de.**

1. Voy a la clase de español ＿＿＿ preparar la lección.
2. Por lo general, prefiero estudiar ＿＿＿ mirar un poco la televisión.
3. Los viernes siempre descanso (*I rest*) ＿＿＿ salir para una fiesta.
4. Me gusta investigar un tema ＿＿＿ escribir una composición.
5. Prefiero comer fuera (*to eat out*) ＿＿＿ ir al cine.
6. Tengo que estudiar mucho ＿＿＿ tomar un examen.

B. Entrevista. Con un compañero / una compañera, haga y conteste las siguientes preguntas.

1. ¿Estudias durante tu programa favorito de televisión? ¿Qué más haces (*do you do*) cuando estudias?
2. ¿Hablas por teléfono antes o después de estudiar? ¿Dónde hablas por teléfono, en la sala o en tu cuarto?
3. ¿Hasta qué hora estudias, generalmente? ¿Estudias después de medianoche (*midnight*)?

Need more practice?

- Workbook/Laboratory Manual
- Interactive CD-ROM
- Online Learning Center (www.mhhe.com/peb2)

In Spanish, the pronunciation of the letters **b** and **v** is identical. At the beginning of a phrase or sentence—that is, after a pause—or after **m** or **n,** the letters **b** and **v** are pronounced like the English stop [b], but without the puff of air. Everywhere else they are pronounced like the fricative [ƀ], produced by creating friction when pushing the air through the lips. This sound has no English equivalent.

A. Práctica. Practique las siguientes palabras y frases.

   1. [b]   bueno   viejo   verde   venir   barato   Vicente   viernes
               también   hombre   sombrero

   2. [ƀ]   nueve   llevar   libro   pobre   abrir   abrigo   universidad   abuelo

   3. [b/ƀ]   bueno / es bueno   busca / Ud. busca   bien / muy bien
               en Venezuela / de Venezuela   vende / se vende
               en Bolivia / de Bolivia

   4. [b/ƀ]   beber   bebida   vivir   biblioteca   Babel   vívido

B. Adivinanza (*Riddle*). Practice saying the following riddle aloud.

Busca, busca, estoy abajo;   *Look, look, I'm below;*
busca, busca, estoy arriba;   *look, look, I'm above;*
busca, busca, en la cabeza,   *look, look, in your head,*
busca, busca, en la barriga.   *look, look, in your belly.*

¿No me encuentras? Busca, busca,   *You can't find me? Look, look,*
que me doblo en las bombillas.   *because I appear twice in lightbulbs.*

GRAMÁTICA

Expressing Actions • *Hacer, oír, poner, salir, traer,* **and** *ver*

Los jóvenes de hoy

«¡Estos muchachos sólo quieren *salir*! No *ponen* sus cosas en orden en sus cuartos… Los jóvenes de hoy día no *hacen* nada bien; no son responsables… ¡Hasta quieren *traer* muchachas a sus cuartos!»

¿Son estos comentarios típicos de las personas mayores (*older adults*) de su país?
¿Cree Ud. que tienen razón?
¿Tienen los jóvenes algunos (*any*) estereotipos sobre (*about*) las personas mayores?

Today's young people   *These boys only want to go out! They don't put things in order in their rooms . . . Today's young people don't do anything right; they are not responsible people . . . They even want to bring girls to their rooms!*

hacer (to do; to make)		oír (to hear)		poner (to put; to place)		salir (to leave; to go out)		traer (to bring)		ver (to see)	
hago	hacemos	oigo	oímos	pongo	ponemos	salgo	salimos	traigo	traemos	veo	vemos
haces	hacéis	oyes	oís	pones	ponéis	sales	salís	traes	traéis	ves	veis
hace	hacen	oye	oyen	pone	ponen	sale	salen	trae	traen	ve	ven

■ **hacer**

Some common idioms with **hacer:**

hacer ejercicio (*to exercise*)
hacer un viaje (*to take a trip*)
hacer una pregunta (*to ask a question*)

¿Por qué no **haces** la tarea?
Why aren't you doing the homework?

Quieren **hacer un viaje** al Perú.
They want to take a trip to Peru.

Los niños siempre **hacen muchas preguntas.**
Children always ask a lot of questions.

■ **oír**

The command forms of **oír** are used to attract someone's attention in the same way that English uses *Listen!* or *Hey!*

oye (tú)   **oiga** (Ud.)   **oigan** (Uds.)

Oye, Juan, ¿vas a la fiesta?
Hey, Juan, are you going to the party?

¡Oigan! ¡Silencio, por favor!
Listen! Silence, please!

No **oigo** bien por el ruido.

■ **poner**

Many Spanish speakers use **poner** with appliances to express *to turn on*.

Voy a **poner** el televisor.
I'm going to turn on the TV.

Siempre **pongo** leche y mucho azúcar en el café.

■ **salir**

Note that **salir** is always followed by **de** to express leaving a place.

Salir con can mean *to go out with, to date.*

Use **salir para** to indicate destination.

Salgo con el hermano de Cecilia.
I'm going out with Cecilia's brother.

Salimos para la sierra pasado mañana.
We're leaving for the mountains the day after tomorrow.

Salen de la clase ahora.

■ **traer**

¿Por qué no **traes** la radio a la cocina?
Why don't you bring the radio to the kitchen?

■ **ver**

No **veo** bien sin mis lentes de contacto.
I can't see well without my contact lenses.

Gramática

■■■ Práctica

¡Anticipemos! Cosas rutinarias

¿Cierto o falso?

1. Hago ejercicio en el gimnasio con frecuencia.
2. Siempre veo la televisión por la noche.
3. Nunca salgo con mis primos por la noche.
4. Siempre hago los ejercicios para la clase de español.
5. Salgo para la universidad a las ocho de la mañana.
6. Nunca pongo la ropa en la cómoda o en el armario.
7. Siempre traigo todos los libros necesarios a clase.
8. Siempre oigo todo lo que dice (*says*) el profesor / la profesora de español.

Need more practice?

- Workbook/Laboratory Manual
- Interactive CD-ROM
- Online Learning Center (www.mhhe.com/peb2)

EN LOS ESTADOS UNIDOS Y EL CANADÁ

Las misiones de California

The twenty-one **misiones** in California along what was called **el Camino Real** (the Royal Highway) were founded between 1769 and 1817 as outposts for bringing the Catholic religion to new lands. The indigenous people of California whose territories were colonized by these first Spanish settlements were deeply impacted. Some groups eventually became known by the name of a nearby **misión**—for example, the **diegueños (Misión de San Diego),** the **luiseños (Misión de San Luis Obispo),** and the **gabrielinos (Misión de San Gabriel).** Many of these missions later became important cities, including San Diego, San Francisco, and Santa Barbara.

The California Missions Study Association, a nonprofit public benefit corporation, is dedicated to "the Study and Preservation of the California Missions, Presidios, Pueblos, and Ranchos and their Native American, Hispanic, and Early American Past." The missions have now become popular tourist attractions and are visited by millions of tourists every year.

▲ *La Misión San Juan Capistrano en San Juan Capistrano, California*

■■■ Conversación

A. Consecuencias lógicas. Con un compañero / una compañera, indique una acción lógica para cada situación, usando (*using*) las **Frases útiles.**

> MODELO: No tengo tarea. Por eso... → pongo el televisor.

1. Me gusta esquiar en las montañas. Por eso...
2. Mis compañeros de cuarto hacen mucho ruido (*noise*) en la sala. Por eso...
3. El televisor no funciona. Por eso...
4. Estoy en la biblioteca y ¡no puedo estudiar más! Por eso...
5. Queremos bailar y necesitamos música. Por eso...

Frases útiles

hacer un viaje / una
    pregunta
oír alprofesor /
    a la profesora*
poner el televisor /
    el estéreo
salir con/de/para...
traer el libro a clase
ver mi programa
    favorito

NOTA COMUNICATIVA

Más sobre *hacer, oír, salir* y *ver*

The verbs in this **Nota comunicativa** are used in many different expressions. Below is an overview of some expressions that you have already used. Some will be new to you.

- **Hacer** is used to express *to do* physical and academic exercises. To express *to do exercises* for a Spanish or math class, for example, the plural **ejercicios** is used. To express *to exercise* in a gym, the singular is used, except for aerobics.

Hacen los ejercicios en el cuaderno.	*They do the exercises in the notebook.*
Hace ejercicio en el gimnasio.	*He exercises in the gym.*
Inés **hace** ejercicios aeróbicos por la mañana.	*Inés does aerobics in the morning.*

- **Oír** means *to hear.* In **Capítulo 1,** you learned the verb **escuchar,** which means *to listen (to).* Some speakers use **oír** for *to listen* when referring to things like music or the news. **Escuchar** never means *to hear.*

No **oigo** bien a la profesora.	*I can't hear the professor well.*
Escuchamos/Oímos música en clase.	*We listen to music in class.*

- A useful expression with **salir** is **salir bien/mal,** which means *to turn/come out well/poorly, to do well/poorly.*

Todo va a **salir bien.**	*Everything will come out (turn out) well.*
Necesito **salir bien** en el examen.	*I need to do (come out) well on the exam.*
No quiero **salir mal** en esta clase.	*I don't want to do poorly in this class.*

- **Ver** means *to see* or *to watch.* In **Capítulo 2,** you learned that **mirar** means *to look (at)* or *to watch* something. Some speakers use **ver** for *to watch,* but **mirar** can never mean *to see.* **Buscar** (from **Capítulo 1**) is used to express *to look for* something, but never *to look at* or *to watch.*

¿**Ven** Uds. las plantas en el patio?	*Do you see the plants on the patio?*
Luis **ve** mucho la televisión.	*Luis watches a lot of television.*
Los niños **ven/miran** los dibujos animados.	*The kids are watching / looking at cartoons.*
Busco los platos nuevos.	*I'm looking for the new plates.*

---

*Remember that the word **a** is necessary in front of a human direct object. You will study this usage of **a** in **Capítulo 6.** For now, you can answer following the pattern of the **Frase útiles.**

B. Entrevista. Con un compañero / una compañera, haga y conteste las siguientes preguntas.

En casa

1. ¿Qué pones en el armario? ¿en la cómoda? ¿Siempre pones todo en orden en tu alcoba antes de salir?
2. ¿Te gusta hacer ejercicio? ¿Haces ejercicios aeróbicos? ¿Dónde haces ejercicio? ¿en casa? ¿en el gimnasio? ¿en la piscina?
3. ¿Ves mucho la televisión? ¿Qué programas ves todas las semanas? ¿Pones el televisor en la mañana o en la noche? ¿o en las dos ocasiones?
4. ¿Cuándo pones la radio? ¿Qué música escuchas? ¿Oyes las noticias (*news*) todos los días? ¿Pones la radio o el televisor para oír las noticias?

Para las clases

1. ¿Qué pones en tu mochila o bolsa todos los días para ir a clase? ¿Siempre traes los libros de texto a clase?
2. ¿A qué hora sales para las clases los lunes? ¿A qué hora sales de clase los viernes?
3. ¿Cuándo haces la tarea? ¿por la mañana? ¿por la tarde? ¿por la noche? ¿Dónde haces la tarea? ¿en casa? ¿en la biblioteca? ¿Haces la tarea mientras (*while*) ves la televisión? ¿mientras escuchas música?
4. ¿Siempre sales bien en los exámenes? ¿En qué clase no sales bien? ¿Qué haces si sales mal en un examen? ¿Hablas con tu profesor(a)?

¿Recuerda Ud.?

The change in the stem vowels of **querer** and **poder** (e and o, respectively) follows the same pattern as that of the verbs presented in the next section. Review the forms of **querer** and **poder** before beginning that section.

querer: **e** → ¿ ?

qu___ro	queremos
qu___res	queréis
qu___re	qu___ren

poder: **o** → ¿ ?

p___do	podemos
p___des	podéis
p___de	p___den

12 Expressing Actions • Present Tense of Stem-Changing Verbs

Una fiesta para Marisa

Hoy es el cumpleaños de Marisa. Gracia y Catalina preparan una pequeña sorpresa para su compañera de cuarto.

GRACIA: ¿A qué hora *vuelve* Marisa?
CATALINA: No estoy segura pero *pienso* que *vuelve* a las cinco.
GRACIA: ¡No podemos estar listas a las cinco!
CATALINA: ¡Con calma! La sala está limpia ahora y los entremeses casi están listos. A las cinco, *vuelve* Marisa, *empezamos* a gritar «¡Sorpresa!» y *sirvo* el champán y los entremeses. Ya verás. Una sorpresa pequeña pero perfecta.

Comprensión: ¿Cierto o falso?

1. Gracia y Catalina empiezan a preparar una fiesta muy grande para Marisa.
2. Marisa vuelve a casa por la noche.

3. Marisa va a servir los entremeses.
4. Catalina piensa que necesitan más tiempo (*time*).

Past -------------------- **PRESENT** ---------------- Future
present

e → ie **pensar (ie)** (*to think*)	o (u) → ue **volver (ue)** (*to return*)	e → i **pedir (i)** (*to ask for; to order*)
pienso pensamos piensas pensáis piensa piensan	vuelvo volvemos vuelves volvéis vuelve vuelven	pido pedimos pides pedís pide piden

A. You have already learned five *stem-changing verbs* (**los verbos que cambian el radical**).

querer   preferir   tener   venir   poder

In these verbs the stem vowels **e** and **o** become **ie** and **ue,** respectively, in stressed syllables. The stem vowels are stressed in all present tense forms except **nosotros** and **vosotros.** All three classes of stem-changing verbs follow this regular "boot" pattern in the present tense.

In vocabulary lists, the stem change will always be shown in parentheses after the infinitive: **volver (ue).**

Stem vowel changes:

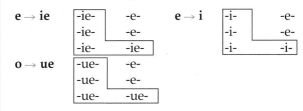

Nosotros and **vosotros** forms do not have a stem vowel change.

A party for Marisa   *Today is Marisa's birthday. Gracia and Catalina are preparing a small surprise for their roommate.* GRACIA: *When is Marisa getting back?* CATALINA: *I'm not sure but I think she returns at five.* GRACIA: *We can't be ready by five!* CATALINA: *Calm down! The living room is clean now and the hors d'oeuvres are almost ready. At five, Marisa returns, we begin to shout "Surprise!," and I serve champagne and hors d'oeuvres. You'll see. A small surprise, but perfect.*

B. Some stem-changing verbs practiced in this chapter include the following.

e → ie	o (u) → ue	e → i
cerrar (ie)	**dormir (ue)**	**servir (i)**

empezar (ie)	*to begin*	almorzar (ue)	*to have lunch*	pedir (i)	*to ask for; to order*
entender (ie)	*to understand*	jugar (ue)*	*to play* (a game,		
pensar (ie)	*to think*		sport)		
perder (ie)	*to lose; to miss*	volver (ue)	*to return*		
	(a function)		(to a place)		

- When used with an infinitive, **empezar** is followed by **a.**

Uds. **empiezan a hablar** muy bien el español.
You're beginning to speak Spanish very well.

- When used with an infinitive, **volver** is also followed by **a.** The phrase then means *to do (something) again.*

¿Cuándo **vuelves a jugar** al tenis?
When are you going to play tennis again?

- When followed directly by an infinitive, **pensar** means *to intend, plan to.*

The phrase **pensar en** can be used to express *to think about.*

¿Cuándo **piensas** almorzar?
When do you plan to eat lunch?

—¿**En** qué **piensas**?
What are you thinking about?

—**Pienso en** las cosas que tengo que hacer el domingo.
I'm thinking about the things I have to do on Sunday.

---

*Jugar is the only u → ue stem-changing verb in Spanish. **Jugar** is usually followed by **al** when used with the name of a sport: **Juego al tenis.** Some Spanish speakers, however, omit the **al.**

■■■ Práctica

A. ¿Dónde están Jacobo y Margarita? Tell in what part of Jacobo and Margarita's house the following things are happening. More than one answer is possible in some cases.

MODELO: Jacobo y Margarita empiezan a preparar el desayuno (*breakfast*). →
Están en la cocina.

1. Jacobo sirve el desayuno.
2. Margarita cierra la revista y pone el televisor.
3. Los dos almuerzan con un amigo del barrio (*neighborhood*).
4. Los dos juegan al ajedrez (*chess*), y Jacobo pierde.
5. Margarita piensa en las cosas que tiene que hacer hoy.
6. Jacobo vuelve a casa después de ir al supermercado.
7. Margarita duerme la siesta.
8. Jacobo pide una pizza por teléfono.

B. Una tarde típica en casa. ¿Cuáles son las actividades de todos? Haga oraciones completas con una palabra o frase de cada grupo. Use sólo los sujetos que son apropiados para Ud.

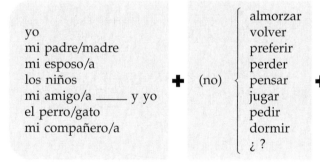

| yo
mi padre/madre
mi esposo/a
los niños
mi amigo/a _____ y yo
el perro/gato
mi compañero/a | **+** (no) | almorzar
volver
preferir
perder
pensar
jugar
pedir
dormir
¿ ? | **+** | descansar, dormir
en un sillón / en la cocina
toda la tarde / la siesta
su pelota (*ball*)
tarde / temprano a casa
en el patio / en la piscina / afuera (*outside*)
al golf (tenis, vólibol…)
las películas (*movies*) viejas / recientes
¿ ? |

■■■ Conversación

Preguntas

1. ¿A qué hora cierran la biblioteca? ¿A qué hora cierran la cafetería? Y durante la época de los exámenes finales, ¿a qué hora cierran?
2. ¿A qué hora almuerza Ud., por lo general? ¿Dónde le gusta almorzar? ¿Con quién? ¿Dónde piensa Ud. almorzar hoy? ¿mañana?
3. ¿Es Ud. un poco olvidadizo/a? Es decir (*That is*), ¿pierde las cosas con frecuencia? ¿Qué cosa pierde Ud.? ¿el dinero? ¿su cuaderno? ¿su mochila? ¿sus llaves (*keys*)?

Need more practice?

■ Workbook/Laboratory Manual
■ Interactive CD-ROM
■ Online Learning Center (www.mhhe.com/peb2)

13 Expressing *-self/-selves* • Reflexive Pronouns

La rutina diaria de Andrés

La rutina de Andrés empieza a las siete y media.

1.

2.

3.

4

5.

6.

7.

(1) *Me despierto* a las siete y media y *me levanto* en seguida. (2) Primero, *me ducho* y (3) luego *me cepillo* los dientes. (4) *Me peino*, (5) *me pongo* la bata y (6) voy al cuarto a *vestirme*. Por fin, (7) salgo para mis clases. No tomo nada antes de salir para la universidad porque, por lo general, ¡tengo prisa!

¿Cómo es la rutina diaria de Ud.?

1. Yo me levanto a las _____.
2. Me ducho por la (mañana/noche).
3. Me visto en (el baño/mi cuarto).
4. Me peino (antes de/después de) vestirme.
5. Antes de salir para las clases, (tomo/no tomo) el desayuno.

Andrés's daily routine   *Andrés's routine begins at seven-thirty.* (1) *I wake up at seven-thirty and I get up right away.* (2) *First, I take a shower and* (3) *then I brush my teeth.* (4) *I comb my hair,* (5) *I put on my robe, and* (6) *I go to my room to get dressed. Finally,* (7) *I leave for my classes. I don't eat or drink anything before leaving for the university because I'm generally in a hurry!*

Capítulo 4: En casa

bañarse (to take a bath)

(yo)	me baño		I take a bath
(tú)	te bañas		you take a bath
(Ud.)			you take a bath
(él)	se baña		he takes a bath
(ella)			she takes a bath
(nosotros)	nos bañamos		we take baths
(vosotros)	os bañáis		you take baths
(Uds.)			you take baths
(ellos)	se bañan		they take baths
(ellas)			they take baths

A. The pronoun **se** at the end of an infinitive indicates that the verb is used reflexively. The reflexive pronoun in Spanish reflects the subject doing something to or for himself, herself, or itself. When the verb is conjugated, the reflexive pronoun that corresponds to the subject must be used.

bañarse = to take a bath (to bathe oneself)
me baño = I take a bath (bathe myself)

Reflexive Pronouns

me	myself		**nos**	ourselves
te	yourself (*fam, sing.*)		**os**	yourselves (*fam. pl. Sp.*)
se	himself, herself, itself; yourself (*form. sing.*)		**se**	themselves; yourselves (*form. pl.*)

Many English verbs that describe parts of one's daily routine—to get up, to take a bath, and so on—are expressed in Spanish with a reflexive construction.

B. Here are some reflexive verbs you will find useful as you talk about daily routines. Note that some of these verbs are also stem-changing.

acostarse (ue)	to go to bed		**levantarse**	to get up; to stand up
afeitarse	to shave oneself			
bañarse	to take a bath		**peinarse**	to brush one's hair
cepillarse los dientes	to brush one's teeth		**ponerse**	to put on (clothing)
despertarse (ie)	to wake up			
divertirse (ie)	to have a good time, enjoy oneself		**quitarse**	to take off (clothing)
			sentarse (ie)	to sit down
dormirse (ue)	to fall asleep		**vestirse (i)**	to get dressed
ducharse	to take a shower			

Note also the verb **llamarse** (*to be called*), which you have been using since **Ante todo: Me llamo** _____. **¿Cómo se llama Ud.?**

All of these verbs can also be used nonreflexively, often with a different meaning. Some examples of this appear at the right:

 After **ponerse** and **quitarse,** the definite article, not the possessive as in English, is used with articles of clothing.

dormir = to sleep   **dormirse** = to fall asleep
poner = to put, place   **ponerse** = to put on

Se pone **el** abrigo.
He's putting on his coat.

Se quitan **el** sombrero.
They're taking off their hats.

Placement of Reflexive Pronouns

Reflexive pronouns are placed before a conjugated verb. In a negative sentence, they are placed after the word **no** and before the conjugated verb: **No se bañan.** When a conjugated verb is followed by an infinitive, they may either precede the conjugated verb or be attached to the infinitive.

Me tengo que levantar temprano.
Tengo que levantar**me** temprano.
I have to get up early.

■■■ Práctica

A. ¡Anticipemos! Su rutina diaria

Paso 1. ¿Hace Ud. lo mismo (*the same thing*) todos los días? Marque los días que hace las siguientes cosas.

	LOS LUNES	LOS SÁBADOS
1. Me levanto antes de las ocho.	☐	☐
2. Siempre me baño o me ducho.	☐	☐
3. Me pongo un traje / un vestido / una falda.	☐	☐
4. Me quito los zapatos después de llegar a casa.	☐	☐
5. Me acuesto antes de las once de la noche.	☐	☐

Paso 2. ¿Tiene Ud. una rutina diferente los sábados? ¿Qué día prefiere? ¿Por qué?

B. La rutina diaria de los Durán

Paso 1. ¿Qué acostumbran hacer los miembros de la familia Durán? Conteste, imaginando (*imagining*) que Ud. es Manolo Durán. Use el sujeto pronominal cuando sea (*whenever it is*) necesario.

MODELO: yo **/** levantarse **/** a las siete → Me levanto a las siete.

1. mi esposa Lola **/** levantarse **/** más tarde
2. nosotros **/** ducharse **/** por la mañana
3. por costumbre **/** nuestro **/** hija Marta **/** bañarse **/** por la noche
4. yo **/** vestirse **/** antes de tomar el desayuno
5. Lola **/** vestirse **/** después de tomar un café
6. por la noche **/** Marta **/** acostarse **/** temprano
7. yo **/** acostarse **/** más tarde, a las once
8. por lo general **/** Lola **/** acostarse **/** más tarde que (*than*) yo

Paso 2. En la familia Durán, ¿quién... ?

1. se levanta primero
2. se acuesta primero
3. no se baña por la mañana
4. se viste antes de tomar el desayuno

Need more practice?
- Workbook/Laboratory Manual
- Interactive CD-ROM
- Online Learning Center (www.mhhe.com/peb2)

■ ■ ■ Conversación

Entrevista: La rutina diaria

Paso 1. Con un compañero / una compañera, haga y conteste preguntas sobre su rutina diaria. Anote (*Jot down*) las respuestas de su compañero/a.

1. Los días de la semana (*weekdays*), ¿te levantas temprano? ¿antes de las siete de la mañana? ¿A qué hora te levantas los sábados?
2. ¿Te bañas o te duchas? ¿Cuándo lo haces (*do you do it*), por la mañana o por la noche?
3. ¿Te afeitas todos los días? ¿Usas una afeitadora eléctrica? ¿Prefieres no afeitarte los fines de semana?
4. Por lo general, ¿te vistes con elegancia o informalmente? ¿Qué ropa te pones cuando quieres estar elegante? ¿cuando quieres estar muy cómodo/a (*comfortable*)? ¿Qué te pones para ir a la universidad?
5. ¿A qué hora vuelves a casa, generalmente? ¿Qué haces cuando regresas? ¿Te quitas los zapatos? ¿Te pones ropa más cómoda? ¿Estudias? ¿Miras la televisión? ¿Preparas la cena (*dinner*)?
6. ¿Duermes la siesta por la tarde? ¿A qué hora te acuestas? ¿Cuál es la última (*last*) cosa que haces antes de acostarte? ¿Cuál es la última cosa o persona en que piensas antes de dormirte?

Paso 2. Ahora, describa la rutina de su compañero/a a la clase, usando las respuestas del **Paso 1.** ¿Cuántos estudiantes de la clase tienen rutinas parecidas (*similar*)?

Conozca...

Costa Rica y Panamá

Datos esenciales

Costa Rica

- Nombre oficial: República de Costa Rica
- Capital: San José
- Población: 3.896.092 habitantes
- Moneda: el colón
- Idioma oficial: el español

Panamá

- Nombre oficial: República de Panamá
- Capital: Ciudad de Panamá
- Población: 2.960.784 habitantes
- Moneda: el balboa (también se usa el dólar estadounidense)
- Idioma oficial: el español

¡Fíjese!

- El ecoturismo es importante para la economía de Costa Rica y para la preservación de la biodiversidad y la belleza[a] natural que existe en el país. El ecoturismo controla el número de turistas en regiones protegidas[b] y, a la vez,[c] obtiene fondos[d] para continuar con la protección de las regiones naturales.
- **Panamá** es una palabra indígena que significa «tierra de muchos peces[e]».
- La Carretera[f] Panamericana, el sistema de carreteras que va de Alaska a la Argentina, se interrumpe[g] en la densa e[h] impenetrable selva[i] panameña de Darién. Para llegar a Sudamérica es necesario tomar un barco[j] hasta Colombia, done continúa la carretera.

[a]beauty [b]protected [c]a... at the same time [d]funds [e]fish,
[e]Highway [g]se... breaks off, is interrupted [h]y [i]jungle [j]boat

Alexander Burbón
San José, Costa Rica ▶

MÉXICO
BELICE
MAR CARIBE
HONDURAS
GUATEMALA
NICARAGUA
EL SALVADOR
COLOMBIA
San José
COSTA RICA   PANAMÁ
OCÉANO
PACÍFICO

Maír Citín Moreno
David, Panamá ▶

Personas famosas: Óscar Arias Sánchez

Óscar Arias Sánchez (1941–), presidente de Costa Rica de 1986 a 1990, recibió[a] el Premio Nóbel de la Paz[b] por sus esfuerzos[c] por aliviar las tensiones entre el gobierno sandinista de Nicaragua y los Estados Unidos. El acuerdo de paz[d] de Arias se firmó[e] en 1986. Desde 1990, se encarga de[f] la Fundación Arias para la paz y el progreso humano.

[a]received [b]Premio... Nobel Peace Prize [c]efforts
[d]acuerdo... peace agreement [e]se... was signed [f]se... he has been running

▲ Óscar Arias Sánchez

Capítulo 4 of the video to accompany *Puntos de partida* contains cultural footage of Costa Rica. Footage for Panama is found with **Capítulo 6.**

Learn more about Costa Rica and Panama with the Video, the Interactive CD-ROM, and the Online Learning Center (www.mhhe.com/peb2).

Gramática

To review the grammar points presented in this chapter, refer to the indicated grammar presentations. You'll find further practice of these structures in the Workbook/Laboratory Manual, on the Interactive CD-ROM, and on the *Puntos en breve* Online Learning Center (www.mhhe.com/peb2).

11. Expressing Actions—**Hacer, oír, poner, salir, traer,** and **ver**

Do you know the forms of **hacer, oír, poner, salir, traer,** and **ver** and how to use them?

12. Expressing Actions—Present Tense of Stem-Changing Verbs

Do you know the forms of verbs like **pensar (ie), volver (ue),** and **pedir (i)?**

13. Expressing *-self/-selves*—Reflexive Pronouns

You should be able to talk about your daily routine using reflexive verbs like **levantarse, bañarse,** and **afeitarse.**

Vocabulario

Practice this vocabulary with digital flash cards on the Online Learning Center (www.mhhe.com/peb2).

Los verbos

almorzar (ue)	to have lunch
cerrar (ie)	to close
contestar	to answer
descansar	to rest
dormir (ue)	to sleep
dormir la siesta	to take a nap
empezar (ie)	to begin
empezar a + *inf.*	to begin to (*do something*)
entender (ie)	to understand
hacer (*irreg.*)	to do; to make
hacer ejercicio	to exercise
hacer un viaje	to take a trip
hacer una pregunta	to ask a question
jugar (ue) (al)	to play (*a game, sport*)
oír (*irreg.*)	to hear
pedir (i)	to ask for; to order
pensar (ie) (en)	to think (*about*); to intend
perder (ie)	to lose; to miss (*a function*)
poner (*irreg.*)	to put; to place
salir (*irreg.*) **(de)/(con)**	to leave (*a place*); to go out (with)
servir (i)	to serve
traer (*irreg.*)	to bring
ver (*irreg.*)	to see
volver (ue)	to return (*to a place*)
volver a + *inf.*	to (*do something*) again

Los verbos reflexivos

acostarse (ue)	to go to bed
afeitarse	to shave
bañarse	to take a bath
cepillarse los dientes	to brush one's teeth
despertarse (ie)	to wake up
divertirse (ie)	to have a good time, enjoy oneself
dormirse (ue)	to fall asleep
ducharse	to take a shower
levantarse	to get up; to stand up
llamarse	to be called
peinarse	to comb one's hair
ponerse (*irreg.*)	to put on (*clothing*)
quitarse	to take off (*clothing*)
sentarse (ie)	to sit down
vestirse (i)	to get dressed

Los cuartos y otras partes de una casa

la alcoba	bedroom
el baño	bathroom
la cocina	kitchen
el comedor	dining room
el garaje	garage
el jardín	yard
la pared	wall
el patio	patio; yard
la piscina	swimming pool
la sala	living room

Los muebles y otras cosas de una casa

la alfombra	rug
el armario	closet
la bañera	bathtub
la cama (de agua)	(water) bed
la cómoda	bureau; dresser
el estante	bookshelf
la lámpara	lamp
el lavabo	(bathroom) sink
la mesita	end table
los platos	dishes; plates
el sillón	armchair
el sofá	sofa
el televisor	television set

Repaso: el escritorio, la mesa, la silla

Otros sustantivos

el ajedrez	chess
el cine	movies; movie theater
el desayuno	breakfast
el/la muchacho/a	boy/girl
la película	movie
el ruido	noise
la rutina diaria	daily routine
la tarea	homework

Los adjetivos

cada (inv.)*	each, every
cómodo/a	comfortable
siguiente	following

Preposiciones

antes de	before
después de	after
durante	during
hasta	until
por	during; for
sin	without

¿Cuándo?

ayer fue (miércoles)	yesterday was (Wednesday)
pasado mañana	the day after tomorrow
el próximo (martes)	next (Tuesday)
la semana que viene	next week

Los días de la semana
lunes
martes
miércoles
jueves
viernes
sábado
domingo

Repaso: el fin de semana, hoy, mañana

Palabras adicionales

por fin	finally
por lo general	generally
primero	first

---

*The abbreviation inv. means invariable (in form). The adjective **cada** is used with masculine and feminine nouns (**cada libro, cada mesa**), and it is never used in the plural.

Las estaciones y el tiempo°

Unos caramaranes en el lago Atitlán, en Guatemala ▶

°**Las...** *The seasons and the weather*

¿Qué... *What's the weather like today?*

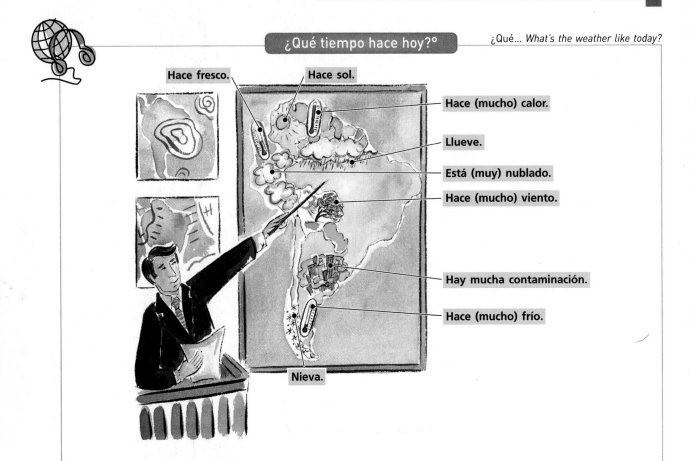

¿Qué tiempo hace hoy?°

Hace fresco.
Hace sol.
Hace (mucho) calor.
Llueve.
Está (muy) nublado.
Hace (mucho) viento.
Hay mucha contaminación.
Hace (mucho) frío.
Nieva.

In Spanish, many weather conditions are expressed with **hace.** The adjective **mucho** is used with the nouns **frío, calor, viento,** and **sol** to express *very.*

Hace (muy) buen/mal tiempo.   It's (very) good/bad weather. The weather is (very) good/bad.

Pronunciation hint: Remember that, in most parts of the Spanish-speaking world, **ll** is pronounced exactly like **y: llueve.**

■ ■ ■ Conversación

A. El tiempo y la ropa. Diga qué tiempo hace, según la ropa de cada persona.

> **MODELO:** Miami: Todos llevan traje de baño y sandalias. →
> Hace calor. (Hace buen tiempo.)

1. San Diego: María lleva pantalones cortos y una camiseta.
2. Madison: Juan lleva suéter, pero no lleva chaqueta.
3. Toronto: Roberto lleva suéter y chaqueta.
4. San Miguel de Allende: Ramón lleva impermeable y botas y también tiene paraguas (*umbrella*).
5. Buenos Aires: Todos llevan abrigo, botas y sombrero.

B. Consejos (Advice) para Joaquín. Joaquín es de Valencia, España. El clima (*climate*) allí es mediterráneo: hace mucho sol y las temperaturas son moderadas. No hay mucha contaminación.

Paso 1. Joaquín tiene una lista de lugares que desea visitar en los Estados Unidos. Ayúdelo (*Help him*) con información sobre el clima. Como Joaquín no sabe (*As Joaquín doesn't know*) en qué estación va a viajar (*travel*), es bueno ofrecerle información sobre el clima de todo el año.

1. Seattle, Washington
2. Los Ángeles, California
3. Phoenix, Arizona
4. Buffalo, Nueva York
5. las islas (*islands*) hawaiianas

Paso 2. Es obvio que la lista de Joaquín no está completa. ¿Qué otros tres lugares cree Ud. que debe visitar? ¿Qué clima hace allí?

C. El tiempo y las actividades. Haga oraciones completas, indicando una actividad apropiada para cada situación.

cuando llueve cuando hace buen tiempo cuando hace calor cuando hace frío cuando nieva cuando hay mucha contaminación	**+** me quedo (*I stay*) en cama / casa juego al basquetbol/vólibol con mis amigos almuerzo afuera (*outside*) / en el parque me divierto en el parque / en la playa (*beach*) con mis amigos no salgo de casa vuelvo a casa y trabajo o estudio

D. ¿Tienen frío o calor? ¿Están bien? Describe the following weather conditions, and tell how the people pictured are feeling.

1. 2. 3. 4. 5. 6. 7.

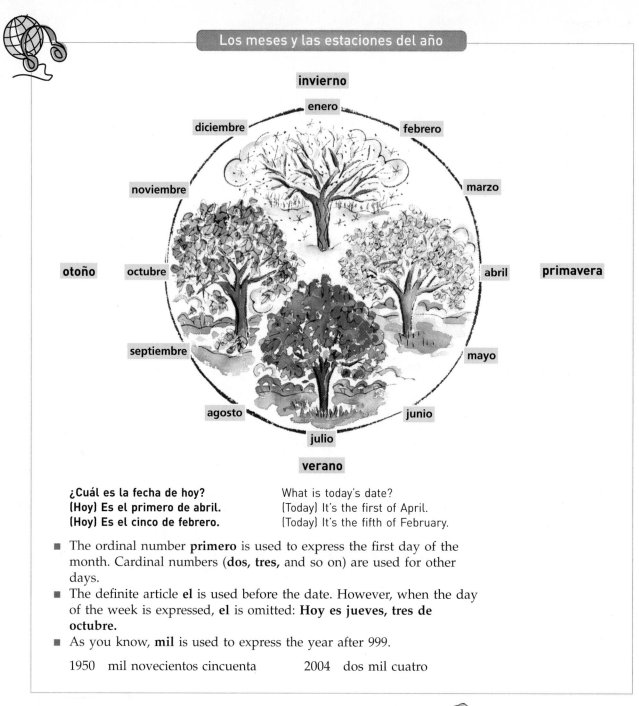

invierno

enero

diciembre   febrero

noviembre   marzo

otoño   octubre   abril   primavera

septiembre   mayo

agosto   junio

julio

verano

¿Cuál es la fecha de hoy?	What is today's date?
(Hoy) Es el primero de abril.	(Today) It's the first of April.
(Hoy) Es el cinco de febrero.	(Today) It's the fifth of February.

■ The ordinal number **primero** is used to express the first day of the month. Cardinal numbers (**dos, tres,** and so on) are used for other days.

■ The definite article **el** is used before the date. However, when the day of the week is expressed, **el** is omitted: **Hoy es jueves, tres de octubre.**

■ As you know, **mil** is used to express the year after 999.

1950   mil novecientos cincuenta   2004   dos mil cuatro

■ ■ ■ Conversación

A. El mes de noviembre. Mire este calendario para el mes de noviembre. ¿Qué día de la semana es el 12 (1, 20, 16, 11, 4, 29) de noviembre?

MODELO: ¿Qué día de la semana es el 5 de noviembre? → El 5 es lunes.

B. Fechas

Paso 1. Exprese estas fechas en español. ¿En qué estación caen (*do they fall*)?

1. March 7
2. August 24
3. December 1
4. June 5
5. September 19, 1997
6. May 30, 1842
7. January 31, 1660
8. July 4, 1776

> Note that the word **se** before a verb changes the verb's meaning slightly. **¿Cuándo se celebran?** = *When are they celebrated?* You will see this construction throughout *Puntos en breve*. Learn to recognize it, for it is frequently used in Spanish.

Paso 2. ¿Cuándo se celebran?

1. el Día de la Raza (*Columbus Day*)
2. el Día del Año Nuevo
3. el Día de los Enamorados (de San Valentín)
4. el Día de la Independencia de los Estados Unidos
5. el Día de los Inocentes (*Fools*), en los Estados Unidos
6. la Navidad (*Christmas*)
7. su cumpleaños (*birthday*)

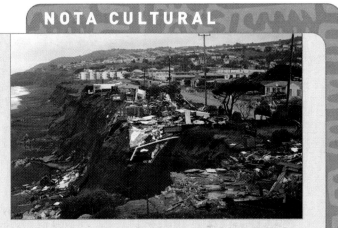
C. Entrevista: ¡Feliz (*Happy*) cumpleaños!

Paso 1. Entreviste a un compañero / una compañera de clase acerca de (*about*) su cumpleaños. Use las siguientes preguntas.

1. ¿Cuál es la fecha de tu cumpleaños?
2. ¿En qué estación es?
3. Generalmente, ¿qué tiempo hace en tu ciudad el día de tu cumpleaños?
4. ¿Cómo celebras tu cumpleaños? (por lo menos tres actividades)
5. ¿Con quién(es) prefieres celebrar tu cumpleaños?

Los signos del horóscopo

Aries	Libra
Tauro	Escorpión
Géminis	Sagitario
Cáncer	Capricornio
Leo	Acuario
Virgo	Piscis

Paso 2. Su profesor(a) o un(a) estudiante va a escribir en la pizarra los nombres de los meses del año. Luego cada estudiante va a escribir la fecha de su cumpleaños en la columna apropiada. ¿En qué mes hay más cumpleaños de los estudiantes de esta clase? ¿Qué signo del horóscopo tienen?

Nueva York está **al norte** de Miami. México está **al sur** de los Estados Unidos.

La silla está **a la derecha de** la puerta.

Teresa está **entre** Carmen y Pablito.

El libro está **encima de** la mesa.

La mochila está **debajo de** la mesa.

cerca de	close to	**delante de**	in front of
lejos de	far from	**detrás de**	behind
encima de	on top of	**a la izquierda de**	to the left of
debajo de	below	**a la derecha de**	to the right of
al lado de	alongside of	**al este / oeste /**	to the east / west /
entre	between, among	**norte / sur de**	north / south of

NOTA COMUNICATIVA

Los pronombres preposicionales

In Spanish, the pronouns that serve as objects of prepositions are identical in form to the subject pronouns, except for **mí** and **ti**.

Julio está delante de **mí.**	*Julio is in front of me.*
María está detrás de **ti.**	*María is behind you.*
Me siento a la izquierda de **ella.**	*I sit on her left.*

Mí and **ti** combine with the preposition **con** to form **conmigo** (*with me*) and **contigo** (*with you*), respectively.

¿Vienes **conmigo**?	*Are you coming with me?*
Sí, voy **contigo.**	*Yes, I'll go with you.*

Note that **mí** has a written accent, but **ti** does not. This is to distinguish the object of a preposition (**mí**) from the possessive adjective (**mi**).

■ ■ ■ Conversación

A. Entrevista: ¿De dónde eres? Find out as much information as you can about the location of each others' hometown or state, or about the country you are from. You should also tell what the weather is like, and ask if the other person would like to go with you there.

> MODELO: E1: ¿De dónde eres?
> E2: Soy de Reserve.
> E1: ¿Dónde está Reserve?
> E2: Está cerca de…

B. ¿De qué país se habla?

Paso 1. Escuche la descripción que da (*gives*) su profesor(a) de un país de Sudamérica. ¿Puede Ud. identificar el país?

Capitales	
Asunción	La Paz
Brasilia	Lima
Bogotá	Montevideo
Buenos	Quito
Aires	Santiago
Caracas	

Paso 2. Ahora describa un país de Sudamérica. Sus compañeros de clase van a identificarlo. Siga el modelo, usando (*using*) todas las frases que sean (*are*) apropiadas.

> MODELO: Este país está al norte/sur/este/oeste de _____.
> También está cerca de _____.
> Pero está lejos de _____. Está entre _____ y _____. ¿Cómo se llama?

Paso 3. A la derecha hay una lista de los nombres de las capitales de varios países de Sudamérica. Sin mirar el mapa, empareje (*match*) los nombres con el país correspondiente.

> MODELO: _____ es la capital de _____.

Need more practice?

- Workbook/Laboratory Manual
- Interactive CD-ROM
- Online Learning Center (www.mhhe.com/peb2)

PRONUNCIACIÓN *r* and *rr*

Spanish has two **r** sounds, one of which is called a *flap,* the other a *trill.* The rapid pronunciation of *tt* and *dd* in the English words *Betty* and *ladder* produces a sound similar to the Spanish flap **r:** The tongue touches the alveolar ridge (behind the upper teeth) once. Although English has no trill, when English speakers imitate a motor they often produce the Spanish trill, which is a rapid series of flaps.

The trilled **r** is written **rr** between vowels (**carro, correcto**) and **r** at the beginning of a word (**rico, rosa**). Most other **r**'s are pronounced as a flap. Be careful to distinguish between the flap **r** and the trilled **r.** A mispronunciation will often change the meaning of a word—for example, **pero** (*but*) versus **perro** (*dog*).

A. Comparaciones

inglés:	*potter*	*ladder*	*cotter*	*meter*	*total*	*motor*
español:	para	Lara	cara	mire	toro	moro

B. Práctica

1. rico
2. ropa
3. roca
4. Roberto
5. Ramírez
6. rebelde
7. reportero
8. real

C. ¡Necesito compañero/a! With a classmate, pronounce one word from the following pairs of words, alternatively choosing one containing **r** or **rr.** Your partner will pronounce the one that you did not.

1. coro/corro
2. coral/corral
3. pero/perro
4. vara/barra
5. ahora/ahorra
6. caro/carro
7. cero/cerro
8. para/parra

D. Pronuncie

1. el nombre correcto
2. un corral grande
3. una norteamericana
4. Puerto Rico
5. rosas amarillas
6. un libro negro y rojo
7. una mujer refinada
8. Enrique, Carlos y Rosita
9. El perro está en el corral.
10. Estos errores son raros.
11. Busco un carro caro.
12. Soy el primo de Roberto Ramírez.

E. Trabalenguas (*Tongue twister*)

Paso 1. Listen as your instructor says the following tongue twister.

> Erre con erre, guitarra,
> Erre con erre, barril;[a]
> ¡qué rápido corren[b] los carros
> del ferrocarril[c]!

[a]*barrel* [b]*run* [c]*train*

Paso 2. Now repeat the tongue twister, paying special attention to the pronunciation of the trilled **r** sound.

14 **¿Qué están haciendo?** • **Present Progressive:** *estar + -ndo*

¿Qué **están haciendo** en Quito, Ecuador?

Hoy es sábado y José Miguel y su madre Elisa no están en la universidad o en el trabajo. ¿Qué *están haciendo*?

José Miguel juega al tenis y levanta pesas con frecuencia. Ahora no *está jugando* al tenis. Tampoco *está levantando* pesas.

¿Qué *está haciendo*?
Está _____.

Elisa es periodista. Por eso escribe mucho y habla mucho por teléfono. Pero ahora, no *está escribiendo*. Tampoco *está hablando* por teléfono. ¿Qué *está haciendo*?
Está _____.

¿Y Ud.? ¿Qué está haciendo Ud. en este momento?

1. ¿Está estudiando en casa? ¿en clase? ¿en la cafetería?
2. ¿Está leyendo? ¿Está mirando la tele al mismo tiempo?
3. ¿Está escuchando al professor / a la profesora?

Past ----------------- **PRESENT** ---------------- Future

present
present progressive

Uses of the Progressive

In Spanish, you can use special verb forms to describe an action in progress—that is, something actually happening at the time it is being described. These Spanish forms, called **el progresivo,** correspond in form to the English *progressive: I am walking, we are driving, she is studying.* But their use is not identical. Compare the Spanish and English verb forms in the sentences on the next page.

What are they doing in Quito, Equador? *Today is Saturday, and José Miguel and his mother Elisa aren't at the university or at work. What are they doing? José Miguel often plays tennis and lifts weights. Now he isn't playing tennis. He isn't lifting weights either. What's he doing? He's _____. Elisa is a journalist. Therefore she writes a great deal and she talks on the phone a lot. But now she isn't writing. She isn't talking on the phone either. What's she doing? She's _____.*

In Spanish, the present progressive is used primarily to describe an action that is actually *in progress*, as in the first example. The simple Spanish present is used in other cases where English would use the present progressive: to tell what is going to happen (the second sentence), and to tell what someone is doing over a period of time but not necessarily at this very moment (the third sentence).

1. Ramón **está comiendo** ahora mismo.
   Ramón is eating right now.

2. **Compramos** la casa mañana.
   We're buying the house tomorrow.

3. Adelaida **estudia** química este semestre.
   Adelaida is studying chemistry this semester.

Formation of the Present Progressive

A. The Spanish present progressive is formed with **estar** plus the *present participle* (**el gerundio**).

The present participle is formed by adding **-ando** to the stem of **-ar** verbs and **-iendo** to the stem of **-er** and **-ir** verbs.*

The present participle never varies; it always ends in **-o**.

conjugate estar

* ex: estamos tomando

estar + present participle

tomar → **tomando**	*taking; drinking*
comprender → **comprendiendo**	*understanding*
abrir → **abriendo**	*opening*

Unaccented **i** represents the sound [y] in the participle ending **-iendo: comiendo, viviendo.** Unaccented **i** between two vowels becomes the letter **y:**
  leer: le + iendo = **leyendo**
  oír: o + iendo = **oyendo**

B. The stem vowel in the present participle of **-ir** stem-changing verbs also shows a change. From this point on in *Puntos en breve*, both stem changes for **-ir** verbs will be given with infinitives in vocabulary lists.

preferir (ie, i) → **prefiriendo**	*preferring*
pedir (i, i) → **pidiendo**	*asking*
dormir (ue, u) → **durmiendo**	*sleeping*

Using Pronouns with the Present Progressive

Reflexive pronouns may be attached to a present participle or precede the conjugated form of **estar**. Note the use of a written accent mark when pronouns are attached to the present participle.

Pablo **se** está bañando.
Pablo está bañándo**se**. } *Pablo is taking a bath.*

AUTOPRUEBA

Form the correct present participle.

a. -ando   **b.** -iendo   **c.** -yendo

1. pid_____
2. bañ_____
3. hac_____
4. le_____
5. durm_____
6. estudi_____

Answers: 1. b 2. a 3. b 4. c 5. b 6. a

---

*__Ir, poder,__ and **venir** have irregular present participles: **yendo, pudiendo, viniendo.** These three verbs, however, are seldom used in the progressive.

■ ■ ■ Práctica

A. ¡Anticipemos! Un sábado típico. Indique lo que Ud. está haciendo a las horas indicadas en un sábado típico. En algunos (*some*) casos hay más de una respuesta (*answer*) posible.

A las ocho de la mañana…   SÍ   NO

1. estoy durmiendo. ☐ ☐
2. estoy tomando el desayuno. ☐ ☐
3. estoy mirando los dibujos animados (*cartoons*) en la tele. ☐ ☐
4. estoy duchándome. ☐ ☐
5. estoy haciendo ejercicio. ☐ ☐
6. estoy trabajando. ☐ ☐
7. estoy _____. ☐ ☐

A mediodía (*noon*)…   SÍ   NO

1. estoy durmiendo. ☐ ☐
2. estoy almorzando. ☐ ☐
3. estoy estudiando. ☐ ☐
4. estoy practicando algún deporte. ☐ ☐
5. estoy viendo una película. ☐ ☐
6. estoy trabajando. ☐ ☐
7. estoy _____. ☐ ☐

A las diez de la noche…   SÍ   NO

1. estoy durmiendo. ☐ ☐
2. estoy preparándome para salir. ☐ ☐
3. estoy mirando un programa en la tele. ☐ ☐
4. estoy bailando en una fiesta o en una discoteca. ☐ ☐
5. estoy trabajando. ☐ ☐
6. estoy hablando por teléfono con un amigo / una amiga. ☐ ☐
7. estoy _____. ☐ ☐

B. Un día especial. Ricardo Guzmán Rama, el tío de Lola Benítez, acaba de llegar (*has just arrived*) de México para visitar a su familia en Sevilla. Por eso, hoy es un día especial. Complete las siguientes oraciones para indicar lo que (*what*) está pasando en este momento en la familia de Lola.

MODELO: Casi siempre, Lola *desayuna* con su hija por la mañana. Hoy Lola… (desayunar con su tío en un café) →
está desayunando con su tío en un café.

1. Generalmente, Lola está en la universidad toda la mañana. Hoy Lola… (hablar con su tío Ricardo)
2. Casi siempre, Lola va a casa después de sus clases. Hoy Lola y su tío… (tomar un café en la universidad)
3. De lunes a viernes, la hija Marta va a la escuela (*school*) por la tarde. Ahora, a las dos de la tarde ella… (jugar con Ricardo)
4. Generalmente, la familia come a las dos. Hoy todos… (comer a las tres)

C. En casa con la familia Duarte

Paso 1. The Duarte family leads a busy life. Each set of drawings shows what the parents, the teen-age daughter, and the twins are doing at a particular time of their day. Read the following sentences and tell to which set each statement refers.

> MODELO: Se está duchando. → por la mañana

1. Está levantándose.
2. Está haciendo la tarea.
3. Se está vistiendo.
4. Está preparando la cena (*dinner*).
5. Está leyendo el periódico.

6. Están durmiendo.
7. Está trabajando.
8. Están jugando con el perro.
9. Están comiendo.
10. Está quitándose la blusa.

Por la mañana

Más tarde

Por la tarde

Need more practice?
- Workbook/Laboratory Manual
- Interactive CD-ROM
- Online Learning Center (www.mhhe.com/peb2)

Paso 2. Now tell what is happening at each time of day.

> MODELO: Son las seis de la mañana. Los niños están...

El gerundio con otros verbos

As in English, the Spanish gerund can be used with verbs other than **estar.** The following verbs are commonly used with the gerund.

pasar tiempo + (gerund)	to spend time (doing something)
seguir (i, i)/continuar + (gerund)	to continue (doing something)

¿**Pasas** mucho tiempo **viendo** la televisión? — *Do you spend a lot of time watching television?*

Sigue lloviendo en Nueva York. — *It continues to rain in New York.*

■■■ Conversación

Entrevista

1. ¿Pasas más tiempo leyendo o mirando la televisión? ¿tocando o escuchando música? ¿trabajando o estudiando? ¿estudiando o viajando?
2. ¿Cómo te diviertes más, mirando la tele o bailando en una fiesta? ¿practicando un deporte o leyendo una buena novela? ¿haciendo un *picnic* o preparando una cena (*dinner*) elegante en casa? ¿mirando una película en casa o en el cine?

Alfredo Jaar

Upon arriving in the United States, Chilean artist Alfredo Jaar was surprised to learn that English speakers generally don't think of Canadians, Mexicans, Colombians, and so forth as "Americans." It bothered him that he was perceived as "Hispanic" or "Latin" but not as "American." "This country has co-opted the word *America*," he claimed.

So, Jaar used his artistic talents in an effort to enlighten people in the United States about the true meaning of the word *America.* He created a computerized animation that appeared on a sign board above New York City's Times Square in April 1987. The computer animation depicted a lighted map of the United States with the statement "This is not America" written across it. Slowly the word *America* grew larger and larger until it filled the entire sign. At the same time, the letter *R* trans-

▲ *El arte electrónico de Alfredo Jaar*

formed itself into a map of North and South America. This use of *America* is the meaning used in Spanish, the meaning that Jaar had known.

The message that Jaar was trying to send was that *America* does not belong only to the United States. Another thirty-three nations say that they are a part of America and that their approximately 500 million inhabitants are also Americans.

Jaar was also trying to combat the stereotype that all Hispanics are alike and that all the inhabitants of South America are Hispanics. For one thing, many inhabitants of South America are Brazilians, and thus of Portuguese rather than of Spanish heritage. In addition, there are many indigenous peoples throughout the Americas that have traditions, cultures, and languages that precede Columbus's arrival in this hemisphere.

You have been using forms of **ser** and **estar** since **Ante todo,** the preliminary chapter of *Puntos en breve.* The following section will help you consolidate everything you know so far about these two verbs, both of which express *to be* in Spanish. You will learn a bit more about them as well.

Before you begin, think in particular about the following questions: **¿Cómo está Ud? ¿Cómo es Ud.?** What do these questions tell you about the difference between **ser** and **estar?**

15 ¿Ser o estar? • Summary of the Uses of *ser* and *estar*

Una conversación por larga distancia

Aquí hay un lado de la conversación entre una esposa que *está* en un viaje de negocios y su esposo, que *está* en casa. Habla el esposo. ¿Qué contesta la esposa?

Aló. [...¹] ¿Cómo *estás*, mi amor? [...²] ¿Dónde *estás* ahora? [...³] ¿Qué hora *es* allí? [...⁴] ¡Huy!, *es* muy tarde. Y el hotel, ¿cómo *es*? [...⁵] Oye, ¿qué *estás* haciendo ahora? [...⁶] Ay, pobrita, lo siento. *Estás* muy ocupada. ¿Con quién *estás* citada mañana? [...⁷] ¿Quién *es* el dueño de la compañía? [...⁸] Ah, él *es* de Cuba, ¿verdad? [...⁹] Bueno, ¿qué tiempo hace allí? [...¹⁰] Muy bien, mi vida. Hasta luego, ¿eh? [...¹¹] Adiós.

Comprensión

Aquí está el otro lado de la conversación... pero las respuestas no están en orden. Ponga las respuestas en el orden apropiado.

a. __5__ Es muy moderno. Me gusta mucho.
b. __9__ Sí, pero vive en Nueva York ahora.
c. __4__ Son las once y media.
d. __1__ Hola, querido (*dear*). ¿Qué tal?
e. __8__ Es el Sr. Cortina.
f. __6__ Pues, todavía (*still*) tengo que trabajar.
g. __11__ Sí, hasta pronto.
h. __3__ Estoy en Nueva York.
i. __2__ Un poco cansada (*tired*), pero estoy bien.
j. __10__ Pues, hace buen tiempo, pero está un poco nublado.
k. __7__ Con un señor de Computec, una nueva compañía de computadoras.

A long-distance conversation *Here is one side of a conversation between a wife who is on a business trip and her husband, who is at home. The husband is speaking. What does the wife answer? Hello . . . How are you, dear? . . . Where are you now? . . . What time is it there? . . . Boy, it's very late. And how's the hotel? . . . Hey, what are you doing now? . . . You poor thing, I'm sorry. You're very busy. Who are you meeting with tomorrow? . . . Who's the owner of the company? . . . Ah, he's from Cuba, isn't he? . . . Well, what's the weather like? . . . Very well, sweetheart. See you later, OK? . . . Good-bye.*

Summary of the Uses of *ser*

- To *identify* people and things

  Ella **es doctora.**
  Tikal **es una ciudad maya.**

- To express *nationality;* with **de** to express *origin*

  Son cubanos.
  Son de La Habana.

- With **de** to tell of what *material* something is made.

  Este bolígrafo **es de plástico.**

- With **de** to express *possession*

  Es de Carlota.

- With **para** to tell *for whom something is intended*

  El regalo **es para Sara.**

- To tell *time*

  Son las once.
  Es la una y media.

- With *adjectives* that describe basic, inherent characteristics

  Ramona **es inteligente.**

- To form many *generalizations*

  Es necesario llegar temprano.
  Es importante estudiar.

Summary of the Uses of *estar*

- To tell *location*

  El libro **está en la mesa.**

- To describe *health*

  Estoy muy **bien,** gracias.

- With *adjectives* that describe *conditions*

  Estoy muy **ocupada.**

- In a number of *fixed expressions*

  (No) Estoy de acuerdo.
  Está bien.

- With *present participles* to form the *progressive tense*

  Estoy estudiando ahora mismo.

Ser and estar with Adjectives

A. Ser is used with adjectives that describe the fundamental qualities of a person, place, or thing.

Esa mujer es muy **baja.**
That woman is very short.

Sus calcetines son **morados.**
His socks are purple.

Este sillón es **cómodo.**
This armchair is comfortable.

Sus padres son **cariñosos.**
Their parents are affectionate people.

B. Estar is used with adjectives to express conditions or observations that are true at a given moment but that do not describe inherent qualities of the noun. The following adjectives are generally used with **estar**.

abierto/a	open	**limpio/a**	clean
aburrido/a	bored	**loco/a**	crazy
alegre	happy	**nervioso/a**	nervous
cansado/a	tired	**ocupado/a**	busy
cerrado/a	closed	**ordenado/a**	neat
congelado/a	frozen; very cold	**preocupado/a**	worried
contento/a	content, happy	**seguro/a**	sure, certain
desordenado/a	messy	**sucio/a**	dirty
enfermo/a	sick	**triste**	sad
furioso/a	furious, angry		

C. Many adjectives can be used with either **ser** or **estar,** depending on what the speaker intends to communicate. In general, when *to be* implies *looks, feels,* or *appears,* **estar** is used. Compare the following pairs of sentences.

Daniel **es** guapo.
Daniel is handsome. (He is a handsome person.)

Daniel **está** muy guapo esta noche.
Daniel looks very nice (handsome) tonight.

—¿Cómo **es** Amalia?
What is Amalia like (as a person)?
—**Es** simpática.
She's nice.

—¿Cómo **está** Amalia?
How is Amalia (feeling)?
—**Está** enferma todavía.
She's still sick.

■■■ Práctica

A. Un regalo especial. Hay algo nuevo en el comedor. Es una computadora. ¿Qué puede Ud. decir de ella (*say about it*)? Haga oraciones completas con **es** o **está.**

La computadora es / está...

1. en la mesa del comedor.
2. un regalo de cumpleaños.
3. para mi compañero de cuarto.
4. de la tienda Computec.
5. en una caja (*box*) verde.
6. de los padres de mi compañero.
7. un regalo caro pero estupendo.
8. de metal y plástico gris.
9. una IBM, el último (*latest*) modelo.
10. muy fácil (*easy*) de usar.

Por often expresses *because of* or *about*, especially with adjectives such as **preocupado, nervioso, contento,** and **furioso.**

Amalia está preocupada **por** los exámenes finales.
Amalia is worried about her final exams.

B. ¿Quiénes son? Ahora describa a los jóvenes que aparecen en esta foto, utilizando los verbos **son** y **están.**

Los jóvenes son/están...

1. mis primos argentinos.
2. de Buenos Aires.
3. aquí este mes para visitar a la familia.
4. al lado de los abuelos en la foto.
5. muy simpáticos.
6. muy contentos con el viaje en general.
7. un poco cansados por el viaje.

C. Actividades sociales. Complete the following description with the correct form of **ser** or **estar,** as suggested by the context.

Las fiestas
Las fiestas (ser/estar¹) populares entre los jóvenes de todas partes del mundo. Ofrecen una buena oportunidad para (ser/estar²) con los amigos y conocerª a nuevas personas. Imagine que Ud. (ser/estar³) en una fiesta con unos amigos hispanos en este momento: todos (ser/estar⁴) alegres, comiendo, hablando y bailando... ¡Y (ser/estar⁵) las dos de la mañana!

Los amigos
Ahora en el mundo hispánico no (ser/estar⁶) necesario tener chaperona. Muchas de las actividades sociales se danᵇ en grupos. Si Ud. (ser/estar⁷) parte de un grupo de amigos, sus amigos (ser/estar⁸) el centro de su vida social y Ud. y su novioᶜ o novia salen frecuentemente con otras parejasᵈ o personas del grupo.

ª*meet* ᵇ*se... occur* ᶜ*boyfriend* ᵈ*couples*

Comprensión: ¿Sí o no? ¿Son estas las opiniones de un joven hispano?

1. Me gustan mucho las fiestas.
2. Nunca bailamos en las fiestas.
3. Es necesario salir con chaperona.
4. Mis amigos tienen poca importancia para mí.

D. Una tarde terrible

Paso 1. Describa lo que (*what*) pasa hoy por la tarde en esta casa, cambiando por antónimos las palabras indicadas.

1. No hace *buen* tiempo; hace _____.
2. El bebé no está *bien*; está _____.
3. El gato no está *limpio*; está _____.
4. El esposo no está *tranquilo*; está _____ por el bebé.
5. El garaje no está *cerrado*; está _____.
6. Los niños no están *ocupados*; están _____.
7. La esposa no está *contenta*; está _____ por el tiempo.
8. El baño no está *ordenado*; está _____.

Paso 2. Ahora imagine que son las 6:30 de la tarde. Exprese lo que están haciendo los miembros de la familia en este momento. Use su imaginación y diga también lo que generalmente hacen estas personas a esa hora.

> MODELO: Hoy, a las seis y media, la madre está conduciendo su coche a casa. Generalmente prepara la comida a esa hora.

Need more practice?

- Workbook/Laboratory Manual
- Interactive CD-ROM
- Online Learning Center (www.mhhe.com/peb2)

Palabras útiles	
cenar	to have dinner
conducir (conduzco)	to drive
ladrar	to bark
llorar	to cry

■ ■ ■ Conversación

A. Ana y Estela. Describa este dibujo de un cuarto típico de la residencia. Conteste las preguntas e invente los detalles necesarios.

> **Palabras útiles**
>
> **el cajón** (drawer)
> **el cartel** (poster)
> **la foto**

1. ¿Quiénes son las dos compañeras de cuarto?
2. ¿De dónde son? ¿Cómo son?
3. ¿Dónde están en este momento?
4. ¿Qué hay en el cuarto?
5. ¿En qué condición está el cuarto?
6. ¿Son ordenadas o desordenadas las dos?

Ana   Estela

B. Sentimientos. Complete the following sentences by telling how you feel in the situations described. Then ask questions of other students in the class to find at least one person who completed a given sentence the way you did.

> MODELO: Cuando saco (*I get*) una «A» en un examen, estoy <u>*alegre.*</u> →
> ¿Cómo te sientes (*do you feel*) cuando sacas una «A» en un examen?

1. Cuando el profesor / la profesora da una tarea difícil, estoy _____.
2. Cuando tengo mucho trabajo, estoy _____.
3. En otoño generalmente estoy _____ porque _____.
4. En verano estoy _____ porque _____.
5. Cuando llueve (nieva), estoy _____ porque _____.
6. Los lunes por la mañana estoy _____.
7. Los viernes por la noche estoy _____.
8. Cuando me acuesto muy tarde, estoy _____ al día siguiente (*the next day*).

Describing • Comparisons

Dos ciudades

▲ *México, D.F. (Distrito Federal)*

◀ *El barrio de Santa Cruz, Sevilla, España*

Ricardo, el tío de Lola Benítez, hace comparaciones entre la Ciudad de México, o el D.F. (Distrito Federal), y Sevilla.

«De verdad, me gustan las dos ciudades.

- La Ciudad de México es *más* grande *que* Sevilla.
- Tiene *más* edificios altos *que* Sevilla.
- En el D.F. no hace *tanto* calor *como* en Sevilla.

Pero...

- Sevilla es *tan* bonita *como* la Ciudad de México.
- No tiene *tantos* habitantes *como* el D.F.
- Sin embargo, los sevillanos son *tan* simpáticos *como* los mexicanos.

En total, ¡me gusta Sevilla *tanto como* la Ciudad de México!»

Ahora, hable Ud. de su ciudad o pueblo.

Mi ciudad/pueblo...

- (no) es tan grande como Chicago
- es más/menos cosmopolita que Quebec

Me gusta _____ (nombre de mi ciudad/pueblo)...

- más que _____ (nombre de otra ciudad)
- menos que _____ (nombre de otra ciudad)
- tanto como _____ (nombre de otra ciudad)

Equal Comparisons		Unequal Comparisons
tan _____ como	**With Adjectives or Adverbs**	más/menos _____ que
tanto/a/os/as _____ como	**With Nouns**	
_____ tanto como	**With Verbs**	_____ más/menos que

Two cities *Ricardo, Lola Benítez's uncle, makes comparisons between Mexico City, or* **el D.F.** *(Federal District), and Seville. "Really, I like both cities.* ■ *Mexico City is bigger than Seville.* ■ *It has more tall buildings than Seville.* ■ *It is not as hot in Mexico City as it is in Seville. But . . .* ■ *Seville is as beautiful as Mexico City.* ■ *It doesn't have as many inhabitants as Mexico City.* ■ *Nevertheless, the people from Seville are as nice as those from Mexico City. All told, I like Seville as much as Mexico City!"*

In English the *comparative* (**el comparativo**) is formed in a variety of ways. Equal comparisons are expressed with the word *as*. Unequal comparisons are expressed with the adverbs *more* or *less*, or by adding *-er* to the end of the adjective.

as cold **as**
as many **as**

more intelligent, **less** important
tall**er**, smart**er**

tan... como   as... as

Comparison of Adjectives

EQUAL COMPARISONS

tan + *adjective* + **como**
(*as*)   (*as*)

Enrique es **tan** trabajador **como** Amalia.
Enrique is as hardworking as Amalia.

UNEQUAL COMPARISONS (REGULAR)

más + *adjective* + **que**
(*more*)   (*than*)
menos + *adjective* + **que**
(*less*)   (*than*)

mas – more
menos – less
que – than

Alicia es **más** perezosa **que** Marta.
Alicia is lazier than Marta.

Julio es **menos** listo **que** Jaime.
Julio is not as bright as Jaime.

UNEQUAL COMPARATIVES WITH
IRREGULAR FORMS

bueno/a → mejor	*best*
malo/a → peor	*worst*
mayor (*older*)	*older*
menor (*younger*)	*younger*

Estos coches son **buenos,** pero esos son **mejores.**
These cars are good, but those are better.

Mi lámpara es **peor que** esta.
My lamp is worse than this one.

Mi hermana es **mayor que** yo.
My sister is older than I (am).

Mis primos son **menores que** yo.
My cousins are younger than I (am).

Comparison of Nouns

EQUAL COMPARISONS

Tanto must agree in gender and number with the noun it modifies.

tanto/a/os/as + *noun* + **como**
(*as much/many*)   (*as*)

as much/many as

Alicia tiene **tantas** bolsas **como** Pati.
Alicia has as many purses as Pati (does).

Pablo tiene **tanto** dinero **como** Sergio.
Pablo has as much money as Sergio (does).

UNEQUAL COMPARISONS

más/menos + *noun* + **que**
(*more/less*)   (*than*)

Alicia tiene **más/menos** bolsas **que** Susana.
Alicia has more/fewer purses than Susana (does).

The preposition **de** is used when the comparison is followed by a number.

más/menos de + *noun*
(*more/less than*)

Alicia tiene **más de** cinco bolsas.
Alicia has more than five purses.

[Práctica A–C]

Comparison of Verbs

EQUAL COMPARISONS

Note that **tanto** is invariable in this usage.

tanto como
(*as much as*)

as much as

Yo estudio **tanto como** mi hermano mayor.
I study as much as my older brother (does).

UNEQUAL COMPARISONS

más/menos que
(*more/less than*)

more/less than

Yo duermo **más que** mi hermano menor.
I sleep more than my younger brother (does).

Comparison of Adverbs

EQUAL COMPARISONS

tan + *adverb* + **como**

Yo juego al tenis **tan** bien **como** mi hermano.
I play tennis as well as my brother (does).

UNEQUAL COMPARISONS

más/menos + *adverb* + **que**

Yo como **más** rápido **que** mi padre.
I eat faster than my father (does).

mejor/peor que

Yo juego al tenis **peor que** mi hermana.
I play tennis worse than my sister (does).

[Práctica D]

■■■ Práctica

A. **¿Es Ud. sincero/a?** Conteste las preguntas lógicamente.

¿Es Ud.... ?

1. tan guapo/a como Antonio Banderas / Jennifer López
2. tan rico como Bill Gates
3. tan fiel como su mejor amigo/a
4. tan inteligente como Einstein
5. tan honesto/a como su padre/madre (novio/a...)

¿Tiene Ud.... ?

1. tantos tíos como tías
2. tantos amigos como amigas
3. tanto talento como Carlos Santana
4. tanta sabiduría (*knowledge*) como su profesor(a)

B. **Alfredo y Gloria.** Compare la casa y las posesiones de Alfredo y Gloria.

MODELOS: La casa de Alfredo tiene más cuartos que la casa de Gloria.
Gloria tiene tantas bicicletas como Alfredo.

	ALFREDO	GLORIA
cuartos en total	8	6
baños	2	1
alcobas	3	3
camas	3	5
coches	3	1
bicicletas	2	2
dinero en el banco	$500.000	$5.000

C. **Opiniones.** Cambie las siguientes oraciones para expresar su opinión personal. Si está de acuerdo con la oración, diga (*say*) **Estoy de acuerdo.**

MODELO: El invierno es *tan divertido* como el verano. →
El invierno es *más / menos divertido* que el verano.
Estoy de acuerdo.

1. Mi casa (apartamento / residencia) es *tan grande* como la casa del presidente de la universidad.
2. El fútbol (*soccer*) es *tan popular* como el fútbol americano.
3. Las artes son *tan importantes* como las ciencias.
4. Los estudios son *menos importantes* que los deportes.
5. La comida (*food*) de la cafetería es *tan buena* como la de mi mamá / papá (esposo/a, compañero/a...).

D. Cambie, indicando su opinión personal: **tanto como → más/menos que,** o vice versa. O, si es apropiado, diga **Estoy de acuerdo.**

1. Los profesores trabajan más que los estudiantes.
2. Me divierto tanto con mis amigos como con mis parientes.
3. Los niños duermen tanto como los adultos.
4. Aquí llueve más en primavera que en invierno.
5. Necesito más el dinero que la amistad.

Need more practice?

■ Workbook/Laboratory Manual
■ Interactive CD-ROM
■ Online Learning Center (www.mhhe.com/peb2)

■■■ Conversación

A. La familia de Lucía y Miguel

Paso 1. Mire el dibujo e identifique a los miembros de esta familia. Luego compárelos (*compare them*) con otro pariente. ¡**OJO!** Lucía y Miguel tienen tres hijos: Amalia, Ramón y Sancho. Laura y Javier son los padres de Miguel.

> MODELO: Amalia es la hermana de Sancho. Ella es menor que Sancho, pero es más alta que él.

Amalia (19) Ramón (24)
Sancho (20)
Lucía (43) Miguel (45)
Ramoncito (1) Sarita (25)
Laura (75) Javier (80)

Paso 2. Su familia. Now compare the members of your own family, making ten comparative statements.

> MODELO: Mi hermana Mary es mayor que yo, pero yo soy más alto/a que ella.

Paso 3. Now read your sentences from **Paso 2** to a classmate. Then ask him or her questions about your comparisons and see if he or she remembers the details of your family.

> MODELO: ¿Qué miembro de mi familia es mayor que yo?

B. La rutina diaria... en invierno y en verano

Paso 1. ¿Es diferente nuestra rutina diaria en las diferentes estaciones? Complete las siguientes oraciones sobre su rutina.

EN INVIERNO...

1. me levanto a _____ (hora)
2. almuerzo en _____
3. me divierto con mis amigos / mi familia en _____
4. estudio _____ horas todos los días
5. estoy / me quedo en _____ (lugar) por la noche
6. me acuesto a _____

EN VERANO...

me levanto a _____
almuerzo en _____
me divierto con mis amigos / mi familia en _____
(no) estudio _____ horas todos los días
estoy / me quedo en _____ por la noche
me acuesto a _____

Palabras útiles
el gimnasio el parque
afuera (outside)

Paso 2. Ahora compare sus actividades en invierno y en verano, según el modelo.

> MODELO: En invierno me levanto más temprano/tarde que en verano.
> (En invierno me levanto a la misma hora que en verano.)
> (En invierno me levanto tan temprano como en verano.)

Guatemala

Datos esenciales

- Nombre oficial: República de Guatemala
- Capital: la Ciudad de Guatemala
- Población: 13.909.384 habitantes
- Moneda: el quetzal
- Idiomas: el español (oficial), 23 lenguas indígenas (que incluyen el quiché, el cakchiquel y el kekchi)

¡Fíjese!

Más del cincuenta por ciento de los habitantes de Guatemala son descendientes de los antiguos[a] mayas. Esta civilización antigua tenía[b] un sistema de escritura jeroglífica que usaban[c] para documentar su historia, sus costumbres[d] religiosas y su mitología. El calendario maya, base del famoso calendario azteca, era[e] el calendario más exacto de su época. Los mayas también tenían un sistema político y social muy desarrollado.[f] Tikal, en Guatemala, fue[g] una de las ciudades mayas más importantes y también una de las más grandes. Las ruinas de Tikal son muestra[h] de la grandeza de la civilización maya. Hoy día,[i] son un lugar turístico muy visitado.

[a]ancient [b]had [c]they used [d]customs [e]was [f]developed
[g]was [h]an example [i]Hoy... Nowadays

MÉXICO · BELICE · MAR CARIBE · HONDURAS · GUATEMALA · Ciudad de Guatemala · NICARAGUA · EL SALVADOR · COSTA RICA · OCÉANO PACÍFICO

Débora David
Ciudad de Guatemala,
Guatemala ▶

Personas famosas: Rigoberta Menchú

Al período entre los años 1978 y 1985 en Guatemala se le llama[a] con frecuencia «La violencia». Durante este tiempo el ejército guatemalteco[b] empieza una campaña[c] violenta contra la población indígena[d] del norte del país.

Rigoberta Menchú, mujer de la región indígena y de lengua[e] quiché (un grupo étnico de la familia de los mayas) pierde a sus padres y dos hermanos, todos asesinados por el ejército. Menchú describe esta tragedia durante «La violencia» en su famosa autobiografía *Yo, Rigoberta Menchú*.

El trabajo de Menchú a favor de los derechos humanos[f] y del pluralismo étnico de Guatemala le otorgó[g] el Premio Nóbel de la Paz en 1992, exactamente quinientos años después de la llegada[h] de Cristóbal Colón a América.

[a]Al... *The period between 1978 and 1985 in Guatemala is called* [b]ejército... *Guatemalan army* [c]*campaign*
[d]población... *indigenous population* [e]*language* [f]a... *on behalf of human rights* [g]le... *won her* [h]*arrival*

▲ *Tikal, Guatemala*

Learn more about Guatemala with the Video, Interactive CD-ROM, and the Online Learning Center (www.mhhe.com/peb2).

Gramática

To review the grammar points presented in this chapter, refer to the indicated grammar presentations. You'll find further practice of these structures in the Workbook/Laboratory Manual, on the Interactive CD-ROM, and on the *Puntos en breve* Online Learning Center (www.mhhe.com/peb2).

14. ¿Qué están haciendo?—Present Progressive: **estar** + **-ndo**

Do you know how to form and when to use the present progressive in Spanish?

15. ¿Ser o estar?—Summary of the Uses of **ser** and **estar**

Should you use **ser** or **estar** to describe inherent qualities, to describe health and physical conditions, to express time, to form the present progressive?

16. Describing—Comparisons

Do you know how to compare things and people?

Vocabulario

Practice this vocabulary with digital flash cards on the Online Learning Center (www.mhhe.com/peb2).

Los verbos

celebrar	to celebrate
pasar	to spend (*time*); to happen
quedarse	to stay, remain (*in a place*)

¿Qué tiempo hace?

está (muy) nublado	it's (very) cloudy, overcast
hace...	it's . . .
(muy) buen/mal tiempo	(very) good/bad weather
(mucho) calor	(very) hot
fresco	cool
(mucho) frío	(very) cold
(mucho) sol	(very) sunny
(mucho) viento	(very) windy
hay (mucha)	there's (lots of)
contaminación	pollution
llover (ue)	to rain
llueve	it's raining
nevar (ie)	to snow
nieva	it's snowing

Los meses del año

¿Cuál es la fecha de hoy?	What's today's date?
el primero de	the first of (*month*)

enero	julio
febrero	agosto
marzo	septiembre
abril	octubre
mayo	noviembre
junio	diciembre

Las estaciones del año

la primavera	spring
el verano	summer
el otoño	fall, autumn
el invierno	winter

Los lugares

la capital	capital city
la isla	island
el parque	park
la playa	beach

Otros sustantivos

el clima	climate
el cumpleaños	birthday
la fecha	date (*calendar*)
el/la novio/a	boyfriend/girlfriend
la respuesta	answer
el tiempo	weather

Los adjetivos

abierto/a	open
aburrido/a	bored
alegre	happy
cansado/a	tired
cariñoso/a	affectionate
cerrado/a	closed
congelado/a	frozen; very cold
contento/a	content, happy
desordenado/a	messy
difícil	hard, difficult
enfermo/a	sick
fácil	easy
furioso/a	furious, angry
limpio/a	clean
loco/a	crazy
nervioso/a	nervous
ocupado/a	busy
ordenado/a	neat
preocupado/a	worried
querido/a	dear
seguro/a	sure, certain
sucio/a	dirty
triste	sad

Las comparaciones

más/menos... que	more/less . . . than
tan... como	as . . . as
tanto como	as much as
tanto/a(s)... como	as much/many . . . as
mayor	older
mejor	better; best
menor	younger
peor	worse

Las preposiciones

a la derecha de	to the right of
a la izquierda de	to the left of
al lado de	alongside of
cerca de	close to
debajo de	below
delante de	in front of
detrás de	behind
encima de	on top of
entre	between, among
lejos de	far from

Los puntos cardinales

el norte, el sur, el este, el oeste

Palabras adicionales

afuera	outdoors
conmigo	with me
contigo	with you (fam.)
esta noche	tonight
estar (irreg.) bien	to be comfortable (temperature)
mí (obj. of prep.)	me
tener (irreg.) (mucho) calor	to be (very) warm, hot
tener (irreg.) (mucho) frío	to be (very) cold
ti (obj. of prep.)	you
todavía	still

¿Qué le gusta **comer**?

◀ La paella, un plato típico de España

La comida

Las comidas (*meals*)

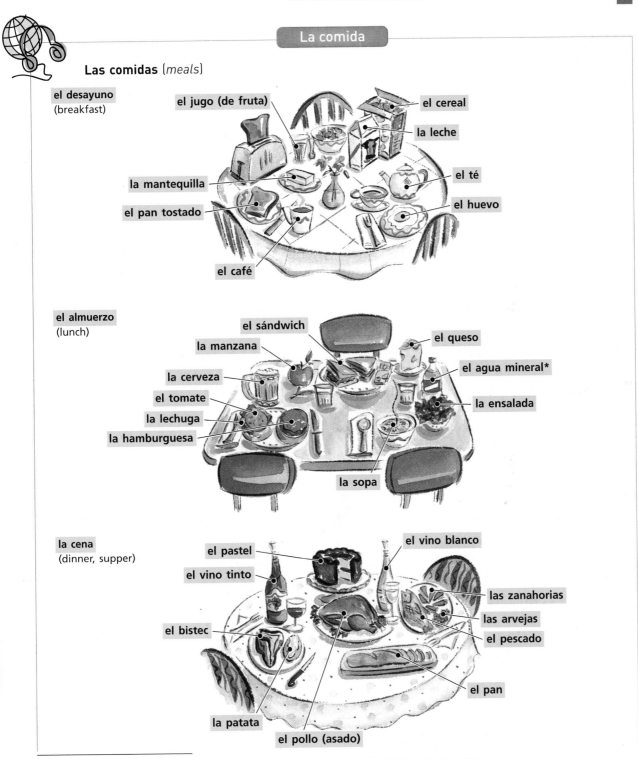

el desayuno
(breakfast)

el jugo (de fruta)
el cereal
la leche
la mantequilla
el té
el pan tostado
el huevo
el café

el almuerzo
(lunch)

el sándwich
la manzana
el queso
la cerveza
el agua mineral*
el tomate
la lechuga
la ensalada
la hamburguesa
la sopa

la cena
(dinner, supper)

el pastel
el vino blanco
el vino tinto
las zanahorias
las arvejas
el bistec
el pescado
el pan
la patata
el pollo (asado)

*The noun **agua** (*water*) *is feminine, but the masculine articles are used with it in the singular:* **el agua.**
*This occurs with all feminine nouns that begin with a stressed **a** sound, for example,* **el** (**un**) **ama de
casa** (*homemaker*).

Otra bebida		la langosta	lobster
el refresco	soft drink	el salmón	salmon

Otras frutas

		Otros postres	
la banana	banana	el flan	(baked) custard
la naranja	orange	la galleta	cookie
		el helado	ice cream

Otras verduras

		Otras comidas	
el champiñón	mushroom	el arroz	rice
los espárragos	asparagus	el yogur	yogurt
los frijoles	beans		

Otras carnes

Otras expresiones

la chuleta (de cerdo)	(pork) chop	desayunar	to have (eat) breakfast
el jamón	ham	almorzar	to have (eat) lunch
el pavo	turkey	cenar	to have (eat) dinner, supper
la salchicha	sausage; hot dog		

Otros pescados y mariscos

el atún	tuna	tener (*irreg.*) (**mucha**) **hambre**	to be (very) hungry
los camarones	shrimp	tener (*irreg.*) (**mucha**) **sed**	to be (very) thirsty

■ ■ ■ Conversación

A. ¿Qué quiere tomar? Match the following descriptions of meals with a category.

1. una sopa fría, langosta, espárragos, una ensalada de lechuga y tomate, todo con vino blanco y, para terminar, un pastel
2. jugo de fruta, huevos con jamón, pan tostado y café
3. pollo asado, arroz, arvejas, agua mineral y, para terminar, una manzana
4. una hamburguesa con patatas fritas, un refresco y un helado

a. un menú ligero (*light*) para una dieta
b. una comida rápida
c. una cena elegante
d. un desayuno estilo norteamericano

B. Definiciones. ¿Qué es?

1. un plato (*dish*) de lechuga y tomate
2. una bebida alcohólica blanca o roja
3. un líquido caliente (*hot*) que se toma* con cuchara (*spoon*)
4. una verdura anaranjada
5. la carne típica para la barbacoa en este país
6. una comida muy común en la China y en el Japón

7. la comida favorita de los ratones (*mice*)
8. una verdura frita que se come con las hamburguesas
9. una fruta roja o verde
10. una fruta amarilla de las zonas tropicales

---

*Remember that placing **se** before a verb form can change its English equivalent slightly: **usa** (he/she/it uses) → **se usa** (is used).

Capítulo 6: ¿Qué le gusta comer?

C. Consejos *(Advice)* **a la hora de comer.** ¿Qué debe Ud. comer o beber en las siguientes situaciones?

1. Ud. quiere comer algo ligero porque no tiene hambre.
2. Ud. quiere comer algo fuerte *(heavy)* porque tiene mucha hambre.
3. Ud. tiene un poco de sed y quiere tomar algo antes de la comida.
4. Ud. quiere comer algo antes del plato principal *(main course)*.
5. Ud. quiere comer algo después del plato principal.
6. Ud. está a dieta *(on a diet)*.
7. Ud. está de vacaciones en Maine (o Boston).
8. Después de levantarse, Ud. no está completamente despierto/a *(awake)*.

D. Preferencias gastronómicas

Paso 1. Haga una lista de sus tres platos favoritos y de sus tres lugares preferidos para comer en la ciudad donde Ud. vive.

Paso 2. Entreviste *(Interview)* a cinco compañeros de clase para averiguar *(find out)* cuáles son sus platos y lugares favoritos para comer.

MODELO: ¿Cuáles son tus tres lugares favoritos para comer?

Paso 3. Estudie los resultados de su encuesta *(survey)* para averiguar si hay gustos comunes entre todos los estudiantes de la clase. Después, comparta *(share)* con el resto de la clase sus observaciones.

¡Gran apertura!ª
Restaurante panameño

Nuestro chef, Felipe Prado, los invita a disfrutar de nuestros platos típicos panameños.

El Restaurante Chiriquí está en la calle Remedios, esquina con la avenida Vizcaya.

—¿**Conoces** el restaurante Chiriquí?
—Sí, es muy bueno. Sirven platos panameños.
—¿**Sabes** la dirección[b]?
—Sí, **sé** la dirección. Está en la calle Remedios. ¡Y también **conozco al** chef! ¡Felipe **sabe preparar** mis platos panameños favoritos!
—¿Ah, sí? Pues... ¡quiero **conocer a** Felipe!

ª¡Gran... *Grand opening!*   [b]*address*

Saber and conocer

Two Spanish verbs express *to know:* **saber** and **conocer.**

saber (to know)		conocer (to know)	
sé	sabemos	conozco	conocemos
sabes	sabéis	conoces	conocéis
sabe	saben	conoce	conocen

Saber expresses *to know* facts or pieces of information. Followed by an infinitive, it means *to know how (to do something).*

¿**Sabes** la dirección?   *Do you know the address?*
¡Felipe **sabe** preparar mis platos   *Felipe knows how to prepare my favorite*
  panameños favoritos!   *Panamanian dishes.*

Conocer is used to express *to know* or *be acquainted (familiar) with* a person, place, or thing. It can also mean *to meet.*

¿**Conoces** el restaurante Chiriquí?   *Do you know (Are you familiar with) the*
                                  restaurant Chiriquí?
Sí. ¡Y también **conozco** al chef!   *Yes. I also know the chef!*
¡Quiero **conocer** a Felipe!   *I want to meet Felipe!*

The Personal *a*

Note (on page 144) the use of the word **a** before the nouns **chef** and **Felipe** in the last two examples. In Spanish, the word **a** immediately precedes the direct object* of a sentence when the direct object refers to a specific person or persons. This **a,** called the **a personal,** has no equivalent in English.† Remember that **a** contracts with the article **el: a + el = al.**

 The personal **a** is used before the interrogative words **¿quién?** and **¿quiénes?** when they function as direct objects.

¿**A quién** llamas?
Who(m) are you calling?

 The verbs **buscar** (*to look for*), **escuchar** (*to listen to*), **esperar** (*to wait for; to expect*), and **mirar** (*to look at*) include the sense of the English prepositions *for, to,* and *at.* These verbs take direct objects in Spanish (not prepositional phrases, as in English).

Busco **mi abrigo.**
I'm looking for my overcoat.

Espero **a mi hijo.**
I'm waiting for my son.

■ ■ ■ Conversación

A. Personas famosas

Paso 1. ¿Qué saben hacer estas personas?

MODELO: Mikhail Baryshnikov sabe bailar.

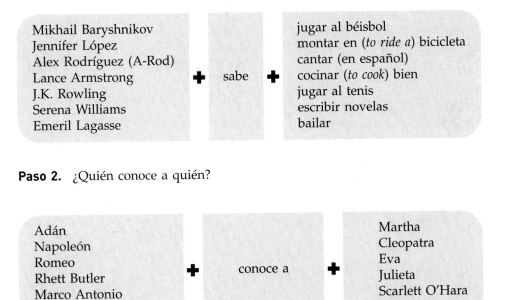

Mikhail Baryshnikov			jugar al béisbol
Jennifer López			montar en (*to ride a*) bicicleta
Alex Rodríguez (A-Rod)			cantar (en español)
Lance Armstrong	**+**	sabe **+**	cocinar (*to cook*) bien
J.K. Rowling			jugar al tenis
Serena Williams			escribir novelas
Emeril Lagasse			bailar

Paso 2. ¿Quién conoce a quién?

Adán			Martha
Napoleón			Cleopatra
Romeo	**+**	conoce a **+**	Eva
Rhett Butler			Julieta
Marco Antonio			Scarlett O'Hara
George Washington			Josefina

---

*The direct object (**el complemento directo**) *is the part of the sentence that indicates to whom or to what the action of the verb is directed or upon whom or upon what it acts. In the sentence* I saw John, *the direct object is John. The direct object is explained in more detail in* **Gramática 17** *of this chapter.*

†*The personal* **a** *is not generally used with* **tener: Tengo cuatro hijos.**

B. ¿Dónde cenamos? En este diálogo, Lola y Manolo quieren cenar fuera. Pero, ¿dónde? Complete el diálogo con la forma correcta de **saber** o **conocer**.

LOLA: ¿(Sabes/Conoces[1]) adónde quieres ir a cenar?

MANOLO: No (sé/conozco[2]). ¿Y tú?

LOLA: No. Pero hay un restaurante nuevo en la calle Betis. Creo que se llama Guadalquivir. ¿(Sabes/Conoces[3]) el restaurante?

MANOLO: No, pero (sé/conozco[4]) que tiene mucha fama. Es el restaurante favorito de Virginia. Ella (sabe/conoce[5]) al chef.

LOLA: ¿(Sabes/Conoces[6]) qué tipo de comida tienen?

MANOLO: No (sé/conozco[7]). Pero podemos llamar a Virginia. ¿(Sabes/Conoces[8]) su teléfono?

LOLA: Está en mi guía telefónica.

C. ¡Qué talento!

Paso 1. Invente oraciones sobre tres cosas que Ud. sabe hacer.

MODELO: Sé tocar el acordeón.

Paso 2. Ahora, en grupos de tres estudiantes, pregúnteles a sus compañeros si saben hacer esas actividades. Escriba sí o no, según sus respuestas.

MODELO: ¿Sabes tocar el acordeón?

Paso 3. Ahora describa las habilidades de los estudiantes en su grupo.

MODELO: Marta y yo sabemos tocar el acordeón, pero Elena no. (En el grupo, sólo yo sé tocar el acordeón.)

D. Entrevista

1. ¿Qué restaurantes conoces en esta ciudad? ¿Cuál es tu restaurante favorito? ¿Por qué es tu favorito? ¿Es buena la comida de allí? ¿Qué tipo de comida sirven? ¿Conoces al dueño / a la dueña (*owner*)? ¿Comes allí con frecuencia? ¿Llamas primero para hacer reservaciones?

2. ¿Conoces a alguna persona famosa? ¿Quién es? ¿Cómo es? ¿Qué detalles sabes de la vida de esta persona?

3. ¿Qué platos sabes preparar? ¿Tacos? ¿enchiladas? ¿pollo frito? ¿hamburguesas? ¿Te gusta cocinar? ¿Cocinas con frecuencia?

4. ¿Esperas a tus amigos para ir a la universidad? ¿Esperas a tus amigos después de la clase? ¿A quién buscas cuando necesitas ayuda (*help*) con el español? ¿Dónde buscas a tus amigos por la noche? ¿Dónde buscas a tus hijos/amigos cuando es hora de comer?

Need more practice?

- Workbook/Laboratory Manual
- Interactive CD-ROM
- Online Learning Center (www.mhhe.com/peb2)

PRONUNCIACIÓN *d* and *t*

Some sounds, such as English [b], are called *stops* because, as you pronounce them, you briefly stop the flow of air and then release it. *Fricatives*, such as English [f] and [v], are pronounced by pushing air out with a little friction.

■ Spanish **d** has two basic sounds. At the beginning of a phrase or sentence or after **n** or **l**, it is pronounced as a stop [d] (similar to English *d* in *dog*). Like the Spanish [t], it is produced by putting the tongue against the back of the upper teeth. In all other cases, it is pronounced as a fricative [đ], that is, like the *th* sound in English *they* and *another*.

■ The main difference in the pronunciation of Spanish **t** and English *t* is that in English the tip of the tongue is placed against the top of the mouth, while in Spanish it is placed against the upper teeth. In addition, Spanish **t** is not pronounced with as much aspiration (pushing air out of the mouth) as in English. Spanish **t** sounds more like the *t* in the English word *star*. When it appears between two vowels, Spanish **t** uses full dental pronunciation, not a short pronunciation as occurs in English *matter*.

A. Práctica. Practique las siguientes palabras y frases.

1. [d] diez   dos   doscientos   doctor
         ¿dónde?   el doctor   el dinero   venden

2. [đ] mucho dinero   adiós   usted   seda
         ciudad   la doctora   cuadros   todo

B. Pronuncie

1. ¿Dónde está el dinero?
2. David Dávila es doctor.
3. ¿Qué estudia usted?
4. Venden de todo, ¿verdad?

C. Más práctica. Practique las siguientes palabras y frases.

1. traje   patata   mantequilla
     trimestre   cartera   pastel
     zapatos   tomate   tinto

2. ¿Cómo te llamas?
3. ¿Cuánto cuesta?
4. Mi tío trabaja en una tienda.

17 Expressing *what* or *whom* • **Direct Object Pronouns**

De compras en el supermercado

Indique cuáles de estas afirmaciones son verdaderas para Ud.

1. la carne
- ☐ *La* como todos los días. Por eso tengo que comprar*la* con frecuencia.
- ☐ *La* como de vez en cuando (*once in a while*). Por eso no *la* compro a menudo (*often*).
- ☐ Nunca *la* como. No necesito comprar*la*.

2. el café
- ☐ *Lo* bebo todos los días. Por eso tengo que comprar*lo* con frecuencia.
- ☐ *Lo* bebo de vez en cuando. Por eso no *lo* compro a menudo.
- ☐ Nunca *lo* bebo. No necesito comprar*lo*.

3. los huevos
- ☐ *Los* como todos los días. Por eso tengo que comprar*los* con frecuencia.
- ☐ *Los* como de vez en cuando. Por eso no *los* compro a menudo.
- ☐ Nunca *los* como. No necesito comprar*los*.

4. las bananas
- ☐ *Las* como todos los días. Por eso tengo que comprar*las* con frecuencia.
- ☐ *Las* como de vez en cuando. Por eso no *las* compro a menudo.
- ☐ Nunca *las* como. No necesito comprar*las*.

Direct Object Pronouns

me	me	nos	us
te	you (*fam. sing.*)	os	you (*fam. pl.*)
lo*	you (*form. sing.*), him, it (*m.*)	los	you (*form. pl.*), them (*m., m. + f.*)
la	you (*form. sing.*), her, it (*f.*)	las	you (*form. pl.*), them (*f.*)

A. Like direct object nouns, *direct object pronouns* (**los pronombres del complemento directo**) are the first recipient of the action of the verb. Direct object pronouns are placed before a conjugated verb and after the word **no** when it appears. Third person direct object pronouns are used only when the direct object noun has already been mentioned.

[Práctica A]

¿El menú? Diego no **lo** necesita.
The menu? Diego doesn't need it.

¿Dónde están el pastel y el helado? **Los** necesito ahora.
Where are the cake and the ice cream? I need them now.

Ellos **me** ayudan.
They're helping me.

> **direct object** = the noun or pronoun that receives the action of a verb

B. The direct object pronouns may be attached to an infinitive or a present participle.

[Práctica B–C]

Las tengo que leer.
Tengo que leer**las**.
} *I have to read them.*

Lo estoy comiendo.
Estoy comiéndo**lo**.
} *I am eating it.*

C. Note that the direct object pronoun **lo** can refer to actions, situations, or ideas in general. When used in this way, **lo** expresses English *it* or *that*.

Lo comprende muy bien.
He understands it (that) very well.

No **lo** creo.
I don't believe it (that).

Lo sé.
I know (it).

AUTOPRUEBA

Match the direct object pronouns with the nouns and subject pronouns.

1. ____ los
2. ____ la
3. ____ te
4. ____ lo
5. ____ las
6. ____ nos

a. Ana
b. tú
c. Pedro y Carolina
d. María y yo
e. Jorge
f. Elena y Rosa

Answers: 1. c 2. a 3. b 4. e 5. f 6. d

---

*In Spain and in some other parts of the Spanish-speaking world, **le** is frequently used instead of **lo** for the direct object pronoun him. This usage, called **el leísmo,** will not be followed in Puntos en breve.*

■ ■ ■ Práctica

A. ¿Qué comen los vegetarianos?

Paso 1. Aquí hay una lista de diferentes comidas. ¿Van a formar parte de la dieta de un vegetariano? Conteste según los modelos.

MODELOS: el bistec → No *lo* va a comer.
la banana → *La* va a comer.

1. las patatas
2. el arroz
3. las chuletas de cerdo
4. los huevos
5. las zanahorias
6. las manzanas
7. los camarones
8. el pan
9. los champiñones
10. los frijoles
11. la ensalada

Paso 2. Si hay un estudiante vegetariano / una estudiante vegetariana en la clase, pídale que verifique (*ask him or her to verify*) las respuestas de Ud.

B. La cena de Lola y Manolo.
La siguiente descripción de la cena de Lola y Manolo es muy repetitiva. Combine las oraciones, cambiando los nombres de complemento directo por pronombres cuando sea (*whenever it is*) necesario.

MODELO: El camarero (*waiter*) trae un menú. Lola lee *el menú.* →
El camarero trae un menú y Lola *lo* lee.

1. El camarero trae una botella de vino tinto. Pone *la botella* en la mesa.
2. El camarero trae las copas (*glasses*) de vino. Pone *las copas* delante de Lola y Manolo.
3. Lola quiere la especialidad de la casa. Va a pedir *la especialidad de la casa.*
4. Manolo prefiere el pescado fresco (*fresh*). Pide *el pescado fresco.*
5. El camerero trae la comida. Sirve *la comida.*
6. Manolo necesita otra servilleta (*napkin*). Pide *otra servilleta.*
7. «¿La cuenta (*bill*)? El dueño está preparando *la cuenta* para Uds.»
8. Por fin, Lola toma la cuenta. Paga *la cuenta.*

NOTA COMUNICATIVA

Talking About What You Have Just Done

To talk about what you have *just* done, use the phrase **acabar** + **de** with an infinitive.

Acabo de almorzar con Beto.	*I just had lunch with Beto.*
Acabas de celebrar tu cumpleaños, ¿verdad?	*You just celebrated your birthday, didn't you?*

Note that the infinitive follows **de.** As you already know, the infinitive is the only verb form that can follow a preposition in Spanish.

C. ¡Acabo de hacerlo! Imagine that a friend is pressuring you to do the following things. With a classmate, tell him or her that you just did each one, using either of the forms in the model.

MODELO: E1: ¿Por qué no estudias la lección? →
E2: Acabo de estudiar*la*. (*La* acabo de estudiar.)

1. ¿Por qué no escribes las composiciones para tus clases?
2. ¿Vas a comprar el periódico hoy?
3. ¿Por qué no pagas los cafés?
4. ¿Vas a preparar la comida para la fiesta?
5. ¿Puedes pedir la cuenta?
6. ¿Tienes hambre? ¿Por qué no comes los tacos que preparé (*I made*)?

Need more practice?
■ Workbook/Laboratory Manual
■ Interactive CD-ROM
■ Online Learning Center (www.mhhe.com/peb2)

■ ■ ■ Conversación

A. ¿Quién ayuda? Todos necesitamos ayuda en diferentes circunstancias. ¿Quién los ayuda a Uds. con lo siguiente? Use **nos** en sus respuestas.

MODELO: con las cuentas → Nuestros padres *nos* ayudan con las cuentas.

1. con las cuentas
2. con la tarea
3. con la matrícula
4. con el horario de clases
5. con los problemas personales

B. Una encuesta sobre la comida. Hágales (*Ask*) preguntas a sus compañeros de clase para saber si toman las comidas o bebidas indicadas y con qué frecuencia. Deben explicar por qué toman o *no* toman cierta cosa.

MODELO: la carne → E1: ¿Comes carne?
E2: No, no *la* como casi nunca porque tiene mucha grasa.

Palabras y frases útiles	
la cafeína	ser bueno/a para la salud (health)
las calorías	
el colesterol	me pone (it makes me) nervioso/a
la grasa (fat)	me da asco (it makes me sick) /
	me dan asco (they make me sick)
estar a dieta	lo/la/los/las detesto
ser alérgico/a a	

1. la carne
2. los mariscos
3. el yogur
4. la pizza
5. las hamburguesas
6. el pollo
7. el café
8. los dulces (*sweets; candy*)
9. el alcohol
10. el atún
11. los espárragos
12. el hígado (*liver*)

18 Expressing Negation • Indefinite and Negative Words

En la cocina de Diego y Antonio

Diego llega a casa y tiene hambre.

DIEGO: Quiero comer *algo*, pero *no* hay *nada* de comer en esta casa. Y *no* tengo ganas de ir de compras. Y además, ¡*no* tengo *ni* un centavo!

ANTONIO: ¡Ay! *Siempre* eres así. Tú *nunca* tienes ganas de ir de compras. Y lo del dinero… ¡esa ya es otra historia!

¿Quién… ?

1. tiene hambre
2. nunca tiene dinero
3. critica a su amigo
4. no quiere ir de compras

Here is a list of the most common indefinite and negative words in Spanish. You have been using many of them since the first chapters of *Puntos en breve*.

algo	something, anything	**nada**	nothing, not anything
alguien	someone, anyone	**nadie**	no one, nobody, not anybody
algún (alguno/a/os/as)	some, any	**ningún (ninguno/a)**	no, none, not any
siempre	always	**nunca, jamás**	never
también	also	**tampoco**	neither, not either

Pronunciation hint: Remember to pronounce the **d** in **nada** and **nadie** as a fricative, that is, like a *th* sound: **na đa, na đie.**

The Double Negative

When a negative word comes after the main verb, Spanish requires that another negative word—usually **no**—be placed before the verb. When a negative word precedes the verb, **no** is not used.

¿No estudia **nadie?**
¿Nadie estudia? } *Isn't anyone studying?*

No estás en clase **nunca.**
Nunca estás en clase. } *You're never in class.*

No quieren cenar aquí **tampoco.**
Tampoco quieren cenar aquí. } *They don't want to have dinner here, either.*

In Diego and Antonio's kitchen Diego arrives home and he's hungry. DIEGO: *I want to eat something, but there's nothing to eat in this house. And I don't feel like going shopping. And furthermore, I don't have a cent!* ANTONIO: *Ah! You're always like that. You never feel like going shopping. And that bit about the money . . . , that's another story!*

Alguno and **ninguno** are adjectives. Unlike **nadie** and **nada** (nouns) or **nunca, jamás,** and **tampoco** (adverbs), **alguno** and **ninguno** must agree with the noun they modify.

Alguno and **ninguno** shorten to **algún** and **ningún,** respectively, before a masculine singular noun—just as **uno** shortens to **un, bueno** to **buen,** and **malo** to **mal.**

The plural forms **ningunos** and **ningunas** are rarely used.

—¿Hay **algunos** recados para mí hoy?
—Lo siento, pero hoy no hay **ningún** recado para Ud.
Are there any messages for me today?
I'm sorry, but there are no messages for you today.
(There is not a single message for you today.)

■ ■ ■ **Práctica**

A. **¡Anticipemos! ¿Qué pasa esta noche en casa?** Tell whether the following statements about what is happening at this house are true (**cierto**) or false (**falso**). Then create as many additional sentences as you can about what is happening, following the model of the sentences.

1. No hay nadie en el baño.
2. En la cocina, alguien está preparando la cena.
3. No hay ninguna persona en el patio.
4. Hay algo en la mesa del comedor.
5. Algunos amigos se están divirtiendo en la sala.
6. Hay algunos platos en la mesa del comedor.
7. No hay ningún niño en la casa.

B. **¡Por eso no come nadie allí!** Exprese negativamente, usando la negativa doble.

MODELO: Hay alguien en el restaurante. → *No* hay *nadie* en el restaurante.

1. Hay algo interesante en el menú.
2. Tienen algunos platos típicos.
3. El profesor cena allí también.
4. Mis amigos siempre almuerzan allí.
5. Preparan algo especial para grupos grandes.
6. Siempre hacen platos nuevos.
7. Y también sirven paella, mi plato favorito.

Need more practice?
■ Workbook/Laboratory Manual
■ Interactive CD-ROM
■ Online Learning Center (www.mhhe.com/peb2)

■■■ Conversación

Preguntas

1. ¿Vamos a vivir en la luna (*moon*) algún día? ¿Vamos a viajar (*travel*) a otros planetas? ¿Vamos a vivir allí algún día? ¿Vamos a establecer contacto con seres (*beings*) de otros planetas algún día?

2. ¿Algunos de los estudiantes de esta universidad son de países extranjeros? ¿De dónde son? ¿Algunos de sus amigos son de habla española (*Spanish-speaking*)? ¿De dónde son?

3. En esta clase, ¿quién…

siempre tiene algunas buenas ideas?	va a ser muy rico algún día?
tiene algunos amigos españoles?	nunca tiene tiempo para divertirse?
siempre lo entiende todo?	nunca mira la televisión?
nunca contesta ninguna pregunta?	no practica ningún deporte?
	siempre invita a los otros a comer?

¿Recuerda Ud.?

In **Gramática 19,** you will learn to form one type of command. In Spanish, the formal commands are based on the first person singular of the present tense. Review what you already know about irregular first person present tense forms by giving the **yo** form of the following infinitives.

1. salir   **3.** conocer   **5.** hacer   **7.** sentir
2. tener   **4.** pedir   **6.** dormir   **8.** traer

---

19   Influencing Others • Formal Commands

Receta para guacamole

El guacamole

Ingredientes:
1 aguacate[a]
1 diente de ajo,[b] prensado[c]
1 tomate
jugo de un limón
sal
un poco de cilantro fresco[d]

Cómo se prepara
Corte el aguacate y el tomate en trozos[e] pequeños. *Añada* el jugo del limón, el ajo, el cilantro y la sal a su gusto. *Mezcle* bien todos los ingredientes y *sírvalo* con tortillas fritas de maíz.[f]

En español, los mandatos se usan con frecuencia en las recetas. Estos verbos se usan en forma de mandato en esta receta. ¿Puede encontrarlos?

añadir	to add
cortar	to cut
mezclar	to mix
servir (i, i)	to serve

[a]*avocado*   [b]*diente… clove of garlic*   [c]*crushed*   [d]*fresh*
[e]*pieces*   [f]*corn*

Formal Command Forms

In *Puntos en breve* you have seen formal commands in the direction lines of activities since the beginning of the text: **haga, complete, conteste,** and so on.

Commands (imperatives) are verb forms used to tell someone to do something. In Spanish, *formal commands* (**los mandatos formales**) are used with people whom you address as **Ud.** or **Uds.** Here are some of the basic forms.

	hablar	**comer**	**escribir**	**volver**	**decir**	**command or imperative** = a verb form used to tell someone to do something
Ud.	hable	coma	escriba	vuelva	diga	
Uds.	hablen	coman	escriban	vuelvan	digan	
English	*speak*	*eat*	*write*	*come back*	*tell*	

A. Most formal command forms can be derived from the **yo** form of the present tense.

    -ar: -o → -e   **-er/-ir: -o → -a**
           -en   **-an**

hablo → hable
como → coma
escribo → escriba

Command → Switch endings [handwritten]

B. Formal commands of stem-changing verbs will show the stem change.

pi**e**nse Ud.
v**ue**lva Ud.
p**i**da Ud.

C. Verbs ending in **-car, -gar,** and **-zar** have a spelling change to preserve the **-c-, -g-,** and **-z-** sounds.

c → qu   buscar: bus**qu**e Ud.
g → gu   pagar: pa**gu**e Ud.
z → c   empezar: empie**c**e Ud.

D. Verbs that have irregular **yo** forms in the present tense will reflect the irregularity in the **Ud./Uds.** commands.

conocer: cono**zco**   → cono**zc**a Ud.
decir* (*to say, tell*): di**go**   → di**g**a Ud.
hacer: ha**go**   → ha**g**a Ud.
oír: oi**go**   → oi**g**a Ud.
poner: pon**go**   → pon**g**a Ud.
salir: sal**go**   → sal**g**a Ud.
tener: ten**go**   → ten**g**a Ud.
traer: trai**go**   → trai**g**a Ud.
venir: ven**go**   → ven**g**a Ud.
ver: ve**o**   → v**e**a Ud.

*****Decir** and **dar** (*on page 156*) *are used primarily with indirect objects. Both of these verbs and indirect object pronouns will be formally introduced in* **Capítulo 7.**

E. A few verbs have irregular **Ud./Uds.** command forms.

dar* (*to give*)	→ **dé** Ud.
estar	→ **esté** Ud.
ir	→ **vaya** Ud.
saber	→ **sepa** Ud.
ser	→ **sea** Ud.

Position of Pronouns with Formal Commands

- Direct object pronouns and reflexive pronouns must follow affirmative commands and be attached to them. In order to maintain the original stress of the verb form, an accent mark is added to the stressed vowel if the original command has two or more syllables.

Pídalo Ud.	*Order it.*
Siéntese, por favor.	*Sit down, please.*

- Direct object and reflexive pronouns must precede negative commands.

No lo pida Ud.	*Don't order it.*
No se siente.	*Don't sit down.*

■ ■ ■ Práctica

A. **¡Anticipemos! Una cena en casa.** Los siguientes mandatos describen las acciones posibles cuando se prepara una cena elegante en casa. Póngalos en orden cronológico, del 1 al 8.

a. _____ Vaya a la tienda para comprar comida y bebidas.
b. _____ Abra la puerta cuando lleguen los invitados.
c. _____ Prepare algunos platos especiales.
d. _____ Haga una lista de invitados.
e. _____ Diviértase con sus amigos.
f. _____ Ponga (*Set*) la mesa.
g. _____ Llame a los amigos para invitarlos.
h. _____ Póngase ropa elegante.

B. **Profesor(a) por un día.** Imagine que Ud. es el profesor / la profesora hoy. ¿Qué mandatos debe dar a la clase?

MODELOS: hablar español → Hablen Uds. español.
hablar inglés → No hablen Uds. inglés.

1. llegar a tiempo
2. leer la lección
3. escribir una composición
4. abrir los libros
5. estar en clase mañana
6. traer los libros a clase
7. estudiar los verbos nuevos
8. ¿ ?

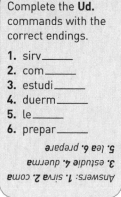

*See footnote, page 155.

Necesita Tenerlos

Goya Foods, Inc.

En Norteamérica muchos conocen la marca Goya: hay **frijoles, arroz, condimentos, bebidas, café, productos de coco,**[a] **jugos de frutas tropicales** y muchos productos más que son fundamentales para **las cocinas caribeña, mexicana, centroamericana y sudamericana.**

En los años 30 Prudencio Unanue, **un emigrante vasco** del norte de España, funda[b] la compañía Goya. Unanue y **su esposa puertorriqueña** llegan a Nueva York en 1916 y fundan Unanue Inc. en Manhattan en 1935, una compañía especializada en **importaciones de productos españoles** como **olivas, aceite de oliva**[c] **y sardinas enlatadas.**[d] En 1936 la compañía adopta el nombre de Goya. Desde 1974 la oficina principal está en Nueva Jersey. Hoy tiene **centros de procesamiento y distribución** en diversos estados, además de Puerto Rico, la República Dominicana y España.

La compañía Goya está todavía en manos de[e] la familia Unanue: los hijos de Prudencio y seis miembros de **la tercera**[f] **generación.** Goya es la primera compañía propiedad de hispanos representada en el Museo Nacional de Historia Americana del Instituto Smithsonian, en Washington, D.C., donde hay una colección de sus anuncios y envases.[g]

[a]*coconut* [b]*founds, starts* [c]*aceite... olive oil* [d]*canned* [e]*está... still belongs to* [f]*third* [g]*anuncios... ads and containers*

C. ¡Pobre Sr. Casiano!

Paso 1. El Sr. Casiano no se siente (*feel*) bien. Lea la descripción que él da de algunas de sus actividades.

«Trabajo[1] muchísimo[a] —¡me gusta trabajar! En la oficina, soy[2] impaciente y critico[3b] bastante[c] a los otros. En mi vida personal, a veces soy[4] un poco impulsivo. Fumo[5] bastante y también bebo[6] cerveza y otras bebidas alcohólicas, a veces sin moderación... Almuerzo[7] y ceno[8] fuerte, y casi nunca desayuno[9]. Por la noche, con frecuencia salgo[10] con los amigos —me gusta ir a las discotecas— y vuelvo[11] tarde a casa.»

[a]*a great deal* [b]critico → criticar [c]*a good deal*

Paso 2. ¿Qué *no* debe hacer el Sr. Casiano para estar mejor? Aconséjele (*Advise him*) sobre lo que (*what*) no debe hacer. Use los verbos indicados en azul o cualquier (*any*) otro, según los modelos.

MODELOS: Trabajo → Sr. Casiano, no trabaje tanto.
soy → Sr. Casiano, no sea tan impaciente.

D. Situaciones. El Sr. Casiano quiere adelgazar (*to lose weight*). ¿Debe o no debe comer o beber las siguientes cosas? Con otro/a estudiante, haga y conteste preguntas según los modelos: (*Continued on page 158*)

---

*From this point on in Puntos en breve, the **En los Estados Unidos y el Canadá** sections will be written in Spanish. Important words will be in boldface type. Scanning those words before you begin to read will help you get the gist of the passage.

MODELOS: ensalada → E1: ¿Ensalada?   postres → E1: ¿Postres?
                    E2: Cóma*la*.   E2: No *los* coma.

1. alcohol (*m.*)
2. verduras
3. pan
4. dulces
5. leche
6. hamburguesas con queso
7. frutas
8. refrescos dietéticos
9. pollo
10. carne
11. pizza
12. jugo de fruta

E. **¡Estoy harto de Uds. dos!** (*I'm fed up with you two!*) Imagine que Ud. acaba de volver de clase y la casa es un desastre. Está enojado/a y empieza a gritarles (*yell*) mandatos a sus compañeros de casa sobre su apariencia física y sus hábitos.

MODELO: afeitarse → ¡Aféitense!

1. despertarse más temprano
2. levantarse más temprano
3. bañarse más
4. quitarse esa ropa sucia
5. ponerse ropa limpia
6. vestirse mejor
7. estudiar más
8. no divertirse todas las noches con los amigos
9. ir más a la biblioteca
10. no acostarse tan tarde
11. ayudar con los quehaceres
12. ¿ ?

NOTA COMUNICATIVA

El subjuntivo

Except for the command form, all verb forms that you have learned thus far in *Puntos en breve* have been part of the *indicative mood* (**el modo indicativo**). In both English and Spanish, the indicative is used to state facts and to ask questions. It objectively expresses most real-world actions or states of being.

Both English and Spanish have another verb system called the *subjunctive mood* (**el modo subjuntivo**), which will be introduced in **Capítulo 12.** The **Ud./Uds.** command forms that you have just learned are part of the subjunctive system. From this point on in *Puntos en breve* you will see the subjunctive used where it is natural to use it. What follows is a brief introduction to the subjunctive that will make it easy for you to recognize it when you see it.

Here are some examples of the forms of the subjunctive. The **Ud./Uds.** forms (identical to the **Ud./Uds.** command forms) are highlighted.

hablar		comer		servir		salir	
hable	hablemos	coma	comamos	sirva	sirvamos	salga	salgamos
hables	habléis	comas	comáis	sirvas	sirváis	salgas	salgáis
hable	hablen	coma	coman	sirva	sirvan	salga	salgan

The subjunctive is used to express more subjective or conceptualized states, in contrast to the indicative, which reports facts, information that is objectively true. Here are just a few of the situations in which the subjunctive is used in Spanish.

- to express what the speaker wants others to do (I want you to . . .)
- to express emotional reactions (I'm glad that . . .)
- to express probability or uncertainty (It's likely that . . .)

F. El cumpleaños de María. Fíjese en (*Notice*) los verbos subrayados (*underlined*) en los siguientes diálogos. Diga por qué razón están subrayados. (Use la lista de la **Nota comunicativa.**)

En el parque

RAÚL: Como hoy es tu cumpleaños, quiero invitarte a cenar. ¿En qué restaurante quieres que <u>cenemos</u>?

MARÍA: Prefiero que tú me[a] <u>prepares</u> una de tus espléndidas cenas.

RAÚL: ¡Con mucho gusto!

En casa de María

MADRE: (*Hablando por teléfono.*) No, lo siento,[b] pero María no está en casa.

LUISA: ¿Es posible que <u>esté</u> en la biblioteca?

MADRE: No. Sé que ella y Raúl están cenando en casa de él.

LUISA: Ah, sí. Bueno, ¿puede pedirle a ella que <u>llame</u> a Luisa cuando regrese?

MADRE: Sí, cómo no,[c] Luisa. Adiós.

LUISA: Hasta luego.

[a]*for me*   [b]*lo... I'm sorry*   [c]*cómo... of course*

Need more practice?

■ Workbook/Laboratory Manual
■ Interactive CD-ROM
■ Online Learning Center (www.mhhe.com/peb2)

■ ■ ■ Conversación

En la oficina del consejero. Imagine that you are a guidance counselor. Students consult you with all kinds of questions, some trivial and some important. Offer advice to them in the form of affirmative or negative commands, or softened requests. How many different commands can you invent for each situation?

MODELO: ¿Puede Ud. describir su horario, primero?
Y, por favor, incluya las comidas y...

1. EVELIA: No me gusta tomar clases por la mañana. Siempre estoy muy cansada durante esas clases y además a esa hora tengo hambre. Pienso constantemente en el almuerzo... y no puedo concentrarme en las explicaciones.

2. FABIÁN: En mi clase de cálculo, ¡no entiendo nada! No puedo hacer los ejercicios y durante la clase tengo miedo de hacer preguntas, porque no quiero parecer (*seem*) tonto.

3. FAUSTO: Fui (*I went*) a México el verano pasado y me gustó (*I liked it*) mucho. Quiero volver a México este verano. Ahora que lo conozco mejor, quiero ir en mi coche y no en autobús como el verano pasado. Desgraciadamente (*Unfortunately*) no tengo dinero para hacer el viaje.

España

Datos esenciales

- Nombre oficial: Reino de España
- Capital: Madrid
- Población: 40,220,000 habitantes
- Moneda: el euro (la peseta)
- Idiomas: el español, el catalán, el gallego y el vasco*

¡Fíjese!

- España es una país donde muchas culturas se han encontrado a través de[a] la historia. Sin embargo[b] son los romanos los que[c] marcan el principio de la historia de la España que hoy conocemos. Ellos introducen el latín a la península durante su dominio (desde el año 200 a.C.[d] hasta la invasión de los visigodos, un pueblo germánico, en el 419 d.C.[e]).
- El latín es la lengua madre del español y también del catalán, el gallego y el portugués. La otra lengua que se habla en la península, el vasco, es una lengua ancestral de origen desconocido:[f] ni siquiera es[g] una lengua indoeuropea.

[a]se... *have met throughout* [b]Sin... *Nevertheless* [c]son... *it's the Romans who* [d]a.C.... *antes de Cristo* [e]d.C.... *después de Cristo* [f]*unknown* [g]ni... *it isn't even*

Margarita Durán
Gijón, España

*El español es el lenguaje oficial de todo el país; el catalán, el gallego y el vasco también son lenguas oficiales en Cataluña, Galicia y el País Vasco, respectivamente.

- España no fue[h] siempre un solo[i] país. De hecho,[j] España se unificó en el siglo[k] XV cuando los Reyes Católicos,[l] Isabel y Fernando, monarcas de dos reinos[m] independientes, se casaron.[n] Su campaña[o] de unificación terminó[p] en 1492 con la conquista del reino musulmán[q] de Granada.
- Los árabes vivieron[r] en España durante ocho siglos, hasta su expulsión, junto con[s] los judios,[t] en el año 1492.

[h]*was* [i]*single* [j]De... *In fact* [k]*century* [l]Reyes... *Catholic Kings* [m]*kingdoms* [n]se... *were married* [o]*campaign* [p]*ended* [q]*Moslem* [r]*lived* [s]junto... *along with* [t]*Jewish people*

Personas famosas: Pedro Almodóvar

Las películas del cineasta[a] Pedro Almodóvar (1951–) tienen un éxito enorme dentro y fuera de España, y Almodóvar es el director de cine español más conocido de las últimas décadas. Con temas que satirizan actitudes tradicionales respecto a la familia, la religión, el machismo y la moralidad convencional, sus películas presentan una sociedad española moderna y cambiante.[b]

[a]*director de cine* [b]*changing*

▲ *Pedro Almodóvar*

 Capítulo 18 of the video to accompany *Puntos de partida* contains cultural footage of Spain.

Learn more about Spain with the Video, the Interactive CD-ROM, and the Online Learning Center (www.mhhe.com/peb2).

Gramática

To review the grammar points presented in this chapter, refer to the indicated grammar presentations. You'll find further practice of these structures in the Workbook/Laboratory Manual, on the Interactive CD-ROM, and on the *Puntos en breve* Online Learning Center (www.mhhe.com/peb2).

17. Expressing *what* or *whom*—Direct Object Pronouns

Do you know how to avoid repetition by using direct object pronouns?

18. Expressing Negation—Indefinite and Negative Words

Do you know how to use the double negative in Spanish?

19. Influencing Others—Formal Commands

You should know how to use commands to order in restaurants and to have someone do something for you.

Vocabulario

Practice this vocabulary with digital flash cards on the Online Learning Center (www.mhhe.com/peb2).

Los verbos

acabar de + *inf.*	to have just (*done something*)
ayudar	to help
cenar	to have (eat) dinner, supper
cocinar	to cook
conocer (zc)*	to know, be acquainted with
desayunar	to have (eat) breakfast
esperar	to wait (for); to expect
invitar	to invite
llamar	to call
preguntar	to ask (a question)
preparar	to prepare
saber (*irreg.*)	to know
saber + *inf.*	to know how to (*do something*)

Repaso: almorzar (ue) (c)*

La comida

el arroz	rice
las arvejas	peas
el atún	tuna
el bistec	steak
los camarones	shrimp
la carne	meat
el cereal	cereal
el champiñón	mushroom
la chuleta (de cerdo)	(pork) chop
los dulces	sweets; candy
los espárragos	asparagus
el flan	(baked) custard
los frijoles	beans
la galleta	cookie
el helado	ice cream
el huevo	egg
el jamón	ham
la langosta	lobster
la lechuga	lettuce
la mantequilla	butter
la manzana	apple
los mariscos	shellfish
la naranja	orange
el pan	bread
el pan tostado	toast
el pastel	cake; pie
la patata (frita)	(French fried) potato
el pavo	turkey
el pescado	fish
el pollo (asado)	(roast) chicken
el postre	dessert
el queso	cheese
la salchicha	sausage; hot dog
la sopa	soup
las verduras	vegetables
la zanahoria	carrot

---

*From this chapter on, the spelling changes for verbs in the subjunctive and formal commands such as **-c-** → **-qu-**, **-g-** → **-gu-**, **-z-** → **-c-**, *as well as verbs with* **-zc-** *and* **-g-** *changes in the present tense* **yo** *form, will be indicated in parentheses in the vocabulary lists.*

Las bebidas

el agua (mineral)	(mineral) water
el jugo (de fruta)	(fruit) juice
la leche	milk
el refresco	soft drink
el té	tea
el vino (blanco, tinto)	(white, red) wine

Repaso: el café, la cerveza

Los cognados

la banana
la ensalada
la fruta
la hamburguesa
el salmón
el sándwich
el tomate
el yogur

Las comidas

el almuerzo	lunch
la cena	dinner, supper

Repaso: el desayuno

En un restaurante

el/la camarero/a	waiter/waitress
la cuenta	check, bill
el menú	menu
el plato	dish; course

Otros sustantivos

el consejo	(piece of) advice
el detalle	detail
el/la dueño/a	owner
la tarjeta de crédito	credit card

Los adjetivos

fresco/a	fresh
frito/a	fried
fuerte	heavy (*meal, food*); strong
ligero/a	light, not heavy
rápido/a	fast

Palabras indefinidas y negativas

alguien	someone, anyone
algún (alguno/a/os/as)	some, any
jamás	never
nada	nothing, not anything
nadie	no one, nobody, not anybody
ningún (ninguno/a)	no, none, not any
tampoco	neither, not either

Repaso: algo, nunca, siempre, también

Palabras adicionales

estar (*irreg.*) a dieta	to be on a diet
tener (*irreg.*) (mucha) hambre	to be (very) hungry
tener (*irreg.*) (mucha) sed	to be (very) thirsty

De vacaciones

Una estela (Un monumento) en las ruinas mayas de Copán en Honduras ▶

De viaje

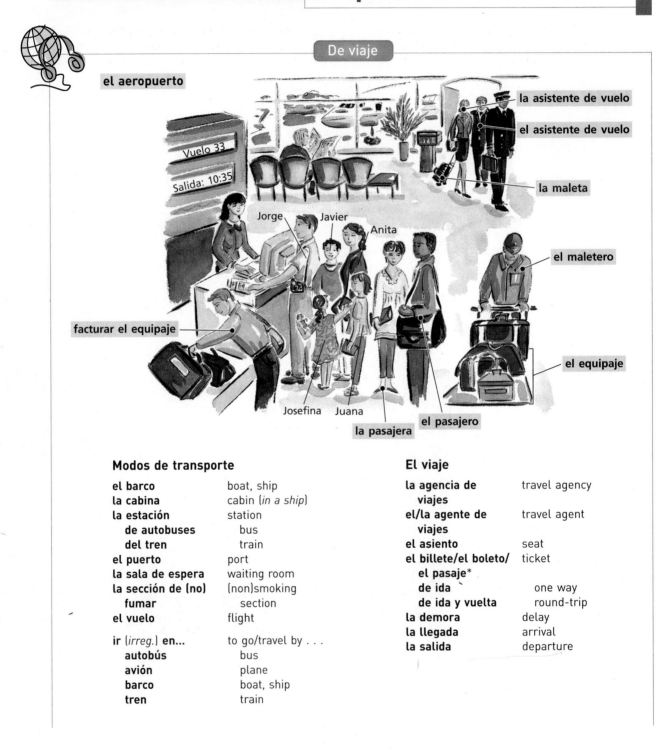

el aeropuerto

Vuelo 33

Salida: 10:35

la asistente de vuelo

el asistente de vuelo

la maleta

el maletero

Jorge   Javier

Anita

facturar el equipaje

el equipaje

Josefina   Juana

la pasajera   el pasajero

Modos de transporte

el barco	boat, ship
la cabina	cabin (*in a ship*)
la estación	station
de autobuses	bus
del tren	train
el puerto	port
la sala de espera	waiting room
la sección de (no)	(non)smoking
fumar	section
el vuelo	flight
ir (*irreg.*) **en...**	to go/travel by . . .
autobús	bus
avión	plane
barco	boat, ship
tren	train

El viaje

la agencia de viajes	travel agency
el/la agente de viajes	travel agent
el asiento	seat
el billete/el boleto/ el pasaje*	ticket
de ida	one way
de ida y vuelta	round-trip
la demora	delay
la llegada	arrival
la salida	departure

Throughout Spanish America,* **el boleto *is the word used for a ticket for travel.* **El billete** *is commonly used in Spain.* **El pasaje** *is used throughout the Spanish-speaking world. The words* **la entrada** *and* **la localidad** *are used to refer to tickets for movies, plays, or similar functions.*

bajar (de)	to get down (from); to get off (of)	**hacer** (*irreg.*) **la(s) maleta(s)**	to pack one's suitcase(s)
estar (*irreg.*) **atrasado/a**	to be late	**hacer** (*irreg.*) **un viaje**	to take a trip
guardar (un puesto)	to save (a place)	**pasar por el control de la seguridad**	to go/pass through security (check)
hacer (*irreg.*) **cola**	to stand in line		
hacer (*irreg.*) **escalas/paradas**	to make stops	**subir (a)**	to go up; to get on (*a vehicle*)
		viajar	to travel

■ ■ ■ Conversación

A. Un viaje en avión. Imagine que Ud. va a hacer un viaje en avión. El vuelo sale a las siete de la mañana. Usando los números del 1 al 9, indique en qué orden van a pasar las siguientes cosas.

a. _____ Subo al avión.

b. _____ Voy a la sala de espera. 2

c. _____ Hago cola para comprar el boleto de ida y vuelta y facturar el equipaje.

d. _____ Llego al aeropuerto a tiempo (*on time*) y bajo del taxi. 1

e. _____ Por fin se anuncia la salida del vuelo.

f. _____ Estoy atrasado/a. Salgo para el aeropuerto en taxi.

g. _____ La asistente me indica el asiento.

h. _____ Pido un asiento de ventanilla (*window seat*).

i. _____ Hay demora. Por eso todos tenemos que esperar el vuelo allí antes de subir al avión.

B. En el aeropuerto. ¿Cuántas cosas y acciones puede Ud. identificar o describir en este dibujo?

equipaje

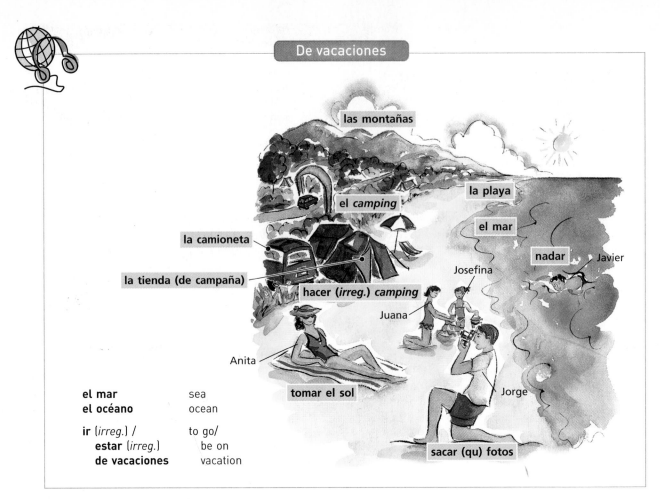

las montañas

la playa

el camping

el mar

la camioneta

nadar — Javier

la tienda (de campaña)

Josefina

hacer (*irreg.*) camping

Juana

Anita

tomar el sol

Jorge

el mar	sea
el océano	ocean
ir (*irreg.*) /	to go/
estar (*irreg.*)	be on
de vacaciones	vacation

sacar (qu) fotos

■ ■ ■ Conversación

A. ¿Qué hace Ud.? Lea las siguientes oraciones e indique si son ciertas o falsas para Ud.

		CIERTO	FALSO
1.	Cuando estoy de vacaciones, tomo el sol.	☐	☐
2.	Prefiero ir de vacaciones a las montañas.	☐	☐
3.	Duermo muy bien en una tienda de campaña.	☐	☐
4.	Saco muchas fotos cuando estoy de vacaciones.	☐	☐
5.	Es fácil viajar a playas bonitas desde aquí.	☐	☐

B. Preguntas

1. Por lo general, ¿cuándo toma Ud. sus vacaciones? ¿En invierno? ¿en verano? En las vacaciones, ¿le gusta viajar o prefiere no salir de su ciudad? ¿Le gusta ir de vacaciones con su familia? ¿Prefiere ir solo/a (*alone*), con un amigo / una amiga o con un grupo de personas? ¿Prefiere viajar sólo a lugares en este país o le gustaría (*would you like*) viajar por otros países del mundo (*world*)?

2. De los medios de transporte mencionados en **De viaje** (página 164), ¿cuáles conoce Ud. por experiencia? ¿Cuál es el más rápido? ¿el más económico? ¿Cuáles hacen más escalas o hacen paradas con más frecuencia? ¿Cómo prefiere Ud. viajar? ¿Prefiere un asiento de ventanilla o un asiento de pasillo?

Other Uses of *se* (For Recognition)

It is likely that you have often seen and heard the phrase shown in the photo that accompanies this box: **Se habla español.** (*Spanish is spoken* [*here*]). Here are some additional examples of this use of **se** with Spanish verbs. Note how the meaning of the verb changes slightly.

Se venden billetes aquí.   *Tickets are sold here.*

Aquí no **se fuma.**   *You don't (One doesn't) smoke here. Smoking is forbidden here.*

Be alert to this use of **se** when you see it because it will occur with some frequency in readings and in direction lines in *Puntos en breve*. The activities in this text will not require you to use this grammar point on your own, however.   *Nueva York* ▶

C. ¿Dónde se hace esto? Indique el lugar (o los lugares) donde se hacen las siguientes actividades.

Lugares
en el aeropuerto
en la agencia de viajes
en el avión
en casa
en la playa

1. Se factura el equipaje.
2. Se hacen las maletas.
3. Se compran los pasajes.
4. Se hace una reservación.
5. Se espera en la sala de espera.
6. Se pide un cóctel.
7. Se mira una película.
8. Se nada y se toma el sol.

Need more practice?

- Workbook/Laboratory Manual
- Interactive CD-ROM
- Online Learning Center (www.mhhe.com/peb2)

Los nuevos turismos en el mundo hispano

El turista de hoy ya no es el turista tradicional y fácil de complacer.[a] Por eso hay nuevas industrias para satisfacer su interés en **la ecología, la agricultura** o **la aventura:** el ecoturismo, el agroturismo y el aventurismo.

El ecoturismo consiste en viajar a **lugares no explotados por el ser humano.**[b] Los lugares del mundo hispano que ofrecen amplias oportunidades para el ecoturismo son **las selvas tropicales** de Centroamérica y la Amazonia, especialmente en Costa Rica y el Ecuador. Las Islas Galápagos y la Patagonia también son **destinos**[c] populares entre los ecoturistas.

El agroturismo indica **viajes a lugares rurales** donde el turista se queda[d] en casas rurales renovadas, a veces visitando más de una casa o un área durante su viaje. Algunas excursiones son informativas o educativas, con destinos a **granjas y campos de cultivo.**[e] España ofrece varias oportunidades al agroturista por todo el país, especialmente en el País Vasco y en las Islas Baleares.

El aventurista, o sea[f] el turista que busca viajes emocionantes, a veces peligrosos,[g] también tiene amplias oportunidades en los países hispanos. En los Andes, la Patagonia y las montañas de España, puede hacer **el alpinismo, el montañismo en bicicleta, la navegación en rápidos, el esquí** y **el *snowboard*** extremos.

▲ *Un grupo de estudiantes que participan en un taller (workshop) ecoturístico en la Amazonia, en Perú*

[a]*please*   [b]*por... by humans*   [c]*destinations*   [d]*se... stays*   [e]*granjas... farms and croplands*   [f]*o... or in other words*   [g]*dangerous*

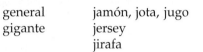

■ In Spanish, the letter **g** followed by **e** or **i** has the same sound as the letter **j** followed by any vowel: [x]. It is similar to the English *h,* although in some dialects it is pronounced with a harder sound.

> general   jamón, jota, jugo
> gigante   jersey
>   jirafa

■ As you know, the letter **g** has another pronunciation, similar to *g* in the English word *go:* [g]. The Spanish letter **g** is pronounced [g] when it is followed directly by **a, o,** or **u** or by the combinations **ue** and **ui.**

> galante   gorila   gusto   guerrilla   siguiente

■ The [g] pronunciation actually has two forms, a harder [g] and a fricative [g̱] that sounds softer. The [g] pronunciation is used at the beginning of a phrase (that is, after a pause) or after the letter **n.**

> mango   tango   ángulo

■ In any other position, the softer, fricative [g̱] is used.

> el gato   el gorila   el gusto

Práctica. Practique la pronunciación de las siguientes palabras.

1. [x]   jamón   gimnasio
         geranio   jipijapa
         Jijona   joya
         Juan   gitano
         genio   rojo
         Jorge   germinal
         Jesús

2. [g]   gato   algodón
         tengo   gas
         galleta   ganga

3. [g/g̱]   un gato / el gato
           un grupo / el grupo
           gracias / las gracias
           guapos niños / niños guapos

4. [x/g]   gigante   juguete
          jugamos   jugar
          jugoso

GRAMÁTICA

In **Gramática 17, Capítulo 6,** you learned how to use direct object pronouns to avoid repetition. Can you identify the direct object pronouns in the following exchange? To what or to whom do these pronouns refer?

—Roberto, ¿tienes los boletos?
—No, no los tengo, pero mi agente de viajes los tiene listos (*ready*).
—Si quieres, te acompaño a la agencia.
—Sí, ¡qué buena idea! Casi nunca te veo. Podemos pasar por la plaza a tomar un café también.
—Perfecto.

20 Expressing *to whom* or *for whom* • Indirect Object Pronouns; *dar* and *decir*

Las vacaciones de primavera

Javier habla con sus padres de sus planes para las vacaciones de primavera. *Les* pide un poco de dinero para su pasaje de avión.

JAVIER: … así que mis amigos y yo ya tenemos todas las reservaciones. Pero tengo muy poco dinero para el viaje. Nunca *les* pido dinero durante el semestre y trabajo mucho. ¿*Me* pueden dar un poco de dinero para el pasaje de avión?

MADRE: Siempre *le* digo a tu padre que eres muy trabajador y sé que nunca *nos* pides dinero.

PADRE: Es verdad. *Te* podemos dar un cheque para el pasaje y para la comida durante el viaje.

Comprensión

1. ¿Qué les pide Javier a sus padres?
2. ¿Qué le dice la madre al padre de Javier?
3. ¿Qué le dan los padres a Javier?

Spring vacation (break) *Javier talks to his parents about his plans for spring break. He asks them for a little money for his airplane ticket* JAVIER: *. . . so, my friends and I already have all of the reservations. But I don't have much money for the trip. I never ask you for money during the semester and I work very hard. Can you give me a little money for the airplane ticket?* MOTHER: *I always tell your father that you are very hard-working and I know you never ask us for money.* FATHER: *It's true. We can give you a check for the airplane ticket and for food during the trip.*

Indirect Object Pronouns

me	to/for me	nos	to/for us
te	to/for you (*fam. sing.*)	**os**	to/for you (*fam. pl.*)
le	to/for you (*form. sing.*), him, her, it	**les**	to/for you (*form. pl.*), them

 Note that indirect object pronouns have the same form as direct object pronouns, except in the third person: **le, les.**

A. Indirect object nouns and pronouns are the second recipient of the action of the verb. They usually answer the questions *to whom?* or *for whom?* in relation to the verb. The word *to* is frequently omitted in English.

Indicate the direct and indirect objects in the following sentences.

1. I'm giving her the present tomorrow.
2. Could you tell me the answer now?
3. El profesor nos va a hacer algunas preguntas.
4. ¿No me compras una revista ahora?

B. Like direct object pronouns, *indirect object pronouns* (**los pronombres del complemento indirecto**) are placed immediately before a conjugated verb. They may also be attached to an infinitive or a present participle.

No, no **te** presto el coche.
No, I won't lend you the car.

Voy a guardar**te** el asiento.
Te voy a guardar el asiento.
I'll save your seat for you.

Le estoy escribiendo una carta **a Marisol.**
Estoy escribiéndo**le** una carta **a Marisol.**
I'm writing Marisol a letter.

C. Since **le** and **les** have several different equivalents, their meaning is often clarified or emphasized with the preposition **a** followed by a pronoun (object of a preposition).

Voy a mandar**le** un telegrama **a Ud. (a él, a ella).**
I'm going to send you (him, her) a telegram.

Les hago una comida **a Uds. (a ellos, a ellas).**
I'm making you (them) a meal.

D. It is common for a Spanish sentence to contain both the indirect object noun and the indirect object pronoun, especially with third person forms.

Vamos a decir**le** la verdad **a Juan.**
Let's tell Juan the truth.

¿**Les** guardo los asientos **a Jorge y Marta?**
Shall I save the seats for Jorge and Marta?

E. As with direct object pronouns, indirect object pronouns are attached to the affirmative command form and precede the negative command form.

Sírva**nos** un café, por favor.
Serve us some coffee, please.

No **me** dé su número de teléfono ahora.
Don't give me your phone number now.

F. Here are some verbs frequently used with indirect objects.

escribir	to write	preguntar	to ask (a question)
explicar	to explain	prestar	to lend
hablar	to speak	prometer	to promise
mandar	to send	recomendar (ie)	to recommend
mostrar (ue)	to show	regalar	to give (as a gift)
ofrecer (zc)	to offer	servir (i, i)	to serve
pedir (i, i)	to ask for		

Dar and decir

dar (to give)		decir (to say; to tell)	
doy	damos	digo	decimos
das	dais	dices	decís
da	dan	dice	dicen

Javier les **dice** a
sus padres que
necesita dinero.

Su padre le **da** un
cheque.

- **Dar** and **decir** are almost always used with indirect object pronouns in Spanish.

¿Cuándo **me das** el dinero?
When will you give me the money?

¿Por qué no **le dice** Ud. la verdad, señor?
Why don't you tell him/her the truth, sir?

> In Spanish there are two verbs for *to give*: **dar** (*to give in general*) and **regalar** (*to give as a gift*). Also, do not confuse **decir** (*to say* or *to tell*) with **hablar** (*to speak*).

- **Dar** and **decir** also have irregular formal command forms. There is a written accent on **dé** to distinguish it from the preposition **de**.

Formal commands of **dar** and **decir**:

   dar → **dé, den**
   decir → **diga, digan**

AUTOPRUEBA

Give the correct Spanish equivalent for the indirect object pronoun in each sentence.

a. me   **b.** te   **c.** le   **d.** nos   **e.** les

1. _____ John gave it to *you*, Carol.
2. _____ Mr. Hopkins, Mrs. Simmons sent *you* this message, sir.
3. _____ Bring *them* some cookies.
4. _____ Don't tell *me* anything more.
5. _____ He didn't give *us* much time.

Answers: 1. b 2. c 3. e 4. a 5. d

■■■ Práctica

A. De vuelta a Honduras. Your friends the Padillas, from Honduras, need help arranging for and getting on their flight back home. Explain how you will help them, using the cues as a guide.

MODELO: confirmar el vuelo → *Les* confirmo el vuelo.

1. llamar un taxi
2. bajar (*to carry down*) las maletas
3. guardar el equipaje
4. facturar el equipaje
5. guardar el puesto en la cola
6. guardar el asiento en la sala de espera
7. comprar una revista
8. por fin decir adiós

B. ¿Qué hacen estas personas? Complete las siguientes oraciones con un verbo lógico y un pronombre de complemento indirecto.

MODELO: El vicepresidente *le ofrece* consejos al presidente.

1. Romeo _____ flores a Julieta.
2. Snoopy _____ besos (*kisses*) a Lucy… ¡Y a ella no le gusta!
3. Eva _____ una manzana a Adán.
4. La Dra. Laura Schlessinger _____ consejos a sus radioyentes (*listeners*).
5. Los bancos _____ dinero a las personas que quieren comprar una casa.
6. Los asistentes de vuelo _____ bebidas a los pasajeros.

C. En un restaurante. Imagine that your four-year-old cousin Benjamín has never eaten in a restaurant before. Explain to him what will happen, filling in the blanks with the appropriate indirect object pronoun.

Primero el camarero _____[1] indica una mesa. Luego tú _____[2] pides el menú al camarero. También _____[3] haces preguntas sobre los platos y las especialidades de la casa y _____[4] dices tus preferencias. El camarero _____[5] trae la comida. Por fin tu papá _____[6] pide la cuenta al camarero y y _____[7] da el dinero.

Need more practice?

■ Workbook/Laboratory Manual
■ Interactive CD-ROM
■ Online Learning Center (www.mhhe.com/peb2)

EN LOS ESTADOS UNIDOS Y EL CANADÁ

Ellen Ochoa, una viajera espacial

La Dra. Ellen L. Ochoa, de California (1958–), es **la primera mujer hispana astronauta** de los Estados Unidos; trabaja en la NASA desde 1990. Se graduó con un **doctorado**[a] en **ingeniería eléctrica** de la Universidad de Stanford. Pasó más de 975 horas viajando en el espacio, la misión más reciente en el año 2002. Entre[b] sus muchos honores está el de ser[c] miembro de la Comisión Presidencial para la Celebración de Mujeres en la Historia Americana.

La Dra. Ochoa no es la única persona hispana en la NASA. Hay otros **cinco astronautas hispanos** en misiones espaciales: el argentino Frank Caldeiro, el costarricense[d] Franklin Chang-Díaz, los españoles Pedro Duque y Michael López-Alegría y el peruano Carlos Noriega.

[a]*Ph.D.* [b]*Among* [c]*el… that of being* [d]*Costa Rican*

▲ *Ellen Ochoa*

■■■ Conversación

Entrevista: ¿Quién... ? Read through the following items and think about people whom you associate with the indicated action. Then, working with a partner, ask and answer questions to find out information about each topic.

MODELO: darle consejos →
E1: ¿A quién le das consejos?
E2: Con frecuencia le doy consejos a mi compañero de cuarto. ¡Él los necesita!
E1: ¿Quién te da consejos a ti?
E2: Mis abuelos me dan muchos consejos.

1. darle consejos
2. pedirle ayuda con los estudios
3. prestarle la ropa
4. mandarle flores
5. decirle secretos
6. hacerle favores
7. escribirle cartas
8. ofrecerle bebidas
9. mostrarle fotos
10. servirle la comida

¿Recuerda Ud.?

Review what you know about the verb **gustar** by answering the following questions. Then, changing their form as needed, use the forms of **gustar** to interview your instructor.

1. ¿Te gusta el café (el vino, el té...)?
2. ¿Te gusta jugar al béisbol (al golf, al vólibol, al...)?
3. ¿Te gusta viajar en avión (fumar, viajar en tren...)?

---

21   Expressing Likes and Dislikes • *Gustar*

Los chilenos viajeros

Según el anuncio, a muchos chilenos les gusta viajar a otros países. Lea el anuncio y luego indique si las oraciones son ciertas o falsas.

1. A los chilenos les gusta viajar sólo en este hemisferio.
2. A los chilenos les gustan mucho las playas.
3. Sólo les gusta viajar en países de habla española.
4. No les gustaría el precio del viaje.

MEDIO MILLON DE CHILENOS
DE VACACIONES 2003 AL EXTRANJERO
Y USTED... NO SE QUEDE SIN VIAJAR
¡ RESERVE AHORA MISMO !
El próximo verano '03, con el bajo valor del dólar, muchas personas desearán viajar, los cupos disponibles se agotarán rapidamente. ¡Asegure sus vacaciones! Elija ahora cualquiera de nuestros fantásticos programas.
MIAMI - ORLANDO - BAHAMAS - MÉXICO - CANCÚN
ACAPULCO - IXTAPA - COSTA RICA - RIO - SALVADOR
PLAYA TAMBOR - PUNTA CANA - LA HABANA
VARADERO - GUATEMALA - SUDAFRICA
Infórmese sobre nuestro SUPER CRÉDITO PREFERENCIAL
Economy Tour
Santa Magdalena 94, Providencia
☎2334429 - 2331774 - 2314252
2328294 - 2318608 - 2334862
Fax: 2334428

Y a Ud., ¿le gusta viajar? ¿Cuál de estos lugares le gustaría visitar?

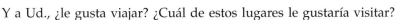

Constructions with *gustar*

Spanish	Literal Equivalent	English Phrasing
Me gusta la playa.	The beach is pleasing to me.	*I like the beach.*
No le gustan sus cursos.	His courses are not pleasing to him.	*He doesn't like his courses.*
Nos gusta leer.	Reading is pleasing to us.	*We like to read.*

You have been using the verb **gustar** since the beginning of *Puntos en breve* to express likes and dislikes. However, **gustar** does not literally mean *to like*, but rather *to be pleasing*.

Me gusta viajar.
Traveling is pleasing to me. (I like traveling.)

A. **Gustar** is always used with an indirect object pronoun: Someone or something is pleasing *to* someone else. The verb must agree with the subject of the sentence—that is, the person or thing that is pleasing.

Me **gusta** la comida mexicana.
Mexican food is pleasing to me. (I like Mexican food.)

Me **gustan** los viajes aventureros.
Adventurous trips are pleasing to me. (I like adventurous trips.)

B. When the person pleased is a noun, a phrase with **a** + a *noun* must be used in addition to the indirect object pronoun. The prepositional phrase usually appears before the indirect object pronoun, but it can also appear after the verb.

A David no le gustan los aviones.
No le gustan los aviones a **David.**
David doesn't like airplanes.

C. A phrase with **a** + a *pronoun* is often used for clarification or emphasis. The prepositional phrase can appear before the indirect object pronoun or after the verb.

CLARIFICATION

¿Le gusta **a Ud.** viajar?
Do you like to travel?

Note that an infinitive is viewed as a singular subject in Spanish.

EMPHASIS

A mí me gusta viajar en avión, pero **a mi esposo** le gusta viajar en coche.
I like to travel by plane, but my husband likes to travel by car.

The indirect object pronoun *must* be used with **gustar** even when the prepositional phrase **a** + *noun* or *pronoun* is used.

Would Like / Wouldn't Like

What one *would* or *would not* like to do is expressed with the form **gustaría*** + *infinitive* and the appropriate indirect objects.

A mí me gustaría viajar a Colombia.
I would like to travel to Colombia.

Nos gustaría hacer *camping* este verano.
We would like to go camping this summer.

---

*This is one of the forms of the conditional of **gustar.** You will not learn this verb form in *Puntos en breve*. However, if you wish to learn it on your own, please refer to Appendix 3.

■ ■ ■ Práctica

A. Gustos y preferencias

Paso 1. Using the models as a guide, tell whether or not you like the following.

MODELOS: ¿el café? → (No) Me gusta el café.
¿los pasteles? → (No) Me gustan los pasteles.

1. ¿el vino?
2. ¿los niños pequeños?
3. ¿la música clásica?
4. ¿Ricky Martin?
5. ¿el invierno?
6. ¿hacer cola?
7. ¿el chocolate?
8. ¿las películas de terror?
9. ¿las clases que empiezan a las ocho de la mañana?
10. ¿cocinar?
11. ¿la gramática?
12. ¿las clases de este semestre/trimestre?
13. ¿los vuelos con muchas escalas?
14. ¿bailar en las discotecas?

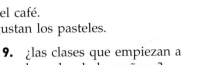

Paso 2. Now share your reactions with a classmate. He or she will respond with one of the following reactions. How do your likes and dislikes compare?

REACCIONES

A mí también.   *So do I.*   Pues a mí, sí.   *Well, I do.*
A mí tampoco.   *I don't either.* (*Neither do I.*)   Pues a mí, no.   *Well, I don't.*

B. ¿Adónde vamos este verano?

Paso 1. The members of the Soto family all prefer different vacation activities and, of course, would like to go to different places this summer. Imagine that you are one of the Sotos and describe the family's various preferences, following the model.

MODELO: padre/nadar: ir a la playa →
A mi padre *le gusta* nadar. *Le gustaría* ir a la playa.

1. padre / el océano: ir a la playa
2. hermanos pequeños / nadar: también ir a la playa
3. hermano Ernesto / hacer *camping*: ir a las montañas
4. abuelos / descansar: quedarse en casa
5. madre / la tranquilidad: visitar un pueblecito (*small town*) en la costa
6. hermana Elena / discotecas: pasar las vacaciones en una ciudad grande
7. mí/¿ ?

Paso 2. Now, remembering what you have learned about the vacation preferences of your imaginary family, answer the following questions.

1. ¿A quién le gustaría ir a Nueva York?
2. ¿A quién le gustaría viajar a Acapulco?
3. ¿Quién no quiere salir de casa?
4. ¿A quién le gustaría ir a Cabo San Lucas?
5. ¿Quién quiere ir a Colorado?

Need more practice?

- Workbook/Laboratory Manual
- Interactive CD-ROM
- Online Learning Center (www.mhhe.com/ peb2)

■■■ Conversación

A. ¿Qué les gusta hacer? ¿Qué les gusta hacer a las siguientes personas? Conteste según los dibujos y trate de usar las **Frases útiles.** ¿Puede Ud. inventar otros detalles sobre su vida? Por ejemplo, ¿cuántos años tienen? ¿Tienen niños? ¿Dónde viven? ¿Qué cosas *no* les gusta hacer?

Frases útiles

bailar
cantar
escuchar (música *hip hop*)
ir de compras, de vacaciones
jugar (ue) a los vídeojuegos
pasar tiempo con los amigos
patinar en un monopatín (to skateboard)
viajar (en coche, en avión, a las montañas)

1. Toño

2. los Sres. Sánchez

3. Memo

NOTA COMUNICATIVA

More About Expressing Likes and Dislikes

Here are some ways to express intense likes and dislikes.

■ Use the phrases **mucho/muchísimo** or **(para) nada.**

Me gusta mucho/muchísimo.	*I like it a lot / a whole lot.*
No me gusta (para) nada.	*I don't like it at all.*

■ To express *love* and *hate* in reference to likes and dislikes, you can use **encantar** and **odiar.**

Encantar is used just like **gustar.**

Me encanta el chocolate.	*I love chocolate.*
Les encanta viajar, ¿verdad?	*You love traveling, right?*

Odiar, on the other hand, is a transitive verb (one that can take a direct object).

Odio el apio.	*I hate celery.*
Mi madre **odia** viajar sola.	*My mother hates traveling alone.*

■ To express interest in something, use **interesar.** This verb is also used like **gustar.**

Me interesa la comida salvadoreña.	*I'm interested in Salvadoran food.*

B. ¿Qué te gusta? ¿Qué odias? Almost every situation has aspects that one likes or dislikes, even hates. Pick at least two of the following situations and tell what you like or don't like about them. Add as many details as you can, using **me gustaría** when possible.

MODELO: en la playa →
Me gusta mucho el agua, pero no me gusta el sol. Por eso no me gusta pasar todo el día en la playa. Me encanta nadar pero odio la arena (*sand*). Por eso me gustaría más ir a nadar en una piscina.

Situaciones	
en un almacén grande	en clase
en un autobús	en el coche
en un avión	en una discoteca
en la biblioteca	en una fiesta
en una cafetería	en un parque
en casa con mis amigos	en la playa
en casa con mis padres/hijos	en un tren

22 Talking About the Past (1) • Preterite of Regular Verbs and of *dar*, *hacer*, *ir*, and *ser*

Elisa habla de su viaje a Puerto Rico

Elisa es reportera. Recientemente *fue* a Puerto Rico para escribir un artículo.

«Recientemente *fui* a Puerto Rico para escribir un artículo sobre esa isla. *Hice* el viaje en avión. El vuelo *fue* largo, pues el avión *hizo* escala en Miami. *Pasé* una semana entera en la isla. *Hablé* con muchas personas de la industria turística y *visité* los lugares más interesantes de Puerto Rico. También *comí* mucha comida típica de la isla. Además, *tomé* el sol en las preciosas playas puertorri- queñas y *nadé* en el mar Caribe. Me *divertí* mucho. ¡Mi viaje *fue* casi como unas vacaciones!»

Comprensión: ¿Cierto o falso?

1. Elisa fue a Puerto Rico para pasar sus vacaciones.
2. El avión hizo escala en los Estados Unidos.
3. Elisa no visitó ningún lugar importante de Puerto Rico.
4. Elisa también pasó tiempo cerca del océano.

Elisa talks about her trip to Puerto Rico *Elisa is a reporter. She recently went to Puerto Rico to write an article. "Recently I went to Puerto Rico to write an article about that island. I made the trip by plane. The flight was long because the plane made a stop in Miami. I spent a whole week on the island. I spoke with many people in the tourist industry and I visited the most interesting places in Puerto Rico. I also ate lots of typical food from the island. Furthermore, I sunbathed on the beautiful Puerto Rican beaches and swam in the Caribbean Sea. I had lots of fun. My trip was almost like a vacation!"*

Gramática

In previous chapters of *Puntos en breve,* you have talked about a number of your activities, but always in the present tense. In this section, you will begin to work with the forms of the preterite, one of the tenses that will allow you to talk about the past. To talk about all aspects of the past in Spanish, you need to know how to use two *simple tenses* (tenses formed without an auxiliary or "helping" verb): the preterite and the imperfect. In this chapter, you will learn the regular forms of the preterite and those of four irregular verbs: **dar, hacer, ir,** and **ser.** In this chapter and in **Capítulos 8, 9, 10,** and **11,** you will learn more about preterite forms and their uses as well as about the imperfect and the ways in which it is used alone and with the preterite.

The *preterite* (**el pretérito**) has several equivalents in English. For example, **hablé** can mean *I spoke* or *I did speak.* The preterite is used to report finished, completed actions or states of being in the past. If the action or state of being is viewed as completed—no matter how long it lasted or took to complete—it will be expressed with the preterite.

```
PAST ----------------- Present ----------------- Future
preterite                      present
                          present progressive
                           formal commands
```

Preterite of Regular Verbs

hablar		comer		vivir	
hablé	*I spoke (did speak)*	comí	*I ate (did eat)*	viví	*I lived (did live)*
hablaste	*you spoke*	comiste	*you ate*	viviste	*you lived*
habló	*you/he/she spoke*	comió	*you/he/she ate*	vivió	*you/he/she lived*
hablamos	*we spoke*	comimos	*we ate*	vivimos	*we lived*
hablasteis	*you spoke*	comisteis	*you ate*	vivisteis	*you lived*
hablaron	*you/they spoke*	comieron	*you/they ate*	vivieron	*you/they lived*

- Note that the **nosotros** forms of regular preterites are the same as the present tense forms for **-ar** and **-ir** verbs. Context usually helps determine meaning.

Hoy **hablamos** con la profesora Benítez.
Today we're speaking with Professor Benítez.

Ayer **hablamos** con el director de la facultad.
Yesterday we spoke with the head of the department.

- Note the accent marks on the first and third person singular of the preterite tense. These accent marks are dropped in the conjugation of **ver: vi, vio.**

ver:	vi	vimos
	viste	visteis
	vio	vieron

(handwritten note at top: me = to me direct / indirect object)

- Verbs that end in **-car, -gar,** and **-zar** show a spelling change in the first person singular (**yo**) of the preterite. (This is the same change you have already learned to make in present subjunctive forms.)

-car → **qu**	**buscar**	
	busqué	buscamos
	buscaste	buscasteis
	buscó	buscaron
-gar → **gu**	**pagar**	
	pagué	pagamos
	pagaste	pagasteis
	pagó	pagaron
-zar → **c**	**empezar**	
	empecé	empezamos
	empezaste	empezasteis
	empezó	empezaron

- **-Ar** and **-er** stem-changing verbs show no stem change in the preterite.
  -Ir stem-changing verbs do show a change.*

  despertar (ie): **desperté, despertaste,…**
  volver (ue): **volví, volviste,…**

- An unstressed **-i-** between two vowels becomes **-y-**. Also, note the accent on the **í** in the **tú, nosotros,** and **vosotros** forms.

creer		**leer**	
creí	creímos	leí	leímos
creíste	creísteis	leíste	leísteis
creyó	creyeron	leyó	leyeron

Irregular Preterite Forms

dar		**hacer**		**ir/ser**	
di	dimos	hice	hicimos	fui	fuimos
diste	disteis	hiciste	hicisteis	fuiste	fuisteis
dio	dieron	hizo	hicieron	fue	fueron

- The preterite endings for **dar** are the same as those used for regular **-er/-ir** verbs in the preterite, except that the accent marks are dropped.

- **Hizo** is spelled with a **z** to keep the [s] sound of the infinitive.

  hic- + -o → hizo

- **Ir** and **ser** have identical forms in the preterite. Context will make the meaning clear.

  Fui a la playa el verano pasado.
  I went to the beach last summer.

  Fui agente de viajes.
  I was a travel agent.

---

*You will learn more about and practice the preterite of most stem-changing verbs in **Capítulo 8.**

Gramática

 **Práctica**

A. **¡Anticipemos! ¿Qué hizo Ud. el verano pasado?** Indique las oraciones que son ciertas para Ud., contestando con **sí** o **no**.

El verano pasado…

1. tomé una clase en la universidad.
2. asistí a un concierto.
3. trabajé mucho.
4. hice *camping* con algunos amigos / mi familia.
5. viví con mis padres / mis hijos.
6. me quedé en este pueblo / esta ciudad.
7. fui a una playa.

B. **El día de tres compañeras**

Paso 1. Teresa, Evangelina y Liliana comparten (*share*) un apartamento en un edificio viejo. Ayer Teresa y Evangelina fueron a la universidad mientras Liliana se quedó en casa. Describa lo que (*what*) hicieron, según la perspectiva de cada una.

> **MODELO:** (nosotras) levantarse / a / siete y media →
> Nos levantamos a las siete y media.

TERESA Y EVANGELINA

1. (nosotras) salir / de / apartamento / a / nueve
2. llegar / biblioteca / a / diez
3. estudiar / toda la mañana / para / examen
4. almorzar / con / amigos / en / cafetería
5. ir / a / laboratorio / a / una
6. hacer / todos los experimentos / de / manual (*m.*)
7. tomar / examen / a / cuatro / y / ser / horrible
8. regresar / a casa / después de / examen
9. ayudar / Liliana / a / preparar / cena
10. cenar / todas juntas / a / siete

LILIANA

1. (yo) quedarse / en casa / todo el día
2. ver / televisión / por / mañana
3. llamar / mi / padres / a / once
4. estudiar / para / examen / de / historia / y / escribir / composición / para / clase / sociología
5. ir / a / supermercado / y / comprar / comida
6. empezar / a / preparar / cena / a / cinco

Paso 2. Ahora vuelva a contar (*tell*) cómo fue el día de Liliana, pero desde el punto de vista de sus compañeras de cuarto. Luego diga cómo fue el día de Teresa y Evangelina según Liliana.

C. **Un semestre en México.** Cuente la siguiente historia desde el punto de vista de la persona indicada, usando el pretérito de los verbos.

> **MODELO:** (yo) viajar a México el año pasado →Viajé a México el año pasado.

1. (yo) pasar todo el semestre en la ciudad de Guanajuato
2. mis padres: pagarme el vuelo…
3. …pero (yo) trabajar para ganar el dinero para la matrícula y los otros gastos (*expenses*)
4. vivir con una familia mexicana encantadora (*enchanting*)
5. aprender mucho sobre la vida y la cultura mexicanas

Need more practice?

- Workbook/Laboratory Manual
- Interactive CD-ROM
- Online Learning Center (www.mhhe.com/peb2)

6. visitar muchos sitios de interés turístico e histórico
7. mis amigos: escribirme muchas cartas
8. (yo) mandarles muchas tarjetas postales (*postcards*)
9. comprarles recuerdos (*souvenirs*) a todos
10. volver a los Estados Unidos al final de agosto

■ ■ ■ Conversación

A. **El viernes por la tarde...** The following drawings depict what Julián did last night. Match the phrases with the individual drawings. Then narrate what Julián did using verbs in the preterite. Use as many of the words and phrases from the preceding **Nota comunicativa** as possible.

1. 2. 3. 4. 5. 6.

7. 8. 9. 10. 11. 12.

a. _____ hacer cola para comprar las entradas (*tickets*)
b. _____ regresar tarde a casa
c. _____ volver a casa después de trabajar
d. _____ ir a un café a tomar algo
e. _____ llegar al cine al mismo tiempo
f. _____ llamar a un amigo
g. _____ no gustarles la película (*movie*)
h. _____ comer rápidamente
i. _____ ducharse y afeitarse
j. _____ entrar en el cine
k. _____ ir al cine en autobús
l. _____ decidir encontrarse (*to meet up*) en el cine

B. Entrevista

1. ¿Qué le(s) diste a tu mejor amigo/a (tu esposo/a, tu novio/a, tus hijos) para su cumpleaños el año pasado? ¿Qué te regaló a ti esa persona para tu cumpleaños? ¿Alguien te mandó flores el año pasado? ¿Le mandaste flores a alguien? ¿Te gusta que te traigan chocolates? ¿otras cosas?

2. ¿Dónde y a qué hora comiste ayer? ¿Con quién(es) comiste? ¿Te gustaron todos los platos que comiste? Si comiste fuera, ¿quién pagó?

3. ¿Cuándo decidiste estudiar español? ¿Cuándo lo empezaste a estudiar? ¿Vas a seguir con el español el semestre/trimestre que viene?

4. ¿Qué hiciste ayer? ¿Adónde fuiste? ¿Con quién(es)? ¿Ayudaste a alguien a hacer algo? ¿Te llamó alguien? ¿Llamaste a alguien? ¿Te invitaron a hacer algo especial algunos amigos?

C. ¿Qué hicieron?

Paso 1. Describa lo que hicieron las siguientes personas ayer, sin decir (*without telling*) su nombre. Si no sabe los detalles, ¡invéntelos! Para los números 1 y 4, escoja a una persona fácil de reconocer. Incluya también una descripción de lo que Ud. hizo ayer.

MODELO: un actor famoso →
Se levantó a las cinco de la mañana para trabajar. Fue al estudio y habló con el director y Kathy Bates antes de empezar. Luego se acostó en la cama de agua y…

1. un actor famoso / una actriz famosa
2. un rey (*king*) o una reina (*queen*)
3. un empleado de la Casa Blanca (*White House*)
4. un(a) atleta profesional
5. un bebé de dos años
6. Ud. o un compañero / una compañera de clase

Paso 2. Lea una o dos de sus descripciones sin identificar a la persona. Sus compañeros de clase deben tratar de identificar a quién describe.

MODELO: E1: Se levantó a las cinco de la mañana para trabajar. Fue al estudio y habló con el director y Kathy Bates antes de empezar. Luego se acostó en la cama de agua y…
E2: Es un actor famoso. Es Jack Nicholson.

Honduras   El Salvador

Conozca...

Honduras y El Salvador

Datos esenciales

Honduras

- Nombre oficial: República de Honduras
- Capital: Tegucigalpa
- Población: 6.670.000 habitantes
- Moneda: el lempira
- Idioma oficial: el español

El Salvador

- Nombre oficial: República de El Salvador
- Capital: San Salvador
- Población: 6.500.000 habitantes
- Moneda: el dólar*
- Idioma oficial: el español

¡Fíjese!

- El centro ceremonial maya de Copán, en Honduras, es hoy un parque nacional que contiene una colección de ruinas mayas superadas[a] sólo por las ruinas de Tikal en Guatemala.

MÉXICO

BELICE

GUATEMALA

HONDURAS

Tegucigalpa ⊛

Heidi Luna ▶
Tegucigalpa,
Honduras

San Salvador ⊛
EL SALVADOR

NICARAGUA

COSTA RICA

PANAMÁ

◀ Rubén Alexis
Guillén
Irubasco,
El Salvador

*OCÉANO
PACÍFICO*

*The **colón** was replaced by the dollar on January 1, 2001.

- Las erupciones del Volcán de Izalco en El Salvador fueron constantes entre los años 1770 y 1966, por casi dos siglos.[b] Este volcán se conoce con el nombre de «el faro[c] del Pacífico», porque estuvo encendido[d] por muchos años y sirvió de[e] guía a los navegantes.

[a]*exceeded (in quality)*   [b]*centuries*   [c]*lighthouse*   [d]*estuvo... it was lit up*   [e]*sirvió... served as a*

Personas famosas: El Arzobispo[a] Óscar Arnulfo Romero

El 24 de marzo de 1980 un héroe de El Salvador fue asesinado mientras oficiaba una misa.[b] En vida,[c] el arzobispo Óscar Arnulfo Romero (1917–1980) fue la conciencia de su país. Criticó a los líderes políticos por su violencia e injusticia, y trabajó para mejorar[d] las condiciones económicas y sociales del país. Por eso, fue nominado para el premio Nóbel de la Paz[e] en 1979.

[a]*Archbishop*   [b]*oficiaba... he was celebrating a Mass*   [c]*life*   [d]*improve*   [e]*premio... Nobel Peace Prize*

▲ *El Volcán de Izalco, El Salvador*

Learn more about Honduras and El Salvador with the Video, the Interactive CD-ROM, and the Online Learning Center (www.mhhe.com/peb2).

Gramática

To review the grammar points presented in this chapter, refer to the indicated grammar presentations. You'll find further practice of these structures in the Workbook/Laboratory Manual, on the Interactive CD-ROM, and on the *Puntos en breve* Online Learning Center (www.mhhe.com/peb2).

20. Expressing *to whom* or *for whom*—Indirect Object Pronouns; **Dar** and **decir**

Do you know how to use indirect object pronouns to express *to whom* or *for whom*?

21. Expressing Likes and Dislikes—**Gustar**

Do you know how to talk about things you and others like and like to do?

22. Talking About the Past (1)—Preterite of Regular Verbs and of **dar, hacer, ir,** and **ser**

You should know how to conjugate regular preterite verbs. Can you use the irregular verbs **dar, hacer, ir,** and **ser** in the preterite as well?

Vocabulario

Practice this vocabulary with digital flash cards on the Online Learning Center (www.mhhe.com/peb2).

Los verbos

anunciar	to announce
bajar (de)	to get down (from); to get off (of)
contar (ue)	to tell
dar (*irreg.*)	to give
decir (*irreg.*)	to say; to tell
encantar	to like very much, love
explicar (qu)	to explain
facturar	to check (*baggage*)
fumar	to smoke
guardar	to save (*a place*)
gustar	to be pleasing, like
mandar	to send
mostrar (ue)	to show
odiar	to hate
ofrecer (zc)	to offer
prestar	to lend
prometer	to promise
recomendar (ie)	to recommend
regalar	to give (*as a gift*)
subir (a)	to go up; to get on (*a vehicle*)
viajar	to travel

De viaje

el aeropuerto	airport
la agencia de viajes	travel agency
el/la agente de viajes	travel agent
el asiento	seat
el/la asistente de vuelo	flight attendant
el autobús	bus
el avión	airplane
el barco	boat, ship
el billete/boleto	ticket
de ida	one-way
de ida y vuelta	round-trip
la cabina	cabin (*in a ship*)
la clase turística	tourist class
la demora	delay
el equipaje	baggage, luggage
la estación	station
de autobuses	bus
del tren	train
la llegada	arrival
la maleta	suitcase
el maletero	porter
el modo (de transporte)	means (of transportation)
el pasaje	passage; ticket
el/la pasajero/a	passenger
la primera clase	first class
el puerto	port
el puesto	place (*in line*)
la sala de espera	waiting room
la salida	departure
la sección de (no) fumar	(non)smoking section

la tarjeta (postal)	(post)card
el tren	train
el viaje	trip
el vuelo	flight
hacer (*irreg.*) cola	to stand in line
hacer (*irreg.*) escalas/paradas	to make stops
hacer (*irreg.*) la(s) maleta(s)	to pack one's suitcase(s)
ir (*irreg.*) en...	to go/travel by . . .
autobús	bus
avión	plane
barco	boat, ship
tren	train
pasar por el control de la seguridad	to go/pass through security (check)

Repaso: hacer (*irreg.*) **un viaje**

De vacaciones

la camioneta	station wagon
el *camping*	campground
la foto(grafía)	photo(graph)
el mar	sea
la montaña	mountain
el océano	ocean
la tienda (de campaña)	tent

Repaso: la playa

estar (*irreg.*) de vacaciones	to be on vacation
hacer (*irreg.*) *camping*	to go camping
ir (*irreg.*) de vacaciones	to go on vacation
nadar	to swim
sacar (qu)	to take (*photos*)
tomar el sol	to sunbathe

Otros sustantivos

la flor	flower
el mundo	world
el/la niño/a	child; boy (girl)

Los adjetivos

atrasado/a (*with* estar)	late
solo/a	alone
último/a	last

Palabras adicionales

a tiempo	on time
de viaje	on a trip
desde	from
lo que	what, that which
me gustaría...	I would (really) like . . .
muchísimo	an awful lot

demora - delay
llegada - arrival
salida - dep.

CAPÍTULO

8

Los días festivos °

CULTURA

- **Conozca...** Cuba
- **Nota cultural:** Días festivos de gran importancia
- **En los Estados Unidos y el Canadá:** El día de César Chávez

VOCABULARIO

- La fiesta de Javier
- Emociones y condiciones

GRAMÁTICA

◀ Una muchacha cubana reza (*prays*) en una iglesia (*church*) en Santiago, Cuba, durante las Navidades

° **Los...** *Holidays*

sorpresa
Sorpresa

Sorpresa

Sorpresa
Sorpresa

La fiesta de Javier

la sorpresa

¡Qué sorpresa!

pasarlo mal

¡Es para ti!

Fiesta de sorpresa para Javier
¡Se gradúa y cumple 21 años!
¿Dónde es la fiesta?
¡La fiesta es en casa de Javier!

cumplir años

divertirse (ie, i) / pasarlo bien

regalar

los entremeses

los refrescos

celebrar	to celebrate	**ser** (*irreg.*) +	to take place at (*place*)
dar (*irreg.*)/**hacer** (*irreg.*) **una fiesta**	to give/have a party	**en** + *place* —¿**Dónde es** la fiesta?	Where is the party?
faltar	to be absent, lacking	—(**Es**) **En** casa de Javier.	(It's) At Javier's house.
gastar (dinero)	to spend (money)		
reunirse (me reúno) (con)	to get together (with)		

el Día de Año Nuevo	New Year's Day
el Día de los Reyes Magos	Day of the Magi (Three Kings)
el Día de San Patricio	Saint Patrick's Day
la Pascua (judía)	Passover
la Pascua (Florida)	Easter
las vacaciones de primavera	spring break
el Cinco de Mayo	Cinco de Mayo (*Mexican awareness celebration in some parts of the U.S.*)
el Día del Canadá	Canada Day (July 1)
el Cuatro de Julio (el Día de la Independencia [estadounidense])	Fourth of July ([*U.S.*] Independence Day)
el Día de la Raza	Columbus Day (*Hispanic awareness day in some parts of the U.S.*)
el Día de todos los Santos	All Saints' Day (November 1)
el Día de los Muertos	Day of the Dead (November 2)
el Día de Acción de Gracias	Thanksgiving
la Nochebuena	Christmas Eve
la Noche Vieja	New Year's Eve
el cumpleaños	birthday
el día del santo	saint's day (*the saint for whom one is named*)
la quinceañera	young woman's fifteenth birthday party

la Navidad

el Día de San Valentín
(de los Enamorados)

la Fiesta de las Luces

■ ■ ■ Conversación

A. Definiciones. ¿Qué palabra o frase corresponde a estas definiciones?

1. el día en que se celebra el nacimiento (*birth*) de Jesús
2. algo que alguien no sabe o no espera
3. algo de comer y algo de beber que se sirve en las fiestas (dos respuestas)
4. el día en que algunos hispanos visitan el cementerio para honrar la memoria de los difuntos (*deceased*)
5. la fiesta en que se celebra el hecho (*fact*) de que una muchacha cumple quince años
6. el día en que todo el mundo (*everybody*) debe llevar ropa verde
7. la noche en que se celebra el final del año
8. palabra que se dice para mostrar una reacción muy favorable, por ejemplo, cuando un amigo cumple años
9. una fiesta de ocho días, muy importante para los judíos (*Jewish people*)

All of the items on this list are not considered active vocabulary for this chapter. Just learn the holidays and celebrations that are relevant to you.

Días festivos de gran importancia

Aunque la mayoría de **los días festivos** varían de país en país y aun de ciudad en ciudad, algunas fiestas **se celebran** en casi todos los países hispanos.

▲ *Una quinceañera mexicana*

La Nochebuena En esta fiesta los hispanos cristianos siguen principalmente sus **tradiciones** católicas. Celebran la víspera[a] de la Navidad con una gran cena. Esta **celebración familiar** puede incluir también a amigos y vecinos.[b] Muchas familias van a la Misa del Gallo,[c] un **servicio religioso** que se celebra a medianoche. Es posible que la fiesta de Nochebuena termine muy tarde con música y baile. A veces, los niños reciben la visita de Papá Noel, otro nombre para Santa Claus, quien les deja **regalos.**

La Noche Vieja Como en este país, la Noche Vieja es una ocasión para grandes celebraciones, tanto entre familia como en lugares públicos. En España y otros países algunos practican la tradición de comer una uva[d] por cada una de las doce campanadas[e] de medianoche.

El Día de los Reyes Magos Muchos hispanos, especialmente los católicos, celebran (en lugar de Santa Claus) el 6 de enero, el día de los Reyes Magos, también conocida como **la Epifanía.** Los tres Reyes son los encargados[f] de traer regalos. Muchos niños ponen sus zapatos en la ventana o balcón antes de acostarse la noche del 5 de enero. Los Reyes llegan en camellos durante la noche y llenan los zapatos con regalos y **dulces.**

El Día de la Independencia Todos los países latinoamericanos celebran el día de la declaración de su independencia de España. Por ejemplo, México celebra su independencia el 16 de septiembre, Bolivia el 6 de agosto, el Paraguay el 15 de mayo y El Salvador el 15 de septiembre.

La quinceañera Las muchachas que cumplen quince años celebran ese día especial de llegar a ser mujer con una gran fiesta de familia y amigos. La muchacha se viste de largo[g] y, con sus invitados, asiste a una misa especial para ella. Luego hay una cena y una fiesta con música para bailar.

[a]*eve* [b]*neighbors* [c]*Misa... Midnight Mass* [d]*grape* [e]*strokes* [f]*los... in charge* [g]*se... dresses up (in a gown)*

B. Hablando de fiestas

Paso 1. ¿Cuáles de estas fiestas le gustan a Ud.? ¿Cuáles le gustan mucho? ¿Cuáles no le gustan? Explique por qué. Compare sus respuestas con las (*those*) de sus compañeros de clase. ¿Coinciden todos en su opinión de algunas fiestas?

> **MODELO:** el Cuatro de Julio → Me gusta mucho el Cuatro de Julio porque vemos fuegos artificiales en el parque y...

1. el Cuatro de Julio
2. el Día de Acción de Gracias
3. el Día de San Patricio
4. la Noche Vieja
5. el Día de la Raza
6. el Día de los Enamorados

Vocabulario útil	
el árbol	tree
el corazón	heart
la corona	wreath
el desfile	parade
la fiesta del barrio	neighbor-hood (block) party
los fuegos artificia-les	fireworks
el globo	balloon

Paso 2. Ahora piense en su fiesta favorita. Puede ser una de la lista del Paso 1 o una del **Vocabulario útil** de la página 188. Piense en cómo celebra Ud. esa fiesta, para explicárselo (*explain it*) luego a un compañero / una compañera de clase. Debe pensar en lo siguiente.

- los preparativos que Ud. hace de antemano (*beforehand*)
- la ropa especial que lleva
- las comidas o bebidas especiales que compra o prepara
- el lugar donde se celebra
- los adornos especiales que hay

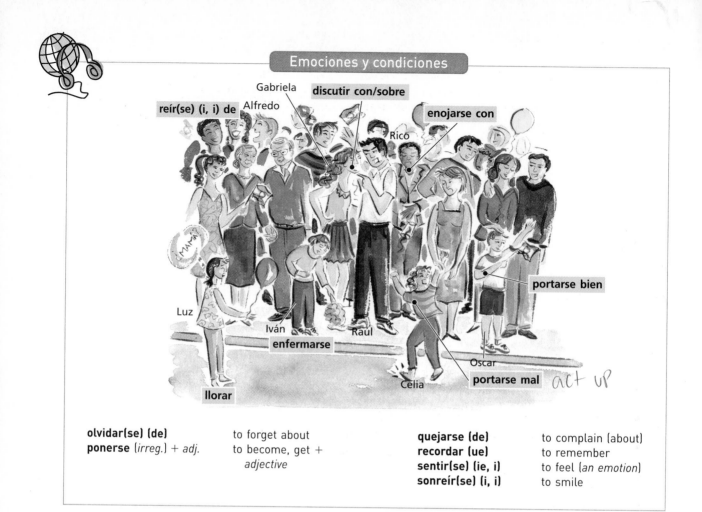

Emociones y condiciones

reír(se) (i, i) de — Alfredo · Gabriela · discutir con/sobre · Rico · enojarse con

Luz · Iván · enfermarse · Raúl · portarse bien

llorar · Celia · portarse mal · act up · Óscar

olvidar(se) (de)	to forget about	**quejarse (de)**	to complain (about)
ponerse (*irreg.*) + *adj.*	to become, get + *adjective*	**recordar (ue)**	to remember
		sentir(se) (ie, i)	to feel (*an emotion*)
		sonreír(se) (i, i)	to smile

NOTA COMUNICATIVA

Being Emphatic

To emphasize the quality described by an adjective or an adverb, speakers of Spanish often add **-ísimo/a/os/as** to it. This change adds the idea *extremely* (*exceptionally; very, very; super*) to the quality expressed by the adjective. You have already used one emphatic form of this type: **Me gusta muchísimo.**

Estos entremeses son **dificilísimos** de preparar.
Durante la época navideña, los niños son **buenísimos.**

These hors d'œuvres are very, very hard to prepare.
At Christmastime, the kids are extremely good.

- If the adjective ends in a consonant, **-ísimo** is added to the singular form: **difícil** → **dificilísimo** (and any accents on the word stem are dropped).
- If the adjective ends in a vowel, the final vowel is dropped before adding **-ísimo: bueno** → **buenísimo** (and any accents on the word stem are dropped).
- Spelling changes occur when the final consonant of an adjective is **c, g,** or **z: riquísimo, larguísimo, felicísimo.**

■ ■ ■ ■ Conversación

A. Reacciones. ¿Cómo reacciona o cómo se pone Ud. en estas situaciones? Use estos adjetivos o cualquier otro, y también los verbos que describen las reacciones emocionales. No se olvide de usar las formas enfáticas cuando sea (*whenever it is*) apropiado.

not on exam

avergonzado/a (*embarrassed*)
contento/a
feliz/triste
furioso/a
nervioso/a
serio/a

1. Es Navidad y alguien le hace a Ud. un regalo carísimo.
2. Es su cumpleaños y sus padres/hijos no le regalaron nada.
3. Ud. da una fiesta en su casa pero los invitados no se divierten. Nadie ríe ni sonríe.
4. Hay un examen importante hoy, pero Ud. no estudió anoche.
5. Ud. acaba de terminar un examen difícil/fácil y cree que lo hizo bien/mal.
6. En un examen de química, Ud. no puede recordar una fórmula muy importante.
7. Ud. cuenta un chiste (*a joke*) pero nadie se ríe.
8. Un amigo tiene un problema grave (*serious*) y necesita su ayuda.

B. ¿Son buenos todos los días festivos? Los días festivos pueden ser difíciles para muchas personas. Para Ud., ¿son ciertas o falsas las siguientes oraciones? Cambie las oraciones falsas para que sean (*so that they are*) ciertas. Luego compare sus respuestas con las de sus compañeros de clase.

EN LAS FIESTAS DE FAMILIA

1. Toda o casi toda mi familia, incluyendo a mis tíos, primos, abuelos, etcétera, se reúne por lo menos (*at least*) una vez al año.
2. Las fiestas de familia me gustan muchísimo.
3. Hay un pariente que siempre se queja de algo.
4. Uno de mis parientes siempre me hace preguntas indiscretas.
5. Alguien siempre bebe/come demasiado (*too much*) y luego se enferma.
6. A todos les gustan los regalos que reciben.
7. Todos lo pasan bien en las fiestas de familia.

LOS DÍAS FESTIVOS EN GENERAL

8. La Navidad/La Fiesta de las Luces es esencialmente una excusa para gastar dinero.
9. La época de fiestas en noviembre y diciembre es triste y deprimente (*depressing*) para mí.
10. Sólo las personas que practican una religión deben tener vacaciones en los días de fiestas religiosas.
11. Las vacaciones de primavera son para divertirse muchísimo. De hecho (*In fact*), son las mejores vacaciones del año.
12. Debería haber (*There should be*) más días festivos… por lo menos uno al mes.

Need more practice?

■ Workbook/Laboratory Manual
■ Interactive CD-ROM
■ Online Learning Center (www.mhhe.com/peb2)

23 Talking About the Past (2) • Irregular Preterites

La fiesta de la Noche Vieja

Conteste las siguientes preguntas sobre esta fiesta.

1. ¿Quién *estuvo* hablando por teléfono?
2. ¿Quién *dio* la fiesta?
3. ¿Quién no *pudo* ir a la fiesta?
4. ¿Quién *puso* su copa de champán en el televisor?
5. ¿Quién *hizo* mucho ruido?
6. ¿Quiénes no *quisieron* beber más?
7. ¿Quiénes *vinieron* con sus niñas?
8. ¿Quiénes le *trajeron* un regalo al anfitrión (*host*)?

Esteban · Jorge · Ernesto · Marina · Sofía · Patricia · Paco · Gema · Javier · Sultán

Y Ud., ¿*estuvo* alguna vez en una fiesta como esta? ¿*Tuvo* que salir temprano o se quedó hasta después de la medianoche (*midnight*)? ¿Le *trajo* algo al anfitrión / a la anfitriona?

PAST ------------------	Present ----------------	Future
preterite	present	
	present progressive	
	formal commands	

■ You have already learned the irregular preterite forms of **dar, hacer, ir,** and **ser.** The following verbs are also irregular in the preterite. Note that the first and third person singular endings, which are the only irregular ones, are unstressed, in contrast to the stressed endings of regular preterite forms.

estar	
estuve	estuvimos
estuviste	estuvisteis
estuvo	estuvieron

no

estar:	estuv-	-e
poder:	pud-	-iste
poner:	pus-	-o
querer:	quis-	-imos
saber:	sup-	-isteis
tener:	tuv-	-ieron
venir:	vin-	

- When the preterite verb stem ends in **-j-**, the **-i-** of the third person plural ending is omitted: **dijeron, trajeron.**

decir: **dij-** }
traer: **traj-** } -e, -iste, -o, -imos, -isteis, **-eron**

dijo trajo

- The preterite of **hay (haber)** is **hubo** (*there was/were*).

Hubo un accidente ayer en el centro.
There was an accident yesterday downtown.

Changes in Meaning

Several of the following Spanish verbs have an English equivalent in the preterite tense that is different from that of the infinitive.

	Infinitive Meaning	Preterite Meaning
saber	to know (*facts, information*)	to find out
	Ya lo sé.	Lo **supe** ayer.
	I already know it.	*I found it out (learned it) yesterday.*
conocer	to know, be familiar with (*people, places*)	to meet (*for the first time*)
	Ya la conozco.	La **conocí** ayer.
	I already know her.	*I met her yesterday.*
querer	to want	to try
	Quiero hacerlo hoy.	**Quise** hacerlo ayer.
	I want to do it today.	*I tried to do it yesterday.*
no querer	not to want	to refuse
	No quiero hacerlo hoy.	**No quise** hacerlo anteayer.
	I don't want to do it today.	*I refused to do it the day before yesterday.*
poder	to be able to (*do something*)	to succeed (*in doing something*)
	Puedo leerlo	**Pude** leerlo ayer.
	I can (am able to) read it.	*I could (and did) read it yesterday.*
no poder	not to be able, capable (*of doing something*)	to fail (*in doing something*)
	No puedo leerlo.	**No pude** leerlo anteayer.
	I can't (am not able to) read it.	*I couldn't (did not) read it the day before yesterday.*

estuve
pude
puse
quis
supe
tuve
vine

■■■ Práctica

A. ¡Anticipemos! La última Noche Vieja. Piense en lo que Ud. hizo la Noche Vieja del año pasado e indique si las siguientes oraciones son ciertas o falsas para Ud.

1. Fui a una fiesta en casa de un amigo / una amiga.
2. Di una fiesta en mi casa.
3. No estuve con mis amigos, sino (*but rather*) con la familia.
4. Quise ir a una fiesta, pero no pude.
5. Les dije «¡Feliz Año Nuevo!» a muchas personas.
6. Conocí a algunas personas.
7. Tuve que preparar la comida de esa noche.
8. Me puse ropa elegante esa noche.
9. Pude quedarme despierto/a (*awake*) hasta la medianoche.
10. No quise bailar. Me sentía (*I felt*) mal.

B. Una Nochebuena en casa de los Ramírez

Describa lo que pasó en casa de los Ramírez, haciendo el papel (*playing the role*) de uno de los hijos. Haga oraciones en el pretérito según las indicaciones, usando el sujeto pronominal cuando sea necesario.

1. todos / estar / en casa / abuelos / antes de / nueve
2. (nosotros) poner / mucho / regalos / debajo / árbol
3. tíos y primos / venir / con / comida y bebidas
4. yo / tener / que / ayudar / a / preparar / comida
5. haber / cena / especial / para / todos
6. más tarde / alguno / amigos / venir / a / cantar / villancicos (*carols*)
7. niños / ir / a / alcoba / a / diez y / acostarse
8. niños / querer / dormir / pero / no / poder
9. a / medianoche / todos / decir / «¡Feliz Navidad!»
10. al día siguiente / todos / decir / que / fiesta / estar / estupendo

Need more practice?

- Workbook/Laboratory Manual
- Interactive CD-ROM
- Online Learning Center (www.mhhe.com/peb2)

■■■ Conversación

A. ¡Un viaje de sueños (*dream*)**!**

Paso 1. Conteste las siguientes preguntas sobre un viaje de sueños. Debe inventar una historia muy extraordinaria o fantástica. Puede ser de un viaje que a Ud. le gustaría hacer, de un viaje hecho (*taken*) por un amigo o de un viaje totalmente imaginario. ¡Sea creativo/a!

1. ¿Adónde fue de viaje? ¿Con quién(es) fue?
2. ¿Cuánto tiempo estuvo allí? ¿Dónde se alojó (*did you stay*)?
3. ¿A qué persona famosa o interesante conoció allí? ¿Qué le dijo a esa persona cuando la conoció? ¿Supo algo interesante de esa persona?
4. ¿Qué cosa divertida (*enjoyable*) hizo durante el viaje? ¿Qué no pudo hacer?
5. ¿Qué recuerdos (*souvenirs*) trajo a casa?

Paso 2. Ahora cuénteles su historia a sus compañeros de clase. ¿Quién inventó la mejor historia?

Thanking Someone

You can use the preposition **por** to thank someone for something.

gracias por + *noun*
Gracias por el regalo.
Gracias por la invitación.

gracias por + *infinitive*
Gracias por llamarme.
Gracias por invitarnos.

B. Entrevista

1. ¿En qué mes conociste al profesor / a la profesora de español? ¿A quién(es) más conociste ese mismo (*same*) día? ¿Tuviste que hablar español el primer día de clase? ¿Qué les dijiste a sus amigos después de esa primera clase? ¿Qué les vas a decir hoy?

2. El año pasado, ¿dónde pasaste la Nochebuena? ¿el Día de Acción de Gracias? ¿Dónde estuviste durante las vacaciones de primavera? ¿Ya hiciste planes para estas ocasiones este año? ¿Dónde piensas estar?

3. ¿Alguien te dio una fiesta de cumpleaños este año? (¿O le diste una fiesta a alguien?) ¿Fue una fiesta de sorpresa? ¿Dónde fue? ¿Qué te trajeron tus amigos? ¿Qué te regalaron tus parientes? ¿Alguien te hizo un pastel? ¿Qué te dijeron todos? ¿Y qué les dijiste tú? ¿Quieres que te den otra fiesta para tu próximo cumpleaños?

EN LOS ESTADOS UNIDOS Y EL CANADÁ

El día de César Chávez

Desde el año 2000, el líder sindical[a] mexicoamericano César Chávez (1927–1993) tiene **un día festivo** en su honor en el estado de **California.** El lunes o el viernes alrededor del[b] 31 de marzo, los colegios y otros organismos[c] pueden cerrar para **honrar**[d] a Chávez y el movimiento en defensa de los **trabajadores agrícolas**[e] que él defendió.

El senador Richard Polanco fue el autor de la legislación que estableció **el día de César Chávez.**

▲ *César Chávez*

Polanco es un senador demócrata en el senado de California desde 1994 y representa al distrito de Los Ángeles. Desde 2000, Polanco es el Líder de la Mayoría en el Senado.

«[César Chávez] debe ser **honrado** porque su trabajo formó la América en la que hoy vivimos. Su vida nos dio a todos **el coraje**[f] y **la esperanza**[g] de que podemos hacer una diferencia. En su vida, nos enseñó que es importante **llevar una vida moral y responsable.**»

[a]*union* [b]*alrededor... around the* [c]*institutions* [d]*honor* [e]*trabajadores... farm workers* [f]*courage* [g]*hope*

24 Talking About the Past (3) • Preterite of Stem-Changing Verbs

La quinceañera de Lupe Carrasco

Imagine los detalles de la fiesta de Lupe cuando cumplió quince años.

1. Lupe *se vistió* con
   - ☐ un vestido blanco muy elegante.
   - ☐ una camiseta y unos *jeans.*
   - ☐ el vestido de novia[a] de su abuela.

2. Cortando el pastel de cumpleaños, Lupe
   - ☐ *empezó* a llorar.
   - ☐ *rió* mucho.
   - ☐ *sonrió* para una foto.

3. Lupe *pidió* un deseo[b] al cortar el pastel. Ella
   - ☐ les dijo a todos su deseo.
   - ☐ *prefirió* guardarlo en secreto.

4. En la fiesta *sirvieron*
   - ☐ champán y otras bebidas alcohólicas.
   - ☐ refrescos.
   - ☐ sólo té y café.

5. Todos *se divirtieron* mucho en la fiesta. Los invitados *se despidieron*[c] a la(s) _____.

[a]vestido... *wedding gown*   [b]*wish*   [c]*se... said good-bye*

Y Ud., ¿recuerda qué hizo cuando cumplió quince años? ¿*Pidió* muchos regalos? ¿*Se divirtió*? ¿Cómo *se sintió*?

PAST ----------------	Present ----------------	Future
preterite	present present progressive formal commands	

A. In **Capítulo 7** you learned that the **-ar** and **-er** stem-changing verbs have no stem change in the preterite (or in the present participle).

recordar (ue)		perder (ie)	
recordé	recordamos	perdí	perdimos
recordaste	recordasteis	perdiste	perdisteis
recordó	recordaron	perdió	perdieron
	recordando		perdiendo

B. The **-ir** stem-changing verbs do have a stem change in the preterite, but only in the third person singular and plural, where the stem vowels **e** and **o** change to **i** and **u**, respectively. This is the same change that occurs in the present participle of **-ir** stem-changing verbs.

pedir (i, i)		dormir (ue, u)	
pedí	pedimos	dormí	dormimos
pediste	pedisteis	dormiste	dormisteis
pidió	pidieron	durmió	durmieron
	pidiendo		durmiendo

C. Here are some **-ir** stem-changing verbs. You already know or have seen many of them. The reflexive meaning, if different from the nonreflexive meaning, is in parentheses.

Note the simplification:
ri-ió → rió; ri-ieron → rieron
son-ri-ió → sonrió;
    son-ri-ieron → sonrieron

despedirse (i, i)

conseguir (i, i) (g)	*to get, obtain*	**preferir (ie, i)**	*to prefer*
conseguir + *inf.*	*to succeed in (doing something)*	**reír(se) (i, i)**	*to laugh*
		sentir(se) (ie, i)	*to feel (an emotion)*
divertir(se) (ie, i)	*to entertain (to have a good time)*	**servir (i, i)**	*to serve*
		sonreír(se) (i, i)	*to smile*
dormir(se) (ue, u)	*to sleep (to fall asleep)*	**sugerir (ie, i)**	*to suggest*
morirse (ue, u)	*to die*	**vestir(se) (i, i)**	*to dress (to get dressed)*
pedir (i, i)	*to ask for; to order*		

AUTOPRUEBA

Complete the verbs with preterite stems.

1. nos div____rtimos
2. se d____rmieron
3. tú s____rviste

4. se v____stió
5. yo sug____rí
6. Uds. p____dieron

Answers: 1. *divertimos* 2. *durmieron* 3. *serviste* 4. *vistió* 5. *sugerí* 6. *pidieron*

■ ■ ■ Práctica

A. **¡Anticipemos! ¿Quién lo hizo?** ¿Ocurrieron algunas de estas cosas en clase la semana pasada? Conteste con el nombre de la persona apropiada. Si nadie lo hizo, conteste con **Nadie...**

1. _____ se vistió de una manera muy elegante.
2. _____ se vistió de una manera rara (*strange*).
3. _____ se durmió en clase.
4. _____ le pidió al profesor / a la profesora más tarea.
5. _____ se sintió muy contento/a.
6. _____ se divirtió muchísimo, riendo y sonriendo.
7. _____ no sonrió ni siquiera (*not even*) una vez.
8. _____ sugirió tener la clase afuera.
9. _____ prefirió no contestar ninguna pregunta.

B. Historias breves. Cuente las siguientes historias breves en el pretérito. Luego continúelas, si puede.

1. **En un restaurante:** Juan (sentarse) a la mesa. Cuando (venir) el camarero, le (pedir) una cerveza. El camarero no (recordar) lo que Juan (pedir) y le (servir) una Coca-Cola. Juan no (querer) beber la Coca-Cola. Le (decir) al camarero: «Perdón, señor. Le (pedir: *yo*) una cerveza.» El camarero le (contestar): «_____.»

2. **Dos noches diferentes:** Yo (vestirse), (ir) a una fiesta, (divertirse) mucho y (volver) tarde a casa. Mi compañero de cuarto (decidir) quedarse en casa y (ver) la televisión toda la noche. No (divertirse) nada. (Perder) una fiesta excelente y lo (sentir) mucho. Yo _____.

C. Las historias que todos conocemos. Cuente algunos detalles de unas historias tradicionales, usando una palabra o frase de cada grupo y el pretérito de los verbos.

MODELO: La Bella Durmiente (*Sleeping Beauty*) durmió por muchos años.

la Bella Durmiente el lobo (*wolf*) Rip Van Winkle la Cenicienta (*Cinderella*) el Príncipe las hermanastras de Cenicienta Romeo	conseguir ~~perder~~ divertirse preferir morirse sentir vestirse ~~dormir~~	en un baile encontrar (*to find*) a la mujer misteriosa (por) muchos años por el amor de Julieta de (*as a*) abuela un zapato envidia (*envy*) de su hermanastra

■ ■ ■ Conversación

Una entrevista indiscreta

Paso 1. Lea las siguientes preguntas y piense en cómo va a contestarlas. Debe contestar algunas preguntas con información falsa.

1. ¿A qué hora se durmió anoche?
2. En alguna ocasión, ¿perdió Ud. mucho dinero?
3. ¿Cuánto dejó de propina (*tip*) la última vez que comió en un restaurante?
4. Alguna vez, ¿se despidió Ud. de alguien tardísimo?
5. ¿Se rió alguna vez al oír una noticia (*piece of news*) trágica?

Paso 2. Use las preguntas para entrevistar a un compañero / una compañera de clase. Luego cuénteles a todos algunas de las respuestas de su compañero/a. La clase va a decidir si la información es cierta o falsa.

MODELO:
E1: ¿A qué hora te dormiste anoche?
E2: Me dormí a las tres de la mañana y me levanté a las siete.
E1: Alicia se durmió a las tres y se levantó a las siete.
CLASE: No es cierto.
E2: ¡Sí, es cierto! (Tienes razón./No es cierto.)

Need more practice?

■ Workbook/Laboratory Manual
■ Interactive CD-ROM
■ Online Learning Center (www.mhhe.com/peb2)

Se los la hot le los
las la las
la a
o

25 Expressing Direct and Indirect Objects Together • Double Object Pronouns

Berta habla de la fiesta que Anita hizo para sus amigos.

Preparé entremeses y *se los* llevé a Anita para la fiesta.

Me encantó el disco compacto que Anita tocó en la fiesta. Por eso Anita *me lo* prestó para escuchar más tarde.

Sergio sacó muchas fotos en la fiesta y *nos las* mostró en la computadora.

Comprensión ¿Cierto o falso?

1. ¿Los entremeses? Berta se los llevó a Anita.
2. ¿El disco compacto? Sergio se lo prestó a Berta.
3. ¿Las fotos? Anita se las mostró a todos.

Order of Pronouns

When both an indirect and a direct object pronoun are used in a sentence, the indirect object pronoun (**I**) precedes the direct (**D**): **ID.** Note that nothing comes between the two pronouns. The position of double object pronouns with respect to the verb is the same as that of single object pronouns.

—¿Tienes el trofeo?
Do you have the trophy?

—Sí, acaban de dár**melo.**
Yes, they just gave it to me.

—Mamá, ¿está listo el almuerzo?
Mom, is lunch ready?

—**Te lo** preparo ahora mismo.
I'll get it ready for you right now.

A. When both the indirect and the direct object pronouns begin with the letter **l**, the indirect object pronoun always changes to **se**. The direct object pronoun does not change.

Le regaló unos zapatos. *He gave her some shoes.*

Se los regaló. *He gave them to her.*

Les mandamos una invitación. *We sent you an invitation.*

Se la mandamos. *We sent it to you.*

B. Since **se** can stand for **le** (*to/for you* [sing.], *him, her*) or **les** (*to/for you* [pl.], *them*), it is often necessary to clarify its meaning by using **a** plus the pronoun objects of prepositions.

Se lo escribo (**a Uds., a ellos, a ellas...**).
I'll write it to (you, them . . .).

Se las doy (**a Ud., a él, a ella...**).
I'll give them to (you, him, her . . .).

AUTOPRUEBA

Match each sentence with the correct double object pronouns.

1. Le dieron el libro. → _____ _____ dieron.
2. Les sirvieron la paella. → _____ _____ sirvieron.
3. Le di las direcciones. → _____ _____ di.
4. Les trajo los boletos. → _____ _____ trajo.

a. Se las
b. Se los
c. Se lo
d. Se la

Answers: 1. c 2. d 3. a 4. b

■ ■ ■ Práctica

A. ¡Anticipemos! Lo que se oye en casa. ¿A qué se refieren las siguientes oraciones? Fíjese en (*Note*) los pronombres y en el sentido (*meaning*) de la oración.

1. No **lo** prendan (*switch on*). Prefiero que los niños lean o que jueguen.
2. ¿Me **la** pasas? Gracias.
3. Tengo muchas ganas de comprárme**los** todos. Me encanta esa música.
4. ¿Por qué no se **las** mandas a los abuelos? Les van a gustar muchísimo.
5. Tengo que reservárte**los** hoy mismo, porque se va a terminar (*expire*) la oferta especial de Aeroméxico.
6. Yo se **la** organicé a Lupe para su cumpleaños. Antonio y Diego le hicieron un pastel.

a. unas fotos
b. la ensalada
c. unos billetes de avión para Guadalajara
d. la fiesta
e. el televisor
f. los discos compactos de Luis Miguel

B. En la mesa. Imagine que Ud. acaba de comer pero todavía tiene hambre. Pida más comida, según el modelo. Fíjese en el uso del tiempo presente como sustituto para el mandato.

MODELO: ensalada → ¿Hay más *ensalada*? ¿Me *la* pasas, por favor?

1. pan
2. tortillas
3. tomates
4. fruta
5. vino
6. jamón

C. En el aeropuerto. Cambie los sustantivos a pronombres para evitar (*avoid*) la repetición.

1. ¿La hora de la salida? Acaban de decirnos la hora de la salida.
2. ¿El horario? Sí, léeme el horario, por favor.
3. ¿Los boletos? No, no tiene que darle los boletos aquí.
4. ¿El equipaje? Claro que le guardo el equipaje.
5. ¿Los pasajes? Ya te compré los pasajes.
6. ¿El puesto? No te preocupes. Te puedo guardar el puesto.
7. ¿La clase turística? Sí, les recomiendo la clase turística, señores.
8. ¿La cena? La asistente de vuelo nos va a servir la cena en el avión.

Need more practice?

- Workbook/Laboratory Manual
- Interactive CD-ROM
- Online Learning Center (www.mhhe.com/peb2)

■ ■ ■ Conversación

A. Regalos especiales

Paso 1. The drawings in **Grupo A** show the presents that a number of people have just received. They were sent by the people in **Grupo B.** Can you match the presents with the sender? Make as many logical guesses as you can.

GRUPO A   GRUPO B

Paso 2. Now compare your matches with those of a partner.

> MODELO: ¿Quién le regaló (mandó, dio) la computadora a Maritere?
> Se la regaló (mandó, dio) _____.

B. ¿Quién le regaló eso?

Paso 1. Haga una lista de los cinco mejores regalos que Ud. ha recibido (*have received*) en su vida. Si no sabe cómo expresar algo, pregúnteselo a su profesor(a).

Paso 2. Ahora déle a un compañero / una compañera su lista. Él/Ella le va a preguntar: **¿Quién te regaló _____?** Use pronombres en su respuesta. **¡OJO!** Fíjese en estas formas plurales (**ellos**): **regalaron, dieron, mandaron.**

> MODELO: E1: ¿Quién te regaló los aretes?
> E2: Mis padres me los regalaron.

Cuba

Datos esenciales

- Nombre oficial: República de Cuba
- Capital: La Habana
- Población: 11.260.000 habitantes
- Moneda: el peso cubano
- Idioma oficial: el español

¡Fíjese!

- Cuba obtuvo[a] su independencia de España en 1898, tras[b] la guerra de Cuba.[c] Los Estados Unidos ayudó a Cuba en esta guerra.
- Después de la revolución socialista cubana en 1959, hubo un éxodo de cubanos a los Estados Unidos. La mayor parte de ellos se estableció en Florida, con la esperanza[d] de volver muy pronto a su isla. Fidel Castro, el primer líder de la revolución, todavía[e] gobierna a Cuba.
- Los días festivos oficiales de Cuba incluyen el Aniversario del triunfo de la Revolución o el Día de la Liberación (1º de enero), el Día Internacional de los Trabajadores (1º de mayo), las Celebraciones por el Día de la Rebeldía Nacional (25–27 de julio) y el Inicio de las guerras de Independencia (10 de octubre). Al tomar[f] el control del poder de Cuba, Castro declaró el país oficialmente ateo[g] y prohibió que practicantes religiosos participaran en el gobierno. En 1992, Castro levantó esa prohibición. En 1997, un poco antes de la visita del Papa Juan Pablo II a Cuba, la Navidad, que por casi cuarenta años no fue un día festivo oficial, fue celebrada[h] pública y oficialmente.

[a]obtained [b]after [c]guerra... Spanish-American War [d]hope [e]still [f]Al... Upon taking [g]atheist [h]celebrated

Personas famosas: Nicolás Guillén

Nicolás Guillén, poeta cubano de origen africano y europeo, es quizás[a] el poeta que mejor refleja la influencia africana en la cultura hispana. El lenguaje, los mitos[b] y las leyendas afro-cubanos aparecen en su obra. Sus temas incluyen la injusticia social y una crítica al colonialismo.

[a]perhaps [b]myths

▲ *Nicolás Guillén*
(1902–1989)

LOS ESTADOS UNIDOS
(Florida)

GOLFO DE MÉXICO

OCÉANO ATLÁNTICO

Estrecho de Florida

ISLAS BAHAMAS

La Habana

CUBA

• Camagüey

• Santiago

HAITÍ

MAR CARIBE

Rocío García
◄ La Habana, Cuba

Learn more about Cuba with the Video, the Interactive CD-ROM, and the Online Learning Center (www.mhhe.com/peb2).

EN RESUMEN

Gramática

To review the grammar points presented in this chapter, refer to the indicated grammar presentations. You'll find further practice of these structures in the Workbook/Laboratory Manual, on the Interactive CD-ROM, and on the *Puntos en breve* Online Learning Center (www.mhhe.com/peb2).

23. Talking About the Past (2)—Irregular Preterites

Do you know how to conjugate the verbs that are irregular in the preterite? How does the preterite change the meaning of **saber, conocer, querer,** and **poder?**

24. Talking About the Past (3)—Preterite of Stem-Changing Verbs

You should know the stem-changing patterns for **-ir** verbs like **pedir, sentir,** and **dormir.**

25. Expressing Direct and Indirect Objects Together—Double Object Pronouns

Do you know in which order the direct and indirect object pronouns occur when they are used together in Spanish? You should also know where to place the pronouns and when an accent is required on the verb forms.

Vocabulario

Practice this vocabulary with digital flash cards on the Online Learning Center (www.mhhe.com/peb2).

Los verbos

conseguir (i, i) (g)	to get, obtain
conseguir + *inf.*	to succeed in (*doing something*)
despedirse (i, i) (de)	to say good-bye (to), take leave (of)
discutir (sobre) (con)	to argue (about) (with)
encontrar (ue)	to find
enfermarse	to get sick
enojarse (con)	to get angry (at)
gastar	to spend (*money*)
llorar	to cry
morir(se) (ue, u)	to die
olvidarse (de)	to forget (about)
ponerse (*irreg.*) + *adj.*	to become, get + *adjective*
portarse	to behave
quejarse (de)	to complain (about)
reaccionar	to react
recordar (ue)	to remember
reír(se) (i, i)	to laugh
sentirse (ie, i)	to feel (*an emotion*)
sonreír(se) (i, i)	to smile
sugerir (ie, i)	to suggest

Los días festivos y las fiestas

el anfitrión / la anfitriona	host, hostess
el chiste	joke
el deseo	wish
los entremeses	hors d'œuvres
el/la invitado/a	guest
el pastel de cumpleaños	birthday cake
la sorpresa	surprise
cumplir años	to have a birthday
dar (*irreg.*) **/ hacer** (*irreg.*) **una fiesta**	to give/have a party
faltar	to be absent, lacking
pasarlo bien/mal	to have a good/bad time
reunirse (me reúno) (con)	to get together (with)

Repaso: celebrar, el cumpleaños, el dinero, divertirse (ie, i), el refresco, regalar

Los sustantivos

la emoción	emotion
el hecho	event
la medianoche	midnight
la noticia	piece of news

Los adjetivos

avergonzado/a	embarrassed
feliz (*pl.* **felices**)	happy
raro/a	strange

Algunos días festivos

la Navidad
la Noche Vieja
la Nochebuena
la Pascua (Florida)

Palabras adicionales

¡felicitaciones!	congratulations!
gracias por	thanks for
por lo menos	at least
ser (*irreg*) **en** + *place*	to take place in/at (*place*)
ya	already

El tiempo **libre**

La Calle 13 en Bogotá, Colombia ▶

VOCABULARIO Preparación

Pasatiempos, diversiones y aficiones°

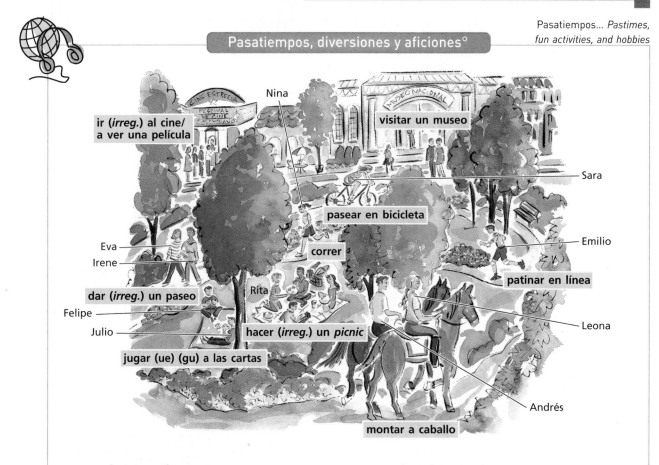

ir (*irreg.*) al cine/ a ver una película

visitar un museo

Nina

Sara

pasear en bicicleta

Eva
Irene

correr

Emilio

patinar en línea

dar (*irreg.*) un paseo

Rita

Felipe
Julio

Leona

hacer (*irreg.*) un *picnic*

jugar (ue) (gu) a las cartas

Andrés

montar a caballo

Los pasatiempos		Los deportes	
los ratos libres	spare (free) time	**el ciclismo**	bicycling
dar (*irreg.*)/hacer (*irreg.*) una fiesta	to give a party	**esquiar (esquío)**	to ski
		el fútbol	soccer
hacer (*irreg.*) *camping*	to go camping	**el fútbol americano**	football
		nadar	to swim
hacer (*irreg.*) planes para + *inf.*	to make plans to (*do something*)	**la natación**	swimming
		patinar	to skate
ir (*irreg.*)...	to go . . .		
a una discoteca / a un bar	to a disco / to a bar	Otros deportes: **el basquetbol, el béisbol, el golf, el hockey, el tenis, el vólibol**	
al teatro / a un concierto	to the theater / to a concert	**entrenar**	to practice, train
jugar (ue) (gu) al ajedrez	to play chess	**ganar**	to win
		jugar (ue) (gu) al + *sport*	to play (*a sport*)
tomar el sol	to sunbathe		
		perder (ie)	to lose
aburrirse	to get bored	**practicar (qu)**	to participate (*in a sport*)
ser (*irreg.*) divertido/a, aburrido/a	to be fun, boring	**ser (*irreg.*) aficionado/a (a)**	to be a fan (of)

■■■ Conversación

A. ¿Cómo pasan estas personas su tiempo libre?

Paso 1. ¿Qué cree Ud. que hacen las siguientes personas para divertirse en un sábado típico? Use su imaginación pero manténgase (*keep yourself*) entre los límites de lo posible.

1. una persona rica que vive en Nueva York
2. un grupo de buenos amigos que trabajan en una fábrica (*factory*) de Detroit
3. un matrimonio joven con poco dinero y dos niños pequeños

Paso 2. ¿Cómo se divierten los jóvenes españoles? Este recorte (*clipping*) de una revista española indica el tiempo medio (*average*) que los jóvenes españoles dedican a sus aficiones. ¿Puede explicar en español lo que significan los términos **Tomar copas** y **prensa**? ¿A qué tipos de «Juegos» cree Ud. que se refiere el recorte?

Paso 3. Indique el número de minutos que Ud. les dedica a estas aficiones cada día. ¿Qué diferencia hay entre Ud. y los jóvenes españoles?

B. ¿Cierto o falso? Corrija (*Correct*) las oraciones falsas según su opinión.

1. Ver un partido (*match, game*) de fútbol en la televisión es más aburrido que ir al cine.
2. Lo paso mejor con mi familia que con mis amigos.
3. Las actividades educativas me gustan más que las deportivas (*sporting*).
4. Odio el béisbol tanto como el fútbol.

TIEMPO QUE DEDICAN A SUS AFICIONES	
(Media de minutos diarios)	
Ver la televisión	**120**
Tomar copas	**60**
Pasear	**22**
Leer libros	**15**
Escuchar música	**15**
Oír la radio	**8**
Hacer deporte	**9**
Practicar *hobbies*	**8**
Leer la prensa	**6**
«Juegos»	**4**

NOTA CULTURAL

El fútbol y el béisbol

Sin duda,[a] el deporte más popular en el mundo hispánico es **el fútbol.*** El campeonato mundial de fútbol, conocido como **la Copa Mundial,** es el evento deportivo más popular del mundo. Este **torneo internacional** ocurre cada cuatro años y tiene más **espectadores** que cualquier[b] otro evento deportivo. Por ejemplo, en 1998, 1.7 (uno punto siete) billones de televidentes miraron la Copa Mundial mientras 800 millones miraron el *Super Bowl* de los Estados Unidos. Como es un deporte tan popular, en todas las ciudades hispanas hay muchos **campos**[c] de fútbol. Los niños y los adultos van a jugar siempre que pueden.[d]

▲ *Un partido de la Copa Mundial entre el Brasil y Honduras*

   El béisbol también es muy popular, sobre todo en el Caribe. Hay muchos hispanos en **las ligas profesionales** de los Estados Unidos. Por ejemplo, el gran **jugador** de los Chicago Cubs, Sammy Sosa, es de la República Dominicana. El puertorriqueño Roberto Clemente fue el primer hispano elegido al *Baseball Hall of Fame* en 1973.

[a]*doubt*   [b]*any*   [c]*fields*   [d]siempre... *whenever they can*

---

*Remember that **fútbol** *is soccer, not U.S.-style football.*

Los quehaceres domésticos°

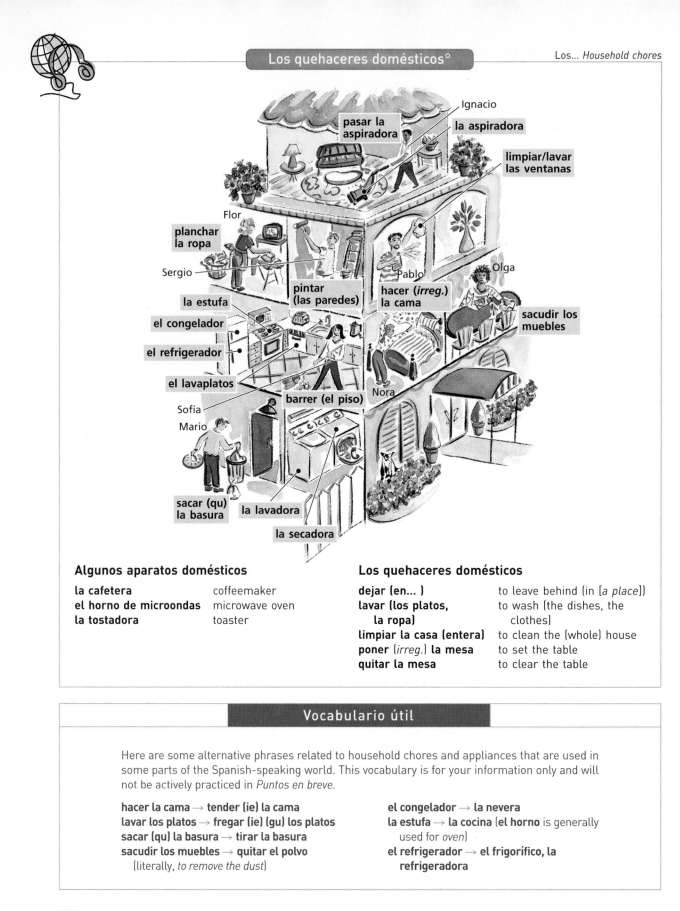

Ignacio

pasar la aspiradora

la aspiradora

limpiar/lavar las ventanas

Flor

planchar la ropa

Sergio

pintar (las paredes)

Pablo

hacer (*irreg.*) la cama

Olga

sacudir los muebles

la estufa

el congelador

el refrigerador

el lavaplatos

barrer (el piso)

Nora

Sofía

Mario

sacar (qu) la basura

la lavadora

la secadora

Algunos aparatos domésticos

la cafetera	coffeemaker
el horno de microondas	microwave oven
la tostadora	toaster

Los quehaceres domésticos

dejar (en...)	to leave behind (in [*a place*])
lavar (los platos, la ropa)	to wash (the dishes, the clothes)
limpiar la casa (entera)	to clean the (whole) house
poner (*irreg.*) **la mesa**	to set the table
quitar la mesa	to clear the table

Vocabulario útil

Here are some alternative phrases related to household chores and appliances that are used in some parts of the Spanish-speaking world. This vocabulary is for your information only and will not be actively practiced in *Puntos en breve*.

hacer la cama → **tender (ie) la cama**
lavar los platos → **fregar (ie) (gu) los platos**
sacar (qu) la basura → **tirar la basura**
sacudir los muebles → **quitar el polvo**
  (literally, *to remove the dust*)

el congelador → **la nevera**
la estufa → **la cocina** (**el horno** is generally used for *oven*)
el refrigerador → **el frigorífico, la refrigeradora**

■ ■■ Conversación

A. **Los quehaceres.** ¿En qué cuarto o parte de la casa se hacen las siguientes actividades? Hay más de una respuesta en muchos casos.

1. Se hace la cama en _____.
2. Se saca la basura de _____ y se deja en _____.
3. Se sacude los muebles de _____.
4. Uno se baña en _____. Pero es mejor que uno bañe al perro en _____.
5. Se barre el piso de _____.
6. Se pasa la aspiradora en _____.
7. Se lava y se seca la ropa en _____. La ropa se plancha en _____.
8. Se usa la cafetera en _____.

B. **¡Manos a la obra!** (*Let's get to work!*)

Paso 1. De los siguientes quehaceres, ¿cuáles le gustan más? Póngalos en orden de mayor (1) a menor (10) preferencia para Ud.

_____ barrer el suelo   _____ planchar la ropa
_____ hacer la cama   _____ limpiar el garaje
_____ lavar los platos   _____ sacar la basura
_____ pasar la aspiradora   _____ sacudir los muebles
_____ lavar la ropa   _____ pintar las paredes de un cuarto

Paso 2. ¿Tiene un quehacer favorito entre todos? ¿Hay un quehacer que no le guste a la mayoría de los estudiantes? ¿Hay alguna diferencia entre las preferencias de los hombres y las de las mujeres?

C. **Las marcas** (*Brand names*). ¿Para qué se usan los siguientes productos? Explíqueselo a su amigo Arturo, que acaba de llegar de la Argentina y no conoce las marcas estadounidenses.

1. Windex
2. Mr. Coffee
3. Endust
4. Glad Bags
5. Joy
6. Cascade
7. Tide
8. Lysol

D. **¿En qué consiste un fin de semana?** El concepto del «fin de semana» es diferente para cada individuo según su horario personal… y también según dónde vive y la vida que lleva.

Paso 1. Piense en las siguientes preguntas y organice sus respuestas.

1. Para Ud., ¿cuándo comienza «oficialmente» el fin de semana? (día y hora)
2. ¿Qué hace Ud. para celebrar la llegada del fin de semana?
3. ¿Cuándo termina su fin de semana? (día y hora)
4. ¿Qué hace, generalmente, los días de su fin de semana?

Paso 2. Ahora use las mismas preguntas para entrevistar a un compañero / una compañera para saber algo sobre su fin de semana.

Paso 3. Compare las respuestas de todos los compañeros de clase. ¿Son muy variadas sus respuestas?

NOTA COMUNICATIVA

Talking About Obligation

You already know several ways to express the obligation to carry out particular activities.

Tengo que			I have to	
Necesito	}	barrer el suelo.	I need to	} sweep the floor.
Debo			I should	

Of the three, **tener que** + *infinitive* expresses the strongest sense of obligation.

The concept *to be someone's turn or responsibility* (to do something) is expressed in Spanish with the verb **tocar** plus an indirect object.

—¿**A quién le toca** lavar los platos esta noche?	*Whose turn is it to wash the dishes tonight?*
—**A mí me toca** solamente sacar la basura. Creo que **a papá le toca** lavar los platos.	*I only have to take out the garbage. I think it's Dad's turn to wash the dishes.*

E. ¿A quién le toca?

Paso 1. ¿Mantiene Ud. su casa en orden? ¿Con qué frecuencia hace Ud. los siguientes quehaceres? Complete el siguiente formulario. Si Ud. vive en una residencia estudiantil, imagine que vive en una casa o en un apartamento.

1. _____ lavar las ventanas
2. _____ hacer las camas
3. _____ poner la mesa
4. _____ preparar la comida
5. _____ sacudir los muebles
6. _____ lavar los platos
7. _____ limpiar la casa entera

8. _____ sacar la basura
9. _____ pasar la aspiradora
10. _____ limpiar la estufa
11. _____ planchar la ropa
12. _____ barrer el piso

_____ TOTAL

0 = nunca
1 = a veces
2 = frecuentemente
3 = todos los días

INTERPRETACIONES

0–8 puntos:	¡Cuidado! (*Careful!*) Ud. es descuidado/a (*careless*). ¿Estudia demasiado (*too much*)? Por favor, ¡limpie su casa! ¡No lo deje para mañana!
9–17 puntos:	Ud. puede vivir en su casa, pero no debe invitar a otras personas sin limpiarla bien primero.
18–27 puntos:	Su casa, aunque no está perfecta, está limpia. Es un modelo para todos.
28–36 puntos:	¡Ud. es una maravilla y tiene una casa muy, muy limpia! Pero, ¿pasa Ud. demasiado tiempo limpiando? ¡Váyase al aire libre de vez en cuando!

Paso 2. Ahora hable con un compañero / una compañera sobre sus hábitos domésticos. Básense en el formulario del **Paso 1.** Luego hablen de los quehaceres domésticos para hoy, mañana o esta semana.

MODELO: lavar las ventanas →
E1: ¿Con qué frecuencia lavas las ventanas? (¿A quién le toca lavar las ventanas?)
E2: Nunca las lavo. (Las lavo frecuentemente.)
E1: ¿Y esta semana / hoy / mañana? ¿A quién le toca lavarlas?

Need more practice?

- Workbook/Laboratory Manual
- Interactive CD-ROM
- Online Learning Center (www.mhhe.com/ peb2)

GRAMÁTICA

In **Capítulos 7** and **8,** you learned the forms and some uses of the preterite. Before you learn the other simple past tense, you might want to review the forms of the preterite in those chapters. The verbs in the following sentences are in the preterite. Can you identify any words in the sentences that emphasize the completed nature of the actions expressed by the verbs?

1. Me levanté a las seis esta mañana.
2. Ayer fui al cine con un amigo.
3. Pinté las paredes de la cocina la semana pasada.

26 Descriptions and Habitual Actions in the Past • Imperfect of Regular and Irregular Verbs

En su clase de antropología, Diego habla de los aztecas

Diego, un estudiante de California que estudia en México, da un informe sobre los aztecas.

«Los aztecas construyeron grandes pirámides para sus dioses. En lo alto de cada pirámide *había* un templo donde *tenían* lugar las ceremonias y *se ofrecían* los sacrificios. Las pirámides *tenían* muchísimos escalones, y *era* necesario subirlos todos para llegar a los templos.

Cerca de muchas pirámides *había* un terreno como el de una cancha de basquetbol. Allí *se celebraban* partidos que *eran* parte de una ceremonia. Los participantes *jugaban* con una pelota de goma dura, que sólo *podían* mover con las caderas y las rodillas... »

Comprensión: ¿Cierto o falso?

1. Los aztecas creían en un solo dios.
2. Las pirámides aztecas tenían una función religiosa.
3. Los aztecas practicaban un deporte similar al basquetbol.

In his anthropology class, Diego talks about the Aztecs Diego, a student from California who is studying in Mexico, is giving a report on the Aztecs. "The Aztecs constructed large pyramids for their gods. At the top of each pyramid there was a temple where ceremonies took place and sacrifices were offered. The pyramids had many, many steps, and it was necessary to climb them all in order to get to the temples.

"Close to many pyramids there was an area of land like that of a basketball court. Ceremonial matches were celebrated there. The participants played with a ball made of hard rubber that they could only move with their hips and knees . . . "

You have already learned to use the *preterite* (**el pretérito**) to express events in the past. The *imperfect* (**el imperfecto**) is the second simple past tense in Spanish. In contrast to the preterite, which is used when you view actions or states of being as finished or completed, the imperfect tense is used when you view past actions or states of being as habitual or as "in progress." The imperfect is also used for describing the past.

The imperfect has several English equivalents. For example, **hablaba,** the first person singular of **hablar,** can mean *I spoke, I was speaking, I used to speak,* or *I would speak* (when *would* implies a repeated action). Most of these English equivalents indicate that the action was still in progress or was habitual, except for *I spoke,* which can correspond to either the preterite or the imperfect.

PAST ----------------	Present ----------------	Future
preterite	present	
imperfect	present progressive	
	formal commands	

Forms of the Imperfect

hablar		comer		vivir	
hablaba	hablábamos	comía	comíamos	vivía	vivíamos
hablabas	hablabais	comías	comíais	vivías	vivíais
hablaba	hablaban	comía	comían	vivía	vivían

■ Stem-changing verbs do not show a change in the imperfect. The imperfect of **hay** is **había** (*there was, there were, there used to be*).

Pronunciation Hint: Remember that the pronunciation of a **b** between vowels, such as in the imperfect ending **-aba,** is pronounced as a fricative [ƀ] sound.

In the other imperfect forms, it is important not to pronounce the ending **-ía** as a diphthong, but to pronounce the **i** and the **a** in separate syllables (the accent mark over the **í** helps remind you of this).

Imperfect of stem-changing verbs = no change

almorzar (ue) → almorzaba
perder (ie) → perdía
pedir (i, i) → pedía

Imperfect of **hay** = **había**

■ Only three verbs are irregular in the imperfect: **ir, ser,** and **ver.**

ir		ser		ver	
iba	íbamos	era	éramos	veía	veíamos
ibas	ibais	eras	erais	veías	veíais
iba	iban	era	eran	veía	veían

Uses of the Imperfect

Note the following uses of the imperfect. If you have a clear sense of when and where the imperfect is used, understanding where the preterite is used will be easier. When talking about the past, the preterite *is* used when the imperfect *isn't*. That is an oversimplification of the uses of these two past tenses, but at the same time it is a general rule of thumb that will help you out at first.

The imperfect has the following uses.	
■ To describe *repeated habitual actions* in the past	**Siempre nos quedábamos** en aquel hotel. *We always stayed (used to stay, would stay) at that hotel.* Todos los veranos **iban** a la costa. *Every summer they went (used to go, would go) to the coast.*
■ To describe an *action that was in progress* (*when something else happened*)	**Pedía la cena.** *She was ordering dinner.*
■ To describe two *simultaneous past actions in progress*, with **mientras**	**Tú leías mientras** Juan **escribía** la carta. *You were reading while Juan was writing the letter.*
■ To describe ongoing *physical, mental,* or *emotional states* in the past	**Estaban** muy distraídos. *They were very distracted.* La **quería** muchísimo. *He loved her a lot.*
■ To tell *time* in the past and to *express age* with **tener** Just as in the present, the singular form of the verb **ser** is used with one o'clock, the plural form from two o'clock on.	**Era** la una. / **Eran** las dos. *It was one o'clock. / It was two o'clock.* **Tenía** 18 años. *She was 18 years old.*
■ To form a *past progressive:* imperfect of **estar** + *present participle** Note that the simple imperfect—**cenábamos, estudiabas**—could also be used in the example sentences to express the ongoing actions. The use of the progressive emphasizes that the action was actually in progress.	**Estábamos cenando** a las diez. *We were having dinner at ten.* ¿No **estabas estudiando**? *Weren't you studying?*

---

*A progressive tense can also be formed with the preterite of **estar: Estuvieron cenando hasta las doce.** The use of the progressive with the preterite of **estar,** however, is relatively infrequent, and it will not be practiced in Puntos en breve.

■■■ Práctica

A. ¡Anticipemos! Mi niñez (childhood)

Paso 1. Indique si las siguientes oraciones eran ciertas o falsas para Ud. cuando tenía 10 años.

AUTOPRUEBA

Give the correct imperfect ending for each verb.

1. yo habl_____
2. Uds. er_____
3. nosotros com_____
4. Pedro ib_____
5. tú ten_____

Answers: **1.** *hablaba* **2.** *eran* **3.** *comíamos* **4.** *iba* **5.** *tenías*

	C	F
1. Estaba en el cuarto (*fourth*) grado.	☐	☐
2. Me acostaba a las nueve todas las noches.	☐	☐
3. Los sábados me levantaba temprano para mirar los dibujos animados.	☐	☐
4. Mis padres me pagaban por los quehaceres que hacía: cortar el césped (*cutting the grass*), lavar los platos…	☐	☐
5. Le pegaba (*I hit*) a mi hermano/a con frecuencia.	☐	☐

Paso 2. Ahora corrija las oraciones que son falsas para Ud.

> MODELO: 2. Es falso. Me acostaba a las diez, no a las nueve.

B. Cuando Tina era niña... Describa la vida de Tina cuando era muy joven, haciendo oraciones según las indicaciones.

La vida de Tina era muy diferente cuando tenía 6 años.

1. todos los días / asistir / a / escuela primaria
2. por / mañana / aprender / a / leer / y / escribir / en / pizarra
3. ir / a / casa / para / almorzar / y / regresar / a / escuela
4. estudiar / geografía / y / hacer / dibujos
5. cenar / con / padres / y / ayudar / a / lavar / platos
6. mirar / tele / un rato / y / acostarse / a / ocho

C. El trabajo de niñera (baby-sitter)

Paso 1. El trabajo de niñera puede ser muy pesado (*difficult*), pero cuando los niños son traviesos (*mischievous*), también puede ser peligroso (*dangerous*). ¿Qué estaba pasando cuando la niñera perdió por fin la paciencia? Describa todas las acciones que pueda, usando **estaba(n) + -ndo.**

> MODELO: Cuando la niñera perdió la paciencia… →
> el bebé estaba llorando.

Cuando la niñera perdió la paciencia…

Palabras útiles	
el timbre	doorbell
discutir	to argue
ladrar	to bark
pelear	to fight
sonar (ue)*	to ring; to sound

Although **sonar is a stem-changing verb (**o → ue**), remember that the stem of present participles does not change with **-ar** verbs (**sonando**).*

Paso 2. De joven (*As a youth*), ¿trabajaba Ud. de niñero/a? ¿Tuvo alguna vez una mala experiencia? Complete la siguiente oración, si puede, usando un verbo en el pretérito.

MODELO: Una vez, cuando yo estaba
(leyendo, mirando la tele, hablando con un amigo / una amiga…), el niño / la niña…

Need more practice?

- Workbook/Laboratory Manual
- Interactive CD-ROM
- Online Learning Center (www.mhhe.com/peb2)

■ ■ ■ Conversación

A. Entrevista. ¡Qué cambio! Hágale las siguientes preguntas a un compañero / una compañera de clase. Él/Ella va a pensar en las costumbres que tenía a los 14 años, es decir, cuando estaba en el noveno (*ninth*) o décimo (*tenth*) grado.

1. ¿Qué te gustaba comer? ¿Y ahora?
2. ¿Qué programa de televisión no te perdías nunca? ¿Y ahora?
3. ¿Qué te gustaba leer? ¿Y ahora?
4. ¿Qué hacías los sábados por la noche? ¿Y ahora?
5. ¿Qué deportes te gustaba practicar? ¿Y ahora?
6. ¿Con quién discutías mucho? ¿Y ahora?
7. ¿A quién te gustaba molestar (*to annoy*)? ¿Y ahora?

B. Los tiempos cambian. Muchas cosas y costumbres actuales (*present-day*) son diferentes de las del pasado (*past*). Las siguientes oraciones describen algunos aspectos de la vida de hoy. Con un compañero / una compañera, háganse turnos para describir cómo son las cosas ahora y cómo eran las cosas antes, en otra época.

MODELO: E1: Ahora casi todos los bebés nacen (*are born*) en el hospital.
E2: Antes casi todos los bebés nacían en casa.

Ayer

Hoy

1. Se come con frecuencia en los restaurantes.
2. Muchísimas mujeres trabajan fuera de casa.
3. Muchas personas van al cine y miran la televisión.
4. Ahora hay enfermeros (*male nurses*) y maestros (*male teachers*) —no sólo enfermeras y maestras.
5. Ahora tenemos coches pequeños que gastan (*use*) poca gasolina.
6. Ahora usamos más máquinas y por eso hacemos menos trabajo físico.
7. Ahora las familias son más pequeñas.
8. Muchas parejas viven juntas sin casarse (*getting married*).

Before beginning **Gramática 27,** review comparisons, which were introduced in **Capítulo 5.**
How would you say the following in Spanish?

1. I work as much as you do.
2. I work more/less than you do.
3. Bill Gates has more money than I have.
4. My housemate has fewer things than I do.
5. I have as many friends as you do.
6. My computer is worse/better than this one.

27 Expressing Extremes • Superlatives

¡El número uno!

▲ Jennifer López

▲ Enrique Iglesias

▲ Ricky Martin

¿Está Ud. de acuerdo con las opiniones expresadas en estas oraciones?

1. Jennifer López es la mujer más bella (*beautiful*) del mundo.
2. Enrique Iglesias es el mejor cantante (*singer*) de su familia.
3. Ricky Martin es el puertorriqueño más conocido (*well-known*) de hoy.

Ahora le toca a Ud. formular su propia (*own*) opinión.

1. El/La cantante hispánico/a más popular del momento es _____.
2. La mejor actriz (*actress*) del momento es _____.
3. La música popular más interesante es _____.

The *superlative* (**el superlativo**) is formed in English by adding *-est* to adjectives or by using expressions such as *the most* and *the least* with the adjective. In Spanish, this concept is expressed in the same way as the comparative but is always accompanied by the definite article. In this construction **mejor** and **peor** tend to precede the noun; other adjectives follow. *In* or *at* is expressed with **de.**

 The superlative forms **-ísimo/a/os/as** cannot be used with this type of superlative construction.

el/la/los/las + *noun* + **más/menos** + *adjective* + **de**

El basquetbol es **el deporte más interesante del mundo.**
Basketball is the most interesting sport in the world.

el/la/los/las + **mejor(es)/peor(es)** + *noun* + **de**

Son **los mejores** refrigeradores **de** aquella tienda.
They are the best refrigerators at that store.

■ ■ ■ Práctica

A. ¿Está Ud. de acuerdo o no?

Paso 1. Indique si Ud. está de acuerdo o no con las siguientes oraciones.

	SÍ	NO
1. El descubrimiento (*discovery*) científico más importante del siglo XX fue la vacuna (*vaccine*) contra la poliomielitis.	☐	☐
2. La persona más influyente (*influential*) del mundo es el presidente de los Estados Unidos.	☐	☐
3. El problema más serio del mundo es la deforestación de la región del Amazonas.	☐	☐
4. El día festivo más divertido del año es la Noche Vieja.	☐	☐
5. La mejor novela del mundo es *Don Quijote de la Mancha*.	☐	☐
6. El animal menos inteligente de todos es el avestruz (*ostrich*).	☐	☐
7. El peor mes del año es enero.	☐	☐
8. La ciudad más contaminada de los Estados Unidos es Los Ángeles.	☐	☐

Paso 2. Para cada oración que no refleja su opinión, invente otra oración.

> MODELO: 4. No estoy de acuerdo. Creo que el día festivo más divertido del año es el Cuatro de Julio.

B. Superlativos.
Expand the information in these sentences based on the model. Then, if you can, restate each sentence with true information at the beginning.

> MODELO: Es una estudiante muy *trabajadora*. (la clase) →
> Es *la* estudiante *más trabajadora de la clase*. →
> *Carlota* es la estudiante más trabajadora de la clase.

1. Es un día festivo muy *divertido*. (el año)
2. Es una clase muy *interesante*. (todas mis clases)
3. Es una persona muy *inteligente*. (todos mis amigos)
4. Es una ciudad muy *grande*. (los Estados Unidos / el Canadá)
5. Es un estado muy *pequeño*/una provincia muy *pequeña*. (los Estados Unidos / el Canadá)
6. Es un metro muy *rápido*. (el mundo)
7. Es una residencia muy *ruidosa* (*noisy*). (la universidad)
8. Es una montaña muy *alta*. (el mundo)

Need more practice?

■ Workbook/Laboratory Manual
■ Interactive CD-ROM
■ Online Learning Center (www.mhhe.com/ peb2)

■■■ Conversación

Entrevista. With another student, ask and answer questions based on the following phrases. Then report your opinions to the class. Report any disagreements as well.

> **MODELO:** E1: Shakira es la mujer más guapa del mundo.
> E2: Estoy de acuerdo / No estoy de acuerdo. Para mí Salma Hayek es la más guapa.

1. la persona más guapa del mundo
2. la noticia más seria de esta semana
3. un libro interesantísimo y otro pesadísimo (*very boring*)
4. el mejor restaurante de la ciudad y el peor
5. el cuarto más importante de la casa y el menos importante
6. un plato riquísimo y otro malísimo
7. un programa de televisión interesantísimo y otro pesadísimo
8. un lugar tranquilísimo, otro animadísimo y otro peligrosísimo
9. la canción (*song*) más bonita del año y la más fea
10. la mejor película del año y la peor

28 Getting Information • Summary of Interrogative Words

Este es un anuncio de un restaurante de Connecticut.

1. *¿Cómo* se llama el restaurante?
2. *¿En qué* ciudad de Connecticut está?
3. *¿Cuáles* son las especialidades de este restaurante?

¿Cuántas preguntas más puede Ud. hacer sobre este restaurante, basándose en el anuncio?

El Pavo real
RESTAURANTE • CLUB DE BAILE

32 Garvey St., New Haven, CT

El lugar más amplio y más lujoso de CT.

Comida Colombiana con Especialidad en Mariscos

Venga y deléitese con nuestros sabrosos platos
ABIERTO TODOS LOS DÍAS DESDE LAS 11:30 A.M. - 2:00 A.M

VIERNES, 6 DE OCTUBRE
• PRESENTANDO LA SENSACIÓN DEL MERENGUE •
ORQUESTA MALA FE CANTANDO TODOS SUS ÉXITOS

¿Cómo?	How?	**¿Dónde?**	Where?
¿Cuándo?	When?	**¿De dónde?**	From where?
¿A qué hora?	At what time?	**¿Adónde?**	Where (to)?
¿Qué?	What? Which?	**¿Cuánto/a?**	How much?
¿Cuál(es)?	What? Which one(s)?	**¿Cuántos/as?**	How many?
¿Por qué?	Why?	**¿Quién(es)?**	Who?
		¿De quién(es)?	Whose?

You have been using interrogative words to ask questions and get information since the beginning of *Puntos en breve.* The chart on page 218 shows all of the interrogatives you have learned so far. Be sure that you know what they mean and how they are used. If you are not certain, the index and end-of-book vocabularies will help you find where they are first introduced. Only the specific uses of **¿qué?** and **¿cuál?** represent new information.

Using *¿qué?* and *¿cuál?*

■ **¿Qué?** asks for a definition or an explanation.	**¿Qué** es esto? *What is this?* **¿Qué** quieres? *What do you want?* **¿Qué** tocas? *What (instrument) do you play?*
■ **¿Qué?** can be directly followed by a noun.	**¿Qué traje** necesitas? *What (Which) suit do you need?* **¿Qué playa** te gusta más? *What (Which) beach do you like most?* **¿Qué instrumento** musical tocas? *What (Which) musical instrument do you play?*
■ **¿Cuál(es)?** expresses *what?* or *which?* in all other cases. The **¿cuál(es)?** + *noun* structure is not used by most speakers of Spanish: **¿Cuál de los dos libros quieres?** (*Which of the two books do you want?*) BUT **¿Qué libro quieres?** (*Which [What] book do you want?*)	**¿Cuál** es la clase más grande? *What (Which) is the biggest class?* **¿Cuáles** son tus actrices favoritas? *What (Which) are your favorite actresses?* **¿Cuál** es la capital del Uruguay? *What is the capital of Uruguay?* **¿Cuál** es tu teléfono? *What is your phone number?*

■ ■ ■ Práctica

¿Qué o cuál(es)?

1. ¿_____ es esto? —Un lavaplatos.
2. ¿_____ son los Juegos Olímpicos? —Son un conjunto (*group*) de competiciones deportivas.
3. ¿_____ es el quehacer que más te gusta? —Lavar los platos.
4. ¿_____ bicicleta vas a usar? —La de mi hermana.
5. ¿_____ son los cines más modernos? —Los del centro.
6. ¿_____ vídeo debo sacar? —El nuevo de Salma Hayek.
7. ¿_____ es una cafetera? —Es un aparato que se usa para preparar el café.
8. ¿_____ es tu padre? —En la foto, es el hombre a la izquierda del coche.

Need more practice?

- Workbook/Laboratory Manual
- Interactive CD-ROM
- Online Learning Center (www.mhhe.com/peb2)

■ ■ ■ Conversación

Entrevista. Datos (*Information*) **personales.** Forme preguntas para averiguar datos (*find out facts*) de un compañero / una compañera de clase. Se puede usar más de una palabra interrogativa para conseguir la información. (Debe usar las formas de **tú.**)

MODELO: su dirección (*address*) → ¿Cuál es tu dirección? (¿Dónde vives?)

1. su teléfono
2. su dirección
3. su cumpleaños
4. la ciudad en que nació (*he/she was born*)
5. su número de seguro (*security*) social
6. la persona en que más confía (*he/she trusts*)
7. su tienda favorita
8. la fecha de su próximo examen

EN LOS ESTADOS UNIDOS Y EL CANADÁ

La música hispánica en el Canadá

Si Ud. vive en el Canadá y tiene un poco de tiempo libre, se puede aprovechar de[a] los ritmos de varios **músicos hispánicos de calidad.** Uno de estos es **Jorge (Papo) Ross.** Ross nació en la República Dominicana y allí fundó[b] su primer **conjunto** a los 18 años. En 1990 se mudó al Canadá y formó otros grupos, entre ellos la **Orquesta Pambiche,** que hoy es uno de los **conjuntos latino-canadienses** más famosos. Papo Ross y Pambiche ganaron un Juno, el prestigioso premio[c] nacional para músicos en el Canadá. A menudo dan **espectáculos explosivos** a través del[d] país, inclusive en el famoso festival de jazz de Montreal.

Para gozar aún más de[e] la música hispánica del

▲ *Papo Ross y miembros de la Orquesta Pambiche*

Canadá, Ud. puede ir a la capital, Ottawa, donde la argentina **Alicia Borisonik** y su **conjunto Folklore Venezuela** tocan **música estilo tango-jazz.** Antes de mudarse al Canadá en 1994, Borisonik experimentó mucho éxito[f] en la esfera músical de otra capital, Buenos Aires, y su nuevo grupo tiene cada vez más[g] fama en su nueva patria. Además de presentar **conciertos** en la Galería Nacional y en el Museo Nacional de la Civilización, y de participar en muchos **festivales de verano,** Borisonik ayudó a formar un **conjunto de música latina para niños.**

[a]*se... you can enjoy* [b]*he started* [c]*prize* [d]*a... across the* [e]*gozar... enjoy even more* [f]*experimentó... had great success* [g]*cada... increasing*

Colombia

Datos esenciales

- Nombre oficial: República de Colombia
- Capital: Santafé de Bogotá (Bogotá)
- Población: 41.660.000 habitantes
- Moneda: el peso
- Idioma oficial: el español

¡Fíjese!

- Colombia obtuvo su independencia de España en 1819, bajo la dirección de Simón Bolívar. Bolívar fue declarado el primer presidente de la independiente República de la Gran Colombia.
- Colombia produce más oro que cualquier[a] otro país sudamericano y tiene los yacimientos[b] de platino[c] más grandes del mundo. Las esmeraldas también son un producto minero importante.
- Aunque el café es reconocido[d] como el producto agrícola principal de exportación de Colombia, en los años noventa lo sobrepasó[e] el petróleo como primer producto de exportación.
- Aproximadamente un 14 por ciento de la población colombiana es de origen africano.

[a]*any* [b]*deposits* [c]*platinum* [d]*recognized* [e]*surpassed*

Mauricio Tautiba
Bogotá, Colombia

Personas famosas: Juanes

Juanes es un fenómeno colombiano en el mundo de la música. Nacido[a] en Medellín, Colombia, Juanes fundó el grupo Ekhymosis a los 14 años. El grupo se desintegró después de doce años y Juanes empezó su carrera como solista con el álbum *Fíjate bien.*[b] Ganó varios premios[c] en Latinoamérica, incluso el premio para la canción más romántica del siglo («A Dios le pido»). Juanes ha ganado[d] ocho premios Latin Grammy), entre ellos Álbum del Año y Mejor Álbum Vocal Solista, Grabación[e] y Canción del Año y Mejor Canción de Rock. En su gira[f] por Colombia en la primavera de 2003, dedicó su concierto en Bogotá a las víctimas de la violencia y a los que tratan de proteger[g] los derechos[h] y la vida de los colombianos.

[a]*Born* [b]*Fíjate... Pay close attention* [c]*prizes* [d]*ha... has won* [e]*Recording* [f]*tour* [g]*tratan... try to protect* [h]*rights*

▲ *El café colombiano se exporta por todo el mundo.*

Learn more about Colombia with the Video, the Interactive CD-ROM, and the Online Learning Center (www.mhhe.com/peb2).

EN RESUMEN

Gramática

To review the grammar points presented in this chapter, refer to the indicated grammar presentations. You'll find further practice of these structures in the Workbook/Laboratory Manual, on the Interactive CD-ROM, and on the *Puntos en breve* Online Learning Center (www.mhhe.com/peb2).

26. Descriptions and Habitual Actions in the Past—Imperfect of Regular and Irregular Verbs

You should know the imperfect forms of all verbs. What are the three verbs that are irregular in the imperfect?

27. Expressing Extremes—Superlatives

Do you know how to express that something is *the best* or *the most*?

28. Getting Information—Summary of Interrogative Words

You should know how to form questions with question words and how to express English *what?* with **¿qué?** or **¿cuál?**.

Vocabulario

Practice this vocabulary with digital flash cards on the Online Learning Center (www.mhhe.com/peb2).

Los verbos

aburrirse	to get bored
dejar (en)	to leave (behind) (in [a place])
pegar (gu)	to hit
pelear	to fight
sonar (ue)	to ring; to sound

Los pasatiempos, diversiones y aficiones

los ratos libres	spare (free) time
dar (*irreg.*) **un paseo**	to take a walk
hacer (*irreg.*) **un *picnic***	to have a picnic
hacer (*irreg.*) **planes para** + *inf.*	to make plans to (*do something*)
ir (*irreg.*)...	to go . . .
al cine / a ver una película	to the movies / to see a movie
a una discoteca / a un bar	to a disco / to a bar
al teatro / a un concierto	to the theater / to a concert
jugar (ue) (gu) a las cartas / al ajedrez	to play cards/chess
ser (*irreg.*) **aburrido/ divertido/a**	to be boring/fun
visitar un museo	to visit a museum

Repaso: dar (*irreg.*) **/ hacer** (*irreg.*) **una fiesta, hacer** (*irreg.*) *camping*, **jugar (ue) (gu) (al)** (*sport*)**, tomar el sol**

Los deportes

el/la aficionado/a (a)	fan (of)
el ciclismo	bicycling
el fútbol	soccer
el fútbol americano	football
el/la jugador(a)	player
la natación	swimming
el partido	match, game

Otros deportes
  el basquetbol
  el béisbol
  el golf
  el hockey
  el tenis
  el vólibol

correr	to run; to jog
entrenar	to practice, train
esquiar (esquío)	to ski
ganar	to win
montar a caballo	to ride a horse
pasear en bicicleta	to ride a bicycle
patinar	to skate
patinar en línea	to rollerblade
ser (*irreg.*) **aficionado/a (a)**	to be a fan (of)

Repaso: nadar, perder (ie), practicar (qu)

Algunos aparatos domésticos

la aspiradora	vacuum cleaner
la cafetera	coffeemaker
el congelador	freezer
la estufa	stove
el horno de microondas	microwave oven
la lavadora	washing machine
el lavaplatos	dishwasher
el refrigerador	refrigerator
la secadora	clothes dryer
la tostadora	toaster

Los quehaceres domésticos

barrer (el piso)	to sweep (the floor)
hacer (*irreg.*) la cama	to make the bed
lavar (las ventanas, los platos, la ropa)	to wash (the windows, the dishes, the clothes)
limpiar la casa (entera)	to clean the (whole) house
pasar la aspiradora	to vacuum
pintar (las paredes)	to paint (the walls)
planchar la ropa	to iron clothing
poner (*irreg.*) la mesa	to set the table
quitar la mesa	to clear the table
sacar (qu) la basura	to take out the trash
sacudir los muebles	to dust the furniture

Otros sustantivos

la costumbre	custom, habit
la dirección	address
la época	era, time (*period*)
la escuela	school
el grado	grade, year (*in school*)
el/la niñero/a	baby-sitter
la niñez	childhood

Adjetivos

deportivo/a	sporting, sports (*adj.*); sports-loving
pesado/a	boring; difficult

Palabras adicionales

¿adónde?	where (to)?
de joven	as a youth
de niño/a	as a child
mientras	while
tocarle (qu) a uno	to be someone's turn

10

La salud°

CULTURA

- **Conozca...** Venezuela
- **Nota cultural:** La medicina en los países hispanos
- **En los Estados Unidos y el Canadá:** Edward James Olmos: Actor y activista de la comunidad

VOCABULARIO

- La salud y el bienestar
- En el consultorio

GRAMÁTICA

◀ Un paseo (*stroll*) frente al Museo de los Niños en Caracas, Venezuela

°**La...** *Health*

La salud y el bienestar°

La... *Health and well-being*

dormir (ue, u) lo suficiente

comer equilibradamente

hacer (*irreg.*) ejercicios aeróbicos

el cerebro

la cabeza

la boca

la garganta

los pulmones

Josefa

el estómago

Enrique

correr

caminar

el corazón

la rueda de molino

Laura

El cuerpo humano

el diente	tooth
la nariz	nose
el oído	inner ear
el ojo	eye
la oreja	(outer) ear

Para cuidar de la salud

cuidarse	to take care of oneself
dejar de + *inf.*	to stop (*doing something*)
hacer (*irreg.*) **ejercicio**	to exercise; to get exercise
llevar gafas / lentes de contacto	to wear glasses / contact lenses
llevar una vida sana/tranquila	to lead a healthy / calm life
practicar (qu) deportes	to practice, play sports

■ ■ ■ Conversación

A. Asociaciones

Paso 1. ¿Qué partes del cuerpo humano asocia Ud. con las siguientes palabras? A veces hay más de una respuesta posible.

1.	un ataque	**5.**	pensar	**9.**	la música
2.	comer	**6.**	la digestión	**10.**	el perfume
3.	cantar	**7.**	el amor		
4.	las gafas	**8.**	fumar		

Paso 2. ¿Qué palabras asocia Ud. con las siguientes partes del cuerpo?

1.	los ojos	**3.**	la boca	**5.**	el estómago
2.	los dientes	**4.**	el oído		

B. Hablando de la salud. ¿Qué significan, para Ud., las siguientes oraciones?

> **MODELO:** Se debe comer equilibradamente. →
> Eso quiere decir (*means*) que es necesario comer muchas verduras, que… También significa que no debemos comer muchos dulces o…

1. Se debe dormir lo suficiente todas las noches.
2. Hay que hacer ejercicio.
3. Es necesario llevar una vida tranquila.
4. En general, uno debe cuidarse mucho.
5. Es importante llevar una vida sana.

> **Palabras y frases útiles**
>
> Eso quiere decir…
> Esto significa que…
> También…

C. ¿Cómo vives? ¿Cómo vivías?

Paso 1. ¿Hace Ud. las siguientes cosas para mantener la salud y el bienestar?

		SÍ	NO
1.	comer equilibradamente	☐	☐
2.	no comer muchos dulces	☐	☐
3.	caminar por lo menos dos millas por día	☐	☐
4.	correr	☐	☐
5.	hacer ejercicios aeróbicos	☐	☐
6.	dormir por lo menos ocho horas por día	☐	☐
7.	tomar bebidas alcohólicas en moderación	☐	☐
8.	no tomar bebidas alcohólicas en absoluto (*at all*)	☐	☐
9.	no fumar ni cigarrillos ni puros (*cigars*)	☐	☐
10.	llevar ropa adecuada (abrigo, suéter, etcétera) cuando hace frío	☐	☐

Paso 2. ¿Lleva Ud. una vida sana? Dígale a un compañero / una compañera cómo vive, usando las frases del **Paso 1.**

> **MODELO:** Creo que llevo una vida sana porque como una dieta equilibrada. No como muchos dulces, excepto en los días festivos como la Navidad…

Paso 3. Ahora cambie su narración para describir lo que hacía de niño/a. ¿Qué hacía y qué *no* hacía Ud.? Debe organizar las ideas lógicamente.

> **MODELO:** De niño, no llevaba una vida muy sana. Comía muchos dulces. También odiaba las frutas y verduras…

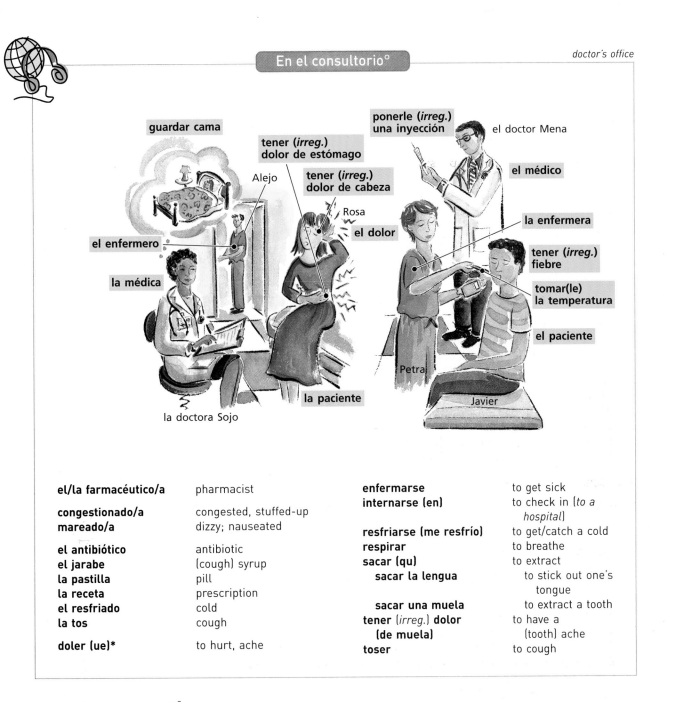

En el consultorio°

guardar cama

tener (irreg.)
dolor de estómago

Alejo

tener (irreg.)
dolor de cabeza

Rosa

el dolor

el enfermero

la médica

ponerle (irreg.)
una inyección

el doctor Mena

el médico

la enfermera

tener (irreg.)
fiebre

tomar(le)
la temperatura

el paciente

la paciente

Petra

Javier

la doctora Sojo

el/la farmacéutico/a	pharmacist	enfermarse	to get sick
		internarse (en)	to check in (to a hospital)
congestionado/a	congested, stuffed-up		
mareado/a	dizzy; nauseated	resfriarse (me resfrío)	to get/catch a cold
		respirar	to breathe
el antibiótico	antibiotic	sacar (qu)	to extract
el jarabe	(cough) syrup	sacar la lengua	to stick out one's tongue
la pastilla	pill		
la receta	prescription	sacar una muela	to extract a tooth
el resfriado	cold	tener (irreg.) dolor (de muela)	to have a (tooth) ache
la tos	cough	toser	to cough
doler (ue)*	to hurt, ache		

■■■ Conversación

A. Estudio de palabras. Complete las siguientes oraciones con una palabra de la misma (*same*) familia que la palabra en letras cursivas (*italics*).

1. Si me *resfrío,* tengo _____.
2. La *respiración* ocurre cuando alguien _____.
3. Si me _____, estoy *enfermo/a.* Un(a) _____ me toma la temperatura.
4. Cuando alguien *tose,* se oye una _____.
5. Si me *duele* el estómago, tengo un _____ de estómago.

---

*Doler *is used like* **gustar: Me duele la cabeza. Me duelen los ojos.**

B. Situaciones. Describa Ud. la situación de estas personas. ¿Dónde y con quiénes están? ¿Qué síntomas tienen? ¿Qué van a hacer?

1.
2.
3.

1. Anamari está muy bien de salud. Nunca le duele(n) _____. Nunca tiene _____. Siempre _____. Más tarde, ella va a _____.
2. Martín tiene _____. Debe _____. El dentista va a _____. Después, Martín va a _____.
3. A Inés le duele(n) _____. Tiene _____. El médico y la enfermera van a _____. Luego, Inés tiene que _____.

NOTA CULTURAL

La medicina en los países hispanos

Los hispanos pueden consultar a otros profesionales de la **salud,** además de los médicos especialmente en relación con **enfermedades** que no son graves. La gente consulta a los **farmacéuticos** con frecuencia, pues estos son profesionales con un riguroso entrenamiento universitario en **farmacología.** Además, hay farmacias en cada barrio, lo cual hace que haya[a] una relación bien establecida entre los farmacéuticos y sus clientes.

En las ciudades y pueblos hispanos siempre hay algunas farmacias abiertas a todas las horas del día. Se establecen **horarios de turnos,** y la farmacia que está abierta a horas en que las otras están cerradas se llama **farmacia de guardia.** Se puede saber cuáles son las farmacias de guardia a través del periódico o simplemente yendo a la farmacia más cercana, donde siempre hay una lista de todas las farmacias.

Otros profesionales al cuidado de la salud muy solicitados son los **practicantes,** que son **enfermeros** o estudiantes de **medicina** con varios años de estudio, que están capacitados[b] para poner inyecciones o hacer visitas a domicilio para **tratamientos** sencillos.

Finalmente, se debe mencionar la relativa popularidad de **remedios tradicionales,** como la homeopatía. Aunque hay expertos homeópatas con años de entrenamiento, también existe un repertorio popular de **remedios naturales** básicos para enfermedades o molestias[c] cotidianas, conocimientos[d] que se transmiten de generación a generación.

[a]*lo... which creates*   [b]*trained*
[c]*nuisances*   [d]*knowledge*

The Good News . . . The Bad News . . .

To describe general qualities or characteristics of something, use **lo** with the masculine singular form of an adjective.

lo bueno / lo malo   lo más importante   lo mejor / lo peor   lo mismo

This structure has a number of English equivalents, especially in colloquial speech.

lo bueno = the good thing/part/news, what's good

C. Ventajas y desventajas (*Advantages and Disadvantages*). Casi todas las cosas tienen un aspecto bueno y otro malo.

Paso 1. ¿Qué es lo bueno y lo malo (o lo peor y lo mejor) de las siguientes situaciones?

1. tener un resfriado
2. ir a una universidad cerca/lejos del hogar familiar (*family home*)
3. tener hijos cuando uno es joven (entre 18 y 25 años)
4. ser muy rico/a
5. ir a un consultorio médico
6. ir al consultorio de un dentista

Paso 2. Compare sus respuestas con las de sus compañeros. ¿Dijeron algo que Ud. no consideró?

Need more practice?

- Workbook/Laboratory Manual
- Interactive CD-ROM
- Online Learning Center (www.mhhe.com/peb2)

GRAMÁTICA

Throughout the last chapters of *Puntos en breve*, beginning with **Capítulo 7,** you have been using first the preterite and then the imperfect in appropriate contexts. Do you remember which tense you used to do each of the following?

1. to tell what you did yesterday
2. to tell what you used to do when you were in grade school
3. to explain the situation or condition that caused you to do something
4. to tell what someone did as the result of a situation
5. to talk about the way things used to be
6. to describe an action that was in progress

If you understand those uses of the preterite and the imperfect, the following summary of their uses will not contain much that is new information for you.

29 Narrating in the Past • Using the Preterite and the Imperfect

En el consultorio de la Dra. Méndez

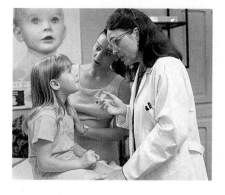

Marta, la hija de Lola y Manolo, se siente mal y su madre la lleva al consultorio de la Dra. Méndez.

DRA. MÉNDEZ: ¿Cuándo *empezó* a sentirse mal su hija?

LOLA: Ayer por la tarde. *Estaba* congestionada, *tosía* mucho y *se quejaba* de que le *dolían* el cuerpo y la cabeza.

DRA. MÉNDEZ: ¿Y le *notó* algo de fiebre?

LOLA: Sí. Por la noche le *tomé* la temperatura y *tenía* treinta y ocho grados.

DRA. MÉNDEZ: A ver... Tal vez necesito ponerle una inyección...

MARTA: Eh... bueno... ¡Creo que ahora me encuentro un poco mejor!

In the preceding dialogue, locate all of the verbs that do the following.

1. indicate actions (or lack of action)
2. indicate conditions or descriptions

When speaking about the past in English, you choose different past tense forms to use, depending on the context: *I wrote letters, I was writing letters, I used to write letters,* and so on. Similarly, you can use either the preterite or the imperfect in many Spanish sentences, depending on the meaning you wish to convey. Often the question is: How do you view the action or state of being?

PAST ----------------	Present ----------------	Future
preterite	**present**	
imperfect	**present progressive**	
	formal commands	

Preterite	**Imperfect**
■ beginning/end of past action	■ habitual/repeated action
■ completed action	■ progress of a past action
■ series of completed actions	■ background details
■ interrupting action	■ interrupted action
■ the action on the "stage"	■ the backdrop (setup) of the "stage"

In Dr. Méndez's office *Marta, Lola and Manolo's daughter, feels sick, and her mother takes her to Dr. Méndez's office.* DR. MÉNDEZ: *When did your daughter begin to feel ill?* LOLA: *Yesterday afternoon. She was stuffed up, she was coughing a lot, and she was complaining that her body and head were hurting.* DR. MÉNDEZ: *And did you note any fever?* LOLA: *Yes. At night I took her temperature and it was thirty-eight degrees.* DR. MÉNDEZ: *Let's see . . . Perhaps I'll need to give her a shot . . .* MARTA: *Um . . . well . . . I think I feel a little bit better now!*

Beginning/End vs. Habitual

Use the preterite to . . .

- tell about the beginning or the end of a past action

El sábado pasado, el partido de fútbol **empezó** a la una. **Terminó** a las cuatro. El entrenador **habló** a las cinco.

Last Saturday, the soccer game began at one. It ended at four. The coach spoke (began to speak) at five.

beg. end

Use the imperfect to . . .

- talk about the habitual nature of an action (something you always did)

Había un partido todos los sábados. Muchas personas **jugaban** todas las semanas.

There was a game every Saturday. Many people played every week.

every sat.

Completed vs. Ongoing

Use the preterite to . . .

- express an action that is viewed as completed

El partido **duró** tres horas. **Ganaron** Los Lobos, de Villalegre.

The game lasted three hours. The Lobos of Villalegre won.

lasted

Use the imperfect to . . .

- tell what was happening when another action took place and tell about simultaneous events (with **mientras** = *while*)

Yo no vi el final del partido. **Estaba** en la cocina cuando **terminó.**

I didn't see the end of the game. I was in the kitchen when it ended.

Mientras mi amigo **veía** el partido, **hablaba** con su novia.

While my friend was watching the game, he was talking with his girlfriend.

two things @ once.

Series of Completed Actions vs. Background

Use the preterite to . . .

- express a series of completed actions

Durante el partido, los jugadores **corrieron, saltaron** y **gritaron.**

During the game, the players ran, jumped, and shouted.

completed.

Use the imperfect to . . .

- give background details of many kinds: time, location, weather, mood, age, physical and mental characteristics

Llovía un poco durante el partido. Todos los jugadores **eran** jóvenes; **tenían** 17 ó 18 años. ¡Y todos **esperaban** ganar!

It rained a little bit during the game. All the players were young; they were 17 or 18 years old. And all of them hoped to win!

Changes in Meaning

Remember that, when used in the preterite, **saber, conocer, querer,** and **poder** have English equivalents different from that of the infinitives (see **Capítulo 8**). In the imperfect, the English equivalents of these verbs do not differ from the infinitive meanings.

Anoche **conocí** a Roberto.
*Last night I **met** Roberto.*

¿Anoche? Yo pensaba que ya lo **conocías**.
*Last night? I thought you already **knew** him.*

Interrupting vs. Interrupted

The preterite and the imperfect frequently occur in the same sentence. In the first sentence the imperfect tells what was happening when another action—conveyed by the preterite—broke the continuity of the ongoing activity. In the second sentence, the preterite reports the action that took place because of a condition—described by the imperfect—that was in progress or in existence at that time.

Miguel **estudiaba** cuando **sonó** el teléfono.
Miguel was studying when the phone rang.

Olivia **comió** tanto porque **tenía** mucha hambre.
Olivia ate so much because she was very hungry.

Action vs. the Stage (Background)/Conditions/Ongoing

The preterite and imperfect are also used together in the presentation of an event. The preterite narrates the action while the imperfect sets the stage, describes the conditions that caused the action, or emphasizes the continuing nature of a particular action.

Era un día hermoso. **Hacía** mucho sol pero no **hacía** mucho calor. Como no **tenía** que trabajar en la oficina, **compré** unas flores de primavera y **salí** vestida de camiseta y pantalones cortos para trabajar todo el día en el jardín.

It was a beautiful day. It was very sunny but it wasn't very hot. Since I didn't have to work in the office, I bought some spring flowers and I went out dressed in a T-shirt and shorts to work in the garden all day.

■■■ Práctica

A. En el consultorio. What did your doctor do the last time you had an appointment with him or her? Assume that you had the following conditions and match them with the appropriate procedure.

CONDICIONES: (Yo)…

1. __C__ tenía mucho calor y temblaba.
2. __F__ me dolía la garganta.
3. __G__ tenía un poco de congestión en el pecho (*chest*).
4. __E__ creía que estaba anémico/a.
5. __A__ no sabía lo que tenía.
6. __B__ necesitaba medicinas.
7. __D__ sólo necesitaba un chequeo rutinario.

ACCIONES: El médico…

a. me hizo muchas preguntas.
b. me escribió una receta.
c. me tomó la temperatura.
d. me auscultó (*listened to*) los pulmones y el corazón.
e. me analizó la sangre (*blood*).
f. me hizo sacar la lengua.
g. me hizo toser.

NOTA COMUNICATIVA

Words and Expressions That Indicate the Use of Preterite and Imperfect

Certain words and expressions are frequently associated with the preterite, others with the imperfect.

Some words often associated with the preterite are:

> **ayer, anteayer** (*the day before yesterday*), **anoche** (*last night*)
> **una vez, dos veces** (*twice*)…
> **el año pasado, el lunes pasado…**
> **de repente** (*suddenly*)

Some words often associated with the imperfect are:

> **todos los días, todos los lunes…**
> **siempre, frecuentemente**
> **mientras**
> **de niño/a, de joven**

Some English equivalents also associated with the imperfect are:

> *was* _____ *-ing, were* _____ *-ing* (in English)
> *used to, would* (when *would* implies *used to* in English)

As you continue to practice preterite and imperfect, these expressions can help you determine which tense to use.

These words do not *automatically* cue either tense, however. The most important consideration is the meaning that the speaker wishes to convey.

Ayer cenamos temprano.	*Yesterday we had dinner early.*
Ayer cenábamos cuando Juan llamó.	*Yesterday we were having dinner when Juan called.*
Jugaba al fútbol **de niño.**	*He played soccer as a child.*
Empezó a jugar al fútbol **de niño.**	*He began to play soccer as a child.*

B. Pequeñas historias. Complete the following brief paragraphs with the appropriate phrases from the lists. Before you begin, it is a good idea to look at the drawing that accompanies each paragraph and to scan through the complete paragraph to get the gist of it, even though you may not understand everything the first time you read it.

1.

nos quedamos	nos gustó
nos quedábamos	nuestra familia decidió
íbamos	vivíamos

Cuando éramos niños, Jorge y yo _____¹ en la Argentina. Siempre _____² a la playa, a Mar del Plata, para pasar la Navidad. Allí casi siempre _____³ en el Hotel Fénix. Un año, _____⁴ quedarse en otro hotel, el Continental. No _____⁵ tanto como el Fénix y por eso, al año siguiente, _____⁶ en el Fénix otra vez.

2.

examinó	puso
intentabaᵃ tomarle	llegó
estaba	dio
esperaba	se sintió

La niña tosía mientras que la enfermera _____¹ la temperatura. La madre de la niña _____² pacientemente. Por fin _____³ la médica. Le _____⁴ la garganta a la niña, le _____⁵ una inyección y le _____⁶ a su madre una receta para un jarabe. La madre todavía _____⁷ muy preocupada, pero inmediatamente después que la médica le habló, _____⁸ más tranquila.

ᵃ*tried to*

C. Rubén y Soledad. Read the following paragraph at least once to familiarize yourself with the sequence of events, and look at the drawing. Then reread the paragraph, giving the proper form of the verbs in parentheses in the preterite or the imperfect, according to the needs of each sentence and the context of the paragraph as a whole.

Rubén estaba estudiando cuando Soledad entró en el cuarto. Le (preguntar¹) a Rubén si (querer²) ir al cine con ella. Rubén le (decir³) que sí porque se (sentir⁴) un poco aburrido con sus estudios. Los dos (salir⁵) en seguidaᵃ para el cine. (Ver⁶) una película cómica y (reírse⁷) mucho. Luego, como (hacer⁸) frío, (entrar⁹) en su café favorito, El Gato Negro, y (tomar¹⁰) un chocolate. (Ser¹¹) las dos de la mañana cuando por fin (regresar¹²) a casa. Soledad (acostarse¹³) inmediatamente porque (estar¹⁴) cansada, pero Rubén (empezar¹⁵) a estudiar otra vez.

ᵃen... *right away*

Comprensión. Now answer the following questions based on the paragraph about Rubén and Soledad. **¡OJO!** A question is not always answered in the same tense as that in which it is asked. Remember this, especially when you are asked to explain why something happened.

1. ¿Qué hacía Rubén cuando Soledad entró?
2. ¿Qué le preguntó Soledad a Rubén?
3. ¿Por qué dijo Rubén que sí?
4. ¿Les gustó la película? ¿Por qué?
5. ¿Por qué tomaron un chocolate?
6. ¿Regresaron a casa a las tres?
7. ¿Qué hicieron cuando llegaron a casa?

D. La fiesta de Roberto. Read the following paragraphs once for meaning, and look at the drawing. Then reread the paragraphs, giving the proper form of the verbs in parentheses in the present, preterite, or imperfect.

Durante mi segundo año en la universidad, conocí a Roberto en una clase. Pronto nos (hacer[1]) muy buenos amigos. Roberto (ser[2]) una persona muy generosa que (organizar[3]) una fiesta en su apartamento todos los viernes. Todos nuestros amigos (ir[4]). (Haber[5]) muchas bebidas y comida, y todos (hablar[6]) y (bailar[7]) hasta muy tarde.

Una noche algunos de los vecinos[a] de Roberto (llamar[8]) a la policía y (decir[9]) que nosotros (hacer[10]) demasiado ruido. (Venir[11]) un policía al apartamento y le (decir[12]) a Roberto que la fiesta (ser[13]) demasiado ruidosa. Nosotros no (querer[14]) aguar[b] la fiesta, pero ¿qué (poder[15]) hacer? Todos nos (despedir[16]) aunque (ser[17]) solamente las once de la noche.

Aquella noche Roberto (aprender[18]) algo importantísimo. Ahora cuando (hacer[19]) una fiesta, siempre (invitar[20]) a sus vecinos.

[a]neighbors   [b]to spoil

Need more practice?

- Workbook/Laboratory Manual
- Interactive CD-ROM
- Online Learning Center (www.mhhe.com/peb2)

■■■ Conversación

A. El primer día. Dé Ud. sus impresiones del primer día de su primera clase universitaria. Use estas preguntas como guía.

1. ¿Cuál fue la primera clase? ¿A qué hora era la clase y dónde era?
2. ¿Vino a clase con alguien? ¿Ya tenía su libro de texto o lo compró después?
3. ¿Qué hizo Ud. después de entrar en la sala de clase? ¿Qué hacía el profesor / la profesora?
4. ¿A quién conoció Ud. aquel día? ¿Ya conocía a algunos miembros de la clase? ¿A quiénes?
5. ¿Aprendió Ud. mucho durante la clase? ¿Ya sabía algo de esa materia?
6. ¿Le gustó el profesor / la profesora? ¿Por qué sí o por qué no? ¿Cómo era?
7. ¿Cómo se sentía durante la clase? ¿Nervioso/a? ¿aburrido/a? ¿cómodo/a?
8. ¿Les dio tarea el profesor / la profesora? ¿Pudo Ud. hacerla fácilmente?
9. Su primera impresión de la clase y del profesor / de la profesora, ¿fue válida o cambió con el tiempo? ¿Por qué?

B. Entrevista. Unas preguntas sobre el pasado

Paso 1. Con un compañero / una compañera, haga y conteste las siguientes preguntas.

¿Cuántos años tenías cuando... ?

1. aprendiste a pasear en bicicleta
2. hiciste tu primer viaje en avión
3. tuviste tu primera cita (*date*)
4. empezaste a afeitarte
5. conseguiste tu licencia de manejar (*driver's license*)
6. abriste una cuenta corriente (*checking account*)
7. dejaste de crecer (*grow*)

Paso 2. Con otro compañero / otra compañera, haga y conteste estas preguntas.

¿Cuántos años tenías cuando tus padres... ?

1. te dejaron cruzar la calle solo/a
2. te permitieron ir de compras a solas
3. te dejaron acostarte después de las nueve
4. te dejaron quedarte en casa sin niñero/a
5. te permitieron usar la estufa
6. te dejaron ver una película «R»
7. te dejaron conseguir un trabajo

Paso 3. Ahora, en grupos de cuatro, comparen sus respuestas. ¿Son muy diferentes las respuestas que dieron? ¿Quién del grupo tiene los padres más estrictos? ¿los menos estrictos?

EN LOS ESTADOS UNIDOS Y EL CANADÁ

Edward James Olmos: Actor y activista de la comunidad

El conocido **actor** de origen mexicano, Edward James Olmos (Los Ángeles, 1947–), tiene en su historia profesional papeles inolvidables[a] como el de Jaime Escalante en *Stand and Deliver*, y el de policía en la famosa pelicula cultista[b] *Blade Runner*. Además es un reconocido[c] **productor** y fue **director** y **guionista**[d] de la película *American Me*, sobre las pandillas[e] de Los Ángeles. Ha recibido los premios[f] Golden Globe y Emmy.

Pero el Sr. Olmos no es sólo un artista sino también un destacado[g]

▲ *Edward James Olmos*

líder de la comunidad latina en los Estados Unidos. Su **trabajo humanitario** y **comunitario** demuestra[h] un profundo compromiso[i] a favor de **la juventud** y **la salud** y contra la violencia de las pandillas y el racismo. Entre los muchos cargos que ha desempeñado[j] están los de embajador[k] de los Estados Unidos en UNICEF, portavoz[l] nacional de la Fundación Juvenil contra la Diabetes, de la Fundación Alerta contra el **SIDA**[m] y del Registro de Votantes. Además es miembro del comité de varios hospitales para niños y también del Concejo Nacional de Adopción.

[a]papeles... *unforgettable roles* [b]*cult* [c]*well-known* [d]*scriptwriter* [e]*gangs* [f]Ha... *He has received the awards*
[g]*distinguished* [h]*shows* [i]*commitment* [j]Entre... *Among the many positions he has held* [k]*ambassador* [l]*spokesperson*
[m]Fundación... *AIDS Awareness Foundation*

Before learning how to express reciprocal actions, review the reflexive pronouns (**Gramática 13**), then provide the correct reflexive pronouns for the following sentences.

1. _____ levanté a las ocho y media.
2. Laura _____ puso el vestido.
3. Mis amigos y yo _____ sentamos juntos.
4. ¿Prefieres duchar_____ o bañar_____?

30 Expressing *each other* • Reciprocal Actions with Reflexive Pronouns

Rosa y Casandra

Rosa y Casandra *se conocen* bien. Son compañeras de cuarto. *Se ven* todos los días y *se encuentran* después de clase para hablar. ¿Qué hacen Rosa y Casandra en esta escena?

*Se besan.**

The plural reflexive pronouns, **nos, os,** and **se,** can be used to express *reciprocal actions* (**las acciones recíprocas**). Reciprocal actions are usually expressed in English with *each other* or *one another*.

Nos queremos.

Nos queremos.	*We love each other.*
¿**Os** ayudáis?	*Do you help one another?*
Se miran.	*They're looking at each other.*

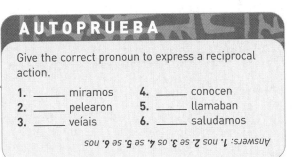

Give the correct pronoun to express a reciprocal action.

1. _____ miramos
2. _____ pelearon
3. _____ veíais
4. _____ conocen
5. _____ llamaban
6. _____ saludamos

Answers: 1. nos 2. se 3. os 4. se 5. se 6. nos

---

*As in many cultures, in Spain and Latin America kissing on the cheek is a common form of greeting and leave-taking. In Hispanic cultures, women kiss each other on the cheek, and men and women kiss each other on the cheek. The number of kisses varies from country to country; in Spain, two kisses (one on each cheek) is common. In much of Latin America, only one kiss, usually on the right cheek, is the norm.

 **Práctica**

A. ¡Anticipemos! Buenos amigos. Indique las oraciones que describen lo que hacen Ud. y un buen amigo / una buena amiga para mantener su amistad (*friendship*).

1. ☐ Nos vemos con frecuencia.
2. ☐ Nos conocemos muy bien. No hay secretos entre nosotros.
3. ☐ Nos respetamos mucho.
4. ☐ Nos ayudamos con cualquier (*any*) problema.
5. ☐ Nos escribimos cuando no estamos en la misma ciudad.
6. ☐ Nos hablamos por teléfono con frecuencia.
7. ☐ Nos decimos la verdad siempre, sea esta (*be it*) bonita o fea.
8. ☐ Cuando estamos muy ocupados, no importa si no nos hablamos por mucho tiempo.

B. ¿Qué se hacen? Describa las siguientes relaciones familiares o sociales, haciendo oraciones completas con una palabra o frase de cada grupo.

MODELO: Los buenos amigos se conocen bien.

los buenos amigos los parientes los esposos los padres y los niños los amigos que no viven en la misma ciudad los profesores y los estudiantes los compañeros de cuarto/casa	**+** (no) **+**	verse con frecuencia quererse, respetarse ayudarse (con los quehaceres domésticos, con los problemas económicos, con los problemas personales) hablarse (todos los días, con frecuencia, sinceramente) llamarse por teléfono, escribirse (con frecuencia) mirarse (en la clase, con cariño [*affection*]) necesitarse conocerse bien saludarse (*to greet each other*) (en la clase, con cariño), darse la mano

■ ■ ■ Conversación

Entrevista

1. ¿Con qué frecuencia se ven tú y tu novio/a (esposo/a, mejor amigo/a)? ¿Cuánto tiempo hace que se conocen? ¿Con qué frecuencia se dan regalos? ¿se escriben? ¿se telefonean? ¿Te gusta que se vean tanto (tan poco)?
2. ¿Con qué frecuencia se ven tú y tus abuelos/primos? ¿Por qué se ven Uds. tan poco (tanto)? ¿Cómo se mantienen en contacto? En la sociedad norteamericana, ¿los parientes se ven con frecuencia? En tu opinión, ¿es esto común entre los hispanos?

Need more practice?
- ■ Workbook/Laboratory Manual
- ■ Interactive CD-ROM
- ■ Online Learning Center (www.mhhe.com/peb2)

Conozca...

Venezuela

Datos esenciales

- Nombre oficial: República de Venezuela
- Capital: Caracas
- Población: 24.660.000 habitantes
- Moneda: el bolívar
- Idiomas: el español (oficial), varios idiomas indígenas

¡Fíjese!

Por su variedad de climas, Venezuela le ofrece al turista atracciones diversas. El clima venezolano varía entre el clima templado de las regiones andinas y el clima tropical de los llanos[a] y la costa. De hecho, el clima es agradable la mayor parte del año. Entre las atracciones turísticas hay lo siguiente:

- las hermosas[b] playas tropicales de la Isla Margarita y la costa caribeña
- la famosa catarata[c] Salto Ángel que, siendo dieciséis veces más alta que las cataratas del Niágara, es considerada la más alta del mundo
- la belleza[d] colonial de Ciudad Bolívar y Coro
- la progresiva y cosmopolita ciudad de Caracas y las majestuosas montañas andinas

[a]plains   [b]beautiful   [c]waterfall   [d]beauty

Personas famosas: Simón Bolívar

Simón Bolívar (1783–1830) nació en Caracas. La fecha de su cumpleaños, el 24 de julio, es hoy día una fiesta nacional en Venezuela. Bolívar, llamado «el Libertador», ocupa un puesto[a] importante tanto en la historia de Venezuela como en la historia de Colombia, el Perú, el Ecuador y Bolivia por ser el personaje principal en las luchas[b] por la independencia de estos países. Bolívar, influenciado por las ideas de Jean Jacques Rousseau[c] y por la lucha de las colonias estadounidenses contra Inglaterra en el siglo XVIII, soñaba con[d] una América hispánica unida, sueño que nunca vio realizado.[e]

[a]position   [b]struggles   [c]French writer and philosopher (1712–1778) whose ideas helped spark the French Revolution   [d]soñaba... dreamt about   [e]achieved

▲ Salto Ángel

Sabina García
Caracas, Venezuela

Learn more about Venezuela with the Video, the Interactive CD-ROM, and the Online Learning Center (www.mhhe.com/peb2).

Gramática

To review the grammar points presented in this chapter, refer to the indicated grammar presentations. You'll find further practice of these structures in the Workbook and Laboratory Manual, on the Interactive CD-ROM, and on the *Puntos en breve* Online Learning Center (www.mhhe.com/peb2).

29. Narrating in the Past—Using the Preterite and the Imperfect

Do you know which tense to use to express habitual or repeated actions? Which tense should be used to express the beginning or end of an action?

30. Expressing *each other*—Reciprocal Actions with Reflexive Pronouns

Which reflexive pronouns are used in reciprocal constructions?

Vocabulario

Practice this vocabulary with digital flash cards on the Online Learning Center (www.mhhe.com/peb2).

La salud y el bienestar

la rueda de molino	treadmill
caminar	to walk
cuidarse	to take care of oneself
dejar de + *inf.*	to stop (*doing something*)
doler (ue)	to hurt, ache
encontrarse (ue)	to be, feel
examinar	to examine
guardar cama	to stay in bed
hacer (*irreg.*) **ejercicios aeróbicos**	to do aerobics
internarse (en)	to check in (*to a hospital*)
llevar una vida sana/tranquila	to lead a healthy/calm life
ponerle (*irreg.*) **una inyección**	to give (someone) a shot, injection
resfriarse (me resfrío)	to get/catch a cold
respirar	to breathe
sacar (qu)	to extract
sacar la lengua	to stick out one's tongue
sacar una muela	to extract a tooth
tener (*irreg.*) **dolor de**	to have a pain in
tomarle la temperatura	to take someone's temperature
toser	to cough

Repaso: comer, correr, dormir (ue, u), enfermarse, hacer (*irreg.*) **ejercicio, practicar (qu) deportes**

Algunas partes del cuerpo humano

la boca	mouth
la cabeza	head
el cerebro	brain
el corazón	heart
el cuerpo	body
el diente	tooth
el estómago	stomach
la garganta	throat
la muela	tooth; molar
la nariz	nose
el oído	inner ear
el ojo	eye
la oreja	(outer) ear
los pulmones	lungs
la sangre	blood

Las enfermedades y los tratamientos

el antibiótico	antibiotic
el chequeo	check-up
el consultorio	(medical) office
el dolor (de)	pain, ache (in)
la farmacia	pharmacy
la fiebre	fever
las gafas	glasses

el jarabe	(cough) syrup
los lentes de contacto	contact lenses
la medicina	medicine
la pastilla	pill
la receta	prescription
el resfriado	cold
la sala de emergencias/ urgencia	emergency room
la salud	health
el síntoma	symptom
la temperatura	temperature
la tos	cough

El personal médico

el/la dentista	dentist
el/la enfermero/a	nurse
el/la farmacéutico/a	pharmacist
el/la paciente	patient

Repaso: el/la médico/a

Más sustantivos

la desventaja	disadvantage
la ventaja	advantage

Más verbos

encontrarse (ue) (con)	to meet (*someone somewhere*)
saludarse	to greet each other

Los adjetivos

congestionado/a	congested, stuffed up
mareado/a	dizzy; nauseated
mismo/a	same

Palabras adicionales

anoche	last night
anteayer	the day before yesterday
de repente	suddenly
dos veces	twice
en seguida	right away
equilibradamente	in a balanced way
eso quiere decir...	that means . . .
lo bueno / lo malo	the good thing, news / the bad thing, news
lo suficiente	enough

Repaso: una vez

11 Presiones de la vida° moderna

CULTURA

- **Conozca...** Puerto Rico
- **Nota cultural:** Palabras y frases para momentos difíciles
- **En los Estados Unidos y el Canadá:** La impresionante variedad de la música latina

VOCABULARIO

- Las presiones de la vida estudiantil
- ¡La profesora Martínez se levantó con el pie izquierdo!

GRAMÁTICA

31 Another Use of **se**

32 ¿**Por** o **para**?

◄ Dos estudiantes en el *campus* de la Universidad de Puerto Rico en Río Piedras

° life

Las presiones de la vida estudiantil

el calendario

el horario

la llave

el despertador

la calificación

el examen

la tarjeta de identificación

sufrir (muchas) presiones

acordarse (ue) (de)	to remember	**sacar (qu)**	to take out
entregar (gu)	to turn, hand in	**sacar buenas/**	to get good/bad
estacionar	to park	**malas notas**	grades
llegar (gu) a tiempo/	to arrive early/late	**ser** (*irreg.*) **flexible**	to be flexible
tarde		**sufrir**	to suffer
pedir (i, i) disculpas	to apologize		
Discúlpeme.	Pardon me. /	**el estrés**	stress
	I'm sorry.	**la (falta de)**	(lack of) flexibility
¡Lo siento (mucho)!	Pardon me! /	**flexibilidad**	
	I'm (very)	**la fecha límite**	deadline
	sorry!	**el informe (oral/**	(oral/written)
Perdón.	Pardon me. /	**escrito)**	report
	I'm sorry.	**la prueba**	quiz; test
recoger (j)*	to collect; to	**la tarea**	homework
	pick up	**el trabajo**	job, work; report,
			(piece of) work
		de tiempo	full/part time
		completo/parcial	

---

*Note the present indicative conjugation of **recoger: recojo, recoges, recoge, recogemos, recogen.**

■ ■ ■ Conversación

A. Asociaciones

Paso 1. ¿Qué palabras asocia Ud. con estos verbos? Pueden ser sustantivos, antónimos o sinónimos.

1. estacionar
2. recoger
3. acordarse
4. entregar
5. sacar
6. sufrir
7. pedir
8. llegar

Paso 2. ¿Qué palabras y/o situaciones asocia Ud. con los siguientes sustantivos?

1. el calendario
2. el despertador
3. las calificaciones
4. el estrés
5. la fecha límite
6. el horario
7. los informes
8. la llave
9. la tarjeta de identificación
10. las disculpas
11. las presiones
12. la flexibilidad
13. la prueba
14. el trabajo

B. Situaciones

Paso 1. La primera lista que Ud. va a leer consta de (*consists of*) preguntas o comentarios hechos por varias personas. La segunda lista incluye las respuestas de otras personas. Decida qué respuesta corresponde a cada comentario.

1. —Anoche no me acordé de poner el despertador.
2. —No puede estacionar el coche aquí. No tiene permiso de estacionamiento para esta zona.
3. —¿Sacaste una buena nota en la prueba?
4. —Ramiro no tiene buen aspecto (*doesn't look right*). Creo que algo le causa mucho estrés.
5. —Aquí tiene mi trabajo escrito sobre el Mercado Común.

a. —Pues estoy cansado de buscar estacionamiento por todo el *campus*. Lo voy a dejar aquí.
b. —¿Lo olvidaste otra vez? ¿A qué hora llegaste a la oficina?
c. —Pero la fecha límite era ayer. Es la última vez que acepto un informe suyo (*of yours*) tarde.
d. —Muy buena, pero no la esperaba. No tuve tiempo de estudiar.
e. —Es porque tiene un trabajo de tiempo completo, y también toma tres cursos este semestre.

Paso 2. Ahora invente un contexto para cada diálogo. ¿Dónde están las personas que hablan? ¿en casa? ¿en una oficina? ¿en clase? ¿Quiénes son?

MODELO: 1. → Las personas que hablan están en el trabajo (la oficina). Probablemente están almorzando. Son compañeros de trabajo; no son buenos amigos...

C. La educación universitaria

Paso 1. Lea lo que dicen Edward James Olmos y Luis Miguel sobre la vida y la educación.

«Les digo con todo mi corazón, con toda mi vida. Yo no tengo talento natural. No soy un genio. Pero mis padres a pesar de[g] ser tan humildes[h] me dieron educación».

**Edward James Olmos
actor mexicoamericano**

Ellos han logrado[b] triunfar. ¡Y cada frase que dicen es una lección gratuita[c] para el éxito[d]!

«El destino es una mezcla[e] entre la preparación y la suerte».[f]

Luis Miguel, cantante mexicano

[a]winners [b]han... have been able to [c]free [d]success
[e]mix [f]luck [g]a... in spite of [h]poor

¿Cree Ud. que tienen razón estos dos artistas? ¿Qué cree Ud. que sea más importante para tener éxito (*be successful*) en la vida, el talento natural o la preparación? ¿Piensa Ud. que está consiguiendo una educación del tipo que ayudó a Olmos y a Luis Miguel? ¿Va a ser suficiente su educación para obtener un buen trabajo en el futuro?

Paso 2. Los años estudiantiles, ¿una época maravillosa? Con frecuencia se oye a las personas mayores hablar de los años universitarios con nostalgia: años de libertad, sin responsabilidades, sin las tensiones propias de la vida laboral y familiar. ¿Ve Ud. así la época universitaria? Con un compañero / una compañera, comente este tema. Pueden usar las siguientes preguntas como guía (*guide*).

1. ¿Sufren muchas presiones los estudiantes universitarios? ¿Por qué? ¿Qué les causa estrés?
2. ¿Son más divertidos los años universitarios que los años de la escuela secundaria?
3. ¿Le preocupa a Ud. el costo de la matrícula? Para Ud. o para su familia, ¿es difícil pagarla?
4. ¿Piensa Ud. que la vida va a ser mejor después de graduarse en la universidad? ¿Por qué sí o por qué no?

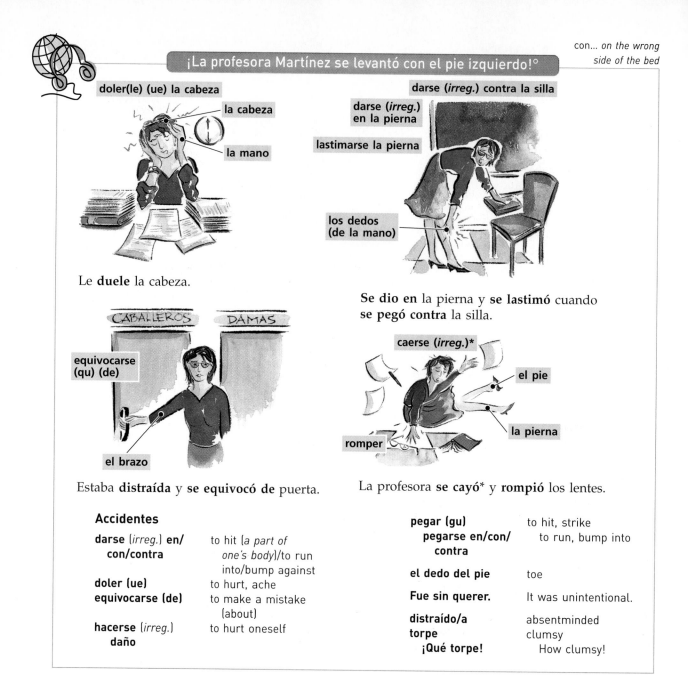

¡La profesora Martínez se levantó con el pie izquierdo!°

doler(le) (ue) la cabeza

la cabeza

la mano

Le **duele** la cabeza.

darse (irreg.) contra la silla

darse (irreg.) en la pierna

lastimarse la pierna

los dedos (de la mano)

Se **dio en** la pierna y **se lastimó** cuando se **pegó contra** la silla.

CABALLEROS DAMAS

equivocarse (qu) (de)

el brazo

Estaba **distraída** y **se equivocó de** puerta.

caerse (irreg.)*

el pie

la pierna

romper

La profesora **se cayó*** y **rompió** los lentes.

Accidentes

darse (*irreg.*) **en/ con/contra**	to hit (*a part of one's body*)/to run into/bump against
doler (ue)	to hurt, ache
equivocarse (de)	to make a mistake (about)
hacerse (*irreg.*) **daño**	to hurt oneself

pegar (gu) **pegarse en/con/ contra**	to hit, strike to run, bump into
el dedo del pie	toe
Fue sin querer.	It was unintentional.
distraído/a **torpe** **¡Qué torpe!**	absentminded clumsy How clumsy!

■■■ Conversación

A. Un anuncio para un seguro. La palabra **seguro** no sólo significa *sure*. También quiere decir *insurance*. Este es un anuncio de un seguro de accidentes.

1. ¿Dónde patina el hombre?
2. ¿Qué le puede ocurrir?
3. ¿Por qué tiene suerte (*good luck*)?
4. ¿Tiene Ud. un seguro de accidentes?

SEGURO ESPECIAL ACCIDENTES

Puede ocurrirle esto...

O no ocurrirle nada...

...y suerte que está Asegurado

---

*Note that the first person singular of **caer** is irregular: **caigo**. The present participle is **cayendo**.

Palabras y frases para momentos difíciles

Hay muchas expresiones para ocasiones de mala suerte[a] o de presión. Varían mucho de región en región y de país en país. Estas son algunas de las más comunes.

Para expresar dolor, sorpresa o compasión

¡Ay!	*Ah! Ouch!*	¿Qué le vamos a hacer?	*What can you do?*
¡Uy!	*Oops! Oh!*	¡No me digas!	*You're kidding! (You don't say!)*
¡No puede ser!	*That can't be!*	¡Qué mala suerte!	*What bad luck!*

Para dar ánimo[b]

¡Venga!	*Come on!*	¡No es para tanto!	*It's not so bad!*
¡Órale! (*Méx.*)	*Come on!*	¡Anímate!	*Cheer up!*

[a]*luck* [b]Para... *To cheer (someone up)*

B. Posibilidades. ¿Qué puede Ud. hacer o decir —o qué le puede pasar— en cada situación?

MODELO: Ud. se da contra el escritorio de otro estudiante y se lastima el pie.
—¡Ay! ¡Qué torpe soy!

1. A Ud. le duele mucho la cabeza.
2. Ud. le pega a otra persona sin querer.
3. Ud. se olvida del nombre de otra persona.
4. Ud. está muy distraído/a y no mira por dónde camina.
5. Ud. se lastima la mano (el pie).
6. Su amigo está nervioso porque se pegó contra la profesora antes de clase.

C. Accidentes y tropiezos (*mishaps*)

Paso 1. ¿Le han pasado a Ud. alguna vez las siguientes cosas? Complete las oraciones con información verdadera para Ud. Si nunca le pasó nada de esto, invente una situación que podría haber ocurrido (*could have happened*).

1. Me caí por las escaleras (*stairs*) y _____.
2. No me acordé de hacer la tarea para la clase de _____.
3. Me equivoqué cuando _____.
4. El despertador sonó, pero _____.
5. No pude encontrar _____.
6. Me di con _____ y me lastimé _____.
7. Pasó la fecha límite para entregar un informe y _____.
8. Caminaba un poco distraído/a y _____.

Paso 2. Entrevista. Ahora, usando las oraciones del **Paso 1** como guía, pregúntele a un compañero / una compañera cómo le fue ayer. También puede preguntarle si le pasaron otros desastres.

MODELO: ¿Te caíste por las escaleras ayer? ¿Te hiciste daño?

More on Adverbs

You already know the most common Spanish adverbs: words like **bien/mal, mucho/poco, siempre/nunca...**

Adverbs that end in *-ly* in English usually end in **-mente** in Spanish. The suffix **-mente** is added to the feminine singular form of adjectives. Note that the accent mark on the stem word (if there is one) is retained.

Adjective	Adverb	English
rápida	**rápida**mente	*rapidly*
fácil	**fácil**mente	*easily*
paciente	**paciente**mente	*patiently*

D. **¡Seamos** (*Let's be*) **lógicos!** Complete estas oraciones lógicamente con adverbios basados en los siguientes adjetivos.

Adjetivos	
constante	posible
directo	puntual
fácil	rápido
inmediato	total
paciente	tranquilo

1. La familia está esperando _____ en la cola.
2. Hay examen mañana y tengo que empezar a estudiar _____.
3. ¿Las enchiladas? Se preparan _____.
4. ¿Qué pasa? Estoy _____ confundido/a (*confused*).
5. Cuando mira la tele, mi hermanito cambia el canal _____.
6. Es necesario que las clases empiecen _____.

E. **Entrevista.** Con un compañero / una compañera, haga y conteste las siguientes preguntas.

> MODELO: E1: ¿Qué haces pacientemente?
> E2: Espero pacientemente a mi esposo cuando se viste para salir. ¡Lo hace muy lentamente (*slowly*)!

1. ¿Qué haces rápidamente?
2. ¿Qué te toca hacer inmediatamente?
3. ¿Qué hiciste (comiste,...) solamente una vez que te gustó muchísimo (no te gustó nada)?
4. ¿Qué haces tú fácilmente que es difícil para otras personas?
5. ¿Qué hace constantemente tu compañero/a de casa (amigo/a, esposo/a,...) que te molesta (*bothers*) muchísimo?

Need more practice?

- Workbook/Laboratory Manual
- Interactive CD-ROM
- Online Learning Center (www.mhhe.com/peb2)

31 Expressing Unplanned or Unexpected Events • Another Use of *se*

Un día fatal

Diego y Antonio son compañeros de cuarto. Hoy todo les salió mal.

A Diego *se le cayó* la taza de café.

También *se le perdió* la cartera.

A Antonio *se le olvidaron* sus libros y su trabajo cuando fue a clase.

También *se le perdieron* las llaves de su apartamento.

¿Le pasaron a Ud. las mismas cosas —o cosas parecidas (*similar*)— esta semana? Conteste, completando las oraciones.

1. *Se me perdieron / No se me perdieron* las llaves de mi coche/casa.
2. *Se me olvidó / No se me olvidó* una reunión importante.
3. *Se me cayó / No se me cayó* una taza de café.
4. *Se me rompió / No se me rompió* un objeto de valor (*value*) sentimental.

A. Unplanned or unexpected events (*I dropped . . . , We lost . . . , You forgot . . .*) are frequently expressed in Spanish with **se** and a third person form of the verb. In this structure, the occurrence is viewed as happening *to* someone—the unwitting "victim" of the action.

The chart on page 250 illustrates the different parts and word order of this structure. Note:

- The "victim" is indicated by an indirect object pronoun.
- As with the verb **gustar,** the **a** + *noun* phrase is required in sentences that express the "victim" as a noun. The **a** + *pronoun* phrase is often used to clarify or emphasize meaning when the "victim" is expressed as a pronoun.
- The subject of the verb is the thing that is dropped, broken, forgotten, and so on.
- The subject usually follows the verb in this structure.

Se me cayó el papel.
I dropped the paper. (The paper was dropped by me.)

Se le olvidaron las llaves.
He forgot the keys. (The keys were forgotten by him.)

Se te olvidó llamar a tu hija.
You forgot to call your daughter. (Calling your daughter was forgotten by you.)

(a + Noun or Pronoun)	se	Indirect Object Pronoun	Verb	Subject
(A mí)	Se	me	cayó	la taza de café.
¿(A ti)	Se	te	perdió	la cartera?
A Antonio	se	le	olvidaron	los apuntes.

The verb agrees with the grammatical subject of the Spanish sentence (**la taza, la cartera, los apuntes**), not with the indirect object pronoun. **No** immediately precedes **se.**

A Antonio no *se le* **olvidaron los apuntes.**
Antonio didn't forget his notes. (*Antonio's notes got lost on him.*)

A Diego *se le* **perdió la cartera.**
Diego lost his wallet. (*Diego's wallet got lost on him.*)

B. Here are some verbs frequently used in this construction.

Note: Although all indirect object pronouns can be used in this construction, this section will focus on the singular of first, second, and third persons (**se me..., se te..., se le...**).

acabar	to finish; to run out of
olvidar	to forget
perder (ie)	to lose

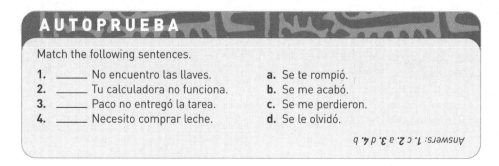

caer

romper

quedar

C. In general, this structure is used to emphasize the accidental nature of an event. When the speaker wishes to emphasize *who* committed the act, or that the act was intentional, that person becomes the subject of the verb and the **se** structure is not used. Compare the sentences at the right.

Se me rompió el plato.
The plate broke on me. (accidentally)

(Yo) Rompí el plato.
I broke the plate. (emphasizes either who broke the plate or the intentionality of the act)

■ ■ ■ Práctica

A. **¡Anticipemos! ¡Qué mala memoria!** Hortensia sufre muchas presiones en su vida. Por eso cuando se fue de vacaciones al Perú, estaba tan distraída que se le olvidó hacer muchas cosas importantes antes de salir. Empareje (*Match*) los lapsos de Hortensia con las consecuencias.

LAPSOS

1. ____ Se le olvidó cerrar la puerta de su casa.

2. ____ Se le olvidó pagar las cuentas (*bills*).

3. ____ Se le olvidó pedirle a alguien que cuidara a (*to take care of*) su perro.

4. ____ Se le olvidó cancelar el periódico.

5. ____ Se le olvidó pedirle permiso a su jefa (*boss*).

6. ____ Se le olvidó llevar el pasaporte.

7. ____ Se le olvidó hacer reserva en un hotel.

CONSECUENCIAS

a. Va a perder el trabajo.

b. No la van a dejar entrar en el Perú.

c. Le van a suspender el servicio de la luz (*electricity*) y de gas... ¡y cancelar sus tarjetas de crédito!

d. Alguien le va a robar el televisor.

e. ¡«King» se va a morir de hambre!

f. No va a tener dónde alojarse (*to stay*).

g. Todos van a saber que no está en casa.

EN LOS ESTADOS UNIDOS Y EL CANADÁ

La impresionante variedad de la música latina

Es difícil hablar de «música latina» porque hay una inmensa **variedad.** La música de España y de toda Latinoamérica cuenta con[a] **diversos orígenes** que luego **se mezclan.**[b] La música de los españoles y portugueses llegó al Nuevo Mundo, pero pronto se mezcló con fuertes **tradiciones indígenas.** Cuando los conquistadores trajeron **esclavos**[c] **africanos** al Nuevo Mundo, estos trajeron consigo[d] sus propias tradiciones musicales, que influyeron en varios tipos de música que hoy consideramos música hispana.

Hoy día, los artistas hispanos de los Estados Unidos son cada vez más conocidos, no sólo como representantes de la música latina, sino también en las áreas del rock, pop, hip hop y jazz. Como ejemplo, podemos nombrar, entre muchos, a los neoyorquinos de origen

▲ *Tito Puente (1923–2000)*

puertorriqueño Jennifer López y Marc Anthony, al mexicoamericano Carlos Santana, a la colombiana Shakira, al español Enrique Iglesias y al pianista dominicano Michel Camilo.

La salsa es uno de los tipos de música hispana más reconocidos. Es una mezcla de **ritmos afrocaribeños** que fue creada en Nueva York por músicos hispanos en los años sesenta y setenta del siglo XX. La salsa es muy variada, pero siempre tiene una característica clara: es muy **bailable.** Uno de los nombres más asociados con la salsa es Tito Puente, el famoso **percusionista.** Carlos Santana grabó su versión de la composición de Puente, «Oye ¿cómo va?» e introdujo a Puente y un estilo de música hispana no sólo a una nueva generación, sino también al público no hispano.

[a]cuenta... *has* [b]se... *are combined* [c]*slaves* [d]*with them*

B. ¡Desastres por todas partes (*everywhere*)!

Paso 1. ¿Es Ud. una persona distraída o torpe? Indique las oraciones que se apliquen (*apply*) a Ud. Puede cambiar algunos de los detalles de las oraciones si es necesario.

1. ☐ Con frecuencia se me caen los libros (los platos,…).
2. ☐ Se me pierden constantemente las llaves (los calcetines,…).
3. ☐ A menudo (*Often*) se me olvida apagar (*to turn off*) la computadora (la luz,…).
4. ☐ Siempre se me rompen las gafas (las lámparas,…).
5. ☐ De vez en cuando (*From time to time*) se me quedan los libros (los cuadernos,…) en la clase.
6. ☐ Se me olvida fácilmente mi horario (el teléfono de algún amigo,…).

Need more practice?

■ Workbook/Laboratory Manual
■ Interactive CD-ROM
■ Online Learning Center (www.mhhe.com/ peb2)

Paso 2. ¿Es Ud. igual ahora que cuando era más joven? Complete cada oración del **Paso 1** para describir cómo era de niño/a. No se olvide de usar el imperfecto en sus oraciones.

> MODELO: De niño/a, (no) se me caían los libros con frecuencia.

Paso 3. Ahora compare sus respuestas con las de un compañero / una compañera. ¿Quién es más distraído/a o torpe ahora? ¿Quién lo era de niño/a?

■ ■ ■ Conversación

Pablo tuvo una mañana fatal

Paso 1. Complete la siguiente descripción de lo que le pasó a Pablo ayer. Use expresiones con **se.**

Pablo tuvo una mañana fatal. Primero (olvidar[1]) poner el despertador. Se levantó tarde y se vistió rápidamente. No cerró bien su maletín;[a] por eso (caer[2]) unos papeles importantes. Recogió los papeles y subió al coche. Salió rápido pero después de cinco minutos, (acabar[3]) la gasolina y se le paró[b] el coche. Dejó el coche en la calle y decidió ir caminando. Llevaba el maletín en una mano y las llaves y un documento urgente en la otra. Desafortunadamente,[c] mientras caminaba, (perder[4]) el documento. Cuando llegó a la oficina, buscó a su jefe para entregarle el documento pero no podía encontrar el documento entre sus papeles. Cansado y enojado, cerró el maletín sin cuidado y (romper[5]) los lentes.

[a]*briefcase* [b]*se… it (the car) stopped on him* [c]*Unfortunately*

Paso 2. Ahora, con un compañero / una compañera, describa una mañana o un día fatal que Ud. tuvo. Trate de incluir expresiones con **se.**

> MODELO: El primer día de clases, se me olvidó poner el despertador, y llegué tarde a clase. Luego…

Before beginning **Gramática 32,** review what you learned in **Capítulo 5** about prepositional pronouns: The first and second person singular pronouns differ from subject pronouns; the rest are identical to subject pronouns. Then give the prepositional pronouns that correspond to the following persons.

1. Pepe: de _____

2. Lisa y yo: después de _____

3. tú: para _____

4. yo: de _____

5. Ud.: con _____

6. Juan y Olga: para _____

32 ¿Por o para? • A Summary of Their Uses

¿Qué se representa?

a.

b.

c.

d.

Empareje cada dibujo con la oración que le corresponde.

1. _____ Caminamos *para* el parque.

2. _____ Compramos el regalo *por* la abuela.

3. _____ Paseamos *por* el parque.

4. _____ El regalo es *para* Eduardo.

You have been using the prepositions **por** and **para** throughout your study of Spanish. Although most of the information in this section will be a review, you will also learn some new uses of **por** and **para**.

[handwritten: through, on behalf of, by → Por · in search of · in order to get · any time]

The preposition **por** has the following English equivalents.

■ *by, by means of*	**Vamos por avión** (tren, barco,...). *We're going by plane (train, ship, . . .).*
	Nos hablamos por teléfono mañana. *We'll talk by (on the) phone tomorrow.*
■ *through, along*	**Me gusta pasear por el parque y por la playa.** *I like to stroll through the park and along the beach.*
■ *during, in* (time of day)	**Trabajo por la mañana.** *I work in the morning.*
■ *because of, due to*	**Estoy nervioso por la entrevista.** *I'm nervous because of the interview.*
■ *for = in exchange for*	**Piden 1.000 dólares por el coche.** *They're asking $1,000 for the car.*
	Gracias por todo. *Thanks for everything.*
■ *for = for the sake of, on behalf of*	**Lo hago por ti.** *I'm doing it for you (for your sake).*
■ *for = duration* (often omitted)	**Vivieron allí (por) un año.** *They lived there for a year.*

Por is also used in a number of fixed expressions.

[handwritten: Por: "through"   Para: "end"   ○ stop   ← tunnel]

por Dios	for heaven's sake
por ejemplo	for example
por eso	that's why
por favor	please
por fin	finally
por lo general	generally, in general
por lo menos	at least
por primera/ última vez	for the first/ last time
por si acaso	just in case
¡por supuesto!	of course!
por todas partes	everywhere

Para

"end, stop"

Although **para** has many English equivalents, including *for*, it always has the underlying purpose of referring to a goal or destination.

- *in order to* + infinitive

Regresaron pronto **para** estudiar.
They returned soon (in order) to study.

Estudian **para** conseguir un buen trabajo.
They're studying (in order) to get a good job.

- *for = destined for, to be given to*

Todo esto es **para** ti.
All this is for you.

Le di un libro **para** su hijo.
I gave her a book for her son.

- *for = by* (deadline, specified future time)

Para mañana, estudien **por** y **para**.
*For tomorrow, study **por** and **para**.*

La composición es **para** el lunes.
The composition is for Monday.

- *for = toward, in the direction of*

Salió **para** el Ecuador ayer.
She left for Ecuador yesterday.

- *for = to be used for*

Compare the example at the right to **un vaso de agua** = *a glass (full) of water.*

El dinero es **para** la matrícula.
The money is for tuition.

Es un vaso **para** agua.
It's a water glass.

- *for = as compared with others, in relation to others*

Para mí, el español es fácil.
For me, Spanish is easy.

Para (ser) extranjera, habla muy bien el inglés.
For (being) a foreigner, she speaks English very well.

- *for = in the employ of*

Trabajan **para** el gobierno.
They work for the government.

A. Preguntas

Paso 1. Complete las siguientes preguntas con **por** y **para.**

1. ¿_____ quién trabaja Ud.? ¿Le pagan a Ud. bien?
2. ¿_____ dónde tiene que manejar (*drive*) para llegar a la universidad?
3. ¿Cuánto pagó Ud. _____ su carro/bicicleta?
4. ¿_____ qué es la llave grande que tiene Ud.?
5. ¿_____ qué profesión estudia Ud.? ¿_____ cuántos años tiene que estudiar?
6. ¿_____ cuándo necesita Ud. volver a casa hoy?

Paso 2. Ahora, conteste las preguntas del **Paso 1.** Invente la información necesaria.

B. ¿Por o para?
Complete los siguientes diálogos y oraciones con **por** o **para.**

1. Los Sres. Arana salieron _____ el Perú ayer. Van _____ avión, claro, pero luego piensan viajar en coche _____ todo el país. Van a estar allí _____ dos meses. Va a ser una experiencia extraordinaria _____ toda la familia.

2. Mi prima Graciela quiere estudiar _____ (ser) doctora. _____ eso trabaja _____ un médico _____ la mañana; tiene clases _____ la tarde.

3. —¿_____ qué están Uds. aquí todavía? Yo pensaba que iban a dar un paseo _____ el parque.
   —Íbamos a hacerlo, pero no fuimos, _____ la nieve.

4. Este cuadro fue pintado (*was painted*) por Picasso _____ expresar los desastres de la guerra (*war*). _____ muchos críticos de arte, es la obra maestra de este artista.

5. La «Asociación Todo _____ Ellos» trabaja _____ las personas mayores, _____ ayudarlos cuando lo necesitan. ¿Trabaja Ud. _____ alguna asociación de voluntarios? ¿Qué tuvo que hacer _____ inscribirse (*sign up*)?

ASOCIACION TODO ELLOS POR

Trabajamos por las personas mayores que están solas y con escasos recursos económicos

AYÚDANOS, NO ES POSIBLE SIN TI

Para más información llama al teléfono 907 98 91 15, de 18.00 a 20.00 h. tardes, martes y viernes

CAJAMADRID, SUC. 1028 C/C 6000854579

TODO POR ELLOS es una asociación no gubernamental inscrita en el Registro de Asociaciones del Ministerio del Interior con el número 160.589

Need more practice?
- Workbook/Laboratory Manual
- Interactive CD-ROM
- Online Learning Center (www.mhhe.com/ peb2)

■■■ Conversación

Entrevista. Hágale preguntas a su profesor(a) para saber la siguiente información.

1. la tarea para mañana y para la semana que viene
2. lo que hay que estudiar para el próximo examen
3. si para él/ella son interesantes o aburridas las ciencias
4. la opinión que tiene de la pronunciación de Uds., para ser principiantes
5. qué deben hacer Uds. para mejorar su pronunciación del español
6. por cuánto tiempo deben Uds. practicar el español todos los días

Puerto Rico

Datos esenciales

- Nombre oficial: Estado Libre Asociado[a] de Puerto Rico
- Capital: San Juan
- Población: 3.900.000 habitantes
- Moneda: el dólar estadounidense
- Idiomas oficiales: el español y el inglés

[a]Estado... *literally, Free Associated State*

¡Fíjese!

- Puerto Rico ha estado relacionado[a] políticamente con los Estados Unidos desde la Guerra Hispano-norteamericana de 1898, año en que España perdió las ultimas colonias de su imperio. En 1952, Puerto Rico se convirtió en Estado Libre Asociado. Bajo[b] este sistema de gobierno, los puertorriqueños son ciudadanos[c] estadounidenses. Sin embargo,[d] los que viven en la isla no pueden votar por el presidente de los Estados Unidos aunque deben servir en el ejército[e] de ese país en caso de guerra.
- Otro nombre de Puerto Rico es Borinquen y los puertorriqueños se conocen también como boricuas. Estas palabras originaron en el lenguaje de los indios taínos. Los taínos

llegaron a la isla en el siglo[f] XIII pero su cultura casi desapareció con la llegada de los españoles en 1493.

[a]ha... *has been associated* [b]*Under* [c]*citizens* [d]Sin... *However* [e]*army* [f]*century*

Personas famosas: Alonso Ramírez

En 1690 se publicó en México la primera novela del Nuevo Mundo, *Infortunios*[a] *de Alonso Ramírez*. Aunque esta obra[b] se atribuyó al mexicano Carlos Sigüenza y Góngora, hoy se cree que el verdadero[c] autor fue el mismo Alonso Ramírez del título. También se cree que la obra no es ficticia, sino autobiográfica: la vida de un puertorriqueño que se cría[d] en la isla, viaja a México y tiene aventuras en muchas partes del Mar Pacífico. Sus aventuras incluyen batallas contra piratas, una estadía[e] en una isla desierta y muchos otros eventos interesantísimos. Es una novela que vale la pena[f] leer.

[a]*Misfortunes* [b]*work* [c]*real* [d]se... *is brought up* [e]*stay* [f]que... *that is worthwhile*

▲ *Una calle en el viejo San Juan*

Antonio Solórzano
Río Piedras, Puerto Rico ▶

Learn more about Puerto Rico with the Video, the Interactive CD-ROM, and the Online Learning Center (www.mhhe.com/peb2).

Gramática

To review the grammar points presented in this chapter, refer to the indicated grammar presentations. You'll find further practice of these structures in the Workbook/Laboratory Manual, on the Interactive CD-ROM, and on the *Puntos en breve* Online Learning Center (www.mhhe.com/peb2).

31. Expressing Unplanned or Unexpected Events—Another Use of **se**

Do you know how to use **se** to express unplanned or unexpected events?

32. *¿Por o para?*—A Summary of Their Uses

Do you know the difference between **por** and **para** and when to use one or the other?

Vocabulario

Practice this vocabulary with digital flash cards on the Online Learning Center (www.mhhe.com/peb2).

Los verbos

acabar	to finish; to run out of
acordarse (ue) (de)	to remember
apagar (gu)	to turn off
caer (*irreg.*)	to fall
caerse	to fall down
entregar (gu)	to turn, hand in
equivocarse (qu) (de)	to be wrong, make a mistake (about)
estacionar	to park
quedar	to remain, be left
recoger (j)	to collect; to pick up
romper	to break
sacar (qu)	to take out; to get
ser (*irreg.*) flexible	to be flexible
sufrir	to suffer
(muchas) presiones	to be under (a lot of) pressure

Repaso: doler (ue), llegar (gu) a tiempo/tarde, olvidar(se) de

Accidentes

darse (*irreg.*) en/con/contra	to run, bump into
hacerse (*irreg.*) daño	to hurt oneself
lastimarse	to injure oneself

levantarse con el pie izquierdo	to get up on the wrong side of the bed
pedir (i, i) disculpas	to apologize
pegar (gu)	to hit, strike
pegarse en/con/contra	to run, bump into
Discúlpeme.	Pardon me. / I'm sorry.
Fue sin querer.	It was unintentional.
¡Lo siento (mucho)!	Pardon me! / I'm (very) sorry!
¡Qué mala suerte!	What bad luck!

Repaso: perdón

Presiones de la vida estudiantil

la calificación	grade
el estrés	stress
la (falta de) flexibilidad	(lack of) flexibility
la fecha límite	deadline
el horario	schedule
el informe (oral/escrito)	(oral/written) report
la nota	grade
la prueba	quiz; test
la tarjeta de identificación	identification card

| el trabajo | job, work; report, (piece of) work |
| de tiempo completo/parcial | full time/part time |

Repaso: el examen, la tarea

Más partes del cuerpo

el brazo	arm
el dedo (de la mano)	finger
el dedo del pie	toe
la mano	hand
el pie	foot
la pierna	leg

Repaso: la cabeza

Los adjetivos

distraído/a	absentminded
escrito/a	written
estudiantil	(of) student(s)
flexible	flexible
torpe	clumsy
universitario/a	(of the) university

Otros sustantivos

el calendario	calendar
el despertador	alarm clock
la llave	key
la luz	light; electricity

Repaso: la vida

Palabras adicionales

por Dios	for heaven's sake
por ejemplo	for example
por primera/ última vez	for the first/last time
por si acaso	just in case
¡por supuesto!	of course!
por todas partes	everywhere

Repaso: por eso, por favor, por fin, por lo general, por lo menos

12

La calidad de la **vida**

CULTURA

- **Conozca...** el Perú y Chile
- **Nota cultural:** Los nombres de los pisos en un edificio
- **En los Estados Unidos y el Canadá:** Las computadoras y la comunidad hispana

VOCABULARIO

- Tengo... Necesito... Quiero...
- La vivienda

GRAMÁTICA

◀ Las terrazas de Machu Picchu, Perú

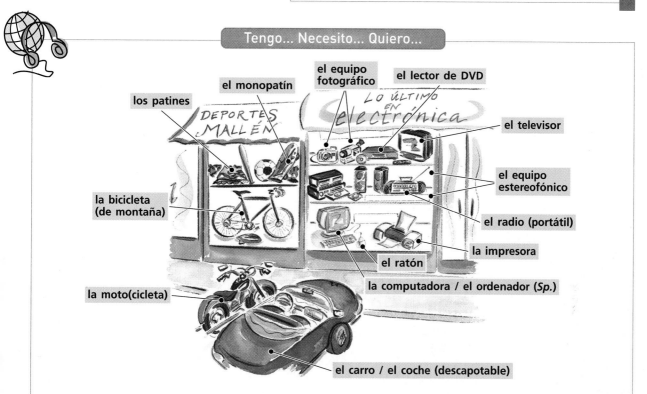

Tengo... Necesito... Quiero...

- el monopatín
- los patines
- el equipo fotográfico
- el lector de DVD
- el televisor
- el equipo estereofónico
- la bicicleta (de montaña)
- el radio (portátil)
- la impresora
- el ratón
- la computadora / el ordenador (*Sp.*)
- la moto(cicleta)
- el carro / el coche (descapotable)

La electrónica

la cinta	tape
el contestador automático	answering machine
el correo electrónico	e-mail
el disco duro	hard drive
la grabadora	(tape) recorder/player
la Red	Net
navegar (gu) la Red	to surf the Net
el teléfono (celular)	(cellular) phone
la videocasetera	videocassette recorder/player (VCR)

Cognados

la cámara, la cámara de vídeo,
el CD-ROM, el control remoto,
el disco compacto (el CD), el disco
de computadora, el DVD, el fax,
la memoria, el módem, el *walkman*

Verbos útiles

cambiar (de canal, de cuarto, de ropa...)	to change (channels, rooms, clothing)
conseguir (i, i) (g)	to get, obtain
copiar / hacer (*irreg.*) copia	to copy
fallar	to "crash" (*a computer*)
funcionar	to work, function; to run (*machines*)
grabar	to record; to tape
guardar	to keep, to save (*documents*)
imprimir	to print
manejar	to drive; to operate (*a machine*)
obtener (*irreg.*)	to get, obtain
sacar (qu) fotos	to take photos

Para poder gastar...

el aumento	raise
el/la jefe/a	boss
el sueldo	salary

■ ■ ■ Conversación

A. Ud. y los aparatos

Paso 1. ¿Qué se usa en estas situaciones?

1. para mandar copias de documentos no originales que deben llegar inmediatamente
2. para grabar un programa de televisión cuando no podemos verlo a la hora de su emisión
3. para cambiar el programa de la tele sin levantarse del sillón
4. para recibir llamadas telefónicas cuando no estamos en casa
5. para escuchar música mientras hacemos ejercicio

Paso 2. Con un compañero / una compañera, piense en cuatro situaciones similares a las del **Paso 1.** Uno/a de Uds. da la descripción y el otro / la otra identifica el aparato.

Paso 3. Para Ud., ¿son ciertas o falsas las siguientes oraciones?

1. Soy una persona que tiene habilidad mecánica. Es decir, entiendo cómo funcionan los aparatos.
2. Aprendí con facilidad a usar la computadora.
3. No me puedo imaginar la vida sin los aparatos electrónicos modernos.
4. Me interesa saber qué vehículo maneja una persona, porque el vehículo es una expresión de la personalidad.
5. Una vez me falló la computadora y perdí unos documentos y archivos (*files*) muy importantes.
6. Uso la videocasetera para ver películas, pero no sé grabar.
7. Me gusta navegar la red porque siempre encuentro lo que busco.

B. ¿Qué vehículos... ?

Paso 1. ¿Qué vehículo piensa Ud. que deben tener y usar las siguientes personas?

1. una persona joven no convencional y que vive en Sevilla, una ciudad grande en el sur de España
2. una persona joven que vive en Key West, una isla soleada e informal en el sur de Florida
3. una familia con tres hijos
4. un estudiante de una universidad de artes liberales que vive en el *campus*
5. unos chicos que viven en Venice Beach, California, y que pasan gran parte de su tiempo libre en la playa y en el *boardwalk*
6. un matrimonio jubilado (*retired*) que vive en Nueva Inglaterra

Paso 2. ¿Qué vehículo(s) tiene Ud.? ¿Es lo más apropiado para su vida? ¿Por qué? ¿Qué vehículo le gustaría tener?

C. ¿Necesidad o lujo (*luxury*)?

Paso 1. ¿Considera Ud. que las siguientes posesiones son un lujo o una necesidad de la vida moderna? Indique si Ud. tiene este aparato o vehículo.

MODELO: un televisor → Para mí, un televisor es una necesidad. Tengo uno. (No tengo uno ahora.)

1. un contestador automático
2. una videocasetera
3. el equipo estereofónico
4. una computadora
5. un coche
6. una bicicleta
7. un *walkman* (una grabadora)
8. un teléfono celular

Paso 2. Ahora dé tres cosas más que Ud. considera necesarias en la vida moderna.

Vocabulario útil

el aviso de llamada, la llamada en espera (call waiting)
la línea de teléfono
el televisor de pantalla (screen) **grande/plana** (flat)

Paso 3. Para terminar, entreviste a un compañero / una compañera para saber si está de acuerdo con Ud. y si tiene las mismas posesiones.

MODELO: el televisor → E1: ¿El televisor?
E2: Yo lo considero un lujo y por eso no tengo uno.

NOTA CULTURAL

Los nombres de los pisos de un edificio

En la mayoría de los dialectos del inglés, las frases *ground floor* y *first floor* tienen el mismo significado. En español, hay dos modos de expresar estos conceptos. Aunque ha habido[a] cambios al lenguaje debido a[b] la influencia norteamericana, **la planta baja** es el equivalente más común de *ground floor*, mientras que **el primer piso** se refiere al *second floor* de los anglohablantes.[c] También en español, **el segundo piso** se refiere al *third floor*, etcétera.

[a]ha... *there have been*   [b]debido... *due to*   [c]*English speakers*

▲ *El número de un edificio en México*

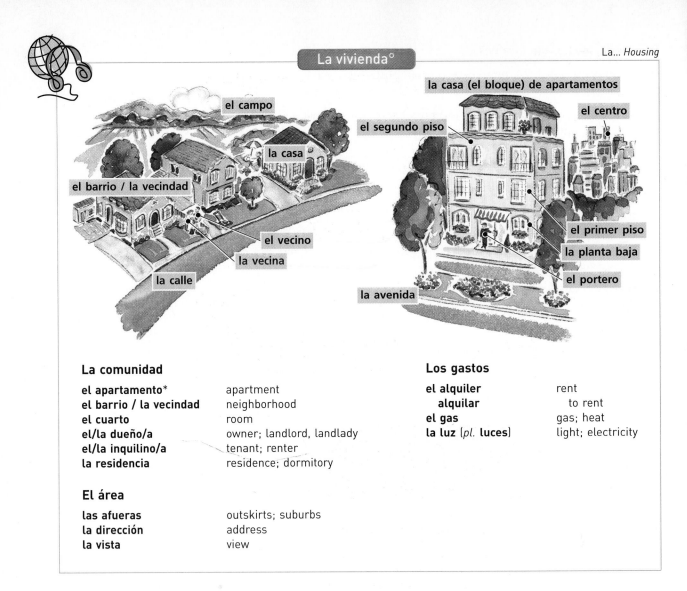

La vivienda°

la casa (el bloque) de apartamentos

el campo

el segundo piso

el centro

la casa

el barrio / la vecindad

el vecino

la vecina

el primer piso

la planta baja

el portero

la calle

la avenida

La comunidad

el apartamento*	apartment
el barrio / la vecindad	neighborhood
el cuarto	room
el/la dueño/a	owner; landlord, landlady
el/la inquilino/a	tenant; renter
la residencia	residence; dormitory

El área

las afueras	outskirts; suburbs
la dirección	address
la vista	view

Los gastos

el alquiler	rent
alquilar	to rent
el gas	gas; heat
la luz (*pl.* **luces**)	light; electricity

■■■ Conversación

A. **Definiciones.** Dé las definiciones de las siguientes palabras.

> **MODELO:** la residencia →
> Es un lugar donde viven muchos estudiantes. Por lo general está situada en el *campus* universitario.

1. el inquilino
2. el centro
3. el alquiler
4. el portero
5. la vecina
6. la dueña
7. la dirección
8. las afueras
9. el barrio
10. la casa
11. la avenida
12. el campo
13. la planta baja
14. la vista
15. la luz

Frases útiles
Es una persona que...
Es un lugar donde...
Es una cosa que...

***El apartamento** is used throughout Latin America and the Caribbean. **El departamento** is used in Mexico, Peru, and other Latin American countries, but **el piso** is the word most commonly used in Spain.*

B. A buscar vivienda

Paso 1. Lea los tres anuncios de viviendas en el Perú y conteste las siguientes preguntas.

1. ¿Qué tipo de vivienda se vende en cada anuncio? ¿Son para comprar o alquilar?
2. ¿Cuántos dormitorios tiene cada vivienda?
3. ¿Cree Ud. que estas viviendas son para familias con mucho o poco dinero?

CUZCO

Alquilo casa. Barrio residencial. Semi-amue-blada[a] con teléfono. Informes Teléf. Cuzco: 084-226752. Lima: 774153 (horario 2 a 5 p.m.)

DEPARTAMENTOS MONTERRICO

Finos departamentos de 3 dormitorios, 3½ baños, sala de estar,[b] 1 ó 2 cocheras,[c] acabados de primera,[d] verlos todos los días en: Domingo de la Presa 165, espalda cuadra 12 Av. Primavera.

CHACARILLA DEL ESTANQUE

Departamentos exclusivos, diseño especial, 3 dormitorios, comedor de diario, área de servicio, totalmente equipados. Desde $41.500. Buenas facilidades.

**Av. Buena Vista N° 230
(a 2 Cdras. de Velasco Aslete)
Tels. 458107 – 357743**

[a]*Partially furnished* [b]*sala... living room; sitting room* [c]*1 ó 2... one- or two-car garage* [d]*acabados... first-class finishing details*

Paso 2. Entrevista. Con un compañero / una compañera, hable sobre el tipo de vivienda que prefieren.

1. Como estudiante universitario, ¿prefieres vivir en el *campus* o fuera del *campus*? ¿en una residencia o en una casa o apartamento de alquiler con otras personas?
2. ¿Prefieres vivir en la planta baja o en los pisos más altos?
3. Si alquilas tu vivienda, ¿prefieres que el alquiler incluya (*include*) todos los gastos o prefieres pagar la luz y el gas por separado?
4. Si pudieras (*If you could*) escoger, ¿qué te gustaría más, tener un apartamento pequeño en un barrio elegante del centro o una casa grande en las afueras?
5. ¿Qué tipo de vecinos te gusta tener?

Need more practice?

- Workbook/Laboratory Manual
- Interactive CD-ROM
- Online Learning Center (www.mhhe.com/peb2)

No → hables.

GRAMÁTICA

Af → habla.

¿Recuerda Ud.?

In **Gramática 19** you learned about **Ud.** and **Uds.** (formal) commands. Remember that object pronouns (direct, indirect, reflexive) must follow and be attached to affirmative commands; they must precede negative commands.

AFFIRMATIVE:	Háblele Ud.	Duérmase.	Dígaselo Ud.
NEGATIVE:	No le hable Ud.	No se duerma.	No se lo diga Ud.

¿Cómo se dice en español?

1. Bring me the book. (**Uds.**)
2. Don't give it to her. (**Uds.**)
3. Sit here, please. (**Ud.**)
4. Don't sit in that chair! (**Ud.**)
5. Tell them the truth. (**Uds.**)
6. Tell it to them now! (**Uds.**)
7. Never tell it to her. (**Uds.**)
8. Take care of yourself. (**Ud.**)
9. Lead a healthy life. (**Ud.**)
10. Listen to me. (**Ud.**)

33 Influencing Others • *Tú* (Informal) Commands

¡Marta, tu cuarto es un desastre!

El padre de Marta está enojado.

«¡Marta, qué desordenado está tu cuarto! Por favor, *arréglalo* antes de jugar con tus amigos. *Guarda* la ropa limpia en tu armario, *pon* la ropa sucia en el cesto, *haz* la cama, *recoge* los libros del piso y *ordénalos* en los estantes... Y no *dejes* los zapatos por todas partes... ¡Es muy peligroso!»

¿Quién diría (*would say*) lo siguiente, Marta o Manolo, su padre?

1. No te enojes... Ya voy a arreglarlo todo.
2. Hazlo inmediatamente... ¡antes de salir a jugar!
3. Dime, ¿por qué tengo que hacerlo ahora mismo?
4. La próxima vez, ¡no dejes tu cuarto en tales condiciones!

Marta, your room is a disaster! *Marta's father is angry. "Marta, what a messy room you have! Please straighten it up before you go out to play with your friends. Put your clean clothes away in the closet, put your dirty clothes in the hamper, make your bed, pick your books up off of the floor and arrange them on the shelves . . . And don't leave your shoes lying around everywhere . . . It's very dangerous!"*

Informal commands (**los mandatos informales**) are used with persons whom you would address as **tú**.

Past		PRESENT		Future
preterite		present indicative		
imperfect		present progressive		
		formal commands		
		informal commands		

Negative *tú* Commands

-ar verbs		**-er/-ir verbs**	
No hables.	Don't speak.	**No comas.**	Don't eat.
No cantes.	Don't sing.	**No escribas.**	Don't write.
No juegues.	Don't play.	**No pidas.**	Don't order.

A. Like **Ud.** commands (**Gramática 19**), the negative **tú** commands are expressed using the "opposite vowel": **no hable Ud., no hables (tú).** The pronoun **tú** is used only for emphasis.

No cantes **tú** tan fuerte.
*Don't **you** sing so loudly.*

[handwritten: no switch the ending]

B. As with negative **Ud.** commands, object pronouns—direct, indirect, and reflexive—precede negative **tú** commands.

No lo mires.
Don't look at him.

No les escribas.
Don't write to them.

No te levantes.
Don't get up.

[handwritten: aff. keep the ending]

Affirmative *tú* Commands

-ar verbs		**-er/-ir verbs**	
Habla.	*Speak.*	**Come.**	*Eat.*
Canta.	*Sing.*	**Escribe.**	*Write.*
Juega.	*Play.*	**Pide.**	*Order.*

A. Unlike the other command forms you have learned, most affirmative **tú** commands have the same form as the third person singular of the present indicative.* Some verbs have irregular affirmative **tú** command forms.

decir:	di	salir:	sal
hacer:	haz	ser:	sé
ir:	ve	tener:	ten
poner:	pon	venir:	ven

---

*As you know, there are two different moods in Spanish: the indicative mood (the one you have been using, which is used to state facts and ask questions) and the subjunctive mood (which is used to express more subjective actions or states). Beginning with **Gramática 34,** you will learn more about the subjunctive mood.

Spelling Hint: One-syllable words, like the affirmative **tú** commands of some verbs (**decir, ir, tener,...**) do not need an accent mark: **di, ve, ten,...** Exceptions to this rule are those forms that could be mistaken for other words, like the command of **ser** (**sé**), which could be mistaken for the pronoun **se.**

Sé puntual pero **ten** cuidado.
Be there on time, but be careful.

The affirmative **tú** commands for **ir** and **ver** are identical: **ve.** Context will clarify meaning.

¡**Ve** esa película!
See that movie!

Ve a casa ahora mismo.
Go home right now.

B. As with affirmative **Ud.** commands, object and reflexive pronouns follow affirmative **tú** commands and are attached to them. Accent marks are necessary except when a single pronoun is added to a one-syllable command.

Dile la verdad.
Tell him the truth.

Léela, por favor.
Read it, please.

Póntelos.
Put them on.

AUTOPRUEBA

Choose the correct command form for each sentence.

1. _____ me qué quieres.
2. No _____ al parque sola.
3. No le _____ nada de la fiesta.
4. _____ te un abrigo.
5. _____ a la tienda.
6. No _____ eso en mi cama.

a. di
b. digas
c. pon
d. pongas
e. vayas
f. ve

Answers: 1. a 2. e 3. b 4. c 5. f 6. d

NOTA COMUNICATIVA

Vosotros Commands

In **Capítulo 1,** you learned about the pronoun **vosotros/vosotras** that is used in Spain as the plural of **tú.** Here is information about forming **vosotros** commands, for recognition only.

- Affirmative **vosotros** commands are formed by substituting **-d** for the final **-r** of the infinitive. There are no irregular affirmative **vosotros** commands.

  habla~~r~~ → hablad
  come~~r~~ → comed
  escribi~~r~~ → escribid

- Negative **vosotros** commands are expressed with the present subjunctive. (You will learn more about the present subjunctive in the next and subsequent grammar sections.)

  no habléis
  no comáis
  no escribáis

- Placement of object pronouns is the same as for all other command forms.

  Decídmelo.
  No me lo digáis.

■ ■ ■ Práctica

Julita, la mal educada

Paso 1. Los Sres. Villarreal no están contentos con el comportamiento de su hija Julita. Continúe los comentarios de ellos con mandatos informales lógicos según cada situación. Siga los modelos.

> MODELOS: *Hablaste* demasiado ayer. → No *hables* tanto hoy, por favor. *Dejaste* tu ropa en el suelo anoche. → No la *dejes* allí hoy, por favor.

1. También *dejaste* tus libros en el suelo (*floor*).
2. ¿Por qué *regresaste* tarde a casa hoy después de las clases?
3. ¿Por qué *vas* al parque todas las tardes?
4. No es bueno que *mires* la televisión constantemente. ¿Y por qué quieres *ver* todos esos programas de detectives?
5. ¿Por qué le *dices* mentiras (*lies*) a tu papá?
6. Siempre *te olvidas* de sacar la basura, que es la única tarea que tienes que hacer.
7. Ay, hija, no te comprendemos. ¡*Eres* tan insolente!

Paso 2. La pobre Julita también escucha muchos mandatos de su maestra en clase. Invente Ud. esos mandatos según las indicaciones.

1. llegar **/** a **/** escuela **/** puntualmente
2. quitarse **/** abrigo **/** y **/** sentarse
3. sacar **/** libro de matemáticas **/** y **/** abrirlo **/** en **/** página diez
4. leer **/** nuevo **/** palabras **/** y **/** aprenderlas **/** para mañana
5. venir **/** aquí **/** a **/** hablar conmigo **/** sobre **/** este **/** composición

Need more practice?

- Workbook/Laboratory Manual
- Interactive CD-ROM
- Online Learning Center (www.mhhe.com/peb2)

■ ■ ■ Conversación

A. Situaciones. ¿Qué consejos les daría (*would you give*) a las siguientes personas si fueran (*they were*) sus amigos? Déles a todos consejos en forma de mandatos informales.

1. A Celia le encanta ir al cine, especialmente los viernes por la noche. Pero a su novio no le gusta salir mucho los viernes. Él siempre está muy cansado después de una larga semana de trabajo. Celia, en cambio (*on the other hand*), tiene mucha energía.
2. Nati tiene 19 años. El próximo año quiere vivir en un apartamento con cuatro amigos. Para ella es una situación ideal: un apartamento ecónomico en un barrio estudiantil y unos buenos amigos (dos de ellos son hombres). Pero los padres de Nati son muy tradicionales y no les va a gustar la situación.
3. Su abuelo va a comprarse su primera computadora y necesita su opinión y experiencia. Tiene muchas preguntas, desde qué tipo debe comprar hasta cómo usarla eficientemente. Él quiere una computadora para conectarse con unos amigos jubilados (*retired*) que ahora viven en otro estado, para navegar la Red y para realizar el sueño de su vida: escribir la historia de la llegada de sus padres a este país.
4. Mariana es una *yuppi*. Gana (*She makes*) muchísimo dinero pero trabaja demasiado. Nunca tiene tiempo para nada. Duerme poco y bebe muchísimo café para seguir despierta (*awake*). No come bien y jamás hace ejercicio. Acaba de comprarse un teléfono celular para poder trabajar mientras maneja a la oficina.

B. Entre compañeros de casa. En su opinión, ¿cuáles son los cinco mandatos que se oyen con más frecuencia en su casa (apartamento, residencia)? Piense no sólo en los mandatos que Ud. escucha sino (*but*) también en los que Ud. les da a los demás (*others*).

Frases útiles		
apagar (gu) la computadora **contestar el teléfono** **lavar los platos** **no hacer** (*irreg.*) **ruido**	**no ser** (*irreg.*)... **así, bobo/a** (dumb), **impaciente,** **impulsivo/a, loco/a, pesado/a,** **precipitado/a** (hasty)	**prestarme dinero** **poner** (*irreg.*) **la tele** **sacar (qu) la basura** **¿ ?**

34 Expressing Subjective Actions or States • Present Subjunctive: An Introduction

Una decisión importante

José Miguel habla con Gustavo sobre la computadora que quiere comprar.

JOSÉ MIGUEL: Quiero comprar una computadora, pero no sé cuál. *No creo que sea* una decisión fácil de tomar.

GUSTAVO: Pues, yo sé bastante de computadoras. Te puedo hacer algunas recomendaciones.

JOSÉ MIGUEL: Bueno, te escucho.

GUSTAVO: Primero, *es buena idea que sepas* para qué quieres una computadora. ¿Quieres navegar por el *Internet*? Entonces, *te sugiero que busques* una computadora con módem y con memoria suficiente para hacerlo. Luego, *quiero que hables* con otras personas que ya manejan computadoras. Y por último, *te aconsejo que vayas* a varias tiendas para comparar precios.

JOSÉ MIGUEL: Bueno, *me alegro de que sepas* tanto de computadoras. ¡Ahora *quiero que vayas* conmigo a las tiendas!

Comprensión: ¿Cierto, falso o no lo dice?

1. José Miguel quiere que Gustavo le compre una computadora.
2. Gustavo le recomienda a José Miguel que aprenda algo sobre computadoras antes de comprarse una.
3. Gustavo no cree que José Miguel tenga suficiente dinero.
4. José Miguel se alegra de que Gustavo esté tan informado sobre computadoras.

An important decision   José Miguel talks with Gustavo about the computer he wants to buy. JOSÉ MIGUEL: *I want to buy a computer, but I don't know which one. I don't think it's an easy decision to make.* GUSTAVO: *Well, I know quite a bit about computers. I can give you some recommendations.* JOSÉ MIGUEL: *OK, I'm listening.* GUSTAVO: *First, it's a good idea for you to know what you want a computer for. Do you want to get on the Internet? Then I suggest that you look for a computer with a modem and enough memory to do it. Then I want you to talk with other people who already work with computers. And finally, I suggest you go to various stores to compare prices.* JOSÉ MIGUEL: *Well, I'm glad you know so much about computers. Now I want you to go to the stores with me!*

Past	------	**PRESENT**	------	Future
preterite		present indicative		
imperfect		present progressive		
		formal commands		
		informal commands		
		present subjunctive		

Present Subjunctive: An Introduction

A. Except for command forms, all the verb forms you have learned so far in *Puntos en breve* are part of the *indicative mood* (**el modo indicativo**). In both English and Spanish, the indicative is used to state facts and to ask questions; it objectively expresses actions or states of being that are considered true by the speaker.

INDICATIVE:

Prefiero llegar temprano a casa.
I prefer getting home early.

¿**Vienes** a la fiesta?
Are you coming to the party?

B. Both English and Spanish have another verb system called the *subjunctive mood* (**el modo subjuntivo**). The subjunctive is used to express more subjective or conceptualized actions or states. These include things that the speaker wants to happen or wants others to do, events to which the speaker reacts emotionally, things that are as yet unknown, and so on.

SUBJUNCTIVE:

Espero que **vengas** a la fiesta.
I hope (that) you are coming to the party.

Prefiero que **llegues** temprano a casa.
I prefer that you be home early.

C. Sentences in English and Spanish may be simple or complex. A simple sentence is one that contains a single verb.

Complex sentences are comprised of two or more *clauses* (**las cláusulas**), each containing a conjugated verb. There are two types of clauses: main (independent) clause and subordinate (dependent) clause. *Independent clauses* (**las cláusulas principales**) contain a complete thought and can stand alone. *Dependent clauses* (**las cláusulas subordinadas**) contain an incomplete thought and cannot stand alone. Dependent clauses require an independent clause to form a complete sentence.

When the subjects of the clauses in a complex sentence are different, the subjunctive is often used in the subordinate clause in Spanish. Note that subordinate clauses are linked by the conjunction **que**, which is never optional (as it is in English).

SIMPLE SENTENCE:

Vienes a la fiesta.   Alicia está en casa.
You are coming to the party.   *Alicia is at home.*

COMPLEX SENTENCE:

INDICATIVE		
MAIN CLAUSE		SUBORDINATE CLAUSE
Ella sabe	**que**	vienes a la fiesta.
She knows	*(that)*	*you are coming to the party.*
Miguel piensa	**que**	Alicia está en casa.
Miguel thinks	*(that)*	*Alicia is at home.*

SUBJUNCTIVE		
MAIN CLAUSE		SUBORDINATE CLAUSE
Quiere	**que**	**vengas** a la fiesta.
She wants	*(for)*	*you to come to the party.*

(continued)

Gramática   Doscientos setenta y uno ■ **271**

		Duda	**que**	(vengas) a la fiesta.
		She doubts	*(that)*	*you are coming to the party.*
		Miguel espera	**que**	Alicia (esté) en casa.
		Miguel hopes	*(that)*	*Alicia is at home.*

When there is no change of subject in the sentence, the infinitive follows the conjugated verb and no conjunction is necessary. In this type of sentence, the infinitive functions as a direct object of the conjugated verb.

Quiero ir a la fiesta.
I want to go to the party.

D. Three of the most common uses of the subjunctive are to express *influence, emotion,* and *doubt* or *denial*. These are signaled in the previous examples by the verb forms **quiere, espera,** and **duda.**

quiere
espera
duda

Forms of the Present Subjunctive

Many Spanish command forms that you have already learned are part of the subjunctive. The **Ud./Uds.** command forms are shaded in the following box. What you have learned about forming these commands will help you learn the forms of the present subjunctive.

	hablar	**comer**	**escribir**	**volver**	**decir**
Singular	hable	coma	escriba	vuelva	diga
	hables	comas	escribas	vuelvas	digas
	hable	coma	escriba	vuelva	diga
Plural	hablemos	comamos	escribamos	volvamos	digamos
	habléis	comáis	escribáis	volváis	digáis
	hablen	coman	escriban	vuelvan	digan

A. The personal endings of the present subjunctive are added to the first person singular of the present indicative minus its **-o** ending. **-Ar** verbs add endings with **-e,** and **-er/-ir** verbs add endings with **-a.**

-ar → -e
-er/-ir → -a

present indicative **yo** stem = present subjunctive stem

B. **-Car, -gar,** and **-zar** verbs have a spelling change in all persons of the present subjunctive to preserve the **-c-, -g-,** and **-z-** sounds.

-car: c → qu
-gar: g → gu
-zar: z → c

buscar		pagar		empezar	
busque	busquemos	pague	paguemos	empiece	empecemos
busques	busquéis	pagues	paguéis	empieces	empeceis
busque	busquen	pague	paguen	empiece	empiecen

C. Verbs with irregular **yo** forms show the irregularity in all persons of the present subjunctive.

conocer:	**conozca,...**	salir:	**salga,...**
decir:	**diga,...**	tener:	**tenga,...**
hacer:	**haga,...**	traer:	**traiga,...**
oír:	**oiga,...**	venir:	**venga,...**
poner:	**ponga,...**	ver:	**vea,...**

D. A few verbs have irregular present subjunctive forms.

dar:	**dé, des, dé, demos, deis, den**
estar:	**esté,...**
haber (hay):	**haya**
ir:	**vaya,...**
saber:	**sepa,...**
ser:	**sea,...**

E. **-Ar** and **-er** stem-changing verbs follow the stem-changing pattern of the present indicative.

pensar (ie):	piense	pensemos
	pienses	penséis
	piense	piensen

poder (ue):	pueda	podamos
	puedas	podáis
	pueda	puedan

F. **-Ir** stem-changing verbs show a stem change in the four forms that have a change in the present indicative. In addition, however, they show a second stem change in the **nosotros** and **vosotros** forms, similar to the present progressive tense.

-ir stem-changing verbs (**nosotros, vosotros**): o → u, e → i

dormir (ue, u):	duerma	durmamos
	duermas	durmáis
	duerma	duerman

pedir (i, i):	pida	pidamos
	pidas	pidáis
	pida	pidan

preferir (ie, i):	prefiera	prefiramos
	prefieras	prefiráis
	prefiera	prefieran

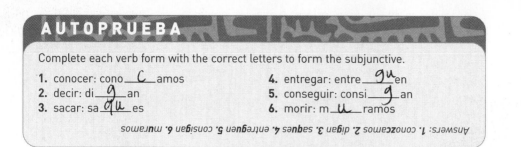

■ ■ ■ Práctica

A. ¡Anticipemos! La vida tecnológica. Indique si está de acuerdo o no con las siguientes oraciones.

1. En la vida actual es absolutamente necesario tener una computadora.
2. Yo quiero comprarme una computadora nueva, pero no creo que pueda comprármela inmediatamente.
3. Hoy día (*These days*) es posible comprar una buena computadora portátil por $1.000.
4. Es horrible que la tecnología cambie tan rápidamente; nadie puede aprender a este ritmo.
5. Prefiero que la gente no dependa tanto de la tecnología.
6. Es ridículo que tantas personas usen un teléfono celular.
7. Dudo que el precio de las llamadas de los teléfonos celulares baje más en los próximos dos años.
8. Espero que mi compañero/a de casa (esposo/a, hijo/a) cambie el mensaje del contestador automático.

B. Su trabajo actual. Use frases de la lista a la derecha para completar las oraciones de modo (*in such a way*) que se refieran a su situación laboral actual. (Siempre hay más de una respuesta posible.) Si Ud. no trabaja ahora, no importa. ¡Invéntese una respuesta!

1. El jefe quiere que _____.
2. También espera que _____.
3. Y duda que _____.
4. Prohíbe (*He forbids*) que _____.
5. En el trabajo, es importante que _____.
6. Yo espero que _____.
7. No quiero que _____.
8. Es difícil que _____.

a. a veces trabajemos los fines de semana
b. todos lleguemos a tiempo
c. hablemos por teléfono con los amigos
d. me den un aumento de sueldo
e. nos paguen más a todos
f. no usemos el *fax* para asuntos (*matters*) personales
g. me den un trabajo de tiempo completo algún día
h. no perdamos mucho tiempo charlando (*chatting*) con los demás (*others*)
i. fumemos en la oficina
j. tengamos muchas fechas límites
k. me den otro proyecto (*project*)
l. ¿ ?

Need more practice?

■ Workbook/Laboratory Manual
■ Interactive CD-ROM
■ Online Learning Center (www.mhhe.com/peb2)

Las computadoras y la comunidad hispana

Según un estudio demográfico del año 2000, alrededor del 37 por ciento de las familias hispanas de Los Ángeles, Nueva York, Miami, Chicago y Houston (las cinco ciudades de los Estados Unidos con mayor población hispana) posee[a] una **computadora personal.** Se calcula que hay computadoras en más de un millón y medio de **hogares**[b] hispanos en los Estados Unidos.

El acceso de los hispanos a las computadoras y al Internet es un factor importante para su desarrollo[c] personal. Las computadoras y el Internet son herramientas[d]

▲ En Chicago, Illinois

necesarias para **la educación, el trabajo, la comunicación** y sobre todo para **la información.** Casi todos los periódicos principales de los países hispanos se publican ahora en el Internet. A través de[e] las publicaciones ciberespaciales, los hispanos pueden **informarse.** Leen sus noticias en español y, es más,[f] pueden leer las noticias de su país o ciudad natal. También pueden participar en comunicaciones con **la comunidad hispana** del Internet.

[a]*own* [b]*homes* [c]*development* [d]*tools* [e]*A... Through* [f]*es... furthermore*

■■■ Conversación

Consejos para comprar y usar la tecnología de multimedia

Paso 1. Complete las siguientes recomendaciones. Use el subjuntivo del verbo entre paréntesis y complete cada recomendación según su opinión y sus conocimientos (*knowledge*).

Recomiendo que...

> **MODELO:** (encontrar) [un amigo / un experto / ¿ ?] para ayudarlo/la a montar (*set up*) la computadora →
> Recomiendo que *encuentre un experto* para ayudarlo/la a montar la computadora.

1. (ir) a [nombre de una tienda de computadoras] para comprar la computadora
2. (comprar) [marca y modelo de computadora]
3. (mirar) las revistas especializadas, como [nombre de revista]
4. no (pagar) más de $ _____
5. no (usar) [marca o tipo de *software*]
6. (asegurarse [*to make sure*]) de que la computadora tenga [módem / impresora en colores / ¿ ?]
7. (poner) la computadora en [lugar]

Paso 2. Ahora, explique por qué hizo las recomendaciones del **Paso 1.**

> **MODELO:** Recomiendo que encuentre un experto para ayudarlo/la a montar la computadora *porque es difícil hacerlo.*

35 Expressing Desires and Requests • Use of the Subjunctive: Influence

1. **2.** **3.**

Escoja la oración que describa cada dibujo.

1. _____ **a.** Quiero aprender las formas del subjuntivo.
            b. Quiero que nosotros aprendamos juntos las formas
                  del subjuntivo.
2. _____ **a.** Insisto en hablar con Jorge.
            b. Insisto en que tú hables con Jorge.
3. _____ **a.** Es necesario arreglar esta habitación.
            b. Es necesario que tú arregles esta habitación.

A. So far, you have learned to identify the subjunctive by the features listed at the right.

The subjunctive:

- appears in a subordinate (dependent) clause.
- has a different subject from the one in the main (independent) clause.
- is preceded by **que.**

B. In addition, the use of the subjunctive is associated with the presence of a number of concepts or conditions that trigger the use of it in the dependent clause. The concept of influence is one trigger for the subjunctive in a dependent clause. When the speaker wants something to happen, he or she tries to influence the behavior of others, as in these sentences.

The verb in the main clause is, of course, in the indicative, because it is a fact that the subject of the sentence wants something. The subjunctive occurs in the dependent clause.

MAIN (INDEPENDENT) CLAUSE		SUBORDINATE (DEPENDENT) CLAUSE
Yo **quiero**	que	tú **pagues** la cuenta.
I want		*you to pay the bill.*
La profesora **prefiere**	que	los estudiantes no **lleguen** tarde.
The professor prefers	*that*	*students don't arrive late.*

C. Querer and **preferir** are not the only verbs that can express the main subject's desire to influence what someone else thinks or does. There are many other verbs of influence, some very strong and direct, some very soft and polite.

STRONG	SOFT
insistir en	desear
mandar (*to order*)	pedir (i, i)
permitir (*to permit*)	recomendar (ie)
prohibir (prohíbo)	sugerir (ie, i)

D. An impersonal generalization of influence or volition can also be the main clause that triggers the subjunctive. Some examples of this appear at the right.

Es necesario que…	Es importante que…
Es urgente que…	Es mejor que…

■■■ Práctica

A. ¡Anticipemos! En la tienda de aparatos electrónicos. Imagine que Ud. y un amigo están en una tienda de aparatos electrónicos. Ud. quiere comprarse un estéreo pero no sabe cuál; por eso su amigo lo/la acompaña. ¿Quién dice las siguientes oraciones, Ud., su amigo o el vendedor (*salesperson*)?

1. Prefiero que busques un estéreo en varias tiendas; así puedes comparar precios.
2. Quiero que el estéreo tenga disco compacto con control remoto.
3. Recomiendo que no le digas cuánto dinero quieres gastar.
4. Insisto en que Ud. vea este modelo. ¡Es lo último!
5. Prefiero que me muestre otro modelo más barato.
6. Es mejor que vayamos a buscar en otra tienda. No tengo tanto dinero.
7. Quiero que lo sepa: Este estéreo es el mejor de todos.

B. Expectativas de la educación

Paso 1. ¿Qué expectativas de la educación tienen los profesores, los estudiantes y los padres de los estudiantes? Forme oraciones según las indicaciones y añada (*add*) palabras cuando sea necesario.

1. todos / profesores / querer / que / estudiantes / llegar / clase / a tiempo
2. profesor(a) de / español / preferir / que / (nosotros) ir / con frecuencia / laboratorio de lenguas
3. profesores / prohibir / que / estudiantes / traer / comida / y / bebidas / clase
4. padres / de / estudiantes / desear / que / hijos / asistir a / clases
5. estudiantes / pedir / que / profesores / no darles / mucho / trabajo
6. también / (ellos) querer / que / haber / más vacaciones
7. padres / insistir en / que / hijos / sacar / buenas / notas

Paso 2. Y Ud., ¿qué quiere que hagan los profesores? Invente tres oraciones más para indicar sus deseos.

Need more practice?

- Workbook/Laboratory Manual
- Interactive CD-ROM
- Online Learning Center (www.mhhe.com/peb2)

■■■ Conversación

A. Hablan los expertos en tecnología. Imagine que Ud. y sus compañeros de clase son un equipo (*team*) de expertos en problemas relacionados con la tecnología y que juntos (*together*) tienen un programa de radio.

Paso 1. Como miembro del equipo, lea las preguntas que les han mandado (*have sent*) los radioyentes (*radio audience*) por correo electrónico y déles una solución. Es bueno incluir frases como **Le recomiendo / sugiero que... , Es importante / necesario / urgente que...**

1. Soy una joven de 20 años y soy extremadamente tímida. Por eso no me gusta salir. Prefiero asumir otra personalidad al conectarme en la Red. Así estoy contenta por horas. Mi madre dice que esto no es normal y me pide que deje de hacerlo. Ella insiste en que vaya a las discotecas como otros jóvenes de mi edad. ¿Qué piensan Uds.?

2. Mi marido es un hombre muy bueno y trabajador. Tiene un buen trabajo, y es una persona muy respetada en su compañía. El problema es que sólo piensa en *software* y multimedia. Pasa todo su tiempo libre delante de la computadora o leyendo catálogos y revistas sobre computadoras. Yo prefiero que él pase más tiempo conmigo. En realidad (*In fact*), estoy tan aburrida que estoy pensando en dejarlo. ¿Qué recomiendan que haga?

3. Mi jefe quiere que deje de usar mi máquina de escribir (*typewriter*) y empiece a usar una computadora. Pero no quiero hacerlo: Siempre he hecho (*I have done*) bien mi trabajo sin la «caja boba» (*stupid box*). Mi jefe dice que tengo que ponerme al día (*up-to-date*) y me sugiere que tome un curso de computadoras que él promete pagar. Yo no entiendo por qué tengo que cambiar. ¿Me aconsejan (*do you advise*) que hable con un abogado (*lawyer*)?

Paso 2. Ahora piense en un problema que se relacione con la tecnología que sea similar a los del **Paso 1**, y escríbalo. El resto de la clase le va a hacer sugerencias de cómo resolverlo.

B. Entrevista

Paso 1. Complete las siguientes oraciones lógicamente... ¡y con sinceridad!

1. Mis padres (hijos, abuelos,...) insisten en que (yo) _____.
2. Mi mejor amigo/a (esposo/a, novio/a,...) desea que (yo) _____.
3. Prefiero que mis amigos _____.
4. No quiero que mis amigos _____.
5. Es urgente que (yo) _____.
6. Es necesario que mi mejor amigo/a (esposo/a, novio/a,...) _____.

Paso 2. Ahora entreviste a un compañero / una compañera para saber cómo él/ella completó las oraciones del **Paso 1**.

> MODELO: ¿En qué insisten tus padres?

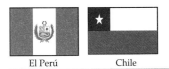

El Perú Chile

el Perú y Chile

Datos esenciales

El Perú

- Nombre oficial: República del Perú
- Capital: Lima
- Población: 28.400.000 habitantes
- Moneda: el nuevo sol
- Idiomas oficiales: el español, el quechua, el aimara

Chile

- Nombre oficial: República de Chile
- Capital: Santiago
- Población: 15.700.000 habitantes
- Moneda: el peso
- Idiomas: el español (oficial), el mapuche, el quechua

¡Fíjese!

- El Lago Titicaca, que queda entre Bolivia y el Perú, es el lago más grande de Sudamérica y es la ruta de transporte principal entre estos dos países.

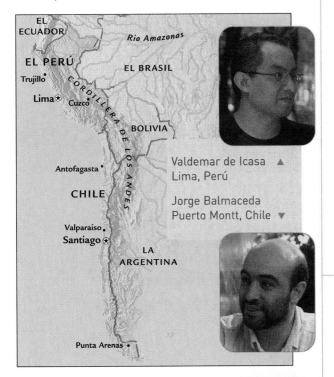

Valdemar de Icasa ▲
Lima, Perú

Jorge Balmaceda
Puerto Montt, Chile ▼

- Uno de los cultivos[a] más importantes de los incas es la papa,[b] que originó en la región cerca del Lago Titicaca. La papa es una de las pocas plantas que puede subsistir[c] en altitudes de más de 13.000 pies y en regiones frías y áridas.
- Chile tiene una de las economías más fuertes de Sudamérica. Es el mayor productor de cobre[d] del mundo, y tiene una importante industria vinícola.[e]

[a]*crops* [b]*potato* [c]*survive* [d]*copper* [e]*wine*

Nota histórica: La cultura inca

Cuando los españoles llegaron al Perú en 1532, los incas ya dominaban una gran zona de Sudamérica, desde Colombia hasta Chile, y desde el Pacífico hasta las selvas[a] del este. A partir del siglo[b] XIII, muchos otros pueblos indígenas de la inmensa región vivían bajo[c] el dominio de los incas. La capital del imperio era Cuzco.

El imperio inca se destacó[d] por la arquitectura, la ingeniería[e] y las técnicas de cultivo. También estableció un sistema de correo y un censo de la población.

[a]*jungles* [b]*A... Beginning in the (thirteenth) century* [c]*under*
[d]*se... distinguished itself* [e]*engineering*

▲ *Machu Picchu, Perú*

Capítulo 12 of the video to accompany *Puntos de partida* contains cultural footage of Perú. **Capítulo 15** contains cultural footage of Chile.

Learn more about Perú and Chile with the Video, the Interactive CD-ROM, and the Online Learning Center (www.mhhe.com/peb2).

Gramática

To review the grammar points presented in this chapter, refer to the indicated grammar presentations. You'll find further practice of these structures in the Workbook/Laboratory Manual, on the Interactive CD-ROM, and on the *Puntos en breve* Online Learning Center (www.mhhe.com/peb2).

33. Influencing Others—**Tú** (Informal) Commands

Do you know how to give orders to friends and children in Spanish? How do you tell them what not to do?

34. Expressing Subjective Actions or States—Present Subjunctive: An introduction

Do you understand how to form the present subjunctive?

35. Expressing Desires and Requests—Use of the Subjunctive: Influence

You should be able to express what you want or need someone else to do without using a direct command.

Vocabulario

Practice this vocabulary with digital flash cards on the Online Learning Center (www.mhhe.com/peb2).

Los verbos

alegrarse (de)	to be happy (about)
arreglar	to straighten (up); to fix, repair
cambiar (de)	to change
copiar	to copy
dudar	to doubt
esperar	to hope
fallar	to "crash" (*a computer*)
funcionar	to work, function; to run (*machines*)
grabar	to record; to tape
guardar	to keep; to save (*documents*)
haber (*infinitive form of* **hay**)	(*there is, there are*)
hacer (*irreg.*) copia	to copy
imprimir	to print
insistir (en)	to insist (on)
mandar	to order
manejar	to drive; to operate (*a machine*)
navegar (gu) la Red	to surf the Net
obtener (*irreg.*)	to get, obtain
permitir	to permit, allow
prohibir (prohíbo)	to prohibit, forbid

Repaso: conseguir (i, i) (g), sacar (qu) fotos

Vehículos

la bicicleta (de montaña)	(mountain) bike
el carro (descapotable)	(convertible) car
el monopatín	skateboard
la moto(cicleta)	motorcycle, moped
los patines	roller skates

Repaso: el coche

La electrónica

el archivo	(computer) file
el canal	channel
el contestador automático	answering machine
el correo electrónico	e-mail
el disco duro	hard drive
el equipo estereofónico/ fotográfico	stereo/photography equipment
la grabadora	(tape) recorder/player
la impresora	printer
el lector de DVD	DVD player
el ordenador (*Sp.*)	computer
el ratón	mouse
la Red	Net
el teléfono celular	cellular phone
la videocasetera	videocassette recorder (VCR)

Repaso: la cinta, el televisor

inquilino

dueño - owner _vecino_ _vecindad_

Cognados: la cámara (de vídeo), el CD-ROM, la computadora, el control remoto, el disco compacto
(CD), el disco de computadora, el DVD, el fax, la
memoria, el módem, el radio (portátil) / la radio,*
el _walkman_

Para poder gastar...

el aumento	raise
el/la jefe/a	boss
el sueldo	salary

La vivienda   _alquiler_

alquilar	to rent
las afueras	outskirts; suburbs
el alquiler	rent
el área (_but f._)	area
la avenida	avenue
el barrio	neighborhood
la calle	street
el campo	countryside
el _campus_	(university) campus
la casa (el bloque) de apartamentos	apartment building

alquiler - renter

la comunidad	community
el/la dueño/a	landlord, landlady
el gas _inquilino_	gas; heat
el/la inquilino/a	tenant; renter
el piso	floor (of a building)
el primer piso	second floor
el segundo piso	third floor
la planta baja	ground floor
el/la portero/a	building manager; doorman
la vecindad	neighborhood
el/la vecino/a	neighbor
la vista	view

Repaso: el apartamento, la casa, el centro, el cuarto,
la dirección, la luz, la residencia

Otros sustantivos

el gasto	expense
el lujo	luxury
la mentira	lie

Palabras adicionales

los/las demás	others

---

*El radio_ is the apparatus; **la radio** _is the medium._

CAPÍTULO

13

El arte y la cultura

CULTURA

- **Conozca...** Bolivia y el Ecuador
- **Nota cultural:** Los toros
- **En los Estados Unidos y el Canadá:** Carlos Santana y la Fundación Milagro

VOCABULARIO

- Las artes
- Ranking Things: Ordinals

GRAMÁTICA

36 Use of the Subjunctive: Emotion

37 Use of the Subjunctive: Doubt and Denial

◀ Unos residentes de Quito, Ecuador, que miran obras de arte en el Parque de la Alameda

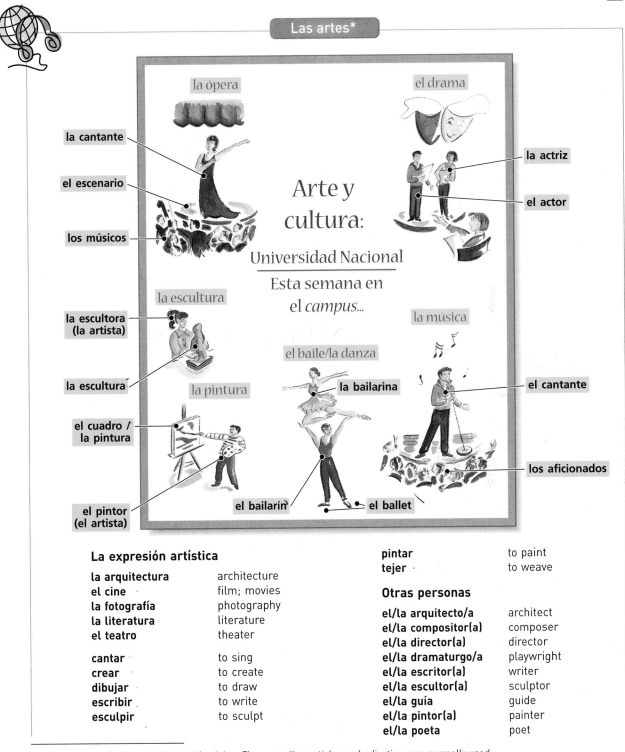

la ópera · **el drama**

la cantante · la actriz · el actor · el escenario · los músicos

Arte y cultura:

Universidad Nacional

Esta semana en el *campus*...

la escultura · la escultora (la artista) · la escultura · la música · la pintura

el baile/la danza · la bailarina · el cantante

el cuadro / la pintura · el pintor (el artista) · el bailarín · el ballet · los aficionados

La expresión artística

la arquitectura	architecture
el cine	film; movies
la fotografía	photography
la literatura	literature
el teatro	theater
cantar	to sing
crear	to create
dibujar	to draw
escribir	to write
esculpir	to sculpt

pintar	to paint
tejer	to weave

Otras personas

el/la arquitecto/a	architect
el/la compositor(a)	composer
el/la director(a)	director
el/la dramaturgo/a	playwright
el/la escritor(a)	writer
el/la escultor(a)	sculptor
el/la guía	guide
el/la pintor(a)	painter
el/la poeta	poet

*The word **arte** is both masculine and feminine. The masculine articles and adjectives are normally used with **arte** in the singular while the feminine ones are used in the plural. Note that **las artes** often refers to "the arts" in general: Guillermo es estudiante **del arte moderno.** /Me gustan mucho **las artes gráficas.**

La tradición cultural		Otras palabras útiles	
la artesanía	arts and crafts	la canción	song
la cerámica	pottery; ceramics	el guión	script
las ruinas	ruins	la obra (de arte)	work (of art)
los tejidos	woven goods	la obra maestra	masterpiece

■ ■ ■ Conversación

A. Obras de arte

Paso 1. ¿Qué tipo de arte representan las siguientes obras?

1. la catedral de Notre Dame y la de Santiago de Compostela
2. los murales de Diego Rivera
3. las estatuas griegas y romanas
4. *El lago de los cisnes* (*Swan Lake*) y *El amor brujo* (*Love, the Magician*)
5. *El ciudadano Kane*
6. *La Bohème* y *La Traviata*
7. las ruinas aztecas y mayas
8. *Don Quijote*
9. la Torre Eiffel de Paris
10. *la Mona Lisa* de Leonardo da Vinci
11. «*El cuervo* (*The Raven*)» de Edgar Allen Poe
12. las imágenes de Ansel Adams
13. las canciones de Norah Jones
14. *El mago* (*The Wizard*) *de Oz* (**¡OJO!** Hay dos respuestas posibles.)

Paso 2. Ahora dé otros ejemplos de obras en cada una de las categorías artísticas que Ud. mencionó en el **Paso 1.**

B. ¿Qué hacen?

Paso 1. Forme oraciones completas, emparejando palabras de cada columna. Hay más de una posibilidad en algunos casos.

> **MODELO:** La compositora escribe canciones.

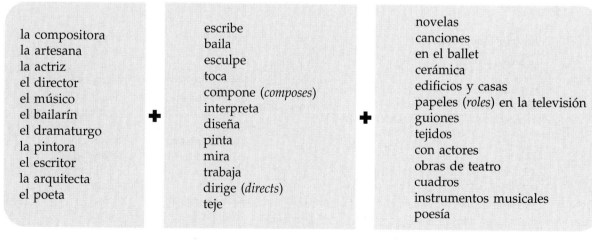

la compositora	escribe	novelas
la artesana	baila	canciones
la actriz	esculpe	en el ballet
el director	toca	cerámica
el músico	compone (*composes*)	edificios y casas
el bailarín	interpreta	papeles (*roles*) en la televisión
el dramaturgo	diseña	guiones
la pintora	pinta	tejidos
el escritor	mira	con actores
la arquitecta	trabaja	obras de teatro
el poeta	dirige (*directs*)	cuadros
	teje	instrumentos musicales
		poesía

Paso 2. Ahora, con dos o tres compañeros, dé nombres de artistas en cada categoría, ya sean (*whether they be*) hombres o mujeres. ¿Cuántos artistas hispánicos pueden nombrar?

Más sobre los gustos y preferencias

Here are some additional verbs to talk about what you like and don't like.

- The following two verbs are used like **gustar.**

| aburrir | **Me aburre** el ballet moderno. |
| | *Modern ballet bores me.* |

| agradar | Pero **me agrada** el ballet folklórico. |
| | *But I like (I am pleased by) folkloric dances.* |

- This verb functions as a transitive verb (one that can take a direct object).

| apreciar | **Aprecio** mucho la arquitectura precolombina. |
| | *I really appreciate pre-Columbian architecture.* |

C. Preferencias personales

Paso 1. ¿Le gusta el arte? ¿Asiste a funciones culturales de vez en cuando o no asiste a esas funciones nunca? ¡Diga la verdad! (En otras actividades va a hablar de lo que prefiere en general.)

MODELO: asistir a los ballets clásicos →
Me gusta mucho asistir a los ballets clásicos.
(No me agrada para nada asistir a los ballets clásicos. Es aburrido.)
(Me aburre asistir a los ballets clásicos. Prefiero ir a la ópera.)

Palabras útiles

aburrir	gustar
agradar	interesar
apreciar	preferir (ie, i)
encantar	

1. asistir a los ballets clásicos
2. ir a los museos de arte moderno
3. asistir a funciones teatrales
4. ver obras maestras en los museos grandes
5. ir a conciertos de música clásica
6. asistir a lecturas de poesía en un café
7. ver películas extranjeras (*foreign*)
8. asistir a la ópera

Paso 2. Entrevista. Ahora entreviste a un compañero / una compañera para saber cuáles son sus preferencias con respecto a este tema.

MODELO: E1: ¿Te gusta ir a los museos de arte moderno?
E2: Sí, me gusta muchísimo. Intento (*I try*) asistir siempre que puedo (*whenever I can*).

Los toros

El toreo[a] es un espectáculo típicamente hispánico. Viene de una larga tradición histórica. De hecho, no se sabe exactamente cuándo surgió la primera **corrida de toros.**[b]

Para sus aficionados, el toreo es **un arte,** y **el torero** necesita mucho más que valor:[c] necesita destreza[d] técnica, gracia y mucha comprensión de **los toros.** Algunos creen que el toreo *no es* un arte, sino un espectáculo cruel y violento que causa la muerte[e] prematura e innecesaria de un animal valiente.

Sea cual sea la opinión que Ud. tiene[f] de las corridas de toros, las corridas son muy simbólicas para los hispanos. El toro es símbolo de fuerza,[g] coraje, bravura, independencia y belleza.[h] Si Ud. visita un país hispánico y tiene ganas de ver una corrida, es aconsejable que les pregunte a algunas personas nativas cuáles son las corridas que debe ver.

Aunque el toreo es **de origen español,** hoy es una fiesta igualmente famosa en muchos países latinoamericanos, como Colombia, el Ecuador, el Perú, Venezuela, Bolivia, Panamá, Guatemala y México. México, D.F., tiene **la plaza de toros más grande del mundo,** la Plaza Monumental, con más de 40.000 asientos.

[a]*El... Bullfighting* [b]*corrida... bullfight* [c]*bravery* [d]*skill* [e]*death*
[f]*Sea... Whatever your opinion may be* [g]*strength* [h]*beauty*

▲ *Una corrida de toros en Toledo, España*

D. Entrevista

1. ¿Tienes talento artístico? ¿Para qué? ¿Qué te gusta crear? ¿Cuándo empezaste a desarrollar (*develop*) esta actividad? ¿Tienes aspiraciones de dedicarte a esa actividad profesionalmente? ¿Cuáles son las ventajas y las desventajas de esa ocupación?

2. Si crees que no posees ningún talento artístico en particular, ¿sientes alguna atracción por el arte? ¿Qué tipo de arte en particular? ¿Por qué te gusta tanto?

3. ¿Te gusta ir a los mercados de artesanía? ¿Qué compras allí? Cuando vas de viaje, ¿te interesa saber cuáles son los trajes (*outfits*) y la música tradicionales del lugar que visitas? ¿Coleccionas obras de artesanía? ¿Qué coleccionas?

4. ¿Qué funciones teatrales te gustan? ¿Hay muchas oportunidades en esta ciudad / este pueblo (*town*) para asistir a interpretaciones (*performances*) de baile, música o drama? ¿Qué tipo de interpretaciones te gustan más?

Handwritten margin notes: primer, segundo, tercer, cuarto, quinto, sexto, séptimo, octavo, noveno, décimo (left and right margins)

PRIMER PUESTO · SEGUNDO PUESTO · TERCER PUESTO

primer(o/a)	first	**cuarto/a**	fourth	**sexto/a**	sixth	**noveno/a**	ninth
segundo/a	second	**quinto/a**	fifth	**séptimo/a**	seventh	**décimo/a**	tenth
tercer(o/a)	third			**octavo/a**	eighth		

- Ordinal numbers are adjectives and must agree in number and gender with the nouns they modify. Ordinals usually precede the noun: **la cuarta lección, el octavo ejercicio.**
- Like **bueno,** the ordinals **primero** and **tercero** shorten to **primer** and **tercer,** respectively, before masculine singular nouns: **el primer niño, el tercer mes.**
- Ordinal numbers are frequently abbreviated with superscript letters that show the adjective ending: **las 1as lecciones, el 1^{r} grado, el 5° estudiante.**

■ ■ ■ Conversación

A. Mis actividades favoritas

Paso 1. Piense en lo que le gusta hacer en su tiempo libre en cuanto a (*regarding*) actividades culturales. Luego ponga en el orden de su preferencia (del 1 al 10) las siguientes actividades.

_____ ir al cine
_____ ir a ver películas extranjeras o clásicas
_____ ir a museos
_____ asistir a conciertos de música clásica/rock
_____ leer poesía

_____ bailar en una discoteca
_____ ver programas de televisión
_____ ver obras teatrales
_____ leer una novela
_____ ¿ ?

Paso 2. Ahora cuéntele a un compañero / una compañera sus cinco actividades favoritas. Use números ordinales.

MODELO: Mi actividad favorita es ir a ver películas clásicas. Mi segunda actividad favorita es…

B. Preguntas

1. ¿Es Ud. estudiante de cuarto año?
2. ¿Es este su segundo semestre/trimestre de español?
3. ¿A qué hora es su primera clase los lunes? ¿y su segunda clase?
4. ¿Vive Ud. en una casa de apartamentos o en una residencia? ¿En qué piso vive? Si vive en una casa, ¿en qué piso está su alcoba?

Need more practice?

- Workbook/Laboratory Manual
- Interactive CD-ROM
- Online Learning Center (www.mhhe.com/peb2)

GRAMÁTICA

36 Expressing Feelings • Use of the Subjunctive: Emotion

Diego y Lupe escuchan un grupo de mariachis

DIEGO: Ay, ¡cómo me encanta esta música!

LUPE: *Me alegro de que te guste.*

DIEGO: Y yo *me alegro de que estemos* aquí. ¿Sabes el origen de la palabra **mariachi**?

LUPE: No… ¿Lo sabes tú?

DIEGO: Bueno, una teoría es que viene del siglo diecinueve, cuando los franceses ocuparon México. Ellos contrataban a grupos de músicos para tocar en las bodas. Y como los mexicanos no podían pronunciar bien la palabra francesa *mariage,* pues acabaron por decir **mariachi.** Y de allí viene el nombre de los grupos.

LUPE: ¡Qué fascinante! *Me sorprende que sepas* tantos datos interesantes de nuestra historia.

DIEGO: Pues, todo buen antropólogo debe saber un poco de historia también, ¿no?

▲ *México, D.F.*

Comprensión

1. Lupe se alegra de que _____.
2. Y Diego se alegra de que _____.
3. A Lupe le sorprende que _____.

MAIN (INDEPENDENT) CLAUSE		SUBORDINATE (DEPENDENT) CLAUSE
first subject + *indicative* (expression of emotion)	**que**	second subject + *subjunctive*

A. Expressions of emotion are those in which speakers express their feelings: *I'm glad you're here; It's good that they can come.* Such expressions of emotion are followed by the subjunctive mood in the subordinate (dependent) clause in Spanish.

Esperamos que Ud. **pueda** asistir.
We hope (that) you'll be able to come.

Tengo miedo de que mi abuelo **esté** muy enfermo.
I'm afraid (that) my grandfather is very ill.

Es una lástima que no **den** aumentos este año.
It's a shame (that) they're not giving raises this year.

Diego and Lupe are listening to a mariachi group DIEGO: *Oh, how I love this music!* LUPE: *I'm glad you like it.* DIEGO: *And I'm glad we're here. Do you know the origin of the word* **mariachi?** LUPE: *No . . . Do you? * DIEGO: *Well, one theory is that it comes from the nineteenth century, when the French occupied Mexico. They used to hire musical groups to play at weddings. And because the Mexicans couldn't correctly pronounce the French word* mariage, *they ended up saying* **mariachi.** *And so that's where the name of the groups comes from.* LUPE: *How fascinating! I'm surprised you know so much interesting information about our history.* DIEGO: *Well, all good anthropologists should also know a little bit of history, shouldn't they?*

B. Some common expressions of emotion are found in the list and drawing at the right.

Subj.

alegrarse de	to be happy about
esperar	to hope
sentir (ie, i)	to regret; to feel sorry
tener miedo (de)	to be afraid (of)

temer: Temo que María **se caiga** durante el baile.
I'm afraid that María will fall during the dance.

At the right are some common expressions of emotion used with indirect object pronouns. Not all Spanish expressions of emotion are given here. Remember that any expression of emotion is followed by the subjunctive in the dependent clause.

| me (te, le,...) | I'm (you're, he's . . .) |
| gusta que | glad that |

Me molesta que **fumen** en la galería.
It bothers me that they smoke in the gallery.

Nos sorprende que este cantante **tenga** tanto éxito.
It surprises us that this singer is so successful.

C. When a new subject is introduced after a generalization of emotion, it is followed by the subjunctive in the subordinate (dependent) clause. Here are some general expressions of emotion.

es extraño que...	it's strange that . . .
es increíble que...	it's incredible that . . .
es mejor/bueno/ malo que...	it's better/good/ bad that . . .
es ridículo que...	it's ridiculous that . . .
es terrible que...	it's terrible that . . .
es una lástima que...	it's a shame that . . .
es urgente que...	it's urgent that . . .
¡qué extraño que...!	how strange that . . . !
¡qué lástima que...!	what a shame that . . . !

■■■ Práctica

A. Opiniones sobre el cine

Paso 1. **¡Anticipemos!** ¿Ciertas o falsas?

1. Me molesta que muchas películas sean tan violentas.
2. Es ridículo que algunos actores ganen tanto dinero.
3. Espero que salgan más actores asiáticos e hispánicos en las películas.
4. Temo que muchas actrices no desempeñen (*play*) papeles inteligentes.
5. Es increíble que gasten millones de dólares en hacer películas.
6. Me sorprende que Julia Roberts sea tan famosa.

Paso 2. Ahora invente oraciones sobre lo que Ud. quiere o no quiere que pase con respecto al cine. Use las oraciones del **Paso 1** como base.

MODELO: **1.** Quiero que las películas sean menos violentas.

B. Comentarios. Complete las oraciones con la forma apropiada del verbo entre paréntesis.

1. Dicen en la tienda que esta videocasetera es fácil de usar. Por eso me sorprende que no (funcionar) bien. Temo que (ser) muy complicada. Me sorprende que ni (*not even*) mi compañera (entenderla).
2. ¡Qué desastre! El profesor dice que nos va a dar un examen. ¡Es increíble que (darnos) otro examen tan pronto! Es terrible que yo (tener) que estudiar este fin de semana. Espero que el profesor (cambiar) de idea.
3. Este año sólo tengo dos semanas de vacaciones. Es ridículo que sólo (tener) dos semanas. No me gusta que las vacaciones (ser) tan breves. Es una lástima que yo no (poder) ir a ningún sitio.

Expressing Wishes with *ojalá*

The word **ojalá** is invariable in form and means *I wish* or *I hope*. It is used with the subjunctive to express wishes or hopes. The use of **que** with it is optional.

¡Ojalá (que) yo **gane** la lotería algún día!	*I hope (that) I win the lottery some day!*
¡Ojalá (que) haya paz en el mundo algún día!	*I hope (that) there will be peace in the world some day!*
Ojalá (que) no **pierdan** tu equipaje.	*I hope (that) they don't lose your luggage.*

Ojalá can also be used alone as an interjection in response to a question.

—¿Te va a ayudar Julio a estudiar para el examen?
—¡Ojalá!

Need more practice?

- Workbook/Laboratory Manual
- Interactive CD-ROM
- Online Learning Center (www.mhhe.com/peb2)

C. **Una excursión a la ópera.** Imagine que Ud. y su amigo/a van a la ópera por primera vez en su vida. Piense en todas las expectativas que Ud. tiene y expréselas usando **ojalá.**

> **MODELO:** las entradas (*tickets*) / no costar mucho →
> Ojalá que las entradas no cuesten mucho.

1. el escenario / ser / extravagante
2. haber / subtítulos / en inglés
3. el director (*conductor*) / estar / preparado
4. los cantantes / saber / sus papeles
5. nuestros asientos / no estar / lejos del escenario
6. (nosotros) llegar / a tiempo

■■■ Conversación

A. **Situaciones.** Las siguientes personas están pensando en otra persona o en algo que van a hacer. ¿Qué emociones sienten? ¿Qué temen? Conteste las preguntas según los dibujos.

1. Jorge piensa en su amiga Estela. ¿Por qué piensa en ella? ¿Dónde está? ¿Qué siente Jorge? ¿Qué espera? ¿Qué espera Estela? ¿Espera que la visiten los amigos? ¿que le manden algo?
2. Fausto quiere comer fuera esta noche. ¿Quiere que alguien lo acompañe? ¿Dónde espera que cenen? ¿Qué teme Fausto? ¿Qué le parecen (*seem*) los precios del restaurante?
3. ¿Dónde quiere pasar las vacaciones Mariana? ¿Espera que alguien la acompañe? ¿Dónde espera que pasen los días? ¿Qué teme Mariana? ¿Qué espera? ¿Qué va a intentar hacer?

B. **¿Qué le molesta más?** The following phrases describe aspects of university life. React to them, using phrases such as: **Me gusta que...**, **Me molesta que...**, **Es terrible que...**

> **MODELO:** Gastan mucho/poco dinero en construir nuevos edificios. →
> Me molesta que gasten mucho dinero en construir nuevos edificios.

1. Se pone mucho énfasis en los deportes.
2. Pagamos mucho/poco por la matrícula.
3. Se ofrecen muchos/pocos cursos en mi especialización (*major*).
4. Es necesario estudiar ciencias/lenguas para graduarse.
5. Hay muchos/pocos requisitos (*requirements*) para graduarse.
6. En general, hay mucha/poca gente (*people*) en las clases.

C. **Tres deseos.** Imagine que Ud. tiene tres deseos: uno que se relaciona con Ud. personalmente, otro con algún amigo o miembro de su familia y otro con su país, para el mundo o para la humanidad en general. Exprese sus deseos con **Ojalá (que)...**

> **MODELO:** Ojalá que no haya otra guerra.

Palabras útiles	
las elecciones	**el partido**
la gente que no tiene hogar (casa)	**la pobreza** (poverty)
la guerra (war)	
el hambre (hunger)	**resolver (ue)** (to solve; to resolve)
el millonario / la millonaria	**terminar** (to end)

EN LOS ESTADOS UNIDOS Y EL CANADÁ

Carlos Santana y la Fundación Milagro[a]

El legendario **guitarrista** Carlos Santana nació en Autlán, México. Luego su familia se trasladó[b] de allí a Tijuana y más tarde a San Francisco, donde Carlos y su hermano Jorge empezaron a tener sus primeros seguidores.[c] Santana se hizo **famoso** en el Festival de Woodstock en 1969 con un increíble solo de guitarra. Después tuvo una serie de éxitos,[d] entre ellos su inolvidable **interpretación** en 1971 de **la canción** de Tito Puente, «Oye cómo va». En 1999, Santana creó una sensación con su **disco compacto** *Supernatural*, en el que tocó con una variedad de artistas norteamericanos e hispanos para crear una **obra** rica en **estilo** y composición. Este **esfuerzo** de Santana le ganó varios *Grammys* en 2000.

▲ *Carlos Santana*

Santana es una persona profundamente dedicada a **la comunidad,** especialmente a **los niños.** Junto con su esposa Deborah, Santana creó **la Fundación Milagro,** una organización educativa para niños y jóvenes. La Fundación Milagro contribuye con dinero a otras organizaciones comunitarias sin fines lucrativos[e] en San Francisco y sus alrededores.[f] El propósito es ayudar a la juventud[g] del área por medio de programas de salud, educación y arte. Puede encontrar más información sobre la Fundación en su página web en el Internet.

[a]*Miracle* [b]*se... moved* [c]*followers* [d]*successes* [e]*sin... nonprofit* [f]*outskirts* [g]*youth*

37 Expressing Uncertainty • Use of the Subjunctive: Doubt and Denial

Mire Ud. la pintura detenidamente (*carefully*) y luego complete las siguientes oraciones de acuerdo con su opinión.

Vocabulario útil

la alegría	happiness
la esperanza	hope
los guardias	guardsmen
el miedo	fear
la tristeza	sadness

▲ Familia andina, *por Héctor Poleo (venezolano, 1918–1989)*

1. *Es posible que* los miembros de esta familia tengan (miedo/esperanza). Estoy seguro/a de que no tienen (miedo/esperanza).
2. Creo que los colores representan (la alegría / la tristeza). *Dudo que* representen (la alegría / la tristeza).
3. *Es probable que* los guardias estén (enojados/contentos). Estoy seguro/a de que no están (enojados/contentos).

MAIN (INDEPENDENT) CLAUSE		SUBORDINATE (DEPENDENT) CLAUSE
first subject + *indicative* (expression of doubt or denial)	**que**	second subject + *subjunctive*

A. Expressions of doubt and denial are those in which speakers express uncertainty or negation. Such expressions, however strong or weak, are followed by the subjunctive in the dependent clause in Spanish.

No creo que **sean** sus cuadros.
I don't believe they're her paintings.

Es imposible que ella **esté** en el escenario.
It's impossible for her to be on the stage.

B. Some expressions of doubt and denial appear at the right. Not all Spanish expressions of doubt are given here. Remember that any expression of doubt is followed by the subjunctive in the dependent clause.

no creer	*to disbelieve*
dudar	*to doubt*
no estar seguro/a (de)	*to be unsure (of)*
negar (ie) (gu)	*to deny*

no creer
no estar seguro
dudar
negar

Creer and **estar seguro/a** are usually followed by the indicative in affirmative statements because they do not express doubt, denial, or negation. Compare these examples.

Estamos seguros de (Creemos) que el concierto **es** hoy.
We're sure (We believe) the concert is today.

No estamos seguros de (No creemos) que el concierto **sea** hoy.
We're not sure (We don't believe) that the concert is today.

C. When a new subject is introduced after a generalization of doubt, the subjunctive is used in the dependent clause. Some generalizations of doubt and denial are included at the right.

Generalizations that express certainty are not followed by the subjunctive but by the indicative: **Es verdad que cocina bien. No hay duda de que Julio lo paga.**

es posible que...	it's possible that . . .
es imposible que...	it's impossible that . . .
es probable que...	it's probable (likely) that . . .
es improbable que...	it's improbable (unlikely) that . . .
no **es cierto que...**	it's not certain that . . .
no **es seguro que...**	it's not a sure thing that . . .
no **es verdad que...**	it's not true that . . .

■■■ Práctica

A. ¿Qué opina Ud.?

Paso 1. Lea las siguientes oraciones e indique lo que opina de cada una.

	ES CIERTO	NO ES CIERTO
1. A la mayoría de la gente le gusta ir a museos.	☐	☐
2. Todos mis amigos prefieren el teatro al cine.	☐	☐
3. Conozco a muchas personas que son aficionadas a la arquitectura.	☐	☐
4. En esta clase hay mucha gente con talento artístico.	☐	☐
5. La expresión artística más popular entre los jóvenes es la música.	☐	☐
6. Me encanta regalar objetos de cerámica.	☐	☐
7. Voy a conciertos de música clásica con frecuencia.	☐	☐
8. *El cascanueces* (*The Nutcracker*) es un ballet típico del mes de mayo.	☐	☐

Paso 2. Ahora diga las oraciones del **Paso 1,** empezando con **Es cierto que...** o **No es cierto que...,** según sus respuestas. **¡OJO!** Hay que usar el subjuntivo con **No es cierto que...**

B. Opiniones distintas. Imagine que Ud. y un amigo / una amiga están en un museo arqueológico. En este momento están mirando una figura. Desafortunadamente, no hay ningún letrero (*sign*) cerca de Uds. para indicar lo que representa la figura. Haga oraciones completas según las indicaciones. Añada palabras cuando sea necesario.

Habla Ud.:

1. creo / que / ser / figura / de / civilización / maya
2. es cierto / que / figura / estar / hecho (*made*) / de oro
3. es posible / que / representar / dios (*god, m.*) / importante
4. no estoy seguro/a de / que / figura / ser / auténtico

Habla su amigo/a:

5. no creo / que / ser / figura / de / civilización / maya
6. creo / que / ser / de / civilización / tolteca
7. estoy seguro/a de / que / estar / hecho / de bronce
8. creo / que / representar / víctima [*m.*] / de / sacrificio humano

Need more practice?

- Workbook/Laboratory Manual
- Interactive CD-ROM
- Online Learning Center (www.mhhe.com/peb2)

■■■ Conversación

A. ¿Una ganga? Imagine que Ud. va a un mercado al aire libre. Encuentra algunos objetos de artesanía muy interesantes que parecen ser de origen azteca… ¡y son baratísimos! ¿Cómo reacciona Ud.?

Empiece sus oraciones con estas frases:

1. ¡Es imposible que… !
2. No creo que…
3. Dudo muchísimo que…
4. Estoy seguro/a de que…
5. Es improbable que…

Vocabulario útil	
el calendario	calendar
la joyería	jewelry
la máscara	mask
auténtico/a	authentic
falsificado/a	forged

NOTA COMUNICATIVA

Verbs That Require Prepositions

You learned in earlier chapters that when two verbs occur in a series (one right after the other), the second verb is usually the infinitive.

Prefiero *cenar* a las siete.   *I prefer to eat at seven.*

Some Spanish verbs, however, require that a preposition or other word be placed before the second verb (still the infinitive). You have already used many of the important Spanish verbs that have this feature.

■ The following verbs require the preposition **a** before an infinitive.

aprender a	empezar (ie) a	invitar a	venir a
ayudar a	enseñar a	ir a	volver (ue) a

Mis padres me **enseñaron**   *My parents taught me to dance.*
  a bailar.

■ These verbs or verb phrases require **de** before an infinitive.

acabar de	dejar de	tener ganas de
acordarse (ue) de	olvidarse de	tratar de

Siempre **tratamos de llegar**   *We always try to arrive on time.*
  puntualmente.

■ **Insistir** requires **en** before an infinitive.

Insisten en venir esta noche.   *They insist on coming over tonight.*

■ Two verbs require **que** before an infinitive: **haber que, tener que.**

Hay que ver el nuevo museo.   *It's necessary to see the new museum.*

B. ¿Qué piensa Ud. del futuro?

Paso 1. Haga oraciones con frases de cada columna para expresar su opinión sobre lo que le puede ocurrir a Ud. en los próximos cinco años. **¡OJO!** No se olvide de usar el subjuntivo después de expresiones de duda o negación.

En los próximos cinco años...

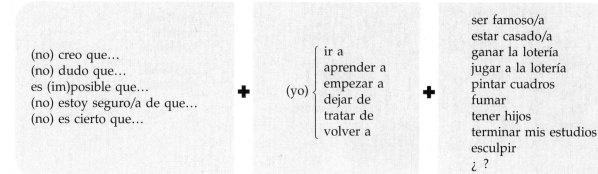

(no) creo que…		ser famoso/a
(no) dudo que…		estar casado/a
es (im)posible que…	ir a	ganar la lotería
(no) estoy seguro/a de que…	aprender a	jugar a la lotería
(no) es cierto que…	empezar a	pintar cuadros
	(yo) dejar de	fumar
	tratar de	tener hijos
	volver a	terminar mis estudios
		esculpir
		¿ ?

Paso 2. Compare sus respuestas con las de uno o dos compañeros. ¿Cuántas respuestas similares hay? ¿Cuántas diferentes?

Bolivia   El Ecuador

Conozca...

Bolivia y el Ecuador

Datos esenciales

Bolivia

- Nombre oficial: República de Bolivia
- Capitales: La Paz (sede[a] del gobierno), Sucre (capital constitucional)
- Población: 8.586.000 habitantes
- Moneda: el (peso) boliviano
- Idiomas: el español (oficial), el quechua, el aimara

El Ecuador

- Nombre oficial: República del Ecuador
- Capital: Quito
- Población: 13.710.000 habitantes
- Moneda: el dólar (el sucre)
- Idiomas: el español (oficial), el quechua

[a]seat

¡Fíjese!

- Bolivia formó parte del antiguo imperio inca. Aproximadamente el 55 por ciento de la población boliviana actual es de origen indígena.
- Bolivia fue nombrada[a] en honor a Simón Bolívar, quien luchó por la independencia del país.
- A 12.000 pies de altura, La Paz es la capital más alta del mundo.
- Las Islas Galápagos pertenecen[b] al Ecuador y son de origen volcánico. Fueron descubiertas[c] en 1535, por el español Berlanga. Berlanga las

llamó las Islas Encantadas[d] porque las fuertes corrientes[e] marinas confundían a los navegantes[f] como si fuera por[g] acto de magia. Trescientos años más tarde, el biólogo Charles Darwin llegó a las islas a bordo del barco *HMS Beagle.* De sus investigaciones de las plantas y animales de cuatro de las islas resultaron sus ideas sobre la evolución y su famoso libro, *El origen de las especies.* Darwin teorizó que los animales y las plantas cambian y se adaptan a su medio ambiente.[h]

[a]fue... *was named*   [b]*belong*   [c]Fueron... *They were discovered*   [d]*Enchanted*   [e]*currents*   [f]*sailors*   [g]como... *as if by*   [h]medio... *environment*

Personas famosas: Oswaldo Guayasamín

Oswaldo Guayasamín (1919–1999) fue un pintor ecuatoriano cuyo[a] arte es un testimonio del sufrimiento[b] humano y de la vida difícil de los indios y los pobres de su país. Guayasamín se inspiró en los símbolos y motivos de los pueblos precolombinos y en el arte colonial del Ecuador.

[a]*whose*   [b]*suffering*

▲ Madre y niño, *por Oswaldo Guayasamín*

Álvaro Montalbán
Guayaquil,
Ecuador
▶

◀ Juan Prudencio
La Paz, Bolivia

Learn more about Bolivia and Ecuador with the Video, the Interactive CD-ROM, and the Online Learning Center (www.mhhe.com/peb2).

Gramática

To review the grammar points presented in this chapter, refer to the indicated grammar presentations. You'll find further practice of these structures in the Workbook/Laboratory Manual, on the Interactive CD-ROM, and on the *Puntos en breve* Online Learning Center (www.mhhe.com/peb2).

36. Expressing Feelings—Use of the Subjunctive: Emotion

You should know how and when to use the subjunctive in a dependent clause when the main clause of a sentence expresses emotion.

37. Expressing Uncertainty—Use of the Subjunctive: Doubt and Denial

You should know how and when to use the subjunctive in a dependent clause when the main clause of a sentence expresses doubt or denial.

Vocabulario

Practice this vocabulary with digital flash cards on the Online Learning Center (www.mhhe.com/peb2).

Los verbos

aburrir	to bore
agradar	to please
apreciar	to appreciate
intentar	to try
negar (ie) (gu)	to deny
parecer	to seem
representar	to represent
sentir (ie, i)	to regret; to feel sorry
temer	to fear
tratar de + *inf.*	to try to (*do something*)

Repaso: alegrarse de, creer, dudar, esperar, gustar, tener (*irreg.*) miedo de

La expresión artística

la arquitectura	architecture
el arte (*but* **las artes** *pl.*)	art
el baile	dance
el ballet	ballet
la danza	dance
el drama	drama
la escultura	sculpture
la música	music
la ópera	opera
la pintura	painting (*general*)

Repaso: el cine, la fotografía, la literatura, el teatro

crear	to create
desempeñar	to play, perform (*a part*)

dibujar	to draw
esculpir	to sculpt
tejer	to weave

Repaso: cantar, escribir, pintar

Los artistas

el actor / la actriz	actor, actress
el/la arquitecto/a	architect
el/la artista	artist
el bailarín / la bailarina	dancer
el/la cantante	singer
el/la compositor(a)	composer
el/la director(a)	director
el/la dramaturgo/a	playwright
el/la escritor(a)	writer
el/la escultor(a)	sculptor
el/la músico	musician
el/la pintor(a)	painter
el/la poeta	poet

Repaso: el/la aficionado/a

La tradición cultural

la artesanía	arts and crafts
la cerámica	pottery; ceramics
las ruinas	ruins
los tejidos	woven goods

Otros sustantivos

la canción	song
el cuadro / la pintura	painting (*piece of art*) / painting (*piece of art; the art form*)
el escenario	stage
la gente	people
el/la guía	guide
el guión	script
la obra (de arte)	work (of art)
la obra maestra	masterpiece
el papel	role

Los adjetivos

clásico/a	classic(al)
folklórico/a	folkloric
moderno/a	modern

Los números ordinales

primer(o/a)

segundo/a

tercer(o/a)

cuarto/a

quinto/a

sexto/a

séptimo/a

octavo/a

noveno/a

décimo/a

Palabras adicionales

es extraño que	it's strange that
¡qué extraño que...!	how strange that . . . !
es...	it's . . .
cierto que	certain that
(im)probable que	(un)likely, (im)probable that
increíble que	incredible that
preferible que	preferable that
ridículo que	ridiculous that
seguro que	a sure thing that
terrible que	terrible that
urgente que	urgent that
es una lástima que	it's a shame that
¡qué lástima que...!	what a shame that . . . !
hay que + *inf.*	it is necessary to (*do something*)
me (te, le,...) molesta que	it bothers me (you, him, . . .) that
me (te, le,...) sorprende que	it surprises me (you, him, . . .) that
ojalá (que)	I hope, wish (that)

Repaso: es (im)posible que..., es mejor/bueno/malo que..., es verdad que..., estar seguro/a (de) que...

14 La naturaleza y el medio ambiente°

◀ Las cataratas del Iguazú, en la Argentina

°**La...** *Nature and the environment*

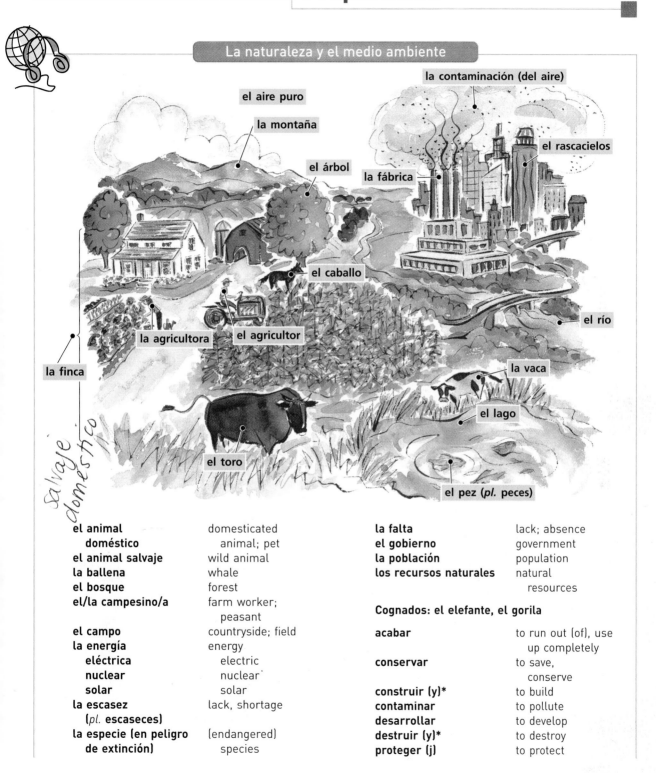

La naturaleza y el medio ambiente

la contaminación (del aire)

el aire puro

la montaña

el árbol

la fábrica

el rascacielos

el caballo

el río

la agricultora   el agricultor

la vaca

la finca

el lago

salvaje
doméstico

el toro

el pez (pl. peces)

el animal	domesticated	**la falta**	lack; absence
doméstico	animal; pet	**el gobierno**	government
el animal salvaje	wild animal	**la población**	population
la ballena	whale	**los recursos naturales**	natural
el bosque	forest		resources
el/la campesino/a	farm worker;		
	peasant	**Cognados: el elefante, el gorila**	
el campo	countryside; field	**acabar**	to run out (of), use
la energía	energy		up completely
eléctrica	electric	**conservar**	to save,
nuclear	nuclear		conserve
solar	solar	**construir (y)***	to build
la escasez	lack, shortage	**contaminar**	to pollute
(pl. escaseces)		**desarrollar**	to develop
la especie (en peligro	(endangered)	**destruir (y)***	to destroy
de extinción)	species	**proteger (j)**	to protect

*Note the present indicative conjugation of **construir: construyo, construyes, construye, construimos, construís, construyen. Destruir** is conjugated like **construir.**

Más vocabulario		**el transporte público**	public transportation
el ritmo (acelerado) de la vida	(fast) pace of life	**la violencia**	violence
los servicios públicos	public services	**bello/a**	beautiful
		denso/a	dense

■■■ Conversación

A. ¿La ciudad o el campo?

1. El aire es más puro y hay menos contaminación. *el campo*
2. La naturaleza es más bella. *el campo*
3. El ritmo de la vida es más acelerado. *la ciudad*
4. Hay más violencia. *la ciudad*
5. Los servicios financieros y legales son más asequibles (*available*). *la ciudad*
6. Hay pocos medios de transporte públicos. *el campo*
7. La población es menos densa. *el campo*
8. Hay escasez de viviendas. *el campo o la ciudad*

B. Definiciones. Dé Ud. una definición de estas palabras.

MODELO: el agricultor → Es el dueño (*owner*) de una finca.

1. la fábrica   **4.** la finca   **7.** el río
2. el campesino   **5.** la naturaleza   **8.** el rascacielos
3. la escasez   **6.** la población

NOTA CULTURAL

Programas medioambientales

Muchos países del mundo se encuentran en la posición de **equilibrar** la protección del **medio ambiente** con los objetivos del **desarrollo económico**. En muchos casos, **la explotación de recursos naturales** es la mayor fuente de ingreso[a] para la economía de un país. Los gobiernos latinoamericanos están conscientes de la necesidad de **proteger** el medio ambiente y de **conservar** los recursos naturales, y están haciendo todo lo posible por hacerlo. Los siguientes son algunos de los muchos **programas medioambientales** que se encuentran en los países hispanohablantes.

▲ *Madrid, España*

■ En la Ciudad de México, existe un programa permanente de **restricción vehicular** que se llama **Hoy no circula.**[b] Los coches no deben **circular** un día por semana. El día está determinado por el último número de **la placa.**[c] El propósito de este programa es controlar **la emisión de contaminantes.** Programas semejantes a **Hoy no circula** existen también en otros países como Chile y la Argentina.

■ En México, España y otros países existen programas de **separación de basura.** Se depositan materiales distintos en recipientes[d] de colores diferentes, desde **el papel** y **el cartón, el vidrio,**[e] **el metal** y **el plástico,** hasta **la materia orgánica** y **los desechos**[f] **sanitarios.**

[a]fuente... *source of income*   [b]Hoy... *Today* [*these*] *don't drive*   [c]*license plate*   [d]*containers*   [e]*glass*   [f]*waste*

C. Problemas del mundo en que vivimos

Paso 1. Los siguientes problemas afectan en cierta medida (*in some measure*) a los habitantes de nuestro planeta. ¿Cuáles le afectan más a Ud. en este momento de su vida? Póngalos en orden, del 1 al 10, según la importancia que tienen para Ud. ¡No va a ser fácil!

_____ la contaminación del aire
_____ la destrucción de la capa de ozono (*ozone layer*)
_____ la escasez de petróleo
_____ la deforestación de la selva (jungla) de Amazonas
_____ la falta de viviendas para todos
_____ el ritmo acelerado de la vida moderna
_____ el uso de drogas ilegales
_____ el abuso de los recursos naturales
_____ la sobrepoblación (*overpopulation*) del mundo
_____ el crimen y la violencia en el país

Paso 2. Ahora comente las siguientes opiniones. Puede usar las siguientes expresiones para aclarar (*clarify*) su posición con respecto a cada tema. ¡OJO! Todas las expresiones requieren el uso del subjuntivo o del infinitivo, porque expresan deseos e influencia

Es / Me parece fundamental que…
importantísimo que…
ridículo que…
¿ ?
Me opongo a que (*I am against*)…
No creo que…

1. Para conservar energía debemos mantener bajo el termostato en el invierno y elevarlo en el verano.
2. Es mejor calentar las casas con estufas de leña (*wood stoves*) que con gas o electricidad.
3. Se debe crear más parques urbanos, estatales y nacionales.
4. La protección del medio ambiente no debe impedir la explotación de los recursos naturales.
5. Para evitar la contaminación urbana, debemos limitar el uso de los coches y no usarlos algunos días de la semana, como se hace en otros países.
6. El gobierno debe poner multas (*fines*) muy graves a las compañías e individuos que causan la contaminación.
7. El desarrollo de las tecnologías promueve (*promotes*) el ritmo tan acelerado de nuestra vida.
8. Los países desarrollados están destruyendo los recursos naturales de los países más pobres.

En la gasolinera Gómez

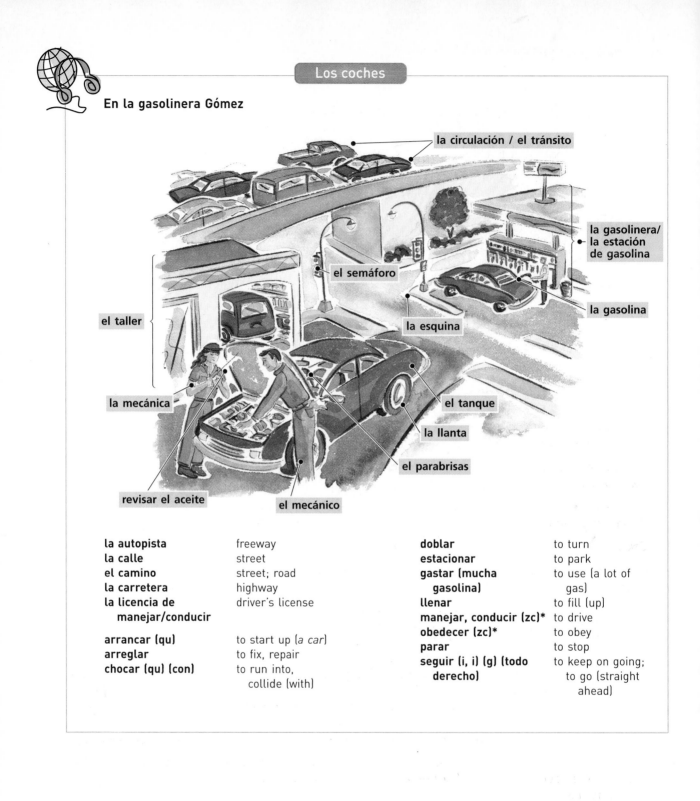

la circulación / el tránsito

la gasolinera/
la estación
de gasolina

el semáforo

la gasolina

el taller

la esquina

la mecánica

el tanque

la llanta

el parabrisas

revisar el aceite

el mecánico

la autopista	freeway	**doblar**	to turn
la calle	street	**estacionar**	to park
el camino	street; road	**gastar (mucha gasolina)**	to use (a lot of gas)
la carretera	highway	**llenar**	to fill (up)
la licencia de manejar/conducir	driver's license	**manejar, conducir (zc)***	to drive
		obedecer (zc)*	to obey
arrancar (qu)	to start up (a car)	**parar**	to stop
arreglar	to fix, repair	**seguir (i, i) (g) (todo derecho)**	to keep on going; to go (straight ahead)
chocar (qu) (con)	to run into, collide (with)		

---

*Like the verb **conocer, conducir** and **obedecer** have a spelling change in the **yo** form of present indicative: **conozco, conduzco, obedezco.** This spelling change is also used in all forms of the present subjunctive.

■ ■ ■ Conversación

A. Definiciones

Paso 1. Busque Ud. la definición de las palabras de la columna de la derecha.

1. _____ Se pone en el tanque.
2. _____ Se llenan de aire.
3. _____ Lubrica el motor.
4. _____ Es necesaria para arrancar el motor.
5. _____ Cuando se llega a una esquina, hay que hacer esto o seguir todo derecho.
6. _____ No contiene aire suficiente y por eso es necesario cambiarla.
7. _____ Es un camino público ancho (*wide*) donde los coches circulan rápidamente.
8. _____ Se usan para parar el coche.
9. _____ El policía nos la pide cuando nos para en el camino.
10. _____ Allí se revisan y se arreglan los coches.

a. los frenos (*brakes*)
b. doblar
c. la carretera
d. la batería
e. el taller
f. una llanta desinflada (*flat*)
g. la gasolina
h. las llantas
i. el aceite
j. la licencia

Paso 2. Ahora, siguiendo el modelo de las definiciones anteriores, ¿puede Ud. dar una definición de las siguientes palabras?

1. el semáforo
2. la circulación
3. estacionar
4. gastar gasolina
5. la gasolinera
6. la autopista

B. Entrevista: Un conductor (*driver*) responsable

Paso 1. Entreviste a un compañero / una compañera de clase para determinar con qué frecuencia hace las siguientes cosas.

1. dejar la licencia en casa cuando va a manejar
2. acelerar (*to speed up*) cuando ve a un policía
3. manejar después de tomar bebidas alcohólicas
4. respetar o exceder el límite de velocidad
5. estacionar el coche donde dice «Prohibido estacionar»
6. revisar el aceite y la batería
7. seguir todo derecho a toda velocidad cuando no sabe llegar a su destino
8. rebasar (*to pass*) tres carros a la vez (*at the same time*)

Paso 2. Ahora, con el mismo compañero / la misma compañera, haga una lista de diez cosas que hace —o no hace— un conductor responsable. Pueden usar frases del **Paso 1,** si quieren.

Paso 3. Ahora, analice Ud. sus propias (*own*) costumbres y cualidades como conductor(a). ¡Diga la verdad! ¿Es Ud. un conductor / una conductora responsable? ¿Cuál de los dos es el mejor conductor / la mejor conductora?

Need more practice?

■ Workbook/Laboratory Manual
■ Interactive CD-ROM
■ Online Learning Center (www.mhhe.com/peb2)

38 *Más descripciones* • **Past Participle Used as an Adjective**

Algunos refranes y dichos en español

1. En boca *cerrada* no entran moscas.

2. Estoy tan *aburrido* como una ostra.

3. Cuando está *abierto* el cajón, el más *honrado* es ladrón.

Empareje estas oraciones con el refrán o dicho que explican.

1. Es posible que una persona honrada caiga en la tentación de hacer algo malo si la oportunidad se le presenta.

2. Hay que ser prudente. A veces es mejor no decir nada para evitar (*avoid*) problemas.

3. Las ostras ejemplifican el aburrimiento (*boredom*) porque llevan una vida tranquila… siempre igual.

hablado
comido
vivido

Forms of the Past Participle

A. The past participle of most English verbs ends in *-ed.*

to walk → walked   to close → closed

Many, however, are irregular.

to sing → sung   to write → written

In Spanish, the *past participle* (**el participio pasado**) is formed by adding **-ado** to the stem of **-ar** verbs, and **-ido** to the stem of **-er** and **-ir** verbs. An accent mark is used on the past participle of **-er/-ir** verbs with stems ending in **-a, -e,** or **-o.**

hablar	comer	vivir
hablado (*spoken*)	comido (*eaten*)	vivido (*lived*)

caer → **caído**	oír → **oído**
creer → **creído**	(son)reír → **(son)reído**
leer → **leído**	traer → **traído**

caído
creído
leído

oído
reído
traído

A few Spanish proverbs and sayings   **1.** *Into a closed mouth no flies enter.* **2.** *I am as bored as an oyster.* **3.** *When the (cash) drawer is open, the most honest person is (can become) a thief.*

306 ■ Trescientos seis   Capítulo 14: La naturaleza y el medio ambiente

Pronunciation hint: Remember that the Spanish **d** between vowels, as found in past participle endings, is pronounced as the fricative [đ] (see **Pronunciación** in **Capítulo 6**).

[handwritten: muerto, puesto, raues to, roto, ve, vuelto; abierto, cubierto, dicho, descuierto, escrito, hecho]

B. The Spanish verbs at the right have irregular past participles.

[handwritten: hecho, muerto, puesto, roto, vuelto, Alus, resulto; abierto, cubierto, dicho, descubierto, verscrito; visto=ver]

abrir:	**abierto**	morir:	**muerto**
cubrir (*to cover*):	**cubierto**	poner:	**puesto**
		resolver:	**resuelto**
decir:	**dicho**	romper:	**roto**
descubrir:	**descubierto**	ver:	**visto**
escribir:	**escrito**	volver:	**vuelto**
hacer:	**hecho**		

The Past Participle Used as an Adjective

A. In both English and Spanish, the past participle can be used as an adjective to modify a noun. Like other Spanish adjectives, the past participle must agree in number and gender with the noun modified.

Viven en una casa **construida** en 1920.
They live in a house built in 1920.

El español es una de las lenguas **habladas** en los Estados Unidos y en el Canadá.
Spanish is one of the languages spoken in the United States and in Canada.

B. The past participle is frequently used with **estar** to describe conditions that are the result of a previous action.

El lago **está contaminado.**
The lake is polluted.

Todos los peces **estaban cubiertos** de crudo.
All the fish were covered with crude oil.

English past participles often have the same form as the past tense.

I **closed** the book.

The thief stood behind the **closed** door.

The Spanish past participle is never identical in form or use to a past tense. Compare the sentences at the right.

Cerré la puerta. Ahora la puerta está **cerrada.**
I closed the door. Now the door is closed.

Resolvieron el problema. Ahora el problema está **resuelto.**
They solved the problem. Now the problem is solved.

[handwritten: caído, creído, leído, oído, reído, traído]

■ ■ ■ Práctica

A. En este momento...

Paso 1. **¡Anticipemos!** En este momento, ¿son ciertas o falsas las siguientes oraciones con relación a su sala de clase?

1. La puerta está abierta.
2. Las luces están apagadas.
3. Las ventanas están cerradas.
4. Algunos libros están abiertos.
5. Los estudiantes están sentados.
6. Hay algo escrito en la pizarra.
7. Una silla está rota.
8. Hay carteles y anuncios colgados en la pared.
9. Un aparato está enchufado.
10. Las persianas (*blinds*) están bajadas.

Palabras útiles
colgar (ue) (gu) (to hang) **enchufar** (to plug in) **prender** (to turn on [*lights or an appliance*])

Paso 2. Ahora describa el estado de las siguientes cosas en su casa (cuarto, apartamento).

1. las luces   3. el televisor   5. la puerta
2. la cama   4. las ventanas   6. las cortinas (*curtains*)

B. Comentarios sobre el mundo de hoy.
Complete cada párrafo con los participios pasados de los verbos apropiados de la lista.

Todos los días, Ud. tira en el basurero[a] aproximadamente media libra[b] de papel. Si Ud. trabaja en un banco, en una compañía de seguros[c] o en una agencia del gobierno, el promedio[d] se eleva a tres cuartos de libra al día. Todo ese papel _____[1] constituye un gran número de árboles _____.[2] Esto es un buen motivo para que Ud. comience un proyecto de recuperación de papeles hoy en su oficina. Ud. puede completar el ciclo del reciclaje únicamente si compra productos _____[3] con materiales _____.[4]

[a]*wastebasket* [b]*media... half a pound* [c]*insurance* [d]*average*

El reciclaje
desperdiciar (to waste) **destruir** **hacer** **reciclar**

Las fuentes[a] de energía no están _____[5] todavía. Pero estas fuentes son _____.[6] Desgraciadamente, todavía no estamos _____[7] a conservar energía diariamente. ¿Qué podemos hacer? Cuando nos servimos la comida, la puerta del refrigerador debe estar _____.[8] Cuando miramos la televisión, algunas luces de la casa deben estar _____.[9] El regulador termómetro debe estar _____[10] cuando nos acostamos.

[a]*sources*

La conservación
acostumbrar **agotar** (to use up) **apagar (gu)** **bajar** **cerrar (ie)** **limitar**

C. Situaciones. ¿Cuál es la situación en este momento? Conteste según el modelo.

MODELO: Natalia les tiene que *escribir* una *carta* a sus abuelos. →
La *carta* no está *escrita* todavía.

1. Los Sres. García deben *abrir* la *tienda* más temprano. ¡Ya son las nueve!
2. Pablo tiene que *cerrar* las *ventanas*; entra un aire frío.
3. Los niños siempre esperan que la *tierra* se *cubra* de nieve para la Navidad.
4. Delia debe *poner* la *mesa*. Los invitados llegan a las nueve y ya son las ocho.
5. Claro está que la contaminación va a contribuir a la *destrucción* de la *capa de ozono*.
6. Es posible que los ingenieros *descubran* el *error* en la construcción del reactor nuclear.
7. Se debe *resolver* pronto el *problema* de la escasez de energía.

Need more practice?

■ Workbook/Laboratory Manual
■ Interactive CD-ROM
■ Online Learning Center (www.mhhe.com/peb2)

■ ■ ■ Conversación

A. ¡Ojo alerta! Hay por lo menos cinco cosas que difieren (*are different*) entre un dibujo y el otro. ¿Puede Ud. encontrarlas? Use participios pasados como adjetivos cuando sea posible. Cuando no es posible, describa las diferencias de otra manera.

Ⓐ    Ⓑ

B. ¡Rápidamente! Dé Ud. el nombre de...

1. algo contaminado
2. una persona muy/poco organizada
3. un programa de computadora bien diseñado
4. un edificio bien/mal construido
5. algo que puede estar cerrado o abierto
6. un servicio necesitado por muchas personas
7. un tipo de transporte usado a la vez por muchas personas
8. algo deseado por muchas personas

¿Qué has hecho? • Perfect Forms: Present Perfect Indicative and Present Perfect Subjunctive

Una llanta desinflada

[handwritten margin notes: he, has, ha, hemos, habéis, han]

MANOLO: ¡Ay, qué mala suerte!

LOLA: ¿Qué pasa?

MANOLO: Parece que el coche tiene una llanta desinflada. Y como no hay ningún taller por aquí, tengo que cambiarla yo mismo.

LOLA: *¿Has cambiado* una llanta alguna vez?

MANOLO: No. Siempre *he llevado* el coche a un taller cuando hay problemas.

LOLA: Pues, yo nunca *he cambiado* una llanta tampoco. Pero te puedo ayudar, si quieres.

MANOLO: Gracias. ¡Espero que la llanta de recambio* no esté desinflada también!

¿Y Ud.? ¿Ha... ?

1. cambiado una llanta desinflada
2. revisado el aceite de su coche
3. arreglado otras cosas del coche
4. tenido un accidente con el coche
5. excedido el límite de velocidad en la autopista

[handwritten: he has ha hemos, habéis han]

[handwritten: he has ha hemos, habéis han — haya hayas haya hayamos hayáis hayan]

Present Perfect Indicative

[handwritten margin: he has ha hemos habéis han — he hablado, has hablado, ha hemos habéis han]

PAST	Present	Future
preterite	present indicative	
imperfect	present progressive	
present perfect	formal commands	
present perfect subjunctive	informal commands	
	present subjunctive	

he hablado	*I have spoken*	hemos hablado	*we have spoken*
has hablado	*you have spoken*	habéis hablado	*you (pl.) have spoken*
ha hablado	*you have spoken, he/she has spoken*	han hablado	*you (pl.) / they have spoken*

A flat tire MANOLO: *Aw, what bad luck!* LOLA: *What's wrong?* MANOLO: *It seems the car has a flat tire. And, as there aren't any repair shops around here, I have to change it myself.* LOLA: *Have you ever changed a flat tire before?* MANOLO: *No. I've always taken the car to a repair shop when there are problems.* LOLA: *Well, I've never changed a tire either. But I can help you, if you want.* MANOLO: *Thanks. I hope that the spare tire isn't flat, too!*

*Other terms for spare tire in Spanish are **la llanta de respuesto** and **la quinta llanta.**

A. In English, the present perfect is a compound tense consisting of the present tense form of the verb *to have* plus the past participle: *I have written, you have spoken,* and so on.

In the Spanish *present perfect* (**el presente perfecto**), the past participle is used with present tense forms of **haber**, the equivalent of English *to have* in this construction.

In general, the use of the Spanish present perfect parallels that of the English present perfect.

No **hemos estado** aquí antes. — *certain*
We haven't been here before.

Me **he divertido** mucho.
I've had a very good time.

Ya le **han escrito** la carta.
They've already written her the letter.

> **Haber,** an auxiliary verb, is not interchangeable with **tener.**

B. The form of the past participle never changes with **haber,** regardless of the gender or number of the subject. The past participle always appears immediately after the appropriate form of **haber** and is never separated from it. Object pronouns and **no** are always placed directly before the form of **haber.**
[Práctica A]

Ella **ha cambiado** una llanta desinflada varias veces.
She's changed a flat tire several times.

Todavía **no le** han revisado el aceite al coche.
They still haven't checked the car's oil.

haya
hayas
haya
hayamos
hayáis
hayan

C. The present perfect form of **hay** is **ha habido** (*there has/have been*).

> Remember that **acabar** + **de** + *infinitive*— not the present perfect tense—is used to state that something *has just occurred.*

Ha habido un accidente.
There's been an accident.

Acabo de mandar la carta.
I've just mailed the letter.

Present Perfect Subjunctive

The *present perfect subjunctive* (**el perfecto del subjuntivo**) is formed with the present subjunctive of **haber** plus the past participle. It is used to express *I have spoken* (*written,* and so on) when the subjunctive is required. Although its most frequent equivalent is *I have* plus the past participle, its exact equivalent in English depends on the context in which it occurs.

Note in the model sentences at the right that the English equivalent of the present perfect subjunctive can be expressed as a simple or as a compound tense: *did / have done; came / have come; built / have built.*
[Práctica B]

haya hablado	**hayamos** hablado
hayas hablado	**hayáis** hablado
haya hablado	**hayan** hablado

not sure = subj.

Es posible que lo **haya hecho.**
It's possible (that) he may have done (he did) it.

Me alegro de que **hayas venido.**
I'm glad (that) you have come (you came).

Es bueno que lo **hayan construido.**
It's good (that) they built (have built) it.

■ ■ ■ Práctica

A. El coche de Carmina. Carmina acaba de comprarse un coche usado. (Claro, su papá es vendedor de autos en Los Ángeles. ¡Así que el coche fue una ganga!) Describa lo que le ha pasado a Carmina, según el modelo.

MODELO: ir a la agencia de su padre →
Ha ido a la agencia de su padre.

1. pedirle ayuda a su padre
2. hacer preguntas acerca de (*about*) los diferentes coches
3. ver uno bastante barato
4. revisar las llantas
5. conducirlo como prueba
6. regresar a la agencia
7. decidir comprarlo
8. comprarlo
9. volver a casa
10. llevar a sus amigas al cine en su coche

B. ¡No lo creo! ¿Tienen espíritu aventurero sus compañeros de clase? ¿Llevan una vida interesante? ¿O están tan aburridos como una ostra? ¡A ver!

Paso 1. ¡Anticipemos! De cada par de oraciones, indique la que (*the one that*) expresa su opinión acerca de los estudiantes de esta clase.

1. ☐ Creo que alguien en esta clase ha visto las pirámides de Egipto.
☐ Es dudoso que alguien haya visto las pirámides de Egipto.
2. ☐ Estoy seguro/a de que por lo menos uno de mis compañeros ha escalado una montaña alta.
☐ No creo que nadie haya escalado una montaña alta.
3. ☐ Creo que alguien ha viajado haciendo autostop.
☐ Dudo que alguien haya hecho autostop en un viaje.
4. ☐ Creo que alguien ha practicado el paracaidismo.
☐ Es improbable que alguien haya practicado el paracaidismo.
5. ☐ Estoy seguro/a de que alguien ha tomado el metro en Nueva York a medianoche (*midnight*).
☐ No creo que nadie haya tomado el metro neoyorquino a medianoche.

Paso 2. Ahora escuche mientras el profesor / la profesora pregunta si alguien ha hecho estas actividades. ¿Tenía Ud. razón en el **Paso 1**?

Vocabulario útil

escalar (to climb)
hacer (*irreg.*) **autostop** (to hitchhike)
el paracaidismo (skydiving)

Need more practice?

- Workbook/Laboratory Manual
- Interactive CD-ROM
- Online Learning Center (www.mhhe.com/peb2)

■ ■ ■ Conversación

A. Entrevista. Con un compañero / una compañera, haga y conteste preguntas con estos verbos. La persona que contesta debe decir la verdad.

> MODELO: visitar México →
> E1: ¿*Has visitado* México?
> E2: Sí, *he visitado* México una vez.
> (No, no *he visitado* México nunca.)
> (Sí, *he visitado* México durante las vacaciones de los últimos años.)

1. comer en un restaurante hispánico
2. estar en Nueva York
3. manejar un Alfa Romeo
4. correr en un maratón
5. abrir hoy tu libro de español
6. escribir un poema
7. actuar en una obra teatral
8. ver un monumento histórico
9. conocer a una persona famosa
10. romperse la pierna alguna vez

NOTA COMUNICATIVA

Talking About What You Had Done

Use the past participle with the imperfect form of **haber** (**había, habías,...**) to talk about what you had—or had not—done before a given time in the past. This form is called the past perfect (**el pluscuamperfecto**).

Antes de graduarme en la escuela secundaria, no **había estudiado** español.

Before graduating from high school, I hadn't studied Spanish.

Antes de 1985, siempre **habíamos vivido** en Kansas.

Before 1985, we had always lived in Kansas.

B. Entrevista. Use the following cues to interview a classmate about his or her activities before coming to this campus.

> MODELO: ¿qué? / no haber aprendido a hacer antes del año pasado →
> E1: ¿Qué no *habías aprendido* a hacer antes del año pasado?
> E2: Pues… no *había aprendido* a nadar. Aprendí a nadar este año en mi clase de natación.

1. ¿qué? / no haber aprendido a hacer antes del año pasado
2. ¿qué materia? / no haber estudiado antes del año pasado
3. ¿qué deporte? / haber practicado mucho
4. ¿qué viaje? / haber hecho varias veces
5. ¿qué libro importante? / no haber leído
6. ¿qué decisión? / no haber tomado
7. ¿ ?

ALASKA (EEUU)

Valdez
Córdova

EL CANADÁ

Isla Quadra
Isla Saturna

MONTANA

LOS ESTADOS UNIDOS

CALIFORNIA
San Francisco
NEVADA
COLORADO
Las Vegas
Los Ángeles
San Diego
NUEVO
MÉXICO
Santa Fe
El Paso

OCÉANO
ATLÁNTICO

OCÉANO
PACÍFICO

San Agustín
FLORIDA
Boca Ratón

San Antonio
Río Grande
GOLFO DE MÉXICO

MÉXICO

Lugares con nombres españoles

La **geografía** de Norteamérica está llena de nombres que dejaron los españoles, los primeros europeos que **exploraron** y se establecieron en estas **tierras.** Varios **estados** de los Estados Unidos tienen nombres españoles, por ejemplo: Colorado (*de color rojo*), Nevada (*cubierta de nieve*), Montana (*de la palabra «montaña»*), Florida (*con flores*) y Nuevo México. Numerosas **ciudades** estadounidenses también llevan los nombres de origen español.

ST. AUGUSTINE   Esta ciudad de Florida, **establecida** en 1564, lleva el nombre de la **misión** San Agustín. Es la ciudad más antigua de Norteamérica fuera de[a] México.

SANTA FE   El nombre original y completo de la capital de Nuevo México es la Villa Real de la Santa Fe de San Francisco de Asís. Santa Fe, el nombre usado hoy, significa *Holy Faith*. Es la capital más antigua de los Estados Unidos (establecida en 1607).

SARASOTA   Esta ciudad fue nombrada en honor de la hija del gobernador de Florida, Sara de Soto.

LAS VEGAS   El nombre de esta ciudad en Nevada significa *fertile plains*.

LOS ANGELES   En 1781 los españoles **fundaron** el Pueblo de Nuestra Señora la Reina de Los Ángeles de Porciúncula, en California. Hoy es la segunda ciudad más grande de los Estados Unidos.

FRESNO   Esta ciudad de California fue nombrada por sus **árboles,** los fresnos.[b]

Los españoles también exploraron la **costa** pacífica hasta Alaska, donde hay muchos nombres de influencia española: el Cabo[c] Blanco, en Oregón; el Cabo de Álava, en Washington; las ciudades de Valdez y Córdova y el Glaciar Malaspina, en Alaska. En Canadá están los **estrechos**[d] de Juan de Fuca y de Laredo, y las **islas** Quadra, Saturna, Galiano, Gabriola, Aristazábal y Flores, todos en la costa de la Columbia Británica.

[a]fuera... *outside of*   [b]*ash trees*   [c]*Cape*   [d]*straits*

Conozca...

la Argentina

Datos esenciales

- Nombre oficial: República Argentina
- Capital: Buenos Aires
- Población: 38.741.000 habitantes
- Moneda: el peso
- Idioma oficial: el español

¡Fíjese!

- La inmigración de europeos en el siglo XIX ha tenido un papel decisivo en la formación de la población de la Argentina (así como en la del Uruguay). En 1856 la población argentina era de 1.200.000 habitantes; para 1930, 10.500.000 extranjeros habían entrado en la Argentina por el puerto de Buenos Aires. La mitad[a] estaba formada por italianos, una tercera parte por españoles, y el resto estaba formado principalmente por alemanes y eslavos.
- Buenos Aires es una ciudad con una población de más de 13.000.000 de habitantes, lo cual supone[b] el 30 por ciento de la población del país. Es el centro cultural, comercial, industrial y financiero, así como el puerto principal de la Argentina. A las personas de Buenos Aires se les llama «porteños», derivado de la palabra «puerto»[c].

[a]half [b]lo... which constitutes [c]port

Nota cultural: el tango

El tango se originó en los barrios pobres de Buenos Aires a finales del siglo XIX. El tango se toca con los instrumentos de los inmigrantes: la guitarra española, el violín italiano y el típico bandoleón, una especie de acordeón alemán.

Los temas del tango muestran una dualidad. Por un lado, representan la agresividad machista,[a] que incluye dramas pasionales y peleas con cuchillos.[b] Por otro, simbolizan la nostalgia, la soledad[c] y el sentimiento de pérdida.[d] El intérprete de tangos más famoso fue el porteño Carlos Gardel (1887–1935).

[a]male [b]peleas... knife fights [c]solitude [d]loss

▲ La Plaza de Mayo, que data de 1580, año de la fundación de Buenos Aires

Natalia D'Ángelo ▶
Buenos Aires,
Argentina

Learn more about Argentina with the Video, the Interactive CD-ROM, and the Online Learning Center (www.mhhe.com/peb2).

Gramática

To review the grammar points presented in this chapter, refer to the indicated grammar presentations. You'll find further practice of these structures in the Workbook/Laboratory Manual, on the Interactive CD-ROM, and on the *Puntos en breve* Online Learning Center (www.mhhe.com/peb2).

38. Más descripciones—Past Participle Used As an Adjective

Do you know how to form past participles? You should remember that past participles that are used as adjectives agree with the noun they describe.

39. ¿Qué has hecho?—Perfect Forms: Present Perfect Indicative and Present Perfect Subjunctive

How do you express that you have done something? Do you know how to say that you're happy or sad that someone else did or has done something?

Vocabulario

Practice this vocabulary with digital flash cards on the Online Learning Center (www.mhhe.com/peb2).

El medio ambiente

acabar	to run out (of), use up completely
conservar	to save, conserve
construir (y)	to build
contaminar	to pollute
cubrir	to cover
desarrollar	to develop
descubrir	to discover
destruir (y)	to destroy
evitar	to avoid
proteger (j)	to protect
reciclar	to recycle
resolver (ue)	to solve, resolve

el aire	air
la energía	energy
eléctrica	electric
nuclear	nuclear
solar	solar
la escasez (*pl.* escaseces)	lack, shortage
la fábrica	factory
la falta	lack; absence
el gobierno	government
la naturaleza	nature
la población	population
los recursos naturales	natural resources

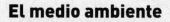

Repaso: la contaminación

¿La ciudad o el campo?

el/la agricultor(a)	farmer
el/la campesino/a	farm worker; peasant
el campo	countryside; field
la finca	farm
el rascacielos	skyscraper
el ritmo	rhythm, pace
el servicio	service
el transporte	(means of) transportation
la violencia	violence

Repaso: la ciudad, la vida

Los animales

el animal doméstico	domesticated animal; pet
el animal salvaje	wild animal
la ballena	whale
el caballo	horse
la especie (en peligro de extinción)	(endangered) species
el pez (*pl.* peces)	fish
el toro	bull
la vaca	cow

Cognados: el elefante, el gorila

El paisaje

el árbol	tree
el bosque	forest
el lago	lake
el río	river

Repaso: el mar, la montaña, el océano

Hablando de coches

arrancar (qu)	to start up (*a car*)
gastar	to use, expend
llenar	to fill (up)
revisar	to check
el aceite	oil
la batería	battery
la estación de gasolina	gas station
los frenos	brakes
la gasolina	gasoline
la gasolinera	gas station
la llanta (desinflada)	(flat) tire
el/la mecánico/a	mechanic
el nivel	level
el parabrisas	windshield
el taller	(repair) shop
el tanque	tank

Repaso: arreglar

En el camino

chocar (qu) (con)	to run into, collide (with)
conducir (zc)	to drive
doblar	to turn

obedecer (zc)	to obey
parar	to stop
seguir (i, i) (g)	to keep on going; to go; to continue

Repaso: estacionar, manejar

la autopista	freeway
la calle	street
el camino	street; road
la carretera	highway
la circulación	traffic
el/la conductor(a)	driver
la esquina	(street) corner
la licencia de manejar/conducir	driver's license
el límite de velocidad	speed limit
el/la policía	police officer
el semáforo	traffic signal
el tránsito	traffic
todo derecho	straight ahead

Los adjetivos

acelerado/a	fast, accelerated
bello/a	beautiful
denso/a	dense
público/a	public
puro/a	pure

La vida social y la vida afectiva°

Una pareja (*couple*) baila en una discoteca en la República Dominicana ▶

°emotional

Las relaciones sentimentales

la amistad

la amiga   **el amigo**

la cita

el amor

salir (*irreg.*) **con**

pasar tiempo con

enamorarse de

Noviazgo
el noviazgo
noviazgo

la boda   *boda = wedding*

luna de miel
la luna de miel

la novia*   **el novio***

novia   *novio*

amar/querer† (ie)

noviazgo

el novio*   **la novia***

divorcio
el divorcio   *divorcio*
divorcio

el matrimonio feliz

la separación

el esposo / el marido

la esposa / la mujer

llevarse bien con

matrimonio

llevarse mal con

divorciarse de

---

*El/La **novio/a** can mean boyfriend/girlfriend, fiancé(e), or groom/bride.

†**Amar** and **querer** both mean to love, but **amar** implies more passion.

la pareja	(married) couple; partner	enamorado/a* (de)	in love (with)
el/la viudo/a	widower/widow	recién casado/a (con)	newlywed (to)
		soltero/a[†]	single, not married
amistoso/a	friendly	casarse (con)	to marry
cariñoso/a	affectionate	pelearse (con)	to fight (with)
casado/a[†] (con)	married (to)	romper (con)	to break up (with)
divorciado/a (de)	divorced (from)	separarse (de)	to separate (from)

■■■Conversación

A. Definiciones. Empareje las palabras con sus definiciones. Luego, para cada palabra definida, dé un verbo y también el nombre de una persona asociada con esa relación social. Hay más de una respuesta posible en cada caso.

1. _____ el matrimonio
2. _____ el amor
3. _____ el divorcio
4. _____ la boda
5. _____ la amistad

a. Es una relación cariñosa entre dos personas. Se llevan bien y se hablan con frecuencia.
b. Es el posible resultado de un matrimonio, cuando los esposos no se llevan bien.
c. Es una relación sentimental, apasionada, muy especial, entre dos personas. Puede llevar al (*lead to*) matrimonio.
d. Es una ceremonia religiosa o civil en la que (*which*) la novia a veces lleva un vestido blanco.
e. Es una relación legal entre dos personas que viven juntas (*together*) y que a veces tienen hijos.

B. ¡Seamos lógicos! Complete las oraciones lógicamente.

1. Mi abuelo es el _____ de mi abuela.
2. Muchos novios tienen un largo _____ antes de la boda.
3. María y Julio tienen una _____ el viernes para comer en un restaurante. Luego van a bailar.
4. La _____ de Juan y Pati es el domingo a las dos de la tarde, en la iglesia (*church*) de San Martín.
5. En una _____, ¿quién debe comprar los boletos, el hombre o la mujer?
6. La _____ entre los ex esposos es imposible. No pueden ser amigos.
7. ¡El _____ es ciego (*blind*)!
8. Para algunas personas, el _____ es un concepto anticuado. Prefieren vivir juntos, sin casarse.
9. Algunas parejas modernas no quieren gastar su dinero en _____.
10. ¿Cree Ud. que es posible _____ a primera vista (*at first sight*)?

---

*(Mi) **Enamorado/a** can also mean (*my*) boyfriend/girlfriend.
[†]In the activities of **Capítulo 2,** you began to use **ser casado/a.** A variation of this phrase is **estar casado/a. Estar casado/a** means to be married; **ser casado/a** means to be a married person. **Ser soltero/a** is used exclusively to describe an unmarried person.

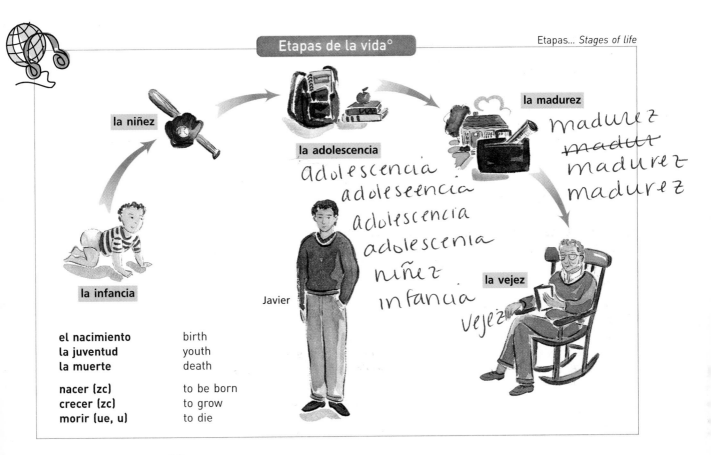

Etapas de la vida°

la niñez

la adolescencia

Javier

la madurez

la vejez

la infancia

el nacimiento	birth
la juventud	youth
la muerte	death
nacer (zc)	to be born
crecer (zc)	to grow
morir (ue, u)	to die

■■■ Conversación

A. **Etapas de la vida.** Relacione las siguientes palabras y frases con las distintas etapas de la vida de una persona. **¡OJO!** Hay más de una posible relación en algunos casos.

1. el amor
2. los nietos
3. los juguetes (*toys*)
4. no poder comer sin ayuda

5. los hijos en la universidad
6. los granos (*pimples*)
7. la universidad
8. la boda

B. **Entrevista**

1. ¿Son importantes en tu vida los amigos? ¿Quién es tu mejor amigo/a? ¿Cuánto tiempo hace que lo/la conoces? ¿Crecieron Uds. juntos/as? Es decir, ¿se han conocido desde la niñez? ¿desde la adolescencia? ¿Por qué te llevas bien con esa persona?

2. ¿Quieres casarte algún día? (¿Ya te casaste?) ¿Te gusta la idea de tener una boda grande? (¿Tuviste una boda grande?) ¿Piensas hacer un viaje de luna de miel? (¿Hiciste un viaje de luna de miel?) ¿Adónde?

3. ¿Qué es lo bueno de estar casado? ¿y lo malo? ¿Qué es lo bueno de ser soltero? ¿y lo malo?

4. ¿En qué década del siglo (*century*) pasado naciste? ¿Has visto muchos cambios desde entonces? ¿Cuáles son? ¿Cómo piensas pasar tu vejez? (Si ya eres una persona madura, ¿cómo pasas tu tiempo?)

5. ¿Has sido afectado/a personalmente por la muerte de alguien? ¿Quién murió? ¿Cómo te sentiste? ¿Tienes buenos recuerdos (*memories*) de esa persona? ¿Cuáles son?

Términos de cariño

Dos palabras españolas que no tienen equivalente exacto en inglés son **amigo** y **novio.** En el diagrama se indica cuándo es apropiado usar estas palabras para describir relaciones sociales en muchas culturas hispánicas y en la norteamericana.

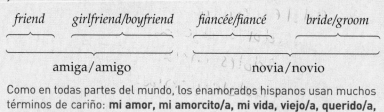

friend   *girlfriend/boyfriend*   *fiancée/fiancé*   *bride/groom*

amiga/amigo   novia/novio

Como en todas partes del mundo, los enamorados hispanos usan muchos términos de cariño: **mi amor, mi amorcito/a, mi vida, viejo/a, querido/a, cielo, corazón.** Es también frecuente el uso afectuoso de las frases **mi hijo / mi hija** entre esposos y aun[a] entre buenos amigos.

[a]*even*

▲ *Unos novios en Chile*

C. Una receta para unas buenas relaciones. Piense en su propio (*own*) matrimonio o en el de sus padres / unos amigos. O, si lo prefiere, piense en sus relaciones con su mejor amigo/a o en las de un par de amigos que Ud. tiene. En su opinión, ¿cuáles son los ingredientes necesarios para un buen matrimonio o una buena amistad?

Paso 1. Haga una lista de los cinco ingredientes más esenciales. Los ingredientes pueden expresarse con una palabra o una frase.

Paso 2. Compare su lista con las de otros tres estudiantes. ¿Coinciden en la selección de algunos ingredientes? Hablen de todos los ingredientes y hagan una lista de los cinco más importantes.

Paso 3. Ahora comparen los resultados de todos los grupos. ¿Han contestado todos más o menos de la misma manera?

Need more practice?

■ Workbook/Laboratory Manual
■ Interactive CD-ROM
■ Online Learning Center (www.mhhe.com/ peb2)

GRAMÁTICA

¿Recuerda Ud.?

Before studying **Gramática 40,** review the indefinite and negative words that you learned in **Capítulo 6.** Remember that **alguien** and **nadie** take the personal **a** when they are used as direct objects.

Busco **a alguien** de la familia.   *I'm looking for someone from the family.*

No veo **a nadie** en el salón de baile.   *I don't see anyone in the dance hall.*

Give the opposite of the following words.

    1. nada   **2.** algunos   **3.** alguien

40 ¿Hay alguien que... ? ¿Hay un lugar donde... ? • Subjunctive After Nonexistent and Indefinite Antecedents

Un buen lunes

ᵃeres

Mafalda *tiene un padre que la quiere, la protege y que pasa mucho tiempo* con ella. Por eso, Mafalda ve a su padre como *un hombre que ahora es más guapo* que cuando era joven. Todos los niños *necesitan padres que los quieran, los cuiden y que tengan tiempo* para pasar con ellos.

Comprensión

¿Quién lo dice o piensa, el padre de Mafalda u otro pasajero en el autobús?

1. No hay nadie en este autobús que sea más feliz que yo.
2. Tengo una hija que es una maravilla, ¿verdad?
3. En camino al trabajo no hay nada que me haga sonreír.

A. In English and Spanish, statements or questions that give or ask for information about a person, place, or thing often contain two clauses.

Each of the example sentences contains a main clause (*I have a car; Is there a house for sale*). In addition, each sentence also has a subordinate clause (*that gets good mileage; that is closer to the city*) that modifies a noun in the main clause: *car, house*. The noun (or pronoun) modified is called the *antecedent* (**el antecedente**) of the subordinate clause, and the clause itself is called an adjective clause because—like an adjective—it modifies a noun (or pronoun).

I have a **car** *that gets good mileage.*
Is there a **house for sale** *that is closer to the city?*

A good Monday *Mafalda has a father who loves her, protects her, and spends a lot of time with her. That's why Mafalda sees her father as a man who is now more handsome than when he was young. All children need parents who love them, take care of them, and have time to spend with them.*

Gramática

B. Sometimes the antecedent of an adjective clause is something that, in the speaker's mind, does not exist or whose existence is indefinite or uncertain.

NONEXISTENT ANTECEDENT:

There is *nothing* that you can do.

INDEFINITE ANTECEDENT:

We need *a car* that will last us for years. (We don't have one yet.)

In these cases, the subjunctive must be used in the adjective (subordinate) clause in Spanish.

Note in the examples that adjective clauses that describe a place can be introduced with **donde...** as well as with **que...**

EXISTENT ANTECEDENT:

Hay algo aquí que me **interesa.**
There is something here that interests me.

NONEXISTENT ANTECEDENT:

No veo nada que me **interese.**
I don't see anything that interests me.

DEFINITE ANTECEDENT:

Hay muchos restaurantes donde **sirven** comida mexicana auténtica.
There are a lot of restaurants where they serve authentic Mexican food.

INDEFINITE ANTECEDENT:

Buscamos un restaurante donde **sirvan** comida salvadoreña auténtica.
We're looking for a restaurant where they serve authentic Salvadoran food.

The dependent adjective clause structure is often used in questions to find out about someone or something the speaker does not know much about. Note, however, that the indicative is used to answer the question if the antecedent is known to the person who answers.

INDEFINITE ANTECEDENT:

¿Hay algo aquí que te **guste?**
Is there anything here that you like?

DEFINITE ANTECEDENT:

Sí, **hay varias bolsas** que me **gustan.**
Yes, there are several purses that I like.

The personal **a** is not used with direct object nouns that refer to hypothetical persons. Compare the use of the indicative and the subjunctive in the sentences at the right.

NONEXISTENT ANTECEDENT:

Busco **un señor** que **sepa francés.**
I'm looking for a man who knows French.

EXISTENT ANTECEDENT:

Busco **al señor** que **sabe francés.**
I'm looking for the man who knows French.

Indicate which of the following sentences expresses an indefinite or nonexistent antecedent.

1. We need the counselor who works with this couple.
2. They are looking for a minister who will perform the wedding on the beach.
3. I met a man who has thirteen children.

Answer: 2.

■ ■ ■ Práctica

A. ¡Anticipemos! Hablando de gente que conocemos. En su familia, ¿hay personas que tengan las siguientes características? Indique la oración apropiada en cada par de oraciones.

TENGO UN PARIENTE...

1. ☐ que habla alemán.
2. ☐ que vive en el extranjero.
3. ☐ que es dueño de un restaurante.
4. ☐ que sabe tocar el piano.
5. ☐ que es médico/a.
6. ☐ que fuma.
7. ☐ que está divorciado/a.
8. ☐ que trabaja en la televisión.
9. ☐ que es viudo/a.
10. ☐ que se casa este año.

NO TENGO NINGÚN PARIENTE...

☐ que hable alemán.
☐ que viva en el extranjero.
☐ que sea dueño de un restaurante.
☐ que sepa tocar el piano.
☐ que sea médico/a.
☐ que fume.
☐ que esté divorciado/a.
☐ que trabaje en la televisión.
☐ que sea viudo/a.
☐ que se case este año.

B. Las preguntas de Carmen

Paso 1. Carmen acaba de llegar aquí de otro estado. Necesita tener información sobre la universidad y la ciudad. Haga las preguntas de Carmen según el modelo.

Yes - indic
No - subj

MODELO: restaurantes / sirven comida latinoamericana →
¿Hay restaurantes que *sirvan* (donde *sirvan*) comida latinoamericana?

1. librerías / venden libros usados
2. tiendas / se puede comprar revistas de Latinoamérica
3. cafés cerca de la universidad / se reúnen muchos estudiantes
4. apartamentos cerca de la universidad / son buenos y baratos
5. cines / pasan (*they show*) películas en español
6. un gimnasio en la universidad / se juega al ráquetbol
7. parques / la gente corre o da paseos
8. museos / hacen exposiciones de arte latinoamericano

Paso 2. ¿Son ciertas o falsas las siguientes declaraciones?

1. A Carmen no le interesa la cultura hispánica.
2. Carmen es deportista.
3. Es posible que sea estudiante.
4. Este año piensa vivir con unos amigos de sus padres.

Paso 3. Ahora conteste las preguntas de Carmen con información verdadera sobre la ciudad donde Ud. vive y su universidad.

Need more practice?

■ Workbook/Laboratory Manual
■ Interactive CD-ROM
■ Online Learning Center (www.mhhe.com/peb2)

■ ■ ■ Conversación

A. Una encuesta. Las habilidades o características de un grupo de personas pueden ser sorprendentes. ¿Qué sabe Ud. de los compañeros de su clase de español? Pregúnteles a los miembros de la clase si saben hacer lo siguiente o a quién le ocurre lo siguiente. Deben levantar la mano sólo los que puedan contestar afirmativamente. Luego la persona que hizo la pregunta debe hacer un comentario apropiado. Siga el modelo.

MODELO: hablar chino →
En esta clase, ¿hay alguien que hable chino?
(*Nadie levanta la mano.*) No hay nadie que hable chino.
(*Alguien levanta la mano.*) Hay una (dos) persona(s) que habla(n) chino.

1. hablar ruso
2. saber tocar la viola
3. conocer a un actor / una actriz
4. saber preparar comida vietnamita
5. tener el cumpleaños hoy
6. escribir poemas
7. vivir en las afueras
8. ¿ ?

B. Entrevista. With another student, ask and answer the following questions. Then report any interesting details to the class.

1. ¿Hay alguien en tu vida que te quiera locamente?
2. ¿Hay algo que te importe más que los estudios universitarios?
3. ¿Con qué tipo de persona te gusta salir / pasar tiempo?
4. Para el semestre/trimestre que viene, ¿qué clases buscas? ¿una que empiece a las ocho de la mañana?
5. ¿Tienes algún amigo o alguna amiga de la escuela secundaria que esté casado/a? ¿que tenga hijos? ¿que esté divorciado/a?
6. **¡OJO!** Unas preguntas indiscretas: ¿Has conocido recientemente a alguien que te haya gustado mucho? ¿de quien te hayas enamorado? ¿Hay algún pariente con quien te lleves muy mal? ¿o muy, muy bien?

EN LOS ESTADOS UNIDOS Y EL CANADÁ

Isabel Allende

Es posible que la chilena Isabel Allende (1942–) sea **la escritora hispánica más conocida de Norteamérica.** Sobrina del presidente de Chile, Salvador Allende, quien fue derrocado[a] violentamente y murió en 1973, Isabel viene de **una familia que tiene un pasado muy interesante.** Este pasado, con su mezcla[b] de lo familiar y lo político, aparece como uno de los elementos más salientes[c] de sus novelas. Estas se caracterizan también por el uso del «**realismo mágico**», técnica literaria en que elementos fantásticos se entretejen[d] con aspectos de la vida diaria. Su primera novela, *La casa de los espíritus,* apareció en 1982. Otras incluyen *De amor y de sombra* (1984), *Eva Luna* (1985), *El plan infinito*

▲ *Isabel Allende*

(1991) y *Retrato en Sepia* (2000).

La vida de Allende no ha sido fácil. Después de los eventos políticos en que murió su tío, tuvo que **abandonar su país** con sus hijos pequeños. Vivió por un tiempo en Venezuela y hoy reside en los Estados Unidos con su **segundo esposo. Perdió a su segunda hija,** Paula, después de una larga y trágica enfermedad, cuando esta tenía 28 años. A ella le dedicó un libro en el que[e] cuenta la historia de la familia a la vez que narra los cambios que sufre la escritora a consecuencia del trauma de la enfermedad de su hija. Pero los contratiempos[f] no parecen detener a la incansable Isabel Allende.

[a]*overthrown* [b]*mixture* [c]*prominent* [d]*se... are interwoven*
[e]*en... in which* [f]*mishaps, disappointments*

41 *Lo hago para que tú...* • Subjunctive After Conjunctions of Contingency and Purpose

Maneras de amar

a. b. c.

¿A qué dibujo corresponde cada una de las siguientes oraciones? ¿Quién las dice?

1. Aquí tienes la tarjeta de crédito, pero úsala sólo *en caso de que haya una emergencia,* ¿eh?

2. Escúchame bien. No vas a salir *antes de que termines* la tarea.

3. Quiero casarme contigo *para que estemos* siempre juntos y *no salgas más* con Raúl.

Comprensión

1. En el primer dibujo, es obvio que el chico _____. Es normal que la madre _____.

2. En el segundo dibujo, está claro que la chica _____. Por eso el padre se siente _____ (adjetivo).

3. En el tercer dibujo, creo que el chico _____. No estoy seguro/a de que la chica _____. Pienso que esta pareja es muy joven para _____.

A. When one action or condition is related to another—*x* will happen provided that *y* occurs; we'll do *z* unless *a* happens—a relationship of *contingency* is said to exist: one thing is contingent, or depends, on another.

The Spanish *conjunctions* (**las conjunciones**) at the right express relationships of contingency or purpose. The subjunctive always occurs in subordinate clauses introduced by these conjunctions.

a menos que	unless
antes (de) que	before
con tal (de) que	provided (that)
en caso de que	in case
para que	so that

conjunction = a word or phrase that connects words, phrases, or clauses

Gramática

B. Note that these conjunctions introduce subordinate clauses in which the events have not yet materialized; the events are conceptualized, not real-world, events.

Voy **con tal de que** ellos me **acompañen.**
I'm going, provided (that) they go with me.

En caso de que llegue Juan, dile que ya salí.
In case Juan arrives, tell him that I already left.

C. When there is no change of subject in the sentence, Spanish more frequently uses the prepositions **antes de** and **para,** plus an infinitive, instead of the corresponding conjunctions plus the subjunctive. Compare the sentences at the right.

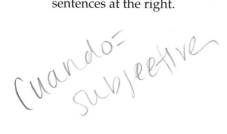

PREPOSITION: (one subject)	Estoy aquí **para aprender.** *I'm here to (in order to) learn.*
CONJUNCTION: (two subjects)	Estoy aquí **para que** Uds. **aprendan.** *I'm here so that you will learn.*
PREPOSITION: (one subject)	Voy a comer **antes de salir.** *I'm going to eat before leaving.*
CONJUNCTION: (two subjects)	Voy a comer **antes de que salgamos.** *I'm going to eat before we leave.*

■ ■ ■ Práctica

A. **¡Anticipemos! ¿Es Ud. un buen amigo / una buena amiga?** La amistad es una de las relaciones más importantes de la vida. Indique si las siguientes oraciones son ciertas o falsas para Ud. con respecto a sus amigos. **¡OJO!** No todas las características son buenas. Hay que leer con cuidado.

	C	F
1. Les hago muchos favores a mis amigos, con tal que ellos después me ayuden a mí.	☐	☐
2. Les ofrezco consejos a mis amigos para que tomen buenas decisiones.	☐	☐
3. Les presto dinero a menos que yo sepa que no me lo pueden devolver.	☐	☐
4. Les traduzco el menú en los restaurantes mexicanos en caso de que no sepan leer español.	☐	☐
5. Los llevo a casa cuando beben, para que no tengan accidentes de coche.	☐	☐

B. Julio siempre llega tarde. Siempre es buena idea llegar un poco temprano al teatro o al cine. Sin embargo, su amigo Julio, quien va al cine con Ud. esta tarde, no quiere salir con un poco de anticipación. Trate de convencerlo de que Uds. deben salir pronto.

MODELO: JULIO: No entiendo por qué quieres que lleguemos al teatro tan temprano.

encontrar a nuestros amigos →

UD.: Pues, para que encontremos a nuestros amigos.

No entiendo por qué quieres que lleguemos al teatro tan temprano.

1. poder estacionar el coche
2. no perder el principio de la función
3. poder comprar los boletos
4. conseguir buenas butacas (*seats*)
5. no tener que hacer cola
6. comprar palomitas (*popcorn*) antes de que empiece la película
7. hablar con los amigos
8. sacar dinero del cajero automático (*ATM*)

C. Un fin de semana en las montañas

Paso 1. Hablan Manolo y Lola. Use la conjunción entre paréntesis para unir las oraciones, haciendo todos los cambios necesarios.

1. No voy. Dejamos a la niña con los abuelos. (a menos que)
2. Vamos solos a las montañas. Pasamos un fin de semana romántico. (para que)
3. Esta vez voy a aprender a esquiar. Tú me enseñas. (con tal de que)
4. Vamos a salir temprano por la mañana. Nos acostamos tarde la noche anterior. (a menos que)
5. Es importante que lleguemos a la estación (*resort*) de esquí. Empieza a nevar. (antes de que)
6. Deja la dirección y el teléfono del hotel. Tus padres nos necesitan. (en caso de que)
7. No vamos a regresar. Nos hemos cansado de esquiar. (antes de que)

Paso 2. ¿Cierto, falso o no lo dice?

1. Manolo y Lola acaban de casarse.
2. Casi siempre van de vacaciones con su hija.
3. Los dos son excelentes esquiadores.
4. Van a dejar a la niña con los abuelos.

Need more practice?

- Workbook/Laboratory Manual
- Interactive CD-ROM
- Online Learning Center (www.mhhe.com/peb2)

■■■ Conversación

A. Situaciones. Cualquier acción puede justificarse. Con un compañero / una compañera o con un grupo de estudiantes, dé una explicación para las siguientes situaciones. Luego comparen sus explicaciones con las de otro grupo.

1. Los padres trabajan mucho para (que)...
2. Los profesores les dan tarea a los estudiantes para (que)...
3. Los dueños de los equipos deportivos profesionales les pagan mucho a algunos jugadores para (que)...
4. Las películas extranjeras se doblan (*are dubbed*) para (que)...
5. Los padres castigan (*punish*) a los niños para (que)...
6. Las parejas se divorcian para (que)...
7. Los jóvenes forman pandillas (*gangs*) para (que)...

NOTA COMUNICATIVA

¿*Para qué... ?* / ¿*Por qué... ?* and *para que / porque*

English usage offers a general guideline for knowing when to use ¿**Para qué... ?** versus ¿**Por qué... ?** and **para que** versus **porque**. ¿**Por qué... ?** asks *Why . . . ?*, in the general sense, but if the question is specifically asking *For what reason / purpose?* something is for, use ¿**Para qué... ?**

¿**Por qué** te casaste con él?	*Why did you marry him?*
¿**Para qué** te casaste con él?	*For what reason did you marry him?*
¿**Para qué** es el anillo?	*What (purpose) is the ring for?*

The conjunction **porque** means *because* in English, when *because* serves as a conjunction between two clauses. The adverbial conjunction **para que,** on the other hand, means *in order that* or *so that.*

Me casé con él **porque** lo quiero.	*I married him because I love him.*
Me casé con él **para que** mis padres nos aceptaran.	*I married him so that my parents would accept us.*

B. La boda. Julia y Salvador se casan en un mes y quieren una boda grande. Todos los parientes tienen preguntas. Con un compañero / una compañera, haga y conteste las siguientes preguntas, imaginando que uno/a de Uds. es Julia o Salvador. Si quieren, pueden usar las sugerencias entre paréntesis.

MODELO: ¿Por qué se casan en enero? (el invierno) →
    Nos casamos en enero porque nos gusta el invierno.

1. ¿Para qué son las velas (*candles*)? (la ceremonia)
2. ¿Por qué quieren mandar trescientas invitaciones? (todos nuestros amigos y parientes / asistir)
3. ¿Por qué van a mandar las invitaciones antes de diciembre? (los dos / estar ocupadísimos / Navidad)
4. ¿Para qué necesitan alquilar un salón de baile tan grande? (el baile después de la ceremonia)
5. ¿Emplearon un conjunto musical colombiana porque les gusta el merengue? (no, para que nuestros abuelos / bailar también)

Conozca...

la República Dominicana

Datos esenciales

- Nombre oficial: la República Dominicana
- Capital: Santo Domingo
- Población: 8.716.000 habitantes
- Moneda: el peso
- Idiomas: el español (oficial), el francés criollo

¡Fíjese!

- España le cedió[a] a Francia, en 1697, el tercio occidental[b] de La Española. Por esta razón, este territorio, el actual país de Haití, tiene una cultura y un idioma diferentes a los de la República Dominicana.

- El merengue es el baile nacional de la República Dominicana. Hay dos leyendas sobre el origen del baile. Según la primera leyenda, el baile se originó entre los esclavos que tenían que arrastrar[c] una pierna porque la tenían encadenada[d] con la pierna de otro esclavo. La segunda leyenda atribuye el baile a un héroe que regresó de una batalla con una pierna herida, y el pueblo, para mostrar su empatía, bailó durante las celebraciones cojeando[e] y arrastrando un pie. En Santo Domingo se celebra el Festival del Merengue, diez días de música, bailes, espectáculos, ferias y festejos en las calles.

[a]ceded [b]tercio... western third [c]drag [d]chained [e]limping

Milstry del Orbe
Santo Domingo,
la República
Dominicana

Lugares famosos: Santo Domingo

La ciudad de Santo Domingo fue fundada en 1496 por Bartolomé Colón, hermano de Cristóbal Colón. Esta capital, establecida a orillas del río Ozama y el mar Caribe, es la primera ciudad europea del Hemisferio Occidental. La zona original de Santo Domingo se conoce como la Ciudad Colonial y está rodeada[a] de antiguos muros.[b] La UNESCO designó a Santo Domingo como la cuna[c] de la civilización europea en América, porque es aquí donde se encuentra la primera catedral del Nuevo Mundo, así como el primer monasterio, el primer hospital, la primera universidad, los primeros palacios de estilo europeo y la primera corte de justicia. A Santo Domingo también se le llamaba la Atenas[d] del Nuevo Mundo por la actividad intelectual que había en la universidad y otras instituciones.

[a]surrounded [b]walls [c]cradle, birthplace [d]Athens

◄ El Convento Dominico en Santo Domingo

 Capítulo 17 of the video to accompany Puntos de partida contains cultural footage of the Dominican Republic.

Learn more about the Dominican Republic with the Video, the Interactive CD-ROM, and the Online Learning Center (www.mhhe.com/peb2).

EN RESUMEN

Gramática

To review the grammar points presented in this chapter, refer to the indicated grammar presentations. You'll find further practice of these structures in the Workbook/Laboratory Manual, on the Interactive CD-ROM, and on the *Puntos en breve* Online Learning Center (www.mhhe.com/peb2).

40. ¿Hay alguien que... ? ¿Hay un lugar donde... ? —Subjunctive After Nonexistent and Indefinite Antecedents

You should know how to use the subjunctive in two-clause sentences when the antecedent is nonexistent or indefinite.

41. Lo hago para que tú... —Subjunctive After Conjunctions of Contingency and Purpose

You should know how and when to use the subjunctive after certain conjunctions of contingency and purpose.

Vocabulario

Practice this vocabulary with digital flash cards on the Online Learning Center (www.mhhe.com/peb2).

Las relaciones sentimentales

amar	to love
casarse (con)	to marry
divorciarse (de)	to get divorced (from)
enamorarse (de)	to fall in love (with)
llevarse bien/mal (con)	to get along well/poorly (with)
pasar tiempo (con)	to spend time (with)
querer (ie)	to love
romper (con)	to break up (with)
separarse (de)	to separate (from)

la amistad	friendship
el amor	love
la boda	wedding (*ceremony*)
la cita	date
la luna de miel	honeymoon
el marido	husband
el matrimonio	marriage; married couple
la mujer	wife
la novia	bride
el noviazgo	engagement
el novio	groom
la pareja	(married) couple; partner
el/la viudo/a	widower/widow

Cognados: el divorcio, la separación

Repaso: el/la amigo/a, el/la esposo/a, pelear (con), salir (*irreg.*) (con)

amistoso/a	friendly
divorciado/a (de)	divorced (from)
enamorado/a (de)	in love (with)
recién casado/a (con)	newlywed (to)

Repaso: cariñoso/a, casado/a (con), soltero/a

(handwritten notes: amistad, amor, eove, marido, esp, mujer, Viudo/a Viudo/a, Matrimonio)

Etapas de la vida

la adolescencia	adolescence
la infancia	infancy
la juventud	youth
la madurez	middle age
la muerte	death
el nacimiento	birth
la vejez	old age

Repaso: la niñez

crecer (zc)	to grow
nacer (zc)	to be born

Repaso: morir (ue, u)

Otras palabras y expresiones útiles

a primera vista	at first sight
bastante	rather, sufficiently; enough
juntos/as	together
propio/a	own

Conjunciones

a menos que	unless
antes (de) que	before
con tal (de) que	provided (that)
en caso de que	in case
para que	so that

16

¿Trabajar para vivir o vivir para **trabajar**?

CULTURA

- **Conozca...** el Uruguay y el Paraguay
- **Nota cultural:** Los nombres de las profesiones
- **En los Estados Unidos y el Canadá:** El creciente mercado hispano

VOCABULARIO

- Profesiones y oficios
- El mundo del trabajo
- Una cuestión de dinero

GRAMÁTICA

42 Future Verb Forms

43 Subjunctive and Indicative After Conjunctions of Time

Mujeres profesionales que caminan por la Puerta de la Ciudadela, en Montevideo, Uruguay ▶

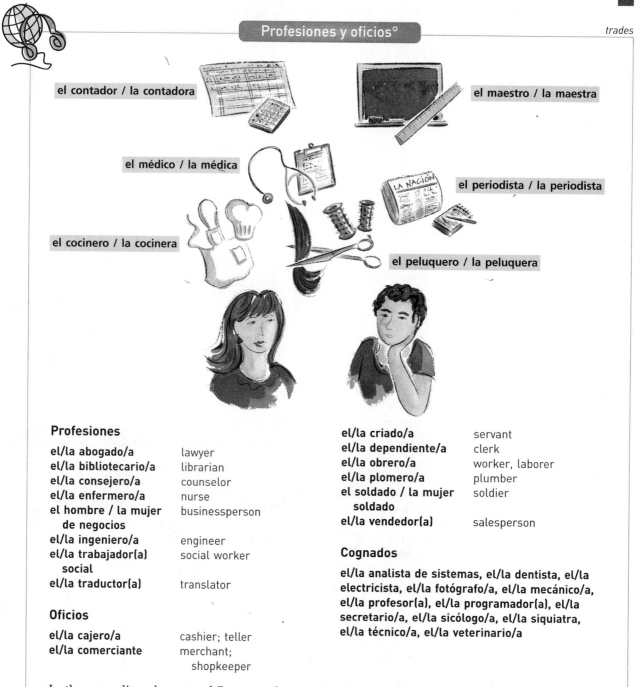

Profesiones y oficios°

trades

el contador / la contadora

el maestro / la maestra

el médico / la médica

el periodista / la periodista

el cocinero / la cocinera

el peluquero / la peluquera

Profesiones

el/la abogado/a	lawyer
el/la bibliotecario/a	librarian
el/la consejero/a	counselor
el/la enfermero/a	nurse
el hombre / la mujer de negocios	businessperson
el/la ingeniero/a	engineer
el/la trabajador(a) social	social worker
el/la traductor(a)	translator

Oficios

el/la cajero/a	cashier; teller
el/la comerciante	merchant; shopkeeper

el/la criado/a	servant
el/la dependiente/a	clerk
el/la obrero/a	worker, laborer
el/la plomero/a	plumber
el soldado / la mujer soldado	soldier
el/la vendedor(a)	salesperson

Cognados

el/la analista de sistemas, el/la dentista, el/la electricista, el/la fotógrafo/a, el/la mecánico/a, el/la profesor(a), el/la programador(a), el/la secretario/a, el/la sicólogo/a, el/la siquiatra, el/la técnico/a, el/la veterinario/a

In the preceding chapters of *Puntos en breve* you have learned to use a number of the words for professions and trades that are listed here. You will practice all of these words in the following activities. However, you may also want to learn new terms that are particularly important or interesting to you. If the vocabulary needed to describe your career goal is not listed here, look it up in a dictionary or ask your instructor.

■■■ Conversación

A. ¿A quién necesita Ud.? ¿A quién debe llamar o con quién debe consultar en estas situaciones? Hay más de una respuesta posible en algunos casos.

1. La tubería (*plumbing*) de la cocina no funciona bien.
2. Ud. acaba de tener un accidente automovilístico; el otro conductor dice que Ud. tuvo la culpa (*blame*).
3. Por las muchas tensiones y presiones de su vida profesional y personal, Ud. tiene serios problemas afectivos (*emotional*).
4. Ud. quiere que alguien lo/la ayude con las tareas domésticas porque no tiene mucho tiempo para hacerlas.
5. Ud. quiere que alguien le construya un muro (*wall*) en el jardín.
6. Ud. conoce todos los detalles de un escándalo en el gobierno de su ciudad y quiere divulgarlos.

B. Asociaciones. ¿Qué profesiones u oficios asocia Ud. con estas frases? Consulte la lista de profesiones y oficios y use las siguientes palabras también. Haga asociaciones rápidas. ¡No lo piense demasiado!

1. creativo/rutinario
2. muchos/pocos años de preparación
3. mucho/poco salario
4. mucha/poca responsabilidad
5. mucho/poco prestigio
6. flexibilidad/«de nueve a cinco»
7. mucho/poco tiempo libre
8. peligroso (*dangerous*)/seguro
9. en el pasado, sólo para hombres/mujeres
10. todavía, sólo para hombres/mujeres

actor/actriz	detective
arquitecto/a	niñero/a
asistente de vuelo	pintor(a)
barman	poeta
camarero/a	policía / mujer policía
carpintero/a	político/a
chófer	presidente/a
consejero/a	rabino/a
cura/pastor(a)	senador(a)

NOTA CULTURAL

Los nombres de las profesiones

En el mundo de habla española hay poco acuerdo sobre las palabras que deben usarse para referirse a las mujeres que **ejercen** ciertas profesiones. En gran parte, eso se debe al hecho de que, en muchos de estos países, las mujeres acaban de empezar a ejercer esas profesiones; por eso el idioma todavía está cambiando para **acomodarse** a esa nueva realidad. En la **actualidad** se emplean, entre otras, las siguientes formas:

■ Se usa el artículo **la** con los sustantivos que terminan en **-ista.**

el dentista → **la** dent**ista**

■ En otros casos se usa una forma femenina.

el médico → **la** médi**ca**   el trabajador → **la** trabajador**a**

■ Se usa la palabra **mujer** con el nombre de la profesión.

el policía → **la mujer** policía   el soldado → **la mujer** soldado

▲ *Una científica en su laboratorio*

Escuche lo que dice cualquier[a] persona con quien Ud. habla español para saber las formas que él o ella usa. No se trata de[b] formas correctas o incorrectas, sólo de usos y costumbres locales.

[a]*any* [b]*No... It's not a question of*

C. **¿Qué preparación se necesita para ser... ?** Imagine que Ud. es consejero universitario / consejera universitaria. Explíquele a un estudiante qué cursos debe tomar para prepararse para las siguientes carreras. Use el **Vocabulario útil** y la lista de cursos académicos del **Capítulo 1.** Piense también en el tipo de experiencia que debe obtener.

1. traductor(a) en la ONU (Organización de las Naciones Unidas)
2. reportero/a en la televisión, especializado/a en los deportes
3. contador(a) para un grupo de abogados
4. periodista para una revista de ecología
5. trabajador(a) social, especializado/a en los problemas de los ancianos
6. maestro/a de primaria, especializado/a en la educación bilingüe

Vocabulario útil

las comunicaciones
la contabilidad (accounting)
el derecho (law)
la gerontología
la ingeniería
el *marketing*/mercadeo
la organización administrativa
la pedagogía/enseñanza
la retórica (speech)
la sociología

D. **Entrevista.** Con un compañero / una compañera, haga y conteste preguntas para averiguar (*find out*) la siguiente información.

1. lo que hacían sus abuelos
2. la profesión u oficio de sus padres
3. si tiene un amigo o pariente que tenga una profesión extraordinaria o interesante y el nombre de esa profesión
4. lo que sus padres (su esposo/a) quiere(n) que Ud. sea (lo que Ud. quiere que sean sus hijos)
5. lo que Ud. quiere ser (lo que sus hijos quieren ser)
6. la carrera para la cual (*which*) se preparan muchos de sus amigos (los hijos de sus amigos)

El mundo del trabajo

Rosa

la entrevista

la solicitud

contestar el teléfono

llenar la solicitud

escribir en la computadora

renunciar al puesto

graduarse (me gradúo) en

tener (*irreg.*) una entrevista

caerle (*irreg.*) **bien/ mal a alguien**	to make a good/bad impression on someone	**el/la director(a) de personal**	personnel director
dejar	to quit	**la empresa**	corporation; business
renunciar (a)	to resign (from)	**el/la entrevistador(a)**	interviewer
		el/la gerente	manager
el/la aspirante	candidate; applicant	**el puesto**	job; position
el currículum	resumé	**el salario / el sueldo**	salary
la dirección de personal	personnel office, employment office		

■ ■ ■ Conversación

A. En busca de un puesto. Imagine que Ud. solicitó un puesto recientemente. Usando los números del 1 al 14, indique en qué orden ocurrió lo siguiente. El número 1 ya está indicado.

a. _____ Se despidió de Ud. cordialmente, diciendo que lo/la iba a llamar en una semana.

b. _____ Fue a la biblioteca para informarse sobre la empresa: su historia, dónde tiene sucursales (*branches*), etcétera.

c. _____ Ud. llenó la solicitud tan pronto como la recibió y se la mandó, con el currículum, a la empresa.

d. _____ Por fin, el secretario le dijo que Ud. se iba a entrevistar con (*were going to be interviewed by*) la directora de personal.

e. __1__ En la oficina de empleos de su universidad, Ud. leyó un anuncio para un puesto en su especialización.

f. _____ Le dijo que le iba a mandar una solicitud para que la llenara (*you could fill it out*) y también le pidió que mandara (*you send*) su currículum.

g. _____ Cuando por fin lo/la llamó la directora, ¡fue para ofrecerle el puesto!

h. _____ Mientras esperaba en la dirección de personal, Ud. estaba nerviosísimo/a.

i. _____ La directora le hizo una serie de preguntas: cuándo se iba a graduar, qué cursos había tomado, etcétera.

j. _____ Llamó al teléfono que daba el anuncio y habló con un secretario en la dirección de personal.

k. _____ La mañana de la entrevista, Ud. se levantó temprano, se vistió con cuidado y salió temprano para la empresa para llegar puntualmente.

l. _____ Al entrar en la oficina de la directora, Ud. la saludó con cortesía, tratando de caerle bien desde el principio.

m. _____ También le pidió que hablara (*you speak*) un poco en español, ya que la empresa tiene una sucursal en Santiago, Chile.

n. _____ En una semana lo/la llamaron para arreglar una entrevista.

B. Definiciones. Dé definiciones de las siguientes palabras y frases.

MODELO: la empresa →
una compañía grande, como la IBM o Ford

1. el currículum
2. dejar un puesto
3. la aspirante
4. el gerente
5. el sueldo
6. llenar una solicitud

la factura / la cuenta

el banco

el cajero automático

la caja	cashier window
la chequera	checkbook
la cuenta corriente	checking account
la cuenta de ahorros	savings account
la identificación	ID
el interés	interest
el préstamo	loan
el presupuesto	budget

ahorrar	to save (*money*)
cargar (gu) (a la cuenta de uno)	to charge (to someone's account)
cobrar	to cash (*a check*); to charge (*someone for an item or service*)
depositar/sacar (qu)	to deposit/withdraw
devolver (ue)	to return (*something*)
economizar (c)	to economize
ganar	to earn
gastar	to spend (*money*)

la tarjeta de crédito   **el cheque**

el efectivo

pagar (gu) a plazos / con cheque	to pay in installments / by check
pagar (gu) en efectivo / al contado	to pay in cash
pedir (i, i) prestado/a	to borrow
prestar	to lend

A. El mes pasado. Piense en sus finanzas personales del mes pasado. ¿Fue un mes típico? ¿Tuvo dificultades al final del mes o todo le salió bien?

Paso 1. Indique las respuestas apropiadas para Ud.

	¡CLARO QUE SÍ!	¡CLARO QUE NO!
1. Hice un presupuesto al principio del mes.	☐	☐
2. Deposité más dinero en el banco del que (*than what*) saqué.	☐	☐
3. Saqué dinero del cajero automático sin apuntar (*writing down*) la cantidad.	☐	☐
4. Pagué todas mis cuentas a tiempo.	☐	☐
5. Saqué un préstamo (Le pedí dinero prestado al banco) para pagar mis cuentas.	☐	☐
6. Tomé el autobús en vez de (*instead of*) usar el coche, para economizar un poco.	☐	☐
7. Gasté mucho dinero en diversiones.	☐	☐
8. Saqué el saldo (*I balanced*) de mi chequera sin dificultades.	☐	☐
9. Le presté dinero a un amigo.	☐	☐
10. Usé mis tarjetas de crédito sólo en casos de urgencia.	☐	☐

Paso 2. Vuelva a mirar sus respuestas. ¿Fue el mes pasado un mes típico? Pensando todavía en sus respuestas, sugiera tres cosas que Ud. debe hacer para mejorar su situación económica.

MODELO: Debo hacer un presupuesto mensual.

B. Diálogos

Paso 1. Empareje las preguntas de la izquierda con las respuestas de la derecha.

1. _____ ¿Cómo prefiere Ud. pagar?

2. _____ ¿Hay algún problema?

3. _____ Me da su identificación, por favor. Necesito verla para que pueda cobrar su cheque.

4. _____ ¿Quisiera (*Would you like*) usar su tarjeta de crédito?

5. _____ ¿Va a depositar este cheque en su cuenta corriente o en su cuenta de ahorros?

6. _____ ¿Adónde quiere Ud. que mandemos la factura?

a. En la cuenta de ahorros, por favor.

b. Me la manda a la oficina, por favor.

c. No, prefiero pagar al contado.

d. Sí, señorita. Ud. me cobró demasiado por el jarabe.

e. Aquí lo tiene Ud. Me lo va a devolver pronto, ¿verdad?

f. Cárguelo a mi cuenta, por favor.

Paso 2. Ahora invente un contexto posible para cada diálogo. ¿Dónde están las personas que hablan? ¿En un banco? ¿en una tienda? ¿Quiénes son? ¿Clientes? ¿cajeros? ¿dependientes?

C. Situaciones.
Describa lo que pasa en los siguientes dibujos. Use las preguntas a continuación como guía.

¿Quiénes son estas personas? ¿Cómo van a pagar?
¿Dónde están? ¿Qué van a hacer después?
¿Qué van a comprar?

1.

2.

3.

4.

Need more practice?

- Workbook/Laboratory Manual
- Interactive CD-ROM
- Online Learning Center (www.mhhe.com/peb2)

GRAMÁTICA

¿Recuerda Ud.?

Before studying the future tense in **Gramática 42**, review **Gramática 3 (Capítulo 1)** and **Gramática 10 (Capítulo 3)**, where you learned ways of expressing future actions. Then indicate which of the following sentences can be used to express a future action.

1. Trabajé hasta las dos.
2. Trabajo a las dos.
3. Voy a trabajar a las dos.
4. Trabajaba a las dos.
5. Estoy trabajando.
6. He trabajado a las dos

42 Talking About the Future • Future Verb Forms

¿Cómo va a ser su vida dentro de diez años? Conteste sí o no a las primeras cinco oraciones. Complete las últimas dos con información verdadera —¡o por lo menos deseable!

1. *Viviré* en otra ciudad / otro país.
2. *Estaré* casado/a.
3. *Tendré* uno o más hijos (nietos).
4. *Seré* dueño/a de mi propia casa.
5. *Llevaré* una vida más tranquila.
6. *Trabajaré* como _____ (nombre de profesión).
7. *Ganaré* por lo menos _____ dólares al año.

The future tense expresses things or events that *will* or *are going* to happen.

Past	Present	FUTURE
preterite	present indicative	future
imperfect	present progressive	
present perfect	formal commands	
present perfect subjunctive	informal commands	
	present subjunctive	

hablar		comer		vivir	
hablaré	hablaremos	comeré	comeremos	viviré	viviremos
hablarás	hablaréis	comerás	comeréis	vivirás	viviréis
hablará	hablarán	comerá	comerán	vivirá	vivirán

A. In English, the future is formed with the auxiliary verbs *will* or *shall:*

I ***will/shall*** speak.

In Spanish, the *future* (**el futuro**) is a simple verb form (only one word). It is formed by adding future endings to the infinitive. No auxiliary verbs are needed.

Future verb endings:

-é	**-emos**
-ás	**-éis**
-á	**-án**

B. The verbs on the right are the most common Spanish verbs that are irregular in the future. The future endings are attached to their irregular stems.

Note that the future of **hay (haber)** is **habrá** (*there will be*).*

decir: diré, dirás, dirá, diremos, diréis, dirán

decir:	**dir-**	
haber (hay):	**habr-**	
hacer:	**har-**	**-é**
poder:	**podr-**	**-ás**
poner:	**pondr-**	**-á**
querer:	**querr-**	**-emos**
saber:	**sabr-**	**-éis**
salir:	**saldr-**	**-án**
tener:	**tendr-**	
venir:	**vendr-**	

C. Compare the use of the indicative and subjunctive present tense forms to express the immediate future.

When the English *will* refers not to future time but to the willingness of someone to do something, Spanish uses the verb **querer,** not the future.

Llegaré a tiempo.
I'll arrive on time.

Llego a las ocho mañana. ¿Vienes a buscarme?
I'll arrive at 8:00 tomorrow. Will you pick me up?

No creo que Pepe **llegue** a tiempo.
I don't think Pepe will arrive on time.

¿**Quieres** cerrar la puerta, por favor?
Will you please close the door?

---

*The future forms of the verb **haber** are used to form the future perfect tense (**el futuro perfecto**), which expresses what will have occurred at some point in the future.

Para mañana, ya **habré hablado** con Miguel.   By tomorrow, I will have spoken with Miguel.

You will find a more detailed presentation of these forms in Appendix 3, Additional Perfect Forms (Indicative and Subjunctive).

Gramática

■ ■ ■ Práctica

A. ¡Anticipemos! Mis compañeros de clase. ¿Cree Ud. que conoce bien a sus compañeros de clase? ¿Sabe lo que les va a pasar en el futuro? Vamos a ver.

Paso 1. Indique si las siguientes oraciones serán ciertas para Ud. algún día.

	SÍ	NO
1. Seré profesor(a) de idiomas.	☐	☐
2. Me casaré (Me divorciaré) dentro de tres años.	☐	☐
3. Me mudaré (*I will move*) a otro país.	☐	☐
4. Compraré un coche deportivo.	☐	☐
5. Tendré una familia muy grande (mucho más grande).	☐	☐
6. Asistiré a una escuela de estudios graduados.	☐	☐
7. Visitaré Latinoamérica.	☐	☐
8. Estaré en bancarrota (*bankruptcy*).	☐	☐
9. Estaré jubilado/a (*retired*).	☐	☐
10. No tendré que trabajar porque seré rico/a.	☐	☐

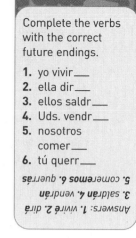

AUTOPRUEBA

Complete the verbs with the correct future endings.

1. yo vivir___
2. ella dir___
3. ellos saldr___
4. Uds. vendr___
5. nosotros comer___
6. tú querr___

Answers: 1. viviré 2. dirá 3. saldrán 4. vendrán 5. comeremos 6. querrás

Paso 2. Ahora, para cada oración del **Paso 1,** indique el nombre de una persona de la clase para quien Ud. cree que la oración es cierta. Puede ser un compañero / una compañera de clase o su profesor(a).

Paso 3. Ahora compare sus predicciones con las respuestas de estas personas. ¿Hizo Ud. predicciones correctas?

B. ¿Qué harán?

Paso 1. Imagine que un grupo de amigos está hablando de cómo será su vida en cinco o seis años. Haga oraciones usando el futuro de las siguientes frases.

> **MODELO:** yo / aconsejar a estudiantes →
> *Aconsejaré* a estudiantes.

1. yo
- hablar bien el español
- pasar mucho tiempo en la biblioteca
- escribir artículos sobre la literatura latinoamericana
- dar clases en español

2. tú
- trabajar en una oficina y en la corte
- ganar mucho dinero
- tener muchos clientes
- cobrar por muchas horas de trabajo

3. Felipe
- ver a muchos pacientes
- escuchar muchos problemas
- leer a Freud y a Jung constantemente
- hacerle un sicoanálisis a un paciente

4. Susana y Juanjo
- pasar mucho tiempo sentados
- usar el teclado (*keyboard*) constantemente
- inventar nuevos programas
- mandarles mensajes electrónicos a todos los amigos

Paso 2. ¿A qué profesiones se refieren las oraciones anteriores?

C. Mi amigo Gregorio

Paso 1. Describa Ud. las siguientes cosas que hará su compañero Gregorio. Luego indique si Ud. hará lo mismo (**Yo también... Yo tampoco...**) u otra cosa.

MODELO: no / gastar / menos / mes →
Gregorio no *gastará* menos este mes. Yo tampoco *gastaré* menos. (Yo sí *gastaré* menos este mes. ¡Tengo que ahorrar!)

1. pagar / tarde / todo / cuentas
2. tratar / adaptarse a / presupuesto
3. volver / hacer / presupuesto / próximo mes
4. no / depositar / nada / en / cuenta de ahorros
5. quejarse / porque / no / tener / suficiente dinero
6. seguir / usando / tarjetas / crédito
7. pedirles / dinero / a / padres
8. buscar / trabajo / de tiempo parcial

Paso 2. ¿Cuál de las siguientes oraciones describe mejor a su amigo?

■ Gregorio es muy responsable en cuanto a (*regarding*) asuntos de dinero. Es un buen modelo para imitar.
■ Gregorio tiene que aprender a ser más responsable con su dinero.

Need more practice?
■ Workbook/Laboratory Manual
■ Interactive CD-ROM
■ Online Learning Center (www.mhhe.com/peb2)

■■■ Conversación

A. Ventajas y desventajas. What can you do to get extra cash or to save money? The first three possibilities are shown in the following drawings. What are the advantages and disadvantages of each suggestion?

MODELO: dejar de tomar tanto café →
Si dejo de tomar tanto café, ahorraré sólo un poco de dinero. Estaré menos nervioso/a, pero creo que será más difícil despertarme por la mañana.

1. pedirles dinero a mis amigos o parientes
2. cometer un robo
3. alquilar unos cuartos de mi casa a otras personas
4. dejar de fumar (beber cerveza, tomar tanto café...)
5. buscar un trabajo de tiempo parcial
6. vender mi disco compacto (coche, televisor...)
7. comprar muchos billetes de lotería

B. El mundo en el año 2500.

¿Cómo será el mundo del futuro? Haga una lista de temas o cosas que Ud. cree que van a ser diferentes en el año 2500. Por ejemplo: el transporte, la comida, la vivienda… Piense también en temas globales: la política, los problemas que presenta la capa de ozono…

Ahora, a base de su lista, haga una serie de predicciones para el futuro.

MODELO: La gente comerá (Nosotros comeremos) comidas sintéticas.

NOTA COMUNICATIVA

Expressing Conjecture

Estela, en el aeropuerto

Cecilia, en la carretera

¿Dónde **estará** Cecilia? — *I wonder where Cecilia is. (Where can Cecilia be?)*

¿Qué le **pasará**? — *I wonder what's up with her (what can be wrong)?*

Estará en un lío de tráfico. — *She's probably (must be) in a traffic jam. (I bet she's in a traffic jam.)*

The future can also be used in Spanish to express probability or conjecture about what is happening now. This use of the future is called the *future of probability* (**el futuro de probabilidad**). Note in the preceding examples that the English cues for expressing probability (*probably, I bet, must be, I wonder . . . , Where can . . .* , and so on) are not directly expressed in Spanish. Their sense is conveyed in Spanish by the use of the future form of the verb.

C. Predicciones. ¿Quiénes serán las siguientes personas? ¿Qué estarán haciendo? ¿Dónde estarán? Invente todos los detalles que pueda sobre los siguientes dibujos.

1.

2.

3.

4.

EN LOS ESTADOS UNIDOS Y EL CANADÁ

El creciente mercado hispano

¿Qué tienen en común Ford, Chevrolet, Sprint, Dockers, United Health y Toys "Я" Us? Pues, que, como muchas compañías norteamericanas, tienen activas **campañas publicitarias** para atraer al **mercado hispano nacional.** Con más de 35 millones de hispanos, según el censo estadounidense del año 2000, los Estados Unidos ocupan **el cuarto puesto**[a] entre las naciones que tienen una población hispanohablante (se calcula que podría[b] ser **la segunda** o **tercera nación** en los próximos quince años, por delante de España). La población hispana de los Estados Unidos se traduce en[c] un mercado de más de 600.000 millones de dólares.

CNN en español, HBO Latino y People en español se dirigen a[d] la variada comunidad hispana de los Estados Unidos. Muchos programas y publicaciones se originan en Florida, entre ellos Latin Trade, una **revista mensual**[e] de **negocios** y **economía** referente a Norteamérica en relación con todos los países latinos. El ámbito de lectores[f] de Latin Trade incluye a latinos de todo el mundo, un grupo de más de 400 millones de personas.

Desgraciadamente,[g] la importancia numérica de los hispanos, más del 12 por ciento de la población de los Estados Unidos, no se ve reflejada[h] en el mundo de **la comunicación,** de **la política** ni de los negocios. Es este el gran reto[i] para los hispanos de este país.

[a]position [b]it could [c]se... translates into [d]se... target [e]monthly [f]ámbito... readership [g]Unfortunately [h]no... is not reflected [i]challenge

Expressing Future or Pending Actions • Subjunctive and Indicative After Conjunctions of Time

Antes de la entrevista

La mamá de Tomás le habla *antes de que salga* para entrevistarse.

SRA. LÓPEZ: ¿Estás listo para la entrevista?
TOMÁS: Sí. ¿Estoy elegante?
SRA. LÓPEZ: Muy elegante. Recuerda, *cuando llegues a la oficina,* no te olvides de darle la mano a la directora de personal.
TOMÁS: Claro, mamá. No te preocupes.
SRA. LÓPEZ: *Y tan pronto como te sientes,* entrégale el currículum.
TOMÁS: Mamá, se lo daré *después de que ella me lo pida.* Cálmate. Yo soy la persona que va a entrevistarse.
SRA. LÓPEZ: Está bien. Pero llámame *tan pronto como termines* la entrevista.

Comprensión: ¿Cierto o falso?

1. La Sra. López tiene una entrevista hoy.
2. La Sra. López le da consejos a su hijo.
3. Es obvio que Tomás está nervioso.
4. A Tomás le gustan los consejos de su madre.

A. The subjunctive is often used in Spanish in adverbial clauses, which function like adverbs, telling when the action of the main verb takes place. Such adverbial clauses are introduced by conjunctions (see **Capítulo 15**).

Lo veré **mañana.** (adverb)
I'll see him tomorrow.

Lo veré **cuando venga mañana.** (adverbial clause)
I'll see him when he comes tomorrow.

> **adverb** = a word that describes a verb, adjective, or another adverb, that is, a word that tells when, how, where, or how much something takes place
>
> **conjunction** = a word or phrase that connects words, phrases, or clauses

B. Future events are often expressed in Spanish in two-clause sentences that include conjunctions of time such as those on the right.

antes (de) que	before
cuando	when
después (de) que	after
en cuanto	as soon as
hasta que	until
tan pronto como	as soon as

Before the interview Tomás's mom talks to him before he leaves for his interview. SRA LÓPEZ: *Are you ready for the interview?* TOMÁS: *Yes. Do I look elegant?* SRA. LÓPEZ: *Very elegant. Remember, when you get to the office, don't forget to shake hands with the personnel director.* TOMÁS: *Of course, Mom. Don't worry.* SRA. LÓPEZ: *And as soon as you sit down, give her your resumé.* TOMÁS: *Mom, I'll give it to her after she asks for it. Calm down. I'm the one who's going to be interviewed.* SRA. LÓPEZ: *OK. But call me as soon as you finish the interview.*

C. The subjunctive is used in a subordinate clause after these conjunctions of time to express a future action or state of being— that is, one that is still pending or has not yet occurred from the point of view of the main verb. This use of the subjunctive is very frequent in conversation in phrases such as the examples on the right.

　　The events in the subordinate clause are imagined—not real-world—events. They haven't happened yet.

Cuando **sea** grande/mayor…
When I'm older . . .

Cuando **tenga** tiempo…
When I have the time . . .

Cuando **me gradúe**…
When I graduate . . .

D. When the present subjunctive is used in this way to express pending actions, the main-clause verb is in the present indicative or future.

PENDING ACTION (SUBJUNCTIVE)

Pagaré las cuentas **en cuanto reciba** mi cheque.
I'll pay the bills as soon as I get my check.

Debo depositar el dinero **tan pronto como** lo **reciba.**
I should deposit money as soon as I get it.

E. However, the indicative (not the present subjunctive) is used after conjunctions of time to describe a habitual action or a completed action in the past. Compare the following.

HABITUAL ACTIONS (INDICATIVE)

Siempre **pago** las cuentas **en cuanto recibo** mi cheque.
I always pay bills as soon as I get my check.

Deposito el dinero **tan pronto como** lo **recibo.**
I deposit money as soon as I receive it.

COMPLETED PAST ACTION (INDICATIVE):

El mes pasado **pagué** las cuentas **en cuanto recibí** mi cheque.
Last month I paid my bills as soon as I got my check.

Deposité el dinero **tan pronto como** lo **recibí.**
I deposited the money as soon as I got it.

The subjunctive is always used with **antes (de) que.** (See **Capítulo 15.**)

■■■ Práctica

A. Decisiones económicas

Paso 1. Lea las siguientes oraciones sobre Rigoberto y decida si se trata de una acción habitual o de una acción que no ha pasado todavía. Luego indique la frase que mejor complete la oración.

1. Rigoberto se va a comprar una computadora en cuanto...
   a. el banco le dé el préstamo
   b. el banco le da el préstamo
2. Siempre usa su tarjeta de crédito cuando...
   a. no tenga efectivo
   b. no tiene efectivo
3. Cada mes saca el saldo de su cuenta corriente después de que...
   a. reciba el estado de cuentas (*statement*)
   b. recibe el estado de cuentas
4. Piensa abrir una cuenta de ahorros tan pronto como...
   a. consiga un trabajo
   b. consigue un trabajo
5. No puede pagar sus cuentas este mes hasta que...
   a. su hermano le devuelva el dinero que le prestó
   b. su hermano le devuelve el dinero que le prestó

Paso 2. Ahora describa cómo lleva Ud. sus propios asuntos económicos, completando las siguientes oraciones semejantes.

1. Voy a comprarme _____ en cuanto el banco me dé un préstamo.
2. Cuando no tengo efectivo, siempre uso _____.
3. Después de que el banco me envía el estado de cuentas, yo siempre _____.
4. Tan pronto como consiga un trabajo, voy a _____.
5. No te presto más dinero hasta que tú me _____ el dinero que me debes.
6. Este mes, voy a _____ antes de que se me olvide.

B. Algunos momentos en la vida.
Las siguientes oraciones describen algunos aspectos de la vida de Mariana en el pasado, en el presente y en el futuro. Lea cada grupo de oraciones para tener una idea general del contexto. Luego dé la forma apropiada de los infinitivos.

1. Hace cuatro años (*Four years ago*), cuando Mariana (graduarse) en la escuela secundaria, sus padres (darle) un reloj. El año que viene, cuando (graduarse) en la universidad, (darle) un coche.
2. Cuando (ser) niña, Mariana (querer) ser enfermera. Luego, cuando (tener) 18 años, (decidir) que quería estudiar computación. Cuando (terminar) su carrera este año, yo creo que (poder) encontrar un buen trabajo como programadora.
3. Generalmente Mariana no (escribir) cheques hasta que (tener) los fondos en su cuenta corriente. Este mes tiene muchos gastos, pero no (ir) a pagar ninguna cuenta hasta que le (llegar) el cheque de su trabajo de tiempo parcial.

C. **Hablando de dinero: Planes para el futuro.** Complete las siguientes oraciones con el presente del subjuntivo de los verbos indicados.

1. Voy a ahorrar más dinero en cuanto…
   darme (ellos) un aumento de sueldo (*raise*) / dejar (yo) de gastar tanto
2. Pagaré todas mis cuentas tan pronto como…
   tener el dinero para hacerlo / ser absolutamente necesario
3. El semestre que viene, pagaré la matrícula después de que…
   cobrar mi cheque en el banco / (¿quién?) mandarme un cheque
4. No podré pagar el alquiler hasta que…
   sacar dinero de mi cuenta de ahorros / depositar el dinero en mi cuenta corriente
5. No voy a jubilarme (*retire*) hasta que mis hijos…
   terminar sus estudios universitarios / casarse

Need more practice?

■ Workbook/Laboratory Manual
■ Interactive CD-ROM
■ Online Learning Center
(www.mhhe.com/peb2)

■■■ Conversación

A. **Descripciones.** Describa Ud. los dibujos, completando las oraciones e inventando un contexto para las escenas. Luego describa su propia vida.

1. Pablo va a estudiar hasta que _____.

   Esta noche yo voy a estudiar hasta que _____.
   Siempre estudio hasta que _____.
   Anoche estudié hasta que _____.

2. Los Sres. Castro van a cenar tan pronto como _____.

   Esta noche voy a cenar tan pronto como _____.
   Siempre ceno tan pronto como _____.
   Anoche cené tan pronto como _____.

3. Lupe va a viajar al extranjero en cuanto _____.

   En cuanto gane la lotería, yo voy a _____.
   En cuanto tengo el dinero, siempre _____.
   De niño/a, _____ en cuanto tenía el dinero.

B. **Reacciones.** ¿Cómo reaccionará o qué hará cuando ocurran los siguientes acontecimientos? Complete las oraciones con el futuro.

1. Cuando colonicemos otro planeta, _____.
2. Cuando descubran algo para curar el cáncer, _____.
3. Cuando haya una mujer presidenta, _____.
4. Cuando me jubile, _____.
5. Cuando yo sea anciano/a, _____.
6. Cuando me gradúe, _____.

Conozca...

el Uruguay y el Paraguay

Datos esenciales

El Uruguay

- Nombre oficial: República Oriental del Uruguay
- Capital: Montevideo
- Población: 3.400.000 habitantes
- Moneda: el peso uruguayo
- Idioma oficial: el español

El Paraguay

- Nombre oficial: República del Paraguay
- Capital: Asunción
- Población: 6.036.900 habitantes
- Moneda: el guaraní
- Idiomas oficiales: el español y el guaraní

¡Fíjese!

- Aproximadamente el 45 por ciento de la población uruguaya vive en Montevideo.
- Para los uruguayos, la educación primaria, secundaria y universitaria es gratuita.[a] La tasa de alfabetización[b] es de un 96 por ciento.
- El Paraguay es uno de los dos países latinoamericanos sin costa marítima (el otro es Bolivia). Por eso, sus numerosos ríos navegables tienen gran importancia económica para el país.

- La ciudad de Asunción, en el Paraguay, la primera ciudad permanente en la región del Río de la Plata, fue fundada por los españoles en 1537.
- La represa[c] hidroeléctrica de Itaipú, terminada en 1982, es una de las más grandes y potentes del mundo. Fue construida en la frontera entre el Paraguay y la Argentina y el Brasil con la ayuda financiera del Brasil, país que recibe la energía eléctrica de la represa.

[a]free [b]tasa... rate of literacy [c]dam

Civilizaciones indígenas: el guaraní

El Paraguay es el único país latinoamericano que tiene dos lenguas oficiales, una de ellas indígena. El 90 por ciento de la población paraguaya habla guaraní (sólo el 75 por ciento habla español). Hoy hay literatura, música y hasta páginas web en guaraní. Guaraní significa guerrero[a] en esa lengua.

[a]warrior

Sonia Sancho ▶
Asunción, Paraguay

BOLIVIA

EL BRASIL

EL PARAGUAY

Asunción ⭐

Río Paraná

Río Uruguay

EL URUGUAY

LA ARGENTINA

⭐ Montevideo

OCÉ
ATLÁ

María Dioni ▶
Montevideo, Uruguay

▲ Asunción, Paraguay

Learn more about Uruguay and Paraguay with the Video, the Interactive CD-ROM, and the Online Learning Center (www.mhhe.com/peb2).

En Resumen

EN RESUMEN

Gramática

To review the grammar points presented in this chapter, refer to the indicated grammar presentations. You'll find further practice of these structures in the Workbook/Laboratory Manual, on the Interactive CD-ROM, and on the *Puntos en breve* Online Learning Center (www.mhhe.com/peb2).

42. Talking About the Future—Future Verb Forms

You should know how to form and when to use the future tense, including all irregular forms.

43. Expressing Future or Pending Actions—Subjunctive and Indicative After Conjunctions of Time

Do you know how to express actions that will take place only after something else takes place? What are the conjunctions that you can use for this?

Vocabulario

Practice this vocabulary with digital flash cards on the Online Learning Center (www.mhhe.com/peb2).

Los verbos

jubilarse	to retire
mudarse	to move (*residence*)

Profesiones y oficios

el/la abogado/a	lawyer
el/la cajero/a	cashier; teller
el/la cocinero/a	cook; chef
el/la comerciante	merchant; shopkeeper
el/la contador(a)	accountant
el/la criado/a	servant
el hombre / la mujer de negocios	businessperson
el/la ingeniero/a	engineer
el/la maestro/a	schoolteacher
el/la obrero/a	worker, laborer
el/la peluquero/a	hairstylist
el/la periodista	journalist
el/la plomero/a	plumber
el soldado / la mujer soldado	soldier
el/la trabajador(a) social	social worker
el/la traductor(a)	translator
el/la vendedor(a)	salesperson

Cognados: el/la analista de sistemas, el/la electricista, el/la fotógrafo/a, el/la programador(a), el/la sicólogo/a, el/la siquiatra, el/la técnico/a, el/la veterinario/a

Repaso: el/la bibliotecario/a, el/la consejero/a, el/la dentista, el/la dependiente/a, el/la enfermero/a, el/la mecánico/a, el/la médico/a, el/la profesor(a), el/la secretario/a

En busca de un puesto

el/la aspirante	candidate; applicant
el currículum	resumé
la dirección de personal	personnel office, employment office
el/la director(a) de personal	personnel director
la empresa	corporation; business
la entrevista	interview
el/la entrevistador(a)	interviewer
el/la gerente	manager
el puesto	job; position
el salario	salary
la solicitud	application (*form*)
la sucursal	branch (office)

Repaso: el sueldo, el teléfono

caerle (*irreg.*) bien/ mal a alguien	to make a good/bad impression on someone
dejar	to quit
entrevistar	to interview
escribir a computadora	to key in (type)
graduarse (en) (me gradúo)	to graduate (from)
llenar	to fill out (*a form*)
renunciar (a)	to resign (from)

Repaso: contestar

Una cuestión de dinero

el aumento de sueldo	raise
el banco	bank
la caja	cashier window
el cajero automático	automatic teller machine

el cheque	check
la chequera	checkbook
la cuenta corriente	checking account
la cuenta de ahorros	savings account
el efectivo	cash
la factura	bill
la identificación	ID
el interés	interest
el préstamo	loan
el presupuesto	budget

Repaso: la cuenta, la tarjeta de crédito

ahorrar	to save (*money*)
cargar (gu)	to charge (*to an account*)
cobrar	to cash (*a check*); to charge (*someone for an item or service*)
depositar	to deposit
devolver (ue)	to return (*something*)
economizar (c)	to economize
ganar	to earn
pedir (i, i) prestado/a	to borrow

sacar (qu)	to withdraw, take out
sacar el saldo	to balance a checkbook

Repaso: gastar, pagar (gu), prestar

a plazos	in installments
al contado / en efectivo	in cash
con cheque	by check

Conjunciones

después (de) que	after
en cuanto	as soon as
hasta que	until
tan pronto como	as soon as

Repaso: antes (de) que, cuando

Palabras adicionales

al principio de	at the beginning of
en vez de	instead of

Glossary of Grammatical Terms

ADJECTIVE   A word that describes a noun or pronoun.

una casa **grande**
*a **big** house*

Ella es **inteligente.**
*She is **smart.***

Demonstrative adjective   An adjective that points out a particular noun.

este chico, **esos** libros, **aquellas** personas
***this** boy, **those** books, **those** people (over there)*

Interrogative adjective   An adjective used to form questions.

¿Qué cuaderno?
***Which** notebook?*

¿Cuáles son los carteles que buscas?
***What (Which)** posters are you looking for?*

Possessive adjective (unstressed)   An adjective that indicates possession or a special relationship.

sus coches
***their** cars*

mi hermana
***my** sister*

Possessive adjective (stressed)   An adjective that more emphatically describes possession.

Es **una** amiga **mía.**
*She's **my** friend. / She's a friend **of mine.***

Es **un** coche **suyo.**
*It's **her** car. / It's a car **of hers.***

ADVERB   A word that describes an adjective, a verb, or another adverb.

Él es **muy** alto.
*He is **very** tall.*

Ella escribe **bien.**
*She writes **well.***

Van **demasiado** rápido.
*They are going **too** quickly.*

ARTICLE   A determiner that sets off a noun.
Definite article   An article that indicates a specific noun.

el país
the country

la silla
the chair

las mujeres
the women

Indefinite article   An article that indicates an unspecified noun.

un chico
a boy

una ciudad
a city

unas zanahorias
*(**some**) carrots*

CLAUSE   A construction that contains a subject and a verb.

Main (Independent) clause   A clause that can stand on its own because it expresses a complete thought.

Busco una muchacha.
I'm looking for a girl.

Si yo fuera rica, **me compraría una casa.**
*If I were rich, **I would buy a house.***

Subordinate (Dependent) clause   A clause that cannot stand on its own because it does not express a complete thought.

Busco a la muchacha **que juega al tenis.**
*I'm looking for the girl **who plays tennis.***

Si yo fuera rica, me compraría una casa.
If I were rich, *I would buy a house.*

COMPARATIVE   The form of adjectives and adverbs used to compare two nouns or actions.

Luis es **menos hablador** que Julián.
*Luis is **less talkative** than Julián.*

Él corre **más rápido** que Julián.
*He runs **faster** than Julián.*

CONJUGATION   The different forms of a verb for a particular tense or mood. A present indicative conjugation:

(yo) hablo	(nosotros/as) hablamos
(tú) hablas	(vosotros/as) habláis
(Ud.) habla	(Uds.) hablan
(él, ella) habla	(ellos, ellas) hablan
I speak	*we speak*
you (fam. sing.) speak	*you (fam. pl.) speak*
you (form. sing.) speak	*you (pl. fam. & form.) speak*
he/she speaks	*they speak*

CONJUNCTION   An expression that connects words, phrases, or clauses.

Cristóbal **y** Diana
*Cristóbal **and** Diana*

Hace frío, **pero** hace buen tiempo.
*It's cold, **but** it's nice out.*

DIRECT OBJECT   The noun or pronoun that receives the action of a verb.

Veo **la caja.**
*I see **the box.***

La veo.
*I see **it.***

GENDER   A grammatical category of words. In Spanish, there are two genders: masculine and feminine. Here are a few examples.

	MASCULINE	FEMININE
ARTICLES AND NOUNS:	**el** disco compacto	**la** cinta
PRONOUNS:	**él**	**ella**
ADJECTIVES:	bonit**o**, list**o**	bonit**a**, list**a**
PAST PARTICIPLES:	El informe está **escrito.**	La composición está **escrita.**

IMPERATIVE   *See* Mood.

IMPERFECT (*IMPERFECTO*)   In Spanish, a verb tense that expresses a past action with no specific beginning or ending.

Nadábamos con frecuencia.
*We **used to swim** often.*

IMPERSONAL CONSTRUCTION One that contains a third person singular verb but no specific subject in Spanish. The subject of English impersonal constructions is generally *it*.

Es importante que…
It is important that . . .
Es necesario que…
It is necessary that . . .

INDICATIVE *See* Mood.

INDIRECT OBJECT The noun or pronoun that indicates for whom or to whom an action is performed. In Spanish, the indirect object pronoun must always be included, even when the indirect object noun is explicitly stated.

Marcos **le** da el suéter a **Raquel**. / Marcos **le** da el suéter.
*Marcos gives the sweater **to Raquel**. / Marcos gives **her** the sweater.*

INFINITIVE The form of a verb introduced in English by *to: to play, to sell, to come*. In Spanish dictionaries, the infinitive form of the verb appears as the main entry.

Luisa va a **comprar** un periódico.
*Luisa is going **to buy** a newspaper.*

MOOD A set of categories for verbs indicating the attitude of the speaker toward what he or she is saying.

Imperative mood A verb form expressing a command.

¡**Ten** cuidado!
Be careful!

Indicative mood A verb form denoting actions or states considered facts.

Voy a la biblioteca.
*I **am going** to the library.*

Subjunctive mood A verb form, uncommon in English, used primarily in subordinate clauses after expressions of desire, doubt, or emotion. Spanish constructions with the subjunctive have many possible English equivalents.

Quiero que **vayas** inmediatamente.
*I want you **to go** immediately.*

NOUN A word that denotes a person, place, thing, or idea. Proper nouns are capitalized names.

abogado, ciudad, periódico, libertad, Luisa
lawyer, city, newspaper, freedom, Luisa

NUMBER

Cardinal number A number that expresses an amount.

una silla, **tres** estudiantes
one chair, three students

Ordinal number A number that indicates position in a series.

la **primera** silla, el **tercer** estudiante
*the **first** chair, the **third** student*

PAST PARTICIPLE The form of a verb used in compound tenses (*see* Perfect Tenses). Used with forms of *to have* or *to be* in English and with **ser, estar,** or **haber** in Spanish.

comido, terminado, perdido
eaten, finished, lost

PERFECT TENSES Compound tenses that combine the auxiliary verb **haber** with a past participle.

Present perfect indicative This form uses a present indicative form of **haber**. The use of the Spanish present perfect generally parallels that of the English present perfect.

No **he viajado** nunca a México.
*I've never **traveled** to Mexico.*

Past perfect indicative This form uses **haber** in the imperfect tense to talk about something that had or had not been done before a given time in the past.

Antes de 2001, **no había estudiado** español.
*Before 2001, **I hadn't studied** Spanish.*

Present perfect subjunctive This form uses the present subjunctive of **haber** to express a present perfect action when the subjunctive is required.

¡Ojalá que Marisa **haya llegado** a su destino!
*I hope Marisa **has arrived** at her destination!*

PERSON The form of a pronoun or verb that indicates the person involved in an action.

	SINGULAR	PLURAL
FIRST PERSON	*I* / yo	*we* / nosotros/as
SECOND PERSON	*you* / tú, Ud.	*you* / vosotros/as, Uds.
THIRD PERSON	*he, she* / él, ella	*they* / ellos, ellas

PREPOSITION A word or phrase that specifies the relationship of one word (usually a noun or pronoun) to another. The relationship is usually spatial or temporal.

a la escuela
to school

cerca de la biblioteca
near the library

con él
with him

antes de la medianoche
before midnight

PRETERITE (*PRETÉRITO*) In Spanish, a verb tense that expresses a past action with a specific beginning and ending.

Salí para Roma el jueves.
I left for Rome on Thursday.

PRONOUN A word that refers to a person (I, you) or that is used in place of one or more nouns.

Demonstrative pronoun A pronoun that singles out a particular person or thing.

Aquí están dos libros. **Este** es interesante, pero **ese** es aburrido.
*Here are two books. **This one** is interesting, but **that one** is boring.*

Interrogative pronoun A pronoun used to ask a question.

¿**Quién** es él?
Who is he?

¿**Qué** prefieres?
What do you prefer?

Object pronoun A pronoun that replaces a direct object noun or an indirect object noun. Both direct and indirect object pronouns can be used together in the same sentence. However, when the pronoun **le** is used with **lo** or **la,** it changes to **se.**

Veo a **Alejandro. Lo** veo.
*I see **Alejandro.** I see **him.***

Le doy el libro **a Juana.**
*I give the book **to Juana.***

Se lo doy **(a ella).**
*I give **it to her.***

Reflexive pronoun   A pronoun that represents the same person as the subject of the verb.

Me miro en el espejo.
*I look at **myself** in the mirror.*

Relative pronoun   A pronoun that introduces a dependent clause and denotes a noun already mentioned.

El hombre con **quien** hablaba era mi vecino.
*The man with **whom** I was talking was my neighbor.*

Aquí está el bolígrafo **que** buscas.
*Here is the pen (**that**) you are looking for.*

Subject pronoun   A pronoun representing the person or thing performing the action of a verb.

Lucas y Julia juegan al tenis.
***Lucas and Julia** are playing tennis.*

Ellos juegan al tenis.
***They** are playing tennis.*

SUBJECT   The word(s) denoting the person, place, or thing performing an action or existing in a state.

Sara trabaja aquí.
***Sara** works here.*

¡**Buenos Aires** es una ciudad magnífica!
***Buenos Aires** is a great city!*

Mis **libros** y mi **computadora** están allí.
*My **books** and my **computer** are over there.*

SUBJUNCTIVE   *See* Mood.

SUPERLATIVE   The form of adjectives or adverbs used to compare three or more nouns or actions. In English, the superlative is marked by *most*, *least*, or *-est*.

Escogí el vestido **más caro.**
*I chose **the most expensive** dress.*

Ana es la persona **menos habladora** que conozco.
*Ana is **the least talkative** person I know.*

TENSE   The form of a verb indicating time: present, past, or future.

Raúl **era, es** y siempre **será** mi mejor amigo.
*Raúl **was, is,** and always **will be** my best friend.*

VERB   A word that reports an action or state.

Ella **llegó.**
*She **arrived.***

Ella **estaba** cansada.
*She **was** tired.*

Auxiliary verb   A verb in conjuction with a participle to convey distinctions of tense and mood. In Spanish, one auxiliary verb is **haber.**

Han viajado por todas partes del mundo.
*They **have** traveled everywhere in the world.*

Reflexive verb   A verb whose subject and object are the same.

Él **se corta** la cara cuando **se afeita.**
*He **cuts himself** when he **shaves** (**himself**).*

Using Adjectives as Nouns

Nominalization means using an adjective as a noun. In Spanish, adjectives can be nominalized in a number of ways, all of which involve dropping the noun that accompanies the adjective, then using the adjective in combination with an article or other word. One kind of adjective, the demonstrative, can simply be used alone. In most cases, these usages parallel those of English, although the English equivalent may be phrased differently from the Spanish.

Article + Adjective

Simply omit the noun from an *article + noun + adjective* phrase.

> el **libro** azul → **el azul** (*the blue one*)
> la **hermana** casada → **la casada** (*the married one*)
> el **señor** mexicano → **el mexicano** (*the Mexican one*)
> los **pantalones** baratos → **los baratos** (*the inexpensive ones*)

You can also drop the first noun in an *article + noun + **de** + noun* phrase.

> la **casa** de Julio → **la de Julio** (*Julio's*)
> los **coches** del Sr. Martínez → **los del Sr. Martínez** (*Mr. Martínez's*)

In both cases, the construction is used to refer to a noun that has already been mentioned. The English equivalent uses *one* or *ones,* or a possessive without the noun.

> —¿Necesitas el libro grande?
> —No. Necesito **el pequeño.**
> *Do you need the big book?*
> *No. I need the small one.*

> —¿Usamos el coche de Ernesto?
> —No. Usemos **el de Ana.**
> *Shall we use Ernesto's car?*
> *No. Let's use Ana's.*

Note that in the preceding examples the noun is mentioned in the first part of the exchange (**libro, coche**) but not in the response or rejoinder.

Note also that a demonstrative can be used to nominalize an adjective: **este rojo** (*this red one*), **esos azules** (*those blue ones*).

Lo + Adjective

As seen in **Capítulo 10, lo** combines with the masculine singular form of an adjective to describe general qualities or characteristics. The English equivalent is expressed with words like *part* or *thing.*

> lo mejor   *the best thing (part), what's best*
> lo mismo   *the same thing*
> lo cómico   *the funny thing (part), what's funny*

Article + Stressed Possessive Adjective

The stressed possessive adjectives—but not the unstressed possessives—can be used as possessive pronouns: **la maleta suya → la suya.** The article and the possessive form agree in gender and number with the noun to which they refer.

> Este es mi **banco.** ¿Dónde está **el suyo?**
> *This is my bank. Where is yours?*

> Sus **bebidas** están preparadas; **las nuestras,** no.
> *Their drinks are ready; ours aren't.*

> No es **la maleta** de Juan; es **la mía.**
> *It isn't Juan's suitcase; it's mine.*

Note that the definite article is frequently omitted after forms of **ser: ¿Esa maleta? Es suya.**

Demonstrative Pronouns

The demonstrative adjective can be used alone, without a noun. An accent mark can be added to the demonstrative pronoun to distinguish it from the demonstrative adjectives (**este, ese, aquel**).

> Necesito este diccionario y **ese (ése).**
> *I need this dictionary and that one.*

> Estas señoras y **aquellas (aquéllas)** son las hermanas de Sara, ¿no?
> *These women and those (over there) are Sara's sisters, aren't they?*

It is acceptable in modern Spanish, per the **Real Academia Española,** to omit the accent on demonstrative pronouns when context makes the meaning clear and no ambiguity is possible.

todavía yet; still (5)

todo *adv.* entirely, completely

todo/a *n.* whole; all, everything; *adj.* all (2); every, each (2); *pl.* everybody, all; **ante todo** above all; first of all; **a toda velocidad** at full speed; **de todas formas** anyway; **de todas maneras** by all means; whatever happens; **de todos modos** anyway; **Día** (*m.*) **de Todos los Santos** All Saints' Day; **por todas partes** everywhere (11); **sobre todo** especially; above all; **todo derecho** straight ahead (14); **todos los días** every day (1); **venden de todo** they sell everything (3)

tolerante tolerant

tolteca *n., adj. m., f.* Toltec

tomar to take (1); to drink (1); **tomar el sol** to sunbathe (7); **tomar en cuenta** to take into account; **tomar una copa** to have a drink; **tomarle el pelo** to pull someone's leg; **tomarle la temperatura** to take someone's temperature (10)

tomate *m.* tomato (6); **salsa de tomate** catsup; tomato sauce

tónico/a *gram.* stressed

tonto/a silly, foolish (2)

toreo bullfighting

torero/a bullfighter, matador

torno: en torno a around

toro bull (14); **corrida de toros** bullfight; **plaza de toros** bullring

torpe clumsy (11); **¡qué torpe!** how clumsy! (11)

torre *f.* tower

tortilla potato omelet (*Sp.*); thin unleavened cornmeal or flour pancake (*Mex.*)

tos *f. s.* cough (10)

toser to cough (10)

tostado/a toasted; **pan** (*m.*) **tostado** toast (6)

tostadora toaster (9)

tóxico/a toxic

trabajador(a) *n.* worker (2); **Día** (*m.*) **Internacional de los Trabajadores** International Labor Day; **trabajador(a) agrícola** farm worker; **trabajador(a) social** social worker (16); *adj.* hard-working (2)

trabajar to work (1)

trabajo work (11); job (11); report (11); **trabajo de tiempo completo/parcial** full-time / part-time job (11)

trabalenguas *m. inv.* tongue twister

tradición *f.* tradition

tradicional traditional

traducir *irreg.* to translate

traductor(a) translator (16)

traer *irreg.* to bring (4)

tráfico traffic; **lío/embotellamiento de tráfico** traffic jam

tragedia tragedy

trágico/a tragic

tragicómico/a tragicomic

traje *m.* suit (3); **traje de baño** bathing suit (3)

tranquilidad *f.* quiet, calm

tranquilizante calming, quieting

tranquilizar (c) to calm

tranquilo/a calm, quiet; **llevar una vida tranquila** to lead a calm life (10)

transferir (ie, i) to transfer

tránsito traffic (14)

transmisión *f.* transmission

transmitir to transmit

transportación *f.* transportation

transporte *m.* (means of) transportation (7); **transporte público** public transportation (14)

tras *prep.* after

trasladarse to move

tratamiento treatment

tratar to treat; to deal with (*a subject*); **se trata de** it's a question of; **tratar de** + *inf.* to try to (*do something*) (13)

través: a través de across; through; throughout

travieso/a mischievous

trece thirteen (AT)

treinta thirty (AT); **y treinta** half-past / 30 minutes past (*the hour*) (AT)

tremendo/a tremendous

tren *m.* train; **choque** (*m.*) **de trenes** train wreck (17); **estación** (*f.*) **del tren** train station (7); **ir** (*irreg.*) **en tren** to go by train (7)

tres three (AT); **hotel** (*m.*) **de tres estrellas** three-star hotel (18)

trescientos/as three hundred (3)

trimestre *m.* trimester

triste sad (5)

tristeza sadness

triunfar to triumph

trofeo trophy

trópicos tropics

tropiezo mishap

trozo piece

tú *sub. pron.* you (*fam. s.*) (1); **¿y tú?** and you? (AT)

tu(s) *poss. adj.* your (*fam.*) (2)

turbio turbulent

turismo tourism

turista *n. m., f.* tourist

turístico/a *adj.* tourist; **clase** (*f.*) **turística** tourist class (7)

turno turn

Turquía Turkey

U

u or (*used instead of* **o** *before words beginning with* **o** *or* **ho**)

último/a last (7); latest; **de los últimos años** in recent years; **¡es de última moda!** it's the latest style! (3); **por última vez** for the last time (11); **por último** finally

un, uno/a one (AT); *ind. art.* a, an; **una vez** once (10); **una vez a la semana** once a week (2)

único/a *adj.* only; unique

unidad *f.* unit

unido/a united; **Estados** (*m. pl.*) **Unidos** United States; **Naciones** (*f. pl.*) **Unidas** United Nations

unificación *f.* unification

unificarse (qu) to unify

unión *f.* union

unir to join (together); to unite

universidad *f.* university (1)

universitario/a *adj.* (of the) university (11)

unos/as *ind. art.* some, a few

urbano/a urban

urgencia: caso de urgencia emergency; **sala de urgencia** emergency room (10)

urgente urgent (13)

uruguayo/a *n., adj.* Uruguayan

usar to use (3); to wear (3)

uso use

usted (Ud., Vd.) *sub. pron.* you (*form. s.*) (1); *obj.* (*of prep.*) you (*form. s.*); **¿cómo es usted?** what are you like? (AT); **¿cómo se llama usted?** what is your name? (AT); **¿de dónde es usted?** where are you from? (AT); **¿y usted?** and you? (AT)

ustedes (Uds., Vds.) *sub. pron.* you (*form. pl.*) (1); *obj.* (*of prep.*) you

usualmente usually

útil useful

utilización *f.* use, utilization

utilizar (c) to use, utilize

uva grape; **uva de mesa** table grape

¡uy! *interj.* oops!

V

vaca cow (14)

vacaciones *f. pl.* vacation; **de vacaciones** on vacation (7); **estar** (*irreg.*) **de vacaciones** to be on vacation (7); **ir** (*irreg.*) **de vacaciones** to go on vacation (7); **vacaciones de primavera** spring break

vacío *n.* emptiness; void

vacío/a *adj.* empty

vacuna vaccine

vainilla vanilla

valenciano/a of/from Valencia, Spain

valer (*irreg.*) **la pena** to be worthwhile, worth the trouble

válido/a valid

valiente brave

valle *m.* valley

valor *m.* value; courage, bravery

variación *f.* variation

variar (varío) to vary

variedad *f.* variety

varios/as several

vasco Basque (*language*)
vasco/a *n., adj.* Basque
vaso glass
vecindad *f.* neighborhood (12)
vecino/a *n.* neighbor (12); *adj.* neighboring
vegetal *adj.* vegetable
vegetariano/a vegetarian
vehículo vehicle (12)
veinte twenty (AT)
veinticinco twenty-five
veinticuatro twenty-four
veintidós twenty-two
veintinueve twenty-nine
veintiocho twenty-eight
veintiséis twenty-six
veintisiete twenty-seven
veintitrés twenty-three
veintiún, veintiuno/a twenty-one
vejez *f.* old age (15)
vela candle
velocidad *f.* speed; **a toda velocidad** at full speed; **límite** (*m.*) **de velocidad** speed limit (14)
vendedor(a) salesperson (16)
vender to sell (2); **venden de todo** they sell everything (3)
venezolano/a *n., adj.* Venezuelan
¡Venga! Come on!
venganza revenge
venir *irreg.* to come; **la semana que viene** next week (4); **¡Venga!** Come on!
venta sale
ventaja advantage (10)
ventana window (1); **lavar las ventanas** to wash the windows (9)
ventilación *f.* ventilation
ver *irreg.* (*p.p.* **visto**) to see (4); **a ver** let's see; **ir** (*irreg.*) **a ver una película** to go to see a movie (9); **nos vemos** see you around (AT)
veranear to spend summer vacation
verano summer (5)
verbo *gram.* verb
verdad *f.* truth; **¿verdad?** right?, don't they (you, *and so on*)? (3)
verdadero/a true; real
verde green (3); **vinho** (*Port.*) **verde** young wine
verdura vegetable (6)
verificar (**qu**) to verify
versión *f.* version
verso verse; line of a poem
vestíbulo vestibule
vestido dress (3); **vestido de novia** wedding gown
vestir (**i, i**) to dress; **vestirse** to get dressed (4)
veterinario/a veterinarian (16)
vez *f.* (*pl.* **veces**) time; **a veces** sometimes, at times (2); **a la vez** at the same time; **alguna vez** once; ever; **cada vez más** increasingly; **de vez en cuando** once in a while; **dos veces** twice (10);

en vez de instead of (16); **érase una vez** once upon a time; **otra vez** again; **por primera/última vez** for the first/last time (11); **tal vez** perhaps; **una vez** once; **una vez a la semana** once a week (2)
viajar to travel (7)
viaje *m.* trip (7); **agencia de viajes** travel agency (7); **agente** (*m., f.*) **de viajes** travel agent (7); **de viaje** on a trip (7); **hacer** (*irreg.*) **un viaje** to take a trip (4)
vicepresidente/a vice president
vida life (11); **esperanza de vida** life expectancy; **ganarse la vida** to earn a living; **llevar una vida sana/tranquila** to lead a healthy/calm life (10)
vídeo video; **cámara de vídeo** video camera (12)
videocasetera videocassette recorder (VCR) (12)
videoteca video library
vidrio glass
viejo/a *n.* old person; *adj.* old (2); **Noche** (*f.*) **Vieja** New Year's Eve (8)
viento wind; **hace (mucho) viento** it's (very) windy (5)
viernes *m. inv.* Friday (4)
vietnamita *n., adj. m. f.* Vietnamese
vinícola *adj. m., f.* pertaining to wine
vino (blanco, tinto) (white, red) wine (6)
viñedo vineyard
violencia violence (14)
violento/a violent
violeta violet
violín *m.* violin
virgen *n. f.* virgin
visado visa
visigodo/a *n.* Visigoth
visión *f.* vision
visita visit; **hacer** (*irreg.*) **visitas** to visit
visitante *m., f.* visitor
visitar to visit; **visitar un museo** to visit a museum (9)
vista view (12); sight; **a primera vista** at first sight (15); **punto de vista** point of view
visto/a (*p.p.* **ver**) seen
vitamina vitamin
viudo/a widower/widow (15)
vivienda housing (12)
vivir to live (2); **vivir en paz** to live in peace (17)
vocabulario vocabulary
vocal *n. f.* vowel
volante: objeto volante no identificado (OVNI) unidentified flying object (UFO)
volcán *m.* volcano (17)
volcánico/a volcanic
vólibol *m.* volleyball (9)
volumen *m.* volume

voluntad *f.* will; choice, decision
voluntario/a *n.* volunteer
volver (**ue**) (*p.p.* **vuelto**) to return (to a place) (4); **volver a** + *inf.* to (do something) again (4)
vos *sub. pron.* you (*fam. s. Arg., Uru., C.A.*); *obj.* (*of prep.*) you (*fam. s. Arg. Uru., C.A.*)
vosotros/as *sub. pron.* you (*fam. pl. Sp.*) (1); *obj.* (*of prep.*) you (*fam. pl. Sp.*)
votante *m., f.* voter
vuelo flight (7); **asistente** (*m., f.*) **de vuelo** flight attendant (7); **vuelo sin escalas** nonstop flight
vuelta: billete (*m.*)**/boleto de ida y vuelta** round-trip ticket (7); **darse** (*irreg.*) **la vuelta** to turn oneself around; **de vuelta** returned
vuestro/a(s) *poss. adj.* your (*fam. pl. Sp.*) (2)

W

walkman *m.* Walkman (12)

Y

y and (AT); **y cuarto (quince)** a quarter (fifteen minutes) after (*hour*) (AT); **y media (treinta)** half-past / 30 minutes past (*the hour*) (AT); **¿y usted?** and you? (*form. s.*) (AT); **¿y tú?** and you? (*fam. s.*) (AT)
ya already (8); **ya no** no longer; **ya que** since
yerno son-in-law
yo *sub. pron.* I (1)
yogur *m.* yogurt (6)

Z

zanahoria carrot (6)
zapatería shoe store
zapato shoe (3); **par** (*m.*) **de zapatos** pair of shoes (3); **zapato de tenis** tennis shoe (3)
zona zone

English-Spanish Vocabulary

A

able: to be able **poder** (*irreg.*) (3)
absence **falta** (14)
absent: to be absent **faltar** (8)
absentminded **distraído/a** (11)
accelerated **acelerado/a** (14)
according to **según** (2)
account **cuenta** (16); checking account **cuenta corriente** (16); savings account **cuenta de ahorros** (16)
accountant **contador(a)** (16)
ache **doler (ue)** *v.* (10)
ache **dolor** *n. m.* (10)
acquainted: to be acquainted with **conocer (zc)** (6)
actor **actor** *m.* (13)
actress **actriz** *f.* (*pl.* **actrices**) (13)
address **dirección** *f.* (9)
adjective **adjetivo** *gram.* (2)
administration: business administration **administración** (*f.*) **de empresas** (1)
adolescence **adolescencia** (15)
advantage **ventaja** (10)
advice (piece of) **consejo** (6)
advisor **consejero/a** (1)
aerobic: to do aerobics **hacer** (*irreg.*) **ejercicios aeróbicos** (10)
affectionate **cariñoso/a** (5)
afraid: to be afraid (of) **tener** (*irreg.*) **miedo (de)** (3)
after *prep.* **después de** (4); *conj.* **después (de) que** (16)
afternoon **tarde** *n. f.* (1); good afternoon **buenas tardes** (AT); (*a time*) in the afternoon **de la tarde** (AT); in the afternoon **por la tarde** (1)
age: old age **vejez** *f.* (15)
agency: travel agency **agencia de viajes** (7)
agent: travel agent **agente** (*m., f.*) **de viajes** (7)
agree: I agree **estoy de acuerdo** (2)
ahead: straight ahead **todo derecho** (14)
air **aire** *m.* (14)
airplane **avión** *m.* (7)
airport **aeropuerto** (7)
alarm clock **despertador** *m.* (11)
all **todo(s)/a(s)** *adj.* (2)
allow **permitir** (12)
almost: almost never **casi nunca** (2)
alone **solo/a** *adj.* (7)
alongside of **al lado de** (*prep.*) (5)
already **ya** (8)
also **también** (AT)
always **siempre** (2)

American (*from the United States*) **estadounidense** (2)
among **entre** *prep.* (5)
amusement **diversión** *f.* (9)
analyst: systems analyst **analista** (*m., f.*) **de sistemas** (16)
and **y** (AT)
angry **furioso/a** (5); to get angry (at) **enojarse (con)** (8)
animal **animal** *m.* (14); domesticated animal **animal doméstico** (14); wild animal **animal salvaje** (14)
announce **anunciar** (7)
another **otro/a** (2)
answer *v.* **contestar** (4); *n.* **respuesta** (5)
answering machine **contestador** (*m.*) **automático** (12)
antibiotic **antibiótico** (10)
any **algún, alguno/a** (6)
anyone **alguien** (6)
anything **algo** (3)
apartment **apartamento** (1); apartment building **bloque** (*m.*) **de apartamentos** (12); **casa de apartamentos** (12)
apologize **pedir (i, i) disculpas** (11)
apple **manzana** (6)
appliance: home appliance **aparato doméstico** (9)
applicant **aspirante** *m., f.* (16)
application (*form*) **solicitud** *f.* (16)
appreciate **apreciar** (13)
April **abril** *m.* (5)
architect **arquitecto/a** (13)
architecture **arquitectura** (13)
area **área** *f.* (*but* **el área**) (12)
argue (about) (with) **discutir (sobre) (con)** (8)
arm **brazo** (11)
armchair **sillón** *m.* (4)
arrival **llegada** (7)
arrive **llegar (gu)** (2); to arrive on time/late **llegar a tiempo/tarde** (11)
art **arte** *f.* (*but* **el arte**) (1); work of art **obra de arte** (13)
artist **artista** *m., f.* (13)
arts and crafts **artesanía** (13)
arts, letters **letras** *pl.* (2)
as . . . as **tan... como** (5); as much/many as **tanto/a... como** (5); as soon as **tan pronto como** *conj.* (16); **en cuanto** *conj.* (16)
ask: to ask for **pedir (i, i)** (4); to ask (a question) **hacer** (*irreg.*) **una pregunta** (4); **preguntar** (6)
asparagus **espárragos** *pl.* (6)

at **en** (AT); **a** (*with time*) (AT); at . . . (hour) **a la(s)...** (AT); at home **en casa** (1); at last **por fin** (4); at least **por lo menos** (8); at night **de la noche** (AT); **por la noche** (1); at once **ahora mismo**; at the beginning of **al principio de** (16); at times **a veces** (2)
attack: terrorist attack **ataque** (*m.*) **terrorista** (17)
attend (*a function*) **asistir (a)** (2)
attendant: flight attendant **asistente** (*m., f.*) **de vuelo** (7)
August **agosto** (5)
aunt **tía** (2)
automatic teller machine **cajero automático** (16)
autumn **otoño** (5)
avenue **avenida** (12)
avoid **evitar** (14)
away: right away **en seguida** (10)
awful: an awful lot **muchísimo** (7)

B

baby-sitter **niñero/a** (9)
backpack **mochila** (1)
bad **mal, malo/a** *adj.* (2); it's bad weather **hace mal tiempo** (5); the bad thing, news **lo malo** (10)
baggage **equipaje** *m.* (7)
balance a checkbook **sacar (qu) el saldo** (16)
ballet **ballet** *m.* (13)
banana **banana** (6)
bank **banco** (16); (bank) check **cheque** *m.* (16)
bar **bar** *m.* (9)
bargain **ganga** (3)
baseball **béisbol** *m.* (9)
basketball **basquetbol** *m.* (9)
bath: to take a bath **bañarse** (4)
bathing suit **traje** (*m.*) **de baño** (3)
bathroom **baño** (4)
bathtub **bañera** (4)
battery **batería** (14)
be **estar** (*irreg.*) (1); **ser** (*irreg.*) (2); to be (feel) warm, hot **tener** (*irreg.*) **calor** (5); to be (very) hungry **tener** (*irreg.*) **(mucha) hambre** (6); to be . . . years old **tener** (*irreg.*)**... años** (2); to be a fan (of) **ser** (*irreg.*) **aficionado/a (a)** (9); to be able **poder** (*irreg.*) (3); to be afraid (of) **tener** (*irreg.*) **miedo (de)** (3); to be boring **ser** (*irreg.*) **aburrido/a** (9); to be cold **tener** (*irreg.*) **frío** (5); to be comfortable (*temperature*) **estar** (*irreg.*) **bien** (5); to be flexible **ser** (*irreg.*)

flexible (11); to be fun **ser** (*irreg.*) **divertido/a** (9); to be in a hurry **tener** (*irreg.*) **prisa** (3); to be late **estar** (*irreg.*) **atrasado/a** (7); to be on a diet **estar** (*irreg.*) **a dieta** (6); to be wrong **no tener** (*irreg.*) **razón** (3); to be wrong (about) **equivocarse (qu) (de)** (11); to take place in/at (*place*) **ser** (*irreg.*) **en** + *place* (8)

beach **playa** (5)

bean **frijol** *m.* (6)

beautiful **bello/a** (14)

because **porque** (2)

become + *adj.* **ponerse** (*irreg.*) + *adj.* (8)

bed: to make the bed **hacer** (*irreg.*) **la cama** (9); to stay in bed **guardar cama** (10)

bedroom **alcoba** (4)

beer **cerveza** (1)

before *conj.* **antes (de) que** (15); *prep.* **antes de** (4)

begin **empezar (ie) (c)** (4); to begin to (*do something*) **empezar a** + *inf.* (4)

beginning: at the beginning of **al principio de** (16)

behave **portarse** (8)

behind **detrás de** *prep.* (5)

believe (in) **creer (y) (en)** (2)

below **debajo de** *prep.* (5)

belt **cinturón** *m.* (3)

bull **toro** (14)

best **mejor** (5)

better **mejor** (5)

between **entre** *prep.* (5)

beverage **bebida** (6)

bicycle **bicicleta**; (mountain) bicycle **bicicleta (de montaña)** (12); to ride a bicycle **pasear en bicicleta** (9)

bicycling **ciclismo** (9)

big **gran, grande** (2)

bill (*for service*) **cuenta** (6); **factura** (16)

bird **pájaro** (2)

birth **nacimiento** (15)

birthday **cumpleaños** *m. inv.* (5); birthday cake **pastel** (*m.*) **de cumpleaños** (8); to have a birthday **cumplir años** (8)

black **negro/a** (3)

blond(e) **rubio/a** *n., adj.* (2)

blood **sangre** *f.* (10)

blouse **blusa** (3)

blue **azul** (3)

boat **barco** (7)

body **cuerpo** (10)

bookshelf **estante** *m.* (4)

bookstore **librería** (1)

boot **bota** (3)

bore **aburrir** (13)

bored **aburrido/a** (5); to get bored **aburrirse** (9)

boring: to be boring **ser** (*irreg.*) **aburrido/a** (9)

born: to be born **nacer (zc)** (15)

borrow **pedir (i, i) prestado/a** (16)

boss **jefe/a** (12)

bother **molestar** (13); it bothers me (you, him, . . .) that **me (te, le...) molesta** (13) **que**

boy **muchacho** (4); **niño** (2)

boyfriend **novio** (5)

brain **cerebro** (10)

brakes **frenos** pl. (14)

branch (office) **sucursal** *f.* (16)

bread **pan** *m.* (6)

break **romper** (*p.p.* **roto/a**) (11); to break up (with) **romper (con)** (15)

breakfast **desayuno** (4); to have breakfast **desayunar** (6)

breathe **respirar** (10)

bride **novia** (15)

bring **traer** (*irreg.*) (4)

brother **hermano** (2)

brown **(de) color café** (3)

brunet(te) **moreno/a** *n., adj.* (2)

brush one's teeth **cepillarse los dientes** (4)

budget **presupuesto** (16)

build **construir (y)** (14)

building **edificio** *n.* (1); building manager **portero/a** (12)

bull **toro** (14)

bump into **pegarse (gu) en/con/contra** (11)

bureau (*furniture*) **cómoda** (4)

bus **autobús** *m.* (7); bus station **estación** (*f.*) **de autobuses** (7)

business **empresa** (16); business administration **administración** (*f.*) **de empresas** (1)

businessperson **hombre** (*m.*)**/mujer** (*f.*) **de negocios** (16)

busy **ocupado/a** (5)

but **pero** *conj.* (AT)

butter **mantequilla** (6)

buy **comprar** (1)

by **por** *prep.* (4); in the morning (afternoon, evening) **por la mañana (tarde, noche)** (1); by check **con cheque** (16)

C

cabin **cabina** (*on a ship*) (7)

café **café** *m.* (1)

cafeteria **cafetería** (1)

cake **pastel** *m.* (6); birthday cake **pastel de cumpleaños** (8)

calculator **calculadora** (1)

calendar **calendario** (11)

call *v.* **llamar** (6); to be called **llamarse** (4)

campground *camping* m. (7)

camping: to go camping **hacer** (*irreg.*) *camping* (7)

can **poder** *v. irreg.* (3)

candidate **aspirante** *m., f.* (16)

candy **dulces** *m. pl.* (6)

cap **gorra** (3)

capital city **capital** *f.* (5)

car **coche** *m.* (2); convertible car **carro/ coche descapotable** (12)

card: identification card **tarjeta de identificación** (11); to play cards **jugar (ue) (gu) a las cartas** (9)

cardinal directions **puntos** (*pl.*) **cardinales** (5)

carrot **zanahoria** (6)

carry **llevar** (3)

case **caso**; in case **en caso de que** (15); just in case **por si acaso** (11)

cash (*a check*) **cobrar** (16); in cash **en efectivo** (16); to pay in cash **pagar (gu) al contado / en efectivo** (16)

cashier **cajero/a** (16)

cat **gato/a** (2)

catch a cold **resfriarse (me resfrío)** (10)

CD-ROM **CD-ROM** *m.* (12)

celebrate **celebrar** (5)

cellular telephone **teléfono celular** (12)

ceramics **cerámica** *s.* (13)

cereal **cereales** *m. pl.* (6)

certain **seguro/a** *adj.* (5); **cierto/a** (13)

chair **silla** (1); armchair **sillón** *m.* (4)

chalkboard **pizarra** (1)

change *v.* **cambiar (de)** (12)

channel **canal** *m.* (12)

charge (*to an account*) **cargar (gu)** (16); (*someone for an item or service*) **cobrar** (16)

check (*bank*) **cheque** *m.* (16); by check **con cheque** (16); to check (the oil) **revisar (el aceite)** (14); to check into (a hospital) **internarse en** (10); to check baggage **facturar el equipaje** (7)

checking account **cuenta corriente** (16)

checkup **chequeo** (10)

cheese **queso** (6)

chef **cocinero/a** (16)

chemistry **química** (1)

chess **ajedrez** *m.* (4); to play chess **jugar (ue) (gu) al ajedrez** (9)

chicken (roast) **pollo (asado)** (6)

chief **jefe/a** (12)

child **niño/a** (2); as a child **de niño/a** (9)

childhood **niñez** *f.* (*pl.* **niñeces**) (9)

children **hijos** *m. pl.* (2)

chop: pork chop **chuleta de cerdo** (6)

chore: household chore **quehacer** (*m.*) **doméstico**

Christmas Eve **Nochebuena** (8)

Christmas **Navidad** *f.* (8)

city **ciudad** *f.* (2)

class **clase** *f.* (1); first class **primera clase** (7); tourist class **clase turística** (7)

classical **clásico/a** (13)

classmate **compañero/a de clase** (1)

clean *adj.* **limpio/a** (5)

clean: to clean the (whole) house **limpiar la casa (entera)** (9) clear the table **quitar la mesa** (9)

clerk **dependiente/a** (1)

clever **listo/a** (2)

client **cliente** *m., f.* (1)

climate **clima** *m.* (5)

close **cerrar (ie)** (4)

close to *prep.* **cerca de** (5)

closed **cerrado/a** (5)

closet **armario** (4)

clothes dryer **secadora** (9)

clothing **ropa** (3); to wear (*clothing*) **llevar, usar** (3)

cloudy: it's (very) cloudy, overcast **está (muy) nublado** (5)

clumsy **torpe** (11)

coffee **café** *m.* (5)

coffee pot **cafetera** (9)

cold (*illness*) **resfriado** (10); it's cold (very) (*weather*) **hace (mucho) frío** (5); to be cold **tener** (*irreg.*) **frío** *n.* (5)

collect **recoger (j)** (11)

collide (with) **chocar (qu) (con)** (14)

color **color** *m.* (3)

comb one's hair **peinarse** (4)

come **venir** (*irreg.*) (3)

comfortable **cómodo/a** (4); to be comfortable (*temperature*) **estar** (*irreg.*) **bien** (5)

communication (*major*) **comunicación** *f.* (1)

compact disc **disco compacto** (12)

comparison **comparación** *f.* (5)

complain (about) **quejarse (de)** (8)

composer **compositor(a)** (13)

computer **computadora (L.A.)** (12); **ordenador** *m.* (*Sp.*) (12); computer disc **disco de computadora** (12); computer file **archivo** (12); computer science **computación** *f.* (1)

concert **concierto**; to go to a concert **ir** (*irreg.*) **a un concierto** (9)

congested **congestionado/a** (10)

congratulations **felicitaciones** *f. pl.* (8)

conserve **conservar** (14)

contact lenses **lentes** (*m. pl.*) **de contacto** (10)

content *adj.* **contento/a** (5)

continue **seguir (i, i) (g)** (14)

control: remote control **control** (*m.*) **remoto** (12)

convertible (*car*) **carro/coche** (*m.*) **descapotable** (12)

cook *v.* **cocinar** (6); *n.* cook **cocinero/a** (16)

cookie **galleta** (6)

cool: it's cool (*weather*) **hace fresco** (5)

copy **copia** (12); to copy **hacer** (*irreg.*) **una copia / copias** (12)

corner (*street*) **esquina** (14)

corporation **empresa** (16)

cotton **algodón** *m.* (3); it is made of cotton **es de algodón** (3)

cough **tos** *f.* (10); to cough **toser** (10); cough syrup **jarabe** *m.* (10)

count **contar (ue)** (7)

country **país** *m.* (2)

countryside **campo** (12)

course (*of a meal*) **plato** (6)

courtesy: greetings and expressions of courtesy **saludos** (*pl.*) **y expresiones** (*f. pl.*) **de cortesía** (AT)

cousin **primo/a** (2)

cover **cubrir** (*p.p.* **cubierto/a**) (14)

cow **vaca** (14)

crash (*computer*) **fallar** (12)

crazy **loco/a** (5)

create **crear** (13)

credit card **tarjeta de crédito** (6)

cry **llorar** (8)

custard: baked custard **flan** *m.* (6)

custom **costumbre** *f.* (9)

D

dad **papá** *m.* (2)

daily routine **rutina diaria** (4)

dance **baile** *m.* (13); **danza** (13); to dance **bailar** (1)

dancer **bailarín, bailarina** (13)

date (*calendar*) **fecha** (5); (*social*) **cita** (15)

daughter **hija** (2)

day **día** *m.* (1); day after tomorrow **pasado mañana** (4); the day before yesterday **anteayer** (10); every day **todos los días** (1)

deadline **fecha límite** (11)

dear **querido/a** *n., adj.* (5)

death **muerte** *f.* (15)

December **diciembre** *m.* (5)

delay *n.* **demora** (7)

delighted **encantado/a** (AT)

dense **denso/a** (14)

dentist **dentista** *m., f.* (10)

deny **negar (ie) (gu)** (13)

department store **almacén** *m.* (3)

departure **salida** (7)

deposit **depositar** (16)

desk **escritorio** (1)

dessert **postre** *m.* (6)

destroy **destruir (y)** (14)

detail **detalle** *m.* (6)

develop **desarrollar** (14)

dictionary **diccionario** (1)

die **morir (ue, u)** (*p.p.* **muerto/a**) (8); to die **morir(se)** (8)

diet: to be on a diet **estar** (*irreg.*) **a dieta** (6)

difficult **difícil** (5)

dining room **comedor** *m.* (4)

dinner **cena** (6); to have dinner **cenar** (6)

directions: cardinal directions **puntos** (*pl.*) **cardinales** (5)

director **director(a)** (13); personnel director **director(a) de personal** (16)

dirty **sucio/a** (5)

disadvantage **desventaja** (10)

disc: compact disc **disco compacto** (12); computer disc **disco de computadora** (12)

disco: to go to a disco **ir** (*irreg.*) **a una discoteca** (9)

discover **descubrir** (*p.p.* **descubierto/a**) (14)

dish (*plate*) **plato** (4); (*course*) **plato** (6)

dishwasher **lavaplatos** *m. inv.* (9)

divorce **divorcio** (15)

divorced **divorciado/a** (15); to get divorced (from) **divorciarse (de)** (15)

dizzy **mareado/a** (10)

do **hacer** (*irreg.*) (4); (*do something*) again **volver a** + *inf.* (4); to do aerobics **hacer** (*irreg.*) **ejercicios aeróbicos** (10); to do exercise **hacer** (*irreg.*) **ejercicio** (4)

doctor (*medical*) **médico/a** (2)

dog **perro/a** (2)

domesticated animal **animal** (*m.*) **doméstico** (14)

door **puerta** (1)

doorman **portero/a** (12)

dormitory **residencia** (1)

double: double room (18) **habitación** (*f.*) **doble**

doubt **dudar** (12)

downtown **centro** (3)

drama **drama** *m.* (13)

draw **dibujar** (13)

dress **vestido** (3)

dressed: to get dressed **vestirse (i, i)** (4)

dresser (*furniture*) **cómoda** (4)

drink **bebida** (6); to drink **tomar** (1); **beber** (2)

drive (*a vehicle*) **conducir** (*irreg.*) (14); **manejar** (12)

driver **conductor(a)** (14)

during **durante** (4); **por** (4)

dust the furniture **sacudir los muebles** (9)

DVD **DVD** *m.* (12)

DVD player **lector** (*m.*) **de DVD** (12)

E

each **cada** *inv.* (4)

ear (*inner*) **oído** (10); (*outer*) **oreja** (10)

early **temprano** *adv.* (1)

earn **ganar** (16)

earring **arete** *m.* (3)

east **este** *m.* (5)

Easter **Pascua (Florida)** (8)

easy **fácil** (5)

eat **comer** (2); eat breakfast **desayunar** (6); eat dinner, supper **cenar** (6)

economies **economía** (1)

economize **economizar (c)** (16)

egg **huevo** (6)

eight **ocho** (AT)

eight hundred **ochocientos/as** (3)

eighteen **dieciocho** (AT)

eighth   octavo/a *adj.* (13)
eighty   ochenta (2)
electric   eléctrico/a (14)
electrician   electricista *m., f.* (16)
electricity   luz *f.* (*pl.* luces) (11)
electronic mail   correo electrónico (12)
elephant   elefante *m.* (14)
eleven   once (AT)
embarrassed   avergonzado/a (8)
emergency room   sala de emergencias (10)
emotion   emoción *f.* (8)
energy   energía (14)
engagement   noviazgo (15)
engineer   ingeniero/a (16)
English (*language*) inglés *m.* (1); *n., adj.* inglés, inglesa (2)
enjoy oneself, have a good time   divertirse (ie, i) (4)
enough   bastante *adv.* (15); lo suficiente (10)
entertainment   diversión *f.* (9)
equality   igualdad *f.* (17)
equipment: stereo equipment equipo estereofónico (12)
era   época (9)
evening   tarde *f.* (1); good evening buenas tardes (AT); in the afternoon, evening de la tarde (AT); in the evening por la tarde (1)
event   hecho (8)
every   cada *inv.* (4); todo(s)/a(s) *adj.* (2); every day todos los días (1)
everything   de todo
everywhere   por todas partes (11)
exactly, on the dot (*time*)   en punto (AT)
exam   examen *m.* (3)
examine   examinar (10)
excuse me   con permiso, perdón (AT); discúlpeme (11)
exercise   ejercicio (3)
expect   esperar (6)
expend   gastar (14)
expense   gasto (12)
expensive   caro/a (3)
explain   explicar (qu) (7)
expressions: greetings and expressions of courtesy saludos (*pl.*) y expresiones (*f. pl.*) de cortesía (AT)
extract   sacar (qu) (10); extract a tooth sacar una muela (10)
eye   ojo (10)
eyeglasses   gafas *pl.* (10)

F

fact   hecho *n.* (8)
factory   fábrica (14)
faithful   fiel (2)
fall (*season*)   otoño (5)
fall *v.*   caer (*irreg.*) (11); to fall asleep dormirse (ue, u) (4); to fall down caerse (*irreg.*) (11); to fall in love (with) enamorarse (de) (15)

fan: to be a fan (of)   ser (*irreg.*) aficionado/a (a) (9)
far from   lejos de *prep.* (5)
farm   finca (14); farm worker campesino/a (14)
farmer   agricultor(a) (14)
fashion   moda; the latest fashion; style de última moda (3)
fast   rápido/a *adj.* (6); acelerado/a (14)
fat   gordo/a (2)
father   papá *m.*, padre *m.* (2)
fax   fax *m.* (12)
fear: to fear temer (13)
February   febrero (5)
feel   encontrarse (ue) (10); to feel (*an emotion*) sentirse (ie, i) (8); to feel like (*doing something*) tener (*irreg.*) ganas de + *inf.* (3); to feel sorry sentir (ie, i) (13)
female soldier   mujer (*f.*) soldado (16)
fever   fiebre *f.* (10); have a fever tener (*irreg.*) fiebre (10)
fifteen   quince (AT); a quarter (fifteen minutes) to (*the hour*) menos quince (AT); a quarter (fifteen minutes) past (*the hour*) y quince (AT)
fifth   quinto/a *adj.* (13)
fifty   cincuenta (2)
fight   pelear (9)
file: computer file archivo (12)
fill (up)   llenar (14); to fill out an application llenar la solicitud (16)
finally   por fin (4)
find   encontrar (ue) (8)
fine   muy bien (AT)
finger   dedo (de la mano) (11)
finish   acabar (11)
first   primer, primero/a *adj.* (4); at first sight a primera vista (15); first of (*month*) el primero de (mes) (5); first class primera clase (7)
fish (*cooked*)   pescado (6); (*animal*) pez *m.* (*pl.* peces) (14)
five   cinco (AT)
five hundred   quinientos/as (3)
fix   arreglar (12)
fixed price   precio fijo (3)
flat: flat tire   llanta desinflada (14)
flexibility   flexibilidad *f.* (11)
flexible   flexible (11)
flight   vuelo (7); flight attendant asistente (*m., f.*) de vuelo (7)
floor (*of a building*)   planta, piso (12); ground floor planta baja (12); to sweep the floor barrer el piso (9)
flower   flor *f.* (7)
folkloric   folklórico/a (13)
following *adj.*   siguiente (4)
food   comida (6)
foolish   tonto/a (2)
foot   pie *m.* (11)
football   fútbol (*m.*) americano (9)

for (intended)   por *prep.* (4); para *prep.* (2); for example por ejemplo (11); for heaven's sake por Dios (11); for the first/last time por primera/última vez (11)
forbid   prohibir (prohíbo) (12)
foreign languages   lenguas (*pl.*) extranjeras (1)
foreigner   extranjero/a *n.* (1)
forest   bosque *m.* (14)
forget (about)   olvidarse (de) (8)
forty   cuarenta (2)
four   cuatro (AT)
four hundred   cuatrocientos/as (3)
fourteen   catorce (AT)
fourth   cuarto/a *adj.* (13)
freeway   autopista (14)
freezer   congelador *m.* (9)
French (*language*)   francés *n. m.* (1); francés, francesa *n., adj.* (2); (French fried) potato patata (frita)
frequently   con frecuencia (1)
fresh   fresco/a (6)
Friday   viernes *m. inv.* (4)
fried   frito/a (6); patata frita French fried potato
friend   amigo/a (1)
friendly   amistoso/a (15)
friendship   amistad *f.* (15)
from   de (AT); desde (7); from the del (*contraction of* de + el) (2)
front: in front of   delante de *prep.* (5)
frozen; very cold   congelado/a (5)
fruit   fruta (6); jugo de fruta fruit juice (6)
full-time   de tiempo completo (11); full-time job trabajo de tiempo completo (11)
fun: to be fun   ser (*irreg.*) divertido/a (9)
function   funcionar (12)
furious   furioso/a (5)
furniture   muebles *m. pl.* (4); to dust the furniture sacudir los muebles (9)

G

garage   garaje *m.* (4)
garden   jardín *m.* (4)
gas   gas *m.* (12)
gas station   gasolinera (14)
gasoline   gasolina (14)
generally   por lo general (4)
German (*language*)   alemán *m.* (1); alemán, alemana *n., adj.* (2)
get   sacar (qu) (11); to get along well/poorly (with) llevarse bien/mal (con) (15); to get down (from) bajar (de) (7); to get good/bad grades sacar (qu) buenas/malas notas (11); to get off (of) bajar (de) (7); to get on/in) (*a vehicle*) subir (a) (7); to get together (with) reunirse (me reúno) (con) (8); to get up levantarse (4); to get up on the wrong side of the bed levantarse con el pie

izquierdo (11); to get, obtain **conseguir** (*like* seguir) (8); **obtener** (*like* tener) (12)

gift **regalo** (2)

girl **niña** (2)

girlfriend **novia** (5)

give **dar** (*irreg.*) (7); to give (*as a gift*) **regalar** (7); to give (someone) a shot, injection **poner(le)** (*irreg.*) **una inyección** (10); give a party **dar** (*irreg.*), **hacer** (*irreg.*) **una fiesta** (8)

go **ir** (*irreg.*) (3); **seguir (i, i) (g)** (14) to be going to (*do something*) **ir a + *inf.*** (3); to go (to) (*a function*) **asistir (a)** (2); to go away, leave **irse**; to go by (train/airplane/bus/boat) **ir en (tren/avión/autobús/barco)** (7); to go home **regresar a casa** (1); to go out with **salir** (*irreg.*) **con** (4); to go through security (check) **pasar por el control de la seguridad** (7); to go to bed **acostarse (ue)** (4); to go up **subir** (7)

golf **golf** *m.* (9)

gorilla **gorila** *m.* (14)

good **buen, bueno/a** *adj.* (2); good morning **buenos días** (AT); good night **buenas noches** (AT); the good thing, news **lo bueno** (10)

good-bye **adiós** (AT)

good-looking **guapo/a** (2)

government **gobierno** (14)

grade **calificación** *f.* (11); **nota** (11); **grado** (9)

graduate (from) **graduarse (me gradúo) (en)** (16)

grandchildren **nietos** *pl.* (2)

granddaughter **nieta** (2)

grandfather **abuelo** (2)

grandmother **abuela** (2)

grandparents **abuelos** *pl.* (2)

grandson **nieto** (2)

gray **gris** (3)

great **gran, grande** (2)

green pea **arveja** (6)

green **verde** (3)

greet each other **saludarse** (10)

greeting: greetings and expressions of courtesy **saludos** (*pl.*) **y expresiones** (*f. pl.*) **de cortesía** (AT)

groom **novio** (15)

ground floor **planta baja** (12)

grow **crecer (zc)** (15)

guest **invitado/a** *n.* (8)

guide **guía** *m., f.* (13)

H

habit **costumbre** *f.* (9)

hairstylist **peluquero(a)** (16)

half-past (*the hour*) **y media** (AT)

ham **jamón** *m.* (6)

hamburger **hamburguesa** (6)

hand in **entregar (gu)** (11)

hand **mano** *f.* (11)

handsome **guapo/a** (2)

happen **pasar** (5)

happy **alegre** (5); **feliz** (*pl.* **felices**) (8); **contento/a** (5); to be happy (about) **alegrarse (de)** (12)

hard **difícil** (5)

hard drive **disco duro** (12)

hat **sombrero** (3)

hate **odiar** (7)

have **tener** (*irreg.*) (3); **haber** (*irreg.*) (*inf. of* hay there is/are) *auxiliary* (12); to have a good/bad time **pasarlo bien/mal** (8); to have dinner, supper **cenar** (6); to have just (*done something*) **acabar de (+ *inf.*)** (6)

he **él** (1)

head **cabeza** (10)

headache **dolor** (*m.*) **de cabeza** (10)

health **salud** *f.* (10)

healthy **sano/a** (10)

hear **oír** (*irreg.*) (4)

heart **corazón** *m.* (10)

heat **calor** *m.* (5); **gas** *m.* (12)

heavy (*meal, food*) **fuerte** (6)

hello **hola** (AT)

help **ayudar** (6)

her *obj.* (*of prep.*) **ella** (1)

her *poss.* **su(s)** (2)

here **aquí** (1)

highway **carretera** (14)

his *poss.* **su(s)** (2)

history **historia** (1)

hit **pegar (gu)** (9)

hobby **pasatiempo, afición** *f.* (9)

hockey **hockey** *m.* (9)

holiday **día** (*m.*) **festivo** (8)

home **casa** (2); at home **en casa** (1)

homework **tarea** (4)

honeymoon **luna de miel** (15)

hope to hope **esperar** (12); I hope, wish (that) **ojalá (que)** (13)

hors d'oeuvres **entremeses** *m. pl.* (8)

horse **caballo** (14)

horseback: to ride horseback **montar a caballo** (9)

host **anfitrión** *m.* (8)

hostess **anfitriona** (8)

hot dog **salchicha** (6)

hot: to be (feel) hot **tener** (*irreg.*) **calor** (5); it's hot **hace calor** (5)

hour **hora**; (at) what time? **¿a qué hora?** (AT); what time is it? **¿qué hora es?** (AT)

house **casa** (2)

household chore **quehacer** (*m.*) **doméstico**

housing **vivienda** (12)

how? what? **¿cómo?** (1); how are you doing? **¿qué tal?** (AT); how are you? **¿cómo está(s)?** (AT); how many? **¿cuántos/as?** (1); how much does it cost? **¿cuánto cuesta?** (3); how much is it? **¿cuánto es?** (3)

humanities **humanidades** *f. pl.* (1)

hunger **hambre** *f.* (*but* **el hambre**)

hungry: to be (very) hungry **tener** (*irreg.*) **(mucha) hambre** (6)

hurry: to be in a hurry **tener** (*irreg.*) **prisa** (3)

hurt **doler (ue)** (10)

hurt oneself **hacerse** (*irreg.*) **daño** (11)

husband **esposo** (2); **marido** (15)

I

I **yo** (1); I am **soy** (AT); I'm sorry **discúlpeme** (11), **lo siento** (11)

ice cream **helado** (6)

identification card **tarjeta de identificación** (11)

if **si** (2)

improbable: it's improbable that . . . **es improbable que...** (13)

in **en** (AT); (*the morning, evening, etc.*) **por** *prep.* (1); in a balanced way **equilibradamente** (10); in case **en caso de que** (15); in cash **en efectivo** (16); in order to **para** *prep.* (2)

incredible: it's incredible **es increíble** (13)

inexpensive **barato/a** (3)

infancy **infancia** (15)

injection: to give (someone) an injection **ponerle** (*irreg.*) **una inyección** *f.* (10)

injure oneself **lastimarse** (11)

insist (on) **insistir (en)** (12)

installment: to pay in installments **pagar (gu) a plazos** (16)

instead of **en vez de** (16)

intelligent **inteligente** (2)

intend **pensar (ie)** (4)

Internet **red** *f.* (12)

interview *v.* **entrevistar** (16); *n.* **entrevista** (16); to have an interview **tener** (*irreg.*) **una entrevista** (16)

interviewer **entrevistador(a)** (16)

invite **invitar** (6)

iron clothes **planchar la ropa** (9)

island **isla** (5)

Italian (*language*) **italiano** *m.* (1)

its *poss.* **su(s)** (2)

J

jacket **chaqueta** (3)

January **enero** (5)

jeans *jeans* *m. pl.* (3)

job **trabajo** (11); **puesto** (16); full-time/part-time job **trabajo de tiempo completo/parcial** (11)

jog **correr** (9)

joke **chiste** *m.* (8)

journalist **periodista** *m., f.* (16)

juice: (fruit) juice **jugo (de fruta)** (6)

July **julio** (5)

June   junio (5)
just in case   por si acaso (11)

K

keep (*documents*)   guardar (12); to keep on going seguir (i, i) (g) (14)
key   llave *n. f.* (11)
kind (*adj.*)   amable (2)
kitchen   cocina (4)
know   conocer (zc) (6); to know (how) saber (*irreg.*) (6)

L

laborer   obrero/a (16)
lack   falta (11); escasez *f.* (*pl.* escaseces) (14)
lacking: to be lacking   faltar (8)
lady   señora (Sra.) (AT)
lake   lago (14)
lamp   lámpara (4)
landlady   dueña (12)
landlord   dueño (12)
language: foreign languages   lenguas (*pl.*) extranjeras (1)
laptop computer   computadora portátil, ordenador (*m.*) portátil
large   gran, grande (2)
last   último/a (7); last night anoche (10)
late   tarde *adv.* (1); to be late estar (*irreg.*) atrasado/a (7)
later: see you later   hasta luego (AT)
latest: the latest style   de última moda (3)
laugh (about)   reírse (i, i) (de) (8)
lawyer   abogado/a (16)
lazy   perezoso/a (2)
lead a healthy/calm life   llevar una vida sana/tranquila (10)
learn   aprender (2)
least   menos (5); at least por lo menos (8)
leave   salir (*irreg.*) (de) (4); (behind) (in [*in a place*]) dejar (en) (9)
left: to the left (of)   a la izquierda (de) (5); to be left quedar(se) (11)
leg   pierna (11)
lend   prestar (7)
lenses: contact lenses   lentes (*m. pl.*) de contacto (10)
less: less . . . than   menos... que (5)
letter   carta (2)
lettuce   lechuga (6)
librarian   bibliotecario/a (1)
library   biblioteca (1)
license   licencia (14)
lie   mentira (12)
life   vida (11); to lead a healthy/calm life llevar una vida sana/tranquila (10)
light   luz *f.* (*pl.* luces) (11); *adj.* light (*not heavy*) ligero/a (6)

like   gusto (AT); do you (*form.*) like . . . ? ¿le gusta... ? (AT); I (don't) like . . . (no) me gusta(n)... (AT); I would like . . . me gustaría... (7); to like very much encantar (7)
likeable   simpático/a (2)
likely: it's likely that . . .   es probable que... (13)
likewise   igualmente (AT)
limit: speed limit   límite (*m.*) de velocidad *f.* (14)
line: to stand in line   hacer (*irreg.*) cola (7)
listen (to)   escuchar (1)
literature   literatura (1)
little, few   poco/a *adj.* (3); little poco *adv.* (1); a little bit (of) un poco (de) (1)
live   vivir (2); to live a healthy life llevar una vida sana (10)
loan   préstamo (16)
lobster   langosta (6)
long   largo/a (2)
look at   mirar (2); to look for buscar (qu) (1)
lose   perder (ie) (4)
lot: a lot (of)   mucho/a (2) an awful lot muchísimo (7)
love   amar (15); encantar (7); querer (*irreg.*) (15); *n. amor m.* (15); in love (with) enamorado/a (de) (15); to fall in love (with) enamorarse (de) (15)
luggage   equipaje *m.* (7)
lunch   almuerzo (6); to have lunch almorzar (ue) (c) (4)
lung   pulmón *m.* (10)
luxury *n.*   lujo (12); luxury hotel hotel (*m.*) de lujo (18)

M

machine: answering machine   contestador (*m.*) automático (12)
magazine   revista (2)
mail: electronic mail   correo electrónico (12)
make   hacer (*irreg.*) (4); to make a good/bad impression on someone caerle (*irreg.*) bien/mal a alguien (16); to make a mistake (about) equivocarse (qu) (11) to make plans to (*do something*) hacer (*irreg.*) planes para + *inf.* (9); to make stops hacer (*irreg.*) escalas (7); to make the bed hacer (*irreg.*) la cama (9)
mall: shopping mall   centro comercial (3)
man   hombre *m.* (1); señor (Sr.) *m.* (AT)
many: muchos/as (2); how many? ¿cuántos/as? (1)
March   marzo (5)
market(place)   mercado (3)
marriage   matrimonio (15)
married   casado/a (2); married couple pareja (15)
marry   casarse (con) (15)

masterpiece   obra maestra (13)
material   material *n. m.* (3)
mathematics   matemáticas *pl.* (1)
May   mayo (5)
me *d.o., i.o.*   me; *obj.* (*of prep.*) mí (5)
meal   comida (6)
means: means of transportation   modo de transporte *m.* (7)
meat   carne *f.* (6)
mechanic   mecánico/a (14)
medical   médico/a (2); medical office consultorio (10)
medicine   medicina (10)
meet (*someone somewhere*)   encontrarse (con) (10)
memory   memoria (12)
menu   menú *m.* (6)
merchant   comerciante *m., f.* (16)
messy   desordenado/a (5)
metro stop   estación (*f.*) de metro (18)
Mexican   mexicano/a *n., adj.* (2)
microwave oven   horno de microondas (9)
midday: at noon   a mediodía
middle age   madurez *f.* (15)
midnight   medianoche *f.* (8)
milk   leche *f.* (6)
million   millón *m.* (3)
mineral water   agua *f.* (*but* el agua) mineral (6)
miss (*a function, bus, plane, etc.*)   perder (ie) (4)
Miss   señorita (Srta.) (AT)
mistake: to make a mistake (about)   equivocarse (qu) (de) (11)
modem   módem *m.* (12)
modern   moderno/a (13)
molar   muela (10)
mom   mamá (2)
Monday   lunes *m. inv.* (4)
money   dinero (1)
month   mes *m.* (5)
more   más *adv.* (1); more . . . than (5) más... que
morning   mañana *n.*; in the morning de la mañana (AT); in the morning por la mañana (1); good morning buenos días (AT)
mother   mamá, madre *f.* (2)
motorcycle   moto(cicleta) *f.* (12)
mountain   montaña (7)
mouse   ratón *m.* (12)
mouth   boca (10)
move (*residence*)   mudarse (16)
movie   película (4); cine *m.* (4); movie theater cine *m.* (4)
Mr.   señor (Sr.) *m.* (AT)
Mrs.   señora (Sra.) (AT)
Ms.   señorita (Srta.) (AT)
much   mucho *adv.* (1); how much does it cost? ¿cuánto cuesta? (3); how much is it? ¿cuánto es? (3)

museum: to visit a museum **visitar un museo** (9)

mushroom **champiñón** *m.* (6)

music **música** (13)

musician **músico/a** *n. m., f.* (13)

must (*do something*) **deber** (+ *inf.*) (2)

my *poss.* **mi(s)**; (2)

N

named: what's your (*form.*) name? **¿cómo se llama usted?** (AT); what's your (*fam.*) name? **¿cómo te llamas?** (AT); my name is . . . **me llamo...** (AT)

nap: to take a nap **dormir (ue, u) la siesta** (4)

natural resources **recursos** (*pl.*) **naturales** (14)

nature **naturaleza** (14)

nauseated **mareado/a** (10)

neat **ordenado/a** (5)

necessary **necesario/a** (2); it is necessary to (*do something*) **hay que** + *inf.* (13)

need *v.* **necesitar** (1)

neighbor **vecino/a** (12)

neighborhood **barrio, vecindad** *f.* (12)

neither, not either **tampoco** (6)

nephew **sobrino** (2)

nervous **nervioso/a** (5)

Net: to surf the Net **navegar (gu) la Red** (12)

never **nunca** (2); **jamás** (6); almost never **casi nunca** (2)

new **nuevo/a** (2); New Year's Eve **Noche** (*f.*) **Vieja** (8)

news item **noticia** (8)

newspaper **periódico** (2)

next **próximo/a** *adj.* (4); next to **al lado de** *prep.* (5)

nice **amable** (2), **simpático/a** (2)

niece **sobrina** (2)

night: at night **de la noche** (AT); **por la noche** (1); good night **buenas noches** (AT); last night **anoche** (10), tonight **esta noche** (5)

nine **nueve** (AT)

nine hundred **novecientos/as** (3)

nineteen **diecinueve** (AT)

ninety **noventa** (2)

ninth **noveno/a** (13)

no, not **no** (AT)

nobody, not anybody, no one **nadie** (6)

noise **ruido** (4)

none, not any **ningún, ninguno/a** (6)

noon: at noon **a mediodía**

North American **norteamericano/a** *n., adj.* (2)

north **norte** *m.* (5)

nose **nariz** *f.* (10)

not ever **nunca, jamás** (6)

note **nota** (11)

notebook **cuaderno** (1)

nothing, not anything **nada** (6)

noun **sustantivo** *gram.* (1)

November **noviembre** *m.* (5)

now **ahora** (1)

nuclear **nuclear** (14)

number **número** (2)

nurse **enfermero/a** (10)

O

obey **obedecer (zc)** (14)

ocean **océano** (7)

October **octubre** *m.* (5)

of **de** *prep.* (AT); of the **del** (*contraction of* **de** + **el**) (2); of course **por supuesto** (11)

off: to turn off **apagar (gu)** (11)

offer *v.* **ofrecer (zc)** (7)

office **oficina** (1); personnel office **dirección** (*f.*) **de personal** (16)

oil **aceite** *m.* (14)

OK **regular** *adj.* (AT)

old **viejo/a** *adj.* (2);

older **mayor** (5)

on **en** (AT); on top of **encima de** *prep.* (5)

once a week **una vez a la semana** (2)

one **un, uno/a** (AT)

one hundred **cien, ciento** (2)

one-way (*ticket*) **de ida** (7)

only **sólo** *adv.* (1)

open **abierto/a** (5); to open **abrir** (*p.p.* **abierto/a**) (2)

opera **ópera** (13)

operate (*a machine*) **manejar** (12)

or **o** (AT)

oral report **informe** (*m.*) **oral** (11)

orange (*color*) **anaranjado/a** *adj.* (3); orange (*fruit*) **naranja** (6)

order (*in a restaurant*) **pedir (i, i)** (4); (*someone to do something*) **mandar** (12)

organization **organización** *f.*

organize **organizar (c)**

other **otro/a** (2); others **los/las demás** (12)

ought to (*do something*) **deber** (+ *inf.*) (2)

our *poss.* **nuestro/a(s)** (2)

outdoors **afuera** *adv.* (5)

outskirts **afueras** *n. pl.* (12)

oven: microwave oven **horno de microondas** (9)

overcoat **abrigo** (3)

own **propio/a** *adj.* (15)

owner **dueño/a** (6)

P

pace **ritmo** (14)

pack one's suitcases **hacer** (*irreg.*) **las maletas** (7)

pain **dolor** *m.* (10); to have a pain (in) **tener** (*irreg.*) **dolor (de)** (10)

paint (*the walls*) **pintar (las paredes)** (9)

painter **pintor(a)** (13)

painting **cuadro, pintura** (13)

pair **par** *m.* (3)

pants **pantalón** *m.* (*pl.* **pantalones**) (3)

paper **papel** *m.* (1)

pardon me **(con) permiso, perdón** (AT); **discúlpeme** (11)

parents **padres** *m. pl.* (2)

park **parque** *m.* (5); to park **estacionar** (11)

part-time **de tiempo parcial** (11); part-time job **trabajo de tiempo parcial** (11)

participate (*in a sport*) **practicar (qu)** (10)

party **fiesta** (1); to have a party **dar** (*irreg.*) **hacer** (*irreg.*) **una fiesta** (8)

pass through security (check) **pasar por el control de la seguridad** (7)

passage **pasaje** *m.* (7)

passenger **pasajero/a** *n.* (7)

pastime **pasatiempo** (9)

patient **paciente** *n., adj. m., f.* (10)

pay **pagar (gu)** (1); to pay cash **pagar al contado/en efectivo** (16); to pay in installments **pagar a plazos** (16)

pea: green pea **arveja** (6)

peasant **campesino/a** (14)

pen **bolígrafo** (1)

pencil **lápiz** *m.* (*pl.* **lápices**) (1)

people **gente** *f. s.* (13)

perform (*a part*) **desempeñar** (13)

permit **permitir** (12)

person **persona** (1)

personnel director **director(a) de personal** (16); personnel office **dirección** (*f.*) **de personal** (16)

pet **mascota** (2)

pharmacist **farmacéutico/a** (10)

pharmacy **farmacia** (10)

philosophy **filosofía** (1)

phone: to talk on the phone **hablar por teléfono** (1)

photo(graph) **foto(grafía)** *f.* (7)

photographer **fotógrafo/a** (16)

photos: to take photos **sacar (qu) fotos** *f. pl.* (7)

physics **física** (1)

pick up **recoger (j)** (11)

picnic: to have a picnic **hacer** (*irreg.*) **un picnic** (9)

pie **pastel** *m.* (6)

pill **pastilla** (10)

pink **rosado/a** (3)

place (*in line*) **puesto** (7); to place **poner** (*irreg.*) (4)

plans: to make plans to (*do something*) **hacer** (*irreg.*) **planes para** + *inf.* (9)

play (*a game, sport*) **jugar (ue) (gu) (a)** (4); to play chess **jugar (ue) (gu) al ajedrez** (4); to play cards **jugar (ue) (gu) a las cartas** (9); to play (*a musical instrument*) **tocar (qu)** (1); to play (*a musical instrument*) **tocar (qu) música** (1); to play (*a part*) **desempeñar** (13)

player **jugador(a)** (9)

playwright **dramaturgo/a** (13)

please **por favor** (AT); pleased to meet you **encantado/a, mucho gusto** (AT); to please **agradar** (13)

pleasing: to be pleasing **gustar** (7)
plumber **plomero/a** (16)
poet **poeta** *m., f.* (13)
point **punto**
police officer **policía** *m., f.* (14)
pollute **contaminar** (14)
pollution: there's (lots of) pollution **hay (mucha) contaminación** *f.* (5)
poor **pobre** (2)
poorly **mal** *adv.* (1)
population **población** *f.* (14)
pork chop **chuleta de cerdo** (6)
porter **maletero** (7)
possible **posible** (2)
postcard **tarjeta postal** (7)
potato **patata** *Sp.* (6); French fried potato **patata frita** (6)
pottery **cerámica** (13)
practice **entrenar** (9); **practicar (qu)** (1)
prefer **preferir (ie, i)** (3)
preferable **preferible** (13)
prepare **preparar** (6)
prescription **receta** (10)
present (*gift*) **regalo** *n.* (2)
pressure: to be under pressure **sufrir presiones** *f. pl.* (11)
pretty **bonito/a** (2)
price **precio** (3); fixed, set price **precio fijo** (3)
print **imprimir** (12)
printer **impresora** (12)
probable: its probable that . . . **es probable que...** (13)
profession **profesión** *f.* (16)
professor **profesor(a)** (1)
programmer **programador(a)** (16)
prohibit **prohibir (prohíbo)** (12)
promise *v.* **prometer** (7)
protect **proteger (j)** (14)
provided (that) **con tal (de) que** (15)
psychiatrist **siquiatra** *m., f.* (16)
psychologist **sicólogo/a** (16)
psychology **sicología** (1)
public **público/a** *adj.* (14)
pure **puro/a** (14)
purple **morado/a** (3)
purse **bolsa** (3)
put **poner** (*irreg.*) (4); to put on (*clothing*) **ponerse** (*irreg.*) (4)

Q

quarter after (*hour*) **y cuarto** (AT)
question: to ask (a question) **hacer** (*irreg.*) **una pregunta** (4); **preguntar** (6)
quit **dejar** (16); (*doing something*) **dejar de + inf.** (10)
quiz **prueba** (11)

R

radio **radio** *m.* (*set*); portable radio **radio portátil** (12); **radio** *f.* (*medium*) (12)
rain **llover (ue)** (5); it's raining **llueve** (5)

raincoat **impermeable** *m.* (3)
raise **aumento** (12); (in salary) **aumento de sueldo** (16)
rather **bastante** *adv.* (15)
react **reaccionar** (8)
read **leer (y)** (2)
receive **recibir** (2)
recommend **recomendar (ie)** (7)
record **grabar** (12)
recorder (tape) **grabadora** (12)
recycle **reciclar** (14)
red **rojo/a** (3); red wine **vino tinto** (6)
reduction **rebaja** (3)
refrigerator **refrigerador** *m.* (9)
regret **sentir (ie, i)** (13)
relative **pariente** *m., f.* (2)
remain (*in a place*) **quedar(se)** (5)
remember **recordar (ue)** (8); **acordarse (ue) (de)** (11)
remote control **control** (*m.*) **remoto** (12)
rent *n.* **alquiler** *m.* (12); to rent *v.* **alquilar** (12)
renter **inquilino/a** (12)
repair **arreglar** (12); (*repair*) shop **taller** *m.* (14)
report **informe** (*m.*), **trabajo** (11)
represent **representar** (13)
resign (from) **renunciar (a)** (16)
resolve **resolver (ue)** (*p.p.* **resuelto/a**) (14)
resource **recurso**; natural resources **recursos naturales** (14)
rest **descansar** (4)
restaurant **restaurante** *m.* (6)
résumé **currículum** *m.* (16)
retire **jubilarse** (16)
return (*to a place*) **regresar** (1); **volver (ue)** (*p.p.* **vuelto/a**) (4); (*something*) **devolver** (like **volver**) (*p.p.* **devuelto/a**) (16)
rhythm **ritmo** (14)
rice **arroz** *m.* (*pl.* **arroces**) (6)
rich **rico/a** (2)
ride: ride a bicycle **pasear en bicicleta** (9); to ride horseback **montar a caballo** (9)
ridiculous: it's ridiculous that . . . **es ridículo que...** (13)
right (*direction*) **derecha**; right? **¿verdad?** (3); right away **en seguida** (10); to the right (of) **a la derecha (de)** (5) to be right **tener** (*irreg.*) **razón** (3)
ring **sonar (ue)** (9)
river **río** (14)
road **camino** (14)
role **papel** *m.* (13)
roller skates **patines** *m. pl.* (12)
rollerblade *v.* **patinar en línea** (9)
room **cuarto** (1); emergency room **sala de urgencia** (10); living room **sala** (4); waiting room **sala de espera** (7)
roommate **compañero/a de cuarto** (1)

round-trip ticket **billete** (*m.*)/**boleto de ida y vuelta** (7)
routine: daily routine **rutina diaria** (4)
rug **alfombra** (4)
ruin *n.* **ruina** (13)
rule **gobernar (ie)** (17)
run **correr** (9); (*machines*) **funcionar** (12); to run into **darse** (*irreg.*) **en/con/ contra, pegarse (gu) en/con/contra** (11); collide (with) **chocar (qu) (con)** (14); to run out (of) **acabar(se)** (11)

S

sad **triste** (5)
salad **ensalada** (6)
salary **sueldo** (12); **salario** (16); raise in salary **aumento de sueldo** (16)
sale **rebaja** (3)
salesperson **vendedor(a)** (16)
salmon **salmón** *m.* (6)
same **mismo/a** (10); same here **igualmente** (AT)
sandal **sandalia** (3)
sandwich **sándwich** *m.* (6)
Saturday **sábado** (4)
sausage **salchicha** (6)
save **conservar** (14); (*documents*) **guardar** (12); (*money*) **ahorrar** (16); (*a place*) **guardar un puesto** (7)
savings **ahorros** *pl.*; savings account **cuenta de ahorros** (16)
say **decir** (*irreg.*) (7); to say good-bye (to) **despedirse (i, i) (de)** (8)
schedule **horario** (11)
school **escuela** (9)
schoolteacher **maestro/a** (16)
science **ciencia** (1); computer science **computación** *f.* (1)
script **guión** *m.* (13)
sculpt **esculpir** (13)
sculptor **escultor(a)** (13)
sculpture **escultura** (13)
sea **mar** *m., f.* (7)
seafood **mariscos** *pl.* (6)
seaport **puerto** (7)
season **estación** *f.* (5)
seat **asiento** (7)
second **segundo/a** *adj.* (13)
secretary **secretario/a** (1)
security check **control** (*m.*) **de la seguridad** (7)
see **ver** (*irreg.*) (4); see you around **nos vemos** (AT); see you later **hasta luego** (AT); see you tomorrow **hasta mañana** (AT)
seem **parecer (zc)** (13)
sell **vender** (2)
send **mandar** (7)
separate (from) *v.* **separarse (de)** (15)
separation **separación** *f.* (15)
September **septiembre** *m.* (5)
servant **criado/a** (16)
serve **servir (i, i)** (4)

service: military service **servicio militar** (17)
set price **precio fijo** (3)
set the table **poner** (*irreg.*) **la mesa** (9)
seven **siete** (AT)
seven hundred **setecientos/as** (3)
seventeen **diecisiete** (AT)
seventh **séptimo/a** *adj.* (13)
seventy **setenta** (2)
shame **lástima** (13); it is a shame **es una lástima** (13); what a shame! **¡qué lástima!** (13)
shave oneself **afeitarse** (4)
she **ella** (1)
shellfish **marisco** (6)
ship **barco** (7)
shirt **camisa** (3)
shoe **zapato** (3); tennis shoe **zapato de tenis** (3)
shop (repair) **taller** *m.* (14)
shopkeeper **comerciante** *m., f.* (16)
shopping **de compras** (3); shopping mall **centro comercial** (3); to go shopping **ir** (*irreg.*) **de compras** (3)
short (*in height*) **bajo/a** (2); (*in length*) **corto/a** (2)
shortage **escasez** *f.* (*pl.* escaseces) (14)
shot: to give (someone) a shot **ponerle** (*irreg.*) **una inyección** *f.* (10)
should (*do something*) **deber** (+ *inf.*) (2)
show **mostrar** (ue) (7)
shower: room with attached shower **habitación** (*f.*) **con ducha** (18); to take a shower **ducharse** (4)
shrimp **camarón** *m.* (6)
sick **enfermo/a** *adj.* (5); to get sick **enfermarse** (8)
sickness **enfermedad** *f.* (10)
sight: at first sight **a primera vista** (15)
silk **seda** (3); it is made of silk **es de seda** (3)
silly **tonto/a** (2)
sing **cantar** (1)
singer **cantante** *m., f.* (13)
single (*not married*) **soltero/a** (2)
sink (*bathroom*) **lavabo** (4)
sir **señor (Sr.)** *m.* (AT)
sister **hermana** (2)
sit down **sentarse (ie)** (4)
six **seis** (AT)
six hundred **seiscientos/as** (3)
sixteen **dieciséis** (AT)
sixth **sexto/a** *adj.* (13)
sixty **sesenta** (2)
skate **patinar** (9)
skateboard **monopatín** *m.* (12)
ski **esquiar (esquío)** (9)
skirt **falda** (3)
skyscraper **rascacielos** *m. inv.* (14)
sleep **dormir (ue, u)** (4)
sleepy: to be sleepy **tener** (*irreg.*) **sueño** (3)
slender **delgado/a** (2)

small **pequeño/a** (2)
smart **listo/a** (2)
smile **sonreír(se)** (*like* reír) (8)
smoke **fumar** (7)
smoking (nonsmoking) section **sección** (*f.*) **de (no) fumar** (7)
snow **nevar (ie)** (5); it's snowing **nieva** (5)
so: so-so **regular** (AT); so that **para que** (15)
soccer **fútbol** *m.* (9)
social worker **trabajador(a) social** (16)
sociology **sociología** (1)
sock **calcetín** *m.* (*pl.* calcetines) (3)
sofa **sofá** *m.* (4)
soft drink **refresco** (6)
solar **solar** (14)
soldier **soldado**; female soldier **mujer** (*f.*) **soldado** (16)
solve **resolver (ue)** (*p.p.* resuelto/a) (14)
some **algún, alguno/a** (6)
someone **alguien** (6)
something **algo** (3)
sometimes **a veces** (2)
son **hijo** (2)
song **canción** *f.* (13)
soon **pronto**; as soon as **tan pronto como** (16); *conj.* **en cuanto** (16)
sorry: I'm (very) sorry! **¡Lo siento (mucho)!** (11)
sound *v.* **sonar (ue)** (9)
soup **sopa** (6)
south **sur** *m.* (5)
Spanish (*language*) **español** *m.* (1); **español(a)** *n., adj.* (2)
speak **hablar** (1)
species **especie** *f.* (14); endangered species **especie en peligro de extinción** (14)
speed: speed limit **límite** (*m.*) **de velocidad** (14)
spend (*money*) **gastar** (8); (*time*) **pasar** (5)
sport **deporte** *m.* (9); to practice, play sports **practicar (qu) deportes** (10)
sports *adj.* **deportivo/a** (9)
spring **primavera** (5)
stage **escenario** (13)
stand in line **hacer** (*irreg.*) **cola** (7); to stand up **levantarse** (4)
start up (*a car*) **arrancar (qu)** (14)
state **estado** (2)
station **estación** *f.* (7); bus station **estación de autobuses** (7); train station **estación del tren** (7); station wagon **camioneta** (7)
stay *n.* (*in a place*) **quedar(se)** (5); to stay in bed **guardar cama** (10)
steak **bistec** *m.* (6)
stereo equipment **equipo estereofónico** (12)
stick out one's tongue **sacar (qu) la lengua** (10)
still **todavía** (5)
stockings **medias** *pl.* (3)

stomach **estómago** (10)
stop **parar** (14); (*doing something*) **dejar de** + *inf.* (10); to make stops **hacer** (*irreg.*) **escalas** (7)
store **tienda** (3)
stove **estufa** (9)
straight ahead **todo derecho** (14)
straighten (up) **arreglar** (12)
strange **raro/a** (8); **extraño/a** (13); it's strange **es extraño** (13)
street **calle** *f.* (12); **camino** (14)
stress **estrés** *m.* (11); **tensión** *f.*
strong **fuerte** (6)
student **estudiante** *m., f.* (1); student (*adj.*), of students **estudiantil** (11)
study **estudiar** (1)
stuffed: stuffed up **congestionado/a** (10)
style: latest style **de última moda** (3)
subject (*school*) **materia** (1)
suburb **suburbio** (4); **afueras** *pl.* (12)
succeed in (*doing something*) **conseguir** (*like* seguir) + *inf.* (8)
suddenly **de repente** (10)
suffer **sufrir** (11)
sufficiently **bastante** *adv.* (15)
suggest **sugerir (ie, i)** (8)
suit **traje** *m.* (3); bathing suit **traje de baño** (3)
suitcase **maleta** (7); to pack one's suitcases **hacer** (*irreg.*) **las maletas** (7)
summer **verano** (5)
sunny: it's (very) sunny **hace (mucho) sol** (5); sunbathe **tomar el sol** (7)
Sunday **domingo** (4)
supper **cena** (6); to have (eat) supper **cenar** (6)
sure **seguro/a** *adj.* (5); it's a sure thing **es seguro** (13)
surf the Net **navegar (gu) la Red** (12)
surprise **sorpresa** (8); to surprise **sorprender**; it surprises me (you, him, . . .) **me (te, le, ...) sorprende** (13)
sweater **suéter** *m.* (3)
sweep (the floor) **barrer (el piso)** (9)
sweets **dulces** *m. pl.* (6)
swim **nadar** (7)
swimming **natación** *f.* (9); swimming pool **piscina** (4)
symptom **síntoma** *m.* (10)
systems analyst **analista** (*m., f.*) **de sistemas** (16)

T

T-shirt **camiseta** (3)
table **mesa** (1); table (end) **mesita** (4)
take **tomar** (1); **llevar** (3); to take (photos) **sacar (qu) (fotos)** (7); to take care of oneself **cuidar(se)** (10); to take leave (of) **despedirse (i, i) (de)** (8); to take off (*clothing*) **quitarse** (4); to take out **sacar (qu)** (11); to take out the trash **sacar (qu) la basura** (9); to take someone's temperature **tomarle la temperatura** (10)

talk **hablar** (1); to talk on the phone **hablar por teléfono** (1)

tall **alto/a** (2)

tank **tanque** m. (14)

tape **cinta** (3); to tape **grabar** (12); tape recorder/player **grabadora** (12)

tea **té** m. (6)

teach **enseñar** (1)

technician **técnico/a** n. (16)

telephone (cellular) **teléfono (cellular)** (12)

television set **televisor** m. (4); to watch television **mirar la televisión** (2)

tell **decir** (irreg.) (7); **contar (ue)** (7)

teller **cajero/a** (16); automatic teller machine **cajero automático** (16)

temperature **temperatura** (10); to take someone's temperature **tomarle la temperatura** (10)

ten **diez** (AT)

tenant **inquilino/a** (12)

tennis **tenis** m. s. (9); tennis shoe **zapato de tenis** (3)

tension **tensión** f.

tent **tienda de campaña** (7)

tenth **décimo/a** (13)

terrace **terraza**

terrible: it's terrible that . . . **es terrible que...** (13)

test **examen** m. (3); **prueba** (11)

textbook **libro de texto** (1)

thank you **gracias** (AT); thank you very much **muchas gracias** (AT); thanks for **gracias por** (8)

that adj., that one pron. **ese, esa** (3); that adj., that one pron. (over there) **aquel, aquella** (3); that pron. **eso** (3); that pron. (over there) **aquello** (3); conj. **que** (2)

theater: to go to the theater **ir** (irreg.) **al teatro** (9)

their poss. **sus** (2)

there is (not), there are (not) **(no) hay** (AT)

there: (over) there **allí** (3)

therefore **por eso** (1)

these adj. these (2); these (ones) pron. **estos/as** (2)

they **ellos/as** (1)

thin **delgado/a** (2)

thing **cosa** (1)

think **creer (y) (en)** (2); to think (about) **pensar (ie) (en)** (4)

third **tercer, tercero/a** adj. (13)

thirst **sed** f.; to be thirsty **tener** (irreg.) **sed** (6)

thirteen **trece** (AT)

thirty **treinta** (AT); thirty, half-past (the hour) **y media, y treinta** (AT)

this adj. this one pron. **este, esta** (2); this pron. **esto** (2)

those adj. those (ones) pron. **esos/as** (3); those adj. (over there), those (ones) pron. (over there) **aquellos/as** (3)

three **tres** (AT)

three hundred **trescientos/as** (3)

throat **garganta** (10)

through **por** prep. (4)

Thursday **jueves** m. inv. (4)

ticket **boleto, billete** m. (7); **pasaje** m. (7); one-way ticket **billete** (m.)/**boleto de ida** (7); round-trip ticket **billete** (m.)/**boleto de ida y vuelta** (7)

tie **corbata** (3)

time (period) **época** (9); on time **a tiempo** (7); spare time **ratos** (pl.) **libres** (9); to arrive on time **llegar (gu) a tiempo** (11); to spend time (with) **pasar tiempo (con)** (15); full-time/part-time job **trabajo a tiempo completo/parcial** (11)

tire n. **llanta** (14)

tired **cansado/a** (5)

to the **al** (contraction of **a** + **el**) (3)

toast **pan** (m.) **tostado** (6)

toaster **tostadora** (9)

today **hoy** (AT); what's today's date? **¿cuál es la fecha de hoy?** (5)

toe **dedo del pie** (11)

together **juntos/as** (15)

tomato **tomate** m. (6)

tomorrow **mañana** adv. (AT); see you tomorrow **hasta mañana** (AT); day after tomorrow **pasado mañana** (4); see you tomorrow **hasta mañana** (AT)

tongue: to stick out one's tongue **sacar (qu) la lengua** (10)

too **también** (AT)

tooth **diente** m. (10)

tourist **turístico/a** adj.; tourist class **clase** (f.) **turística** (7)

trade **oficio** (16)

traffic **tránsito, circulación** f. (14); traffic signal **semáforo** (14)

train **tren** m. (7); train station **estación** (f.) **del tren** (7); to go by train **ir** (irreg.) **en tren** (7); to train **entrenar** (9)

translator **traductor(a)** (16)

trash: to take out the trash **sacar (qu) la basura** (9)

travel **viajar** (7); travel agency **agencia de viajes** (7); travel agent **agente** (m. f.) **de viajes** (7)

treadmill **rueda de molino** (10)

treatment **tratamiento** (10)

tree **árbol** m. (14)

trip **viaje** m. (7); on a trip **de viaje** (7); round-trip ticket **billete** (m.)/**boleto de ida y vuelta** (7); to take a trip **hacer** (irreg.) **un viaje** (4)

try **intentar** (13); try to (do something) **tratar de** + inf. (13)

Tuesday **martes** m. inv. (4)

tuition **matrícula** (1)

tuna **atún** m. (6)

turkey **pavo** (6)

turn **doblar** (14); to turn in **entregar (gu)** (11); to turn off **apagar (gu)** (11);

to be someone's turn **tocarle (qu) a uno** (9)

twelve **doce** (AT)

twenty **veinte** (AT)

twice **dos veces** (10)

two **dos** (AT)

two hundred **doscientos/as** (3)

type **escribir** (p.p. **escrito/a**) **a computadora** (16)

U

ugly **feo/a** (2)

unbelievable **increíble** (13)

uncle **tío** (2)

understand **comprender** (2); **entender (ie)** (4)

underwear **ropa interior** (3)

unintentional: it was unintentional **fue sin querer** (11)

university **universidad** f. (1); (of the) university **universitario/a** (11); university campus **campus** m. (12)

unless **a menos que** (15)

unlikely: it's unlikely that . . . **es improbable que...** (13)

unpleasant **antipático/a** (2)

until **hasta** prep. (4); **hasta que** conj. (16); until (see you) tomorrow **hasta mañana** (AT)

urgent **urgente** (13)

us **nos** d.o.; i.o. to/for us; refl. pron. ourselves; **nos vemos** see you around (AT)

use **usar** (3); **gastar** (8); to use up completely **acabar** (14)

V

vacation: to be on vacation **estar** (irreg.) **de vacaciones** (7); to go on vacation **ir** (irreg.) **de vacaciones** (7)

vacuum cleaner **aspiradora** (9); to vacuum **pasar la aspiradora** (9)

vegetable **verdura** (6)

vehicle **vehículo** (12)

verb **verbo** gram.

very **muy** (1); very well **muy bien** (AT)

veterinarian **veterinario/a** (16)

videocassette recorder (VCR) **videocasetera** (12)

view **vista** (12)

violence **violencia** (14)

visit a museum **visitar un museo** (9)

volleyball **vólibol** m. (9)

W

wait (for) **esperar** (6)

waiter **camarero** (6)

waiting room **sala de espera** (7)

waitress **camarera** (6)

wake up **despertarse (ie)** (4)

walk **caminar** (10); to take a walk **dar** (irreg.) **un paseo** (9)

Walkman **walkman** m. (12)

wall **pared** *f.* (4)

wallet **cartera** (3)

want **desear** (1); **querer** (*irreg.*) (3)

warm: to be (feel) warm, hot **tener** (*irreg.*) **calor** (5)

wash: to wash (the windows, the dishes, clothes) **lavar (las ventanas, los platos, la ropa)** (9); to wash (oneself) **lavar(se)**

washing machine **lavadora** (9)

watch **reloj** *m.* (3); to watch **mirar** (2); to watch television **mirar la televisión** (2)

water **agua** *f.* (*but* **el agua**) (6); waterbed **cama de agua** (4) mineral water **agua** *f.* (*but* **el agua**) **mineral** (6)

we **nosotros/as** (1)

wear (clothing) **llevar, usar** (3)

weather **tiempo** (5); it's good/bad weather **hace buen/mal tiempo** (5); what's the weather like? **¿qué tiempo hace?** (5)

weave **tejer** (13)

wedding **boda** (15)

Wednesday **miércoles** *m. inv.* (4)

week **semana**; next week **la semana que viene** (4); once a week **una vez a la semana** (2)

weekday **día** (*m.*) **de la semana** (4)

weekend **fin** (*m.*) **de semana** (1)

welcome: you're welcome **de nada, no hay de qué** (AT)

well **bien** *adv.* (AT); well . . . *interj.* **bueno...** (2)

well-being **bienestar** *m.* (10)

west **oeste** *m.* (5)

whale **ballena** (14)

what . . . ! **¡qué... !**; what a shame! **¡qué lástima!** (13)

what? **¿qué?** (AT) **¿cuál(es)?** (1); what are you like? **¿cómo es usted?** (AT); what's the date today? **¿cuál es la fecha de hoy?** (5); what time is it? **¿qué hora es?** (AT); what's your name? **¿cómo te llamas? / ¿cómo se llama usted?** (AT)

when + *verb form* **al** + *inf.*

when? **¿cuándo?** (1)

where? **¿dónde?** (AT); where (to)? **¿adónde?** (3); where are you from? **¿de dónde es usted?** (AT)

which **que** (2)

which? **¿qué?** (1); **¿cuál(es)?** (1)

while **mientras** *conj.* (9)

white **blanco/a** (3); white wine **vino blanco** (6)

who **que** (2)

who? whom? **¿quién(es)?** (1)

whole: to clean the whole house **limpiar la casa entera** (9)

whose? **¿de quién?** (2)

why? **¿por qué?** (2)

widow **viuda** (15)

widower **viudo** (15)

wife **esposa** (2); **mujer** *f.* (15)

wild animal **animal** (*m.*) **salvaje** (14)

win **ganar** (9)

windy: it's (very) windy **hace (mucho) viento** (5)

window **ventana** (1)

windshield **parabrisas** *m. inv.* (14)

wine (white, red) **vino (blanco, tinto)** (6)

winter **invierno** (5)

wish **deseo** (8)

with **con** (1)

without **sin** (4)

woman **señora (Sra.)** (AT); **mujer** *f.* (1)

wool **lana** (3); it is made of wool **es de lana** (3)

word **palabra** (AT)

work (of art) **obra (de arte)** (13); *n.* **trabajo** (11); to work **trabajar** (1); (*machine*) **funcionar** (12)

worker **obrero/a** (16); **trabajador(a)** (2); social worker **trabajador(a) social** (16)

world **mundo** (7)

worried **preocupado/a** (5)

worse **peor** (5)

woven goods **tejidos** (13)

write **escribir** (*p.p.* **escrito/a**) (2)

writer **escritor(a)** (13)

written **escrito/a** *p.p.* (11)

wrong: to be wrong **no tener** (*irreg.*) **razón** (3); to be wrong (about) **equivocarse (qu) (de)** (11)

Y

yard, patio **patio** (4)

year **año** (5); (*in school*) **grado** (9); to be . . . years old **tener** (*irreg.*)... **años** (2)

yellow **amarillo/a** (3)

yes **sí** (AT); yes, I like . . . **sí, me gusta...** (AT)

yesterday **ayer** (4); the day before yesterday (10)

yet **todavía** (5)

yogurt **yogur** *m.* (6)

you *sub. pron.* **tú** (*fam. s.*) (1); **usted (Ud., Vd.)** (*form. s.*) (1); **vosotros/as** (*fam. pl., Sp.*) (1); **ustedes (Uds., Vds.)** (*pl.*) (1); *d.o.* **te, os, lo/la, los, las**; to/for you *i.o.* **te, os, le, les**; *obj.* (*of prep.*) **ti** (5), **Ud., Uds., vosotros/as**

you're welcome **de nada, no hay de qué** (AT)

young woman **señorita (Srta.)** (AT)

younger **menor** (5)

your *poss.* **tu(s)** (*fam.*) (2); **su(s)** (*form.*) (2); **vuestro/a(s)** (*fam. pl., Sp.*) (2)

young *adj.* **joven** (2); as a youth **de joven** (9); (*young adulthood*) **juventud** *f.* (15)

Z

zero **cero** (AT)

In this index, cultural notes and vocabulary topic groups are listed by individual topic as well as under those headings.

Marty Knorre was formerly Associate Professor of Romance Languages and Coordinator of basic Spanish courses at the University of Cincinnati, where she taught undergraduate and graduate courses in language, linguistics, and methodology. She received her Ph.D. in foreign language education from The Ohio State University in 1975. Dr. Knorre is coauthor of *Cara a cara* and *Reflejos* and has taught at several NEH Institutes for Language Instructors. She received a Master of Divinity at McCormick Theological Seminary in 1991.

Thalia Dorwick recently retired as McGraw-Hill's Editor-in-Chief for Humanities, Social Sciences, and Languages. For many years she was also in charge of McGraw-Hill's World Languages college list in Spanish, French, Italian, German, Japanese, and Russian. She has taught at Allegheny College, California State University (Sacramento), and Case Western Reserve University, where she received her Ph.D. in Spanish in 1973. She was recognized as an Outstanding Foreign Language Teacher by the California Foreign Language Teachers Association in 1978. Dr. Dorwick is the coauthor of several textbooks and the author of several articles on language teaching issues. She is a frequent guest speaker on topics related to language learning, and she was also an invited speaker at the *II Congreso Internacional de la Lengua Española,* in Valladolid, Spain, in October 2001. In retirement, she consults for McGraw-Hill, especially in the areas of world languages and education, which are of personal interest to her. She also serves on the Board of Trustees of Case Western Reserve University and on the Board of Directors of the Berkeley Repertory Theater.

Ana María Pérez-Gironés is an Adjunct Associate Professor of Spanish at Wesleyan University, Middletown, Connecticut, where she teaches and coordinates Spanish language courses. She received a Licenciatura en Filología Anglogermánica from the Universidad de Sevilla in 1985, and her M.A. in General Linguistics from Cornell University in 1988. Professor Pérez-Gironés' professional interests include second language acquisition and the use of technology in language learning. She is a coauthor of *Puntos en breve* and *¿Qué tal?,* Sixth Edition. She is also a coauthor of the *Student Manuals for Intermediate Grammar Review* and *Intensive and High Beginner Courses* that accompany *Nuevos Destinos.*

William R. Glass is the Publisher for World Languages and Health and Human Performance at McGraw-Hill Higher Education. He received his Ph.D. from the University of Illinois at Urbana-Champaign in Spanish Applied Linguistics with a concentration in Second Language Acquisition and Teacher Education (SLATE). He was previously Assistant Professor of Spanish at The Pennsylvania State University where he was also Director of the Language Program in Spanish. He has published numerous articles and edited books on issues related to second language instruction and acquisition.

Hildebrando Villarreal is Professor of Spanish at California State University, Los Angeles, where he teaches undergraduate and graduate courses in language and linguistics. He received his Ph.D. in Spanish with an emphasis in Applied Linguistics from UCLA in 1976. Professor Villarreal is the author of several reviews and articles on language, language teaching, and Spanish for Native Speakers of Spanish. He is the author of *¡A leer! Un paso más,* an intermediate textbook that focuses on reading skills.

A. Raymond Elliott is Associate Professor of Spanish and Chair of the Department of Modern Languages at the University of Texas, Arlington. He received his Ph.D. from Indiana University-Bloomington in 1993. His areas of specialization are Spanish applied linguistics, second language acquistion, the acquistion of second language phonological skills, and the historical development of Spanish, Dr. Elliott has published several articles, book chapters, reviews in *The Modern Language Journal, Hispania,* and with Georgetown University Press. He served as a panelist in the McGraw-Hill Annual Teleconference on Authentic Materials, and as a member of the Academic Advisory Board for the package to accompany *Nuevos Destinos.* He is the author of *Nuevos Destinos: Español para hispanohablantes.*

V